第　5　回

21世紀成年者縦断調査（平成24年成年者）
（国民の生活に関する継続調査）
（平成28年）

Longitudinal Survey of Adults in the 21st Century (2012 Cohort)
(The 5th survey)

厚生労働省政策統括官（統計・情報政策担当）編

DIRECTOR-GENERAL FOR
STATISTICS AND INFORMATION POLICY
MINISTRY OF HEALTH, LABOUR AND WELFARE

一般財団法人　厚生労働統計協会

Health, Labour and Welfare Statistics Association

ま え が き

この報告書は平成28年11月に実施した「第５回21世紀成年者縦断調査（平成24年成年者）（国民の生活に関する継続調査）（平成28年）」の結果をとりまとめたものです。

本調査は、調査対象となった男女の結婚、出産、就業等の実態及び意識の経年変化の状況を継続的に観察することにより、少子化対策等厚生労働行政施策の企画立案、実施等のための基礎資料を得ることを目的として平成24年を初年として実施しているものです。

平成14年から実施している「21世紀成年者縦断調査（国民の生活に関する継続調査）（平成14年成年者）」と同様に、同一客体を追跡調査する縦断調査では、意識や行動の経年変化を観察することにより、事象間の因果関係がより明確になり、詳細な分析が可能となるとともに、平成14年から実施している調査も活用すると、世代間の変化等更なる分析が可能となります。

この報告書が行政施策の基礎資料として利用されるとともに、関係各方面においても幅広く利用されれば幸いです。

終わりに、この調査の実施にご協力いただいた関係各位に深く感謝するとともに、今後一層のご協力をお願いする次第です。

平成30年２月

厚生労働省政策統括官（統計・情報政策担当）

酒　光　一　章

担　当　係
政策統括官付参事官付世帯統計室
成年者縦断統計企画係
電話：代表　０３－５２５３－１１１１
内線：７５９２

目　　次

Ⅲ　統計表

統計表一覧

1　結婚の状況

【独身者の結婚の状況】

【結婚した男女の結婚前後の変化】

2　夫婦における子どもの出生の状況

【この４年間の出生の状況】

【子どもが生まれた夫婦の出生前後の変化】

3　就業の状況

4　意欲の変化

5　職業観・子ども観

6　参考表

Ⅳ　用語の定義 ……………………………………………………………… 325

正誤表 ……………………………………………………………………………… 328

平成24年成年者　第４回調査（平成27年）

平成14年成年者　第14回調査（平成27年）

I　調 査 の 概 要

調　査　の　概　要

1　調査の目的

21世紀成年者縦断調査（平成24年成年者）は、調査対象となった男女の結婚、出産、就業等の実態及び意識の経年変化の状況を継続的に観察することにより、少子化対策等厚生労働行政施策の企画立案、実施等のための基礎資料を得ることを目的として、平成24年から実施しており、今回で５回目の実施となる。

2　調査の対象及び客体

平成24年10月末時点で20～29歳であった全国（福島県の一部地域を除く。）の男女（及びその配偶者（ただし、第１回調査実施時までに把握した配偶者に限る。））を対象とし、そのうち、第３回又は第４回調査において協力を得られた者を客体とした。

3　調査の期日

調査の周期　毎年１回（11月の第一水曜日）

調査の期日　第５回調査　平成28年11月２日（水）

4　調査票の種類

（１）男性票　（２）女性票

5　調査の事項

（１）男性票　……　仕事の有無、就業形態、配偶者の有無、子ども数、希望子ども数、子どもをもつ意欲、子ども観　等

（２）女性票　……　仕事の有無、就業形態、配偶者の有無、子ども数、希望子ども数、子どもをもつ意欲、子ども観　等

6　調査の方法

厚生労働省から郵送された調査票に被調査者が自ら記入し、郵送により厚生労働省に提出する方法により行った。なお、第５回調査からインターネットによるオンライン回答も可能とした。

7　調査の系統

厚生労働省 ―――――― 被調査者

8　結果の集計及び集計客体

結果の集計は、厚生労働省政策統括官（統計・情報政策担当）において行った。

調査客体数、回収客体数及び集計客体数は次のとおりである。

なお、集計客体数とは、調査客体となって以降、継続して集計可能である客体をいう。

	調査客体数	回収客体数	集計客体数
男性票	8,005	5,431	4,122
（再掲）配偶者票(注)	379	262	196
女性票	9,252	6,823	5,192
（再掲）配偶者票(注)	147	113	81
計	17,257	12,254	9,314

（注）第１回調査における配偶者票対象者は、第２回調査から、男性票又は女性票の対象者として調査を実施している。

（参考）第１回からの調査客体数と回収客体数（第１回調査における男性票及び女性票の対象者）

	対象者の年齢	調査客体数	回収客体数	回収率
第１回	20～29歳	38,879	31,122	80.0%
第２回	21～30歳	33,835	18,979	56.1%
第３回	22～31歳	30,741	15,326	49.9%
第４回	23～32歳	20,082	14,300	71.2%
第５回	24～33歳	16,731	11,879	71.0%

※第１回は、調査員調査により実施

9　調査票の様式

㊙ 統計法に基づく 一般統計調査

第５回２１世紀成年者縦断調査【平成２４年成年者】

国民の生活に関する継続調査
〔女性票〕

（平成２８年１１月２日調査）

ひと、くらし、みらいのために
厚生労働省

調査票の記入及び提出は、インターネットでも可能です。
詳しくは、同封の「インターネット回答の手引き」をご覧ください。

（お願い）

お答えは、数字は右詰めで記入し、あてはまる番号は○で囲んでください。

お答えになった内容については統計以外の目的には使用しませんのでご協力をお願いいたします。

整理番号			
地区番号	単位区番号	世帯番号	

出生年月をご確認ください。
記載されていない場合はご記入願います。

出生年月
1 昭和　2 平成　□□ 年 □□ 月生

問１　あなたは、現在、所得を伴う仕事（学生アルバイトも含む）についていますか。**あてはまる番号1つに○をつけてください。**所得を伴う仕事には、家業（農業を含む）の手伝いや内職も含みます。

1　仕事についている
2　仕事についているが、休業中（育児休業、介護休業など）である
→ **問２**へお進みください

3　仕事についていない
- 1　家事に従事している
- 2　通学している
- 3　その他

→ ４頁の**問10**へお進みください

問２　現在、複数の仕事（休業中の仕事も含む）についていますか。**あてはまる番号1つに○をつけてください。**

1　複数の仕事についている → 次頁の**問３**から**問６**までは、一番長い時間している仕事についてお答えください
2　ひとつの仕事にのみついている

あなたの状況

あなたの状況

問３　現在ついている仕事は、どのような形態ですか。**あてはまる番号1つに○をつけてください。**休業中の場合は、休業前の状況をもとにお答えください。（**問６**まで同様です。）

1　会社などの役員
2　自営業主
3　自家営業の手伝い
4　自宅での賃仕事（内職）
5　正規の職員・従業員
6　アルバイト
7　パート
8　労働者派遣事業所の派遣社員
9　契約社員
10　嘱託
11　その他

勤め先における呼称を基準にお答えください。

（5〜11の方）→

雇用保険（失業保険）に加入していますか。
あてはまる番号1つに○をつけてください。

1　している
2　していない
3　わからない

雇用契約は有期ですか、無期ですか。
あてはまる番号1つに○をつけてください。

1　無期（契約期間の定めがない）
2　有期（契約期間が１年超）
3　有期（契約期間が１年以下）
4　わからない

問４　従業者の数（勤め先・業主などの企業全体）はどのくらいですか。**あてはまる番号1つに○をつけてください。**

1　１～４人	4　１００～２９９人	7　１０００～４９９９人
2　５～２９人	5　３００～４９９人	8　５０００人以上
3　３０～９９人	6　５００～９９９人	9　官公庁

問５　どのような職業ですか。**あてはまる番号1つに○をつけてください。**

1　管理的な仕事	5　サービスの仕事	9　輸送・機械運転の仕事
2　専門的・技術的な仕事	6　保安の仕事	10　建設・採掘の仕事
3　事務の仕事	7　農林漁業の仕事	11　運搬・清掃・包装等の仕事
4　販売の仕事	8　生産工程の仕事	12　分類不能の職業

問６　現在の勤め先（会社等）は、１年前（平成２７年１１月１日）と同じですか。

1　同じ → 次頁の**問７**へお進みください
2　違う（１年前に仕事についていなかった方も含みます）

補問６－１　現在の勤め先（会社等）に勤め始めた時期、または事業を開始した時期はいつですか。

1　平成２７年
2　平成２８年
□□ 月

あなたの状況

あなたの状況

問７　**平成２８年１０月の１か月間**に働いて得た所得はありましたか。**あてはまる番号１つに○**をつけ、所得がある場合は、**この１か月間の所得額（税込み）**を記入してください。**複数の仕事**による所得がある場合は、それらを合算のうえ記入してください。

	平成２８年１０月の１か月間に働いて得た所得
所　得	１　あり 金額 → □□□ 万 □ 千円 ２　なし

注：**千円未満は四捨五入**してください。

問８　就業時間等についてお答えください。勤務日数と就業時間については、**複数の仕事**についている場合、**それらを合計のうえ**記入してください。
なお、平均的な平日の帰宅時間は、**平日の日中に就業されている方**のみ、出勤日の平均を２４時間表示（10:00PM は22:00）でご記入ください。

１週間の勤務日数　通常 □ 日	平均的な**１週間の就業時間** □□□ 時間
１日の<u>片道</u>の平均通勤時間 □ 時間 □□ 分	平均的な**平日の帰宅時間** □□：□□ （例：10:00PM→22:00）

注：１）就業時間は、ふだんの**１週間の就業時間**を記入してください。また、ふだん残業している場合は、**残業時間も含めて**記入してください。
（記入例：１日８時間、週５日働いた場合は、勤務日数**５日**、就業時間**４０時間**となります。）
２）通勤時間は、日によって異なる場合は、それらを平均した１日当たりの片道通勤時間を記入してください。

問９　現在、学業のために学校に通っていますか。通っている場合は学業と仕事のどちらが主ですか。**あてはまる番号１つに○**をつけてください。

通っている
１　学業が主である ――→ 次頁の**問10**へお進みください
２　仕事が主である ┐
３　通っていない ┘――→ 次頁の**問11**へお進みください

引き続き次頁以降の該当する項目に記入をお願いいたします。

現在、仕事についていない方、仕事についているが学業が主である方のみお答えください。

問10　あなたは、現在、所得を伴う仕事につきたいと思っていますか。**あてはまる番号１つに○**をつけてください。（なお、在学中の方は学校卒業後に所得を伴う仕事につきたいと思っているかどうかお答えください。）

１　思っている ――→ **補問10－１**へお進みください
２　思っていない ┬→ 仕事についた経験がない方は７頁の**問15**へお進みください
　　　　　　　　 └→ 仕事についた経験がある方は**問11**へお進みください

補問10－１　どのような形態の仕事につきたいと思いますか。**あてはまる番号１つに○**をつけてください。

１　会社などの役員
２　自営業主
３　自家営業の手伝い
４　自宅での賃仕事（内職）
５　正規の職員・従業員
６　アルバイト
７　パート
８　労働者派遣事業所の派遣社員
９　契約社員
10　嘱託
11　その他

補問10－２　仕事を探したり開業の準備をしたりしていますか。**あてはまる番号１つに○**をつけてください。

１　している　　２　していない

この１年間（平成２７年１１月１日以降）に仕事をやめたことがある方のみお答えください。

問11　**この１年間**にやめた所得を伴う仕事（学生アルバイトも含む）についてお答えください。
なお、同時期に複数の仕事についていた場合は、一番長い時間していた仕事をやめた場合について記入してください。

	仕事についた年月	仕事をやめた年月	就業形態（**あてはまる番号１つに○**をつけてください。）										
			会社などの役員	自営業主	自家営業の手伝い	自宅での賃仕事（内職）	正規の職員・従業員	アルバイト	パート	労働者派遣事業所の派遣社員	契約社員	嘱託	その他
1年前（平成27年11月1日）についていた仕事		平成 □□ 年 □□ 月											
平成27年11月1日以降に新たについた仕事	平成 □□ 年 □□ 月	平成 □□ 年 □□ 月	1	2	3	4	5	6	7	8	9	10	11
	平成 □□ 年 □□ 月	平成 □□ 年 □□ 月	1	2	3	4	5	6	7	8	9	10	11
	平成 □□ 年 □□ 月	平成 □□ 年 □□ 月	1	2	3	4	5	6	7	8	9	10	11

あなたの状況

→ 補問11－1　1年前（平成２７年１１月１日）についていた仕事をその後、やめたのはどのような理由からですか。**あてはまる番号すべてに**○をつけてください。
また、**その中で主なものの番号１つを番号記入欄に記入**してください。

1 自分の希望する仕事ではなかったから	14 健康がすぐれなかったから
2 能力・実績が正当に評価されなかったから	15 家族の介護のため
3 給与・報酬が少なかったから	16 家族が転勤したから
4 労働時間が長かった・休暇が少なかったから	17 育児休業がとりにくかったから
5 独立・起業のため	18 会社から出向・転籍を命ぜられたから
6 通勤時間が長かったから	19 希望退職に応じたから
7 転勤が多かったから	20 倒産したから
8 一時的・不安定な仕事だったから	21 解雇されたから
9 人間関係がうまくいかなかったから	22 契約期間が満了したから
10 会社の経営方針に不満を感じたから	23 初めから短期のつもりだったから
11 事業又は会社の将来に不安を感じたから	24 新しい仕事がみつかったから
12 結婚のため	25 勉強のため
13 出産・育児のため	26 その他（　　　　　　）
	主なものの番号記入欄

現在、仕事についている方（休業中、アルバイト・パート等も含む）のみお答えください。

問12　あなたは今後出産する場合に、出産した後も現在の仕事を続けますか。**あてはまる番号１つに**○をつけてください。（今後の出産を考えていない方は、「４　今後の出産は考えていない」に○をつけてください。）

1 出産した後も続ける	2 出産を機にやめる	3 続けるかどうか考えていない	4 今後の出産は考えていない

引き続き次頁以降の該当する項目に記入をお願いいたします。

あなたの状況

現在、会社等にお勤めの方（休業中、アルバイト・パート等も含む）のみお答えください。

問13　あなたのお勤めの会社等には、以下のような、**仕事と子育ての両立のため**及び**仕事と介護の両立のため**の制度で、**あなたの就業形態で利用可能な**制度はありますか。それぞれの制度について、**あてはまる番号１つに**○をつけてください。

	制度の種類	① あなたの就業形態で利用可能な次の制度はありますか。	①で「ある」とお答えになった制度についてお答えください。② その制度を利用した場合の給与	③ あなたが利用するにあたっての雰囲気はどうですか。	④ 現在または今後、育児のために制度を利用したいと思いますか。
仕事と子育ての両立のため	(1) 育児休業制度	1 ある→ 2 ない 3 わからない	1 有給 2 無給 3 わからない	1 利用しやすい雰囲気がある 2 利用しにくい雰囲気がある 3 どちらともいえない	1 思う 2 思わない 3 現在利用している 4 わからない
	(2) 短時間勤務制度	1 ある→ 2 ない 3 わからない		1 利用しやすい雰囲気がある 2 利用しにくい雰囲気がある 3 どちらともいえない	1 思う 2 思わない 3 現在利用している 4 わからない
	(3) (1)、(2)以外の育児のための勤務時間の短縮等（フレックスタイム制 始業・終業時刻の繰上げ・繰下げ 所定外労働（残業）の免除）	1 ある→ 2 ない 3 わからない		1 利用しやすい雰囲気がある 2 利用しにくい雰囲気がある 3 どちらともいえない	1 思う 2 思わない 3 現在利用している 4 わからない

	制度の種類	① あなたの就業形態で利用可能な次の制度はありますか。	①で「ある」とお答えになった制度についてお答えください。② その制度を利用した場合の給与	③ あなたが利用するにあたっての雰囲気はどうですか。	④ 現在または今後、介護のために制度を利用したいと思いますか。
仕事と介護の両立のため	(1) 介護休業制度	1 ある→ 2 ない 3 わからない	1 有給 2 無給 3 わからない	1 利用しやすい雰囲気がある 2 利用しにくい雰囲気がある 3 どちらともいえない	1 思う 2 思わない 3 この1年間(※2)に利用経験がある 4 わからない
	(2) 介護のための所定労働時間の短縮等の措置(※1)	1 ある→ 2 ない 3 わからない		1 利用しやすい雰囲気がある 2 利用しにくい雰囲気がある 3 どちらともいえない	1 思う 2 思わない 3 この1年間(※2)に利用経験がある 4 わからない

注：複数の仕事についている場合は、一番長い時間している仕事についてお答えください。
※1　介護のための所定労働時間の短縮等の措置とは、介護のために利用可能な以下のいずれかの制度を指します。所定労働時間を短縮する制度、フレックスタイム制、始業・終業時刻の繰上げ・繰下げ、労働者が利用する介護サービスの費用の助成その他これに準ずる制度。
※2　この１年間とは「**平成２７年１１月～平成２８年１０月**」までの期間を指します。

お子さんのいる方のみお答えください。

問14　あなたは**この１年間（平成２７年１１月～平成２８年１０月）**に、次の制度を利用しましたか。
それぞれの制度について、**あてはまる番号１つに**○をつけてください。また、育児休業制度の**利用あり**の場合は、取得した期間（現在取得中の場合は予定期間）を記入してください。

制度の種類	利用の有無	育児休業取得期間（平成２７年１１月～平成２８年１０月の間）
（1）育児休業制度	1 利用あり 2 利用なし	1→ 平成　　年　　月 ～ 平成　　年　　月
（2）育児のための短時間勤務制度	1 利用あり 2 利用なし	※育児休業取得期間は、育児休業の開始から終了の期間が**平成２７年１１月～平成２８年１０月**にかかる場合に、実際の取得期間をすべて記入してください。（記入例）育児休業取得期間が平成２７年７月から平成２８年６月までの場合、**平成２７年７月～平成２８年６月**となります。
（3）（1）、（2）以外の育児のための勤務時間の短縮等	1 利用あり 2 利用なし	

注：1）複数の仕事についている場合は、一番長い時間している仕事についてお答えください。
2）（3）の内容は、この頁の問13の（3）と同様です。

すべての方がお答えください。

問15 あなたは**この1年間（平成２７年１１月～平成２８年１０月）**に、次の出来事がありましたか。
あてはまる番号すべてに○をつけて、その年月を記入してください。
また、それぞれの学校の種類についても、**あてはまる番号１つに**○をつけてください。

1 卒業した ---▶ 平成 □ 年 □ 月 ---▶	1 高校　2 専門学校	3 短大・高専　4 大学　5 大学院　6 その他
2 中退した ---▶ 平成 □ 年 □ 月 ---▶	1 高校　2 専門学校	3 短大・高専　4 大学　5 大学院　6 その他
3 入学した ---▶ 平成 □ 年 □ 月 ---▶	1 高校　2 専門学校	3 短大・高専　4 大学　5 大学院　6 その他
4 上記１～３のようなことはなかった		

問16 あなたには、**現在**、配偶者はいますか。
なお、「配偶者」には、事実上夫婦として生活しているが、婚姻届を提出していない場合も含みます。**（以下の質問についても同様です。）**

1 い　る ---▶ 現在、配偶者と同居していますか。（1 同居している　2 同居していない）
2 いない ---▶ 現在、「交際している異性」はいますか。（1 いる　2 いない）

問17 **この１年間（平成２７年１１月～平成２８年１０月）**に、次のような出来事はありましたか。
あてはまる番号すべてに○をつけてください。
なお、結婚には、事実上夫婦として生活するようになった場合、離婚・死別には事実上夫婦として生活していた場合も含みます。

1 結婚した ---▶ 配偶者の生年月　1 昭和　2 平成　□ 年 □ 月生
　同居を開始した年月　平成 □ 年 □ 月
2 離婚した
3 配偶者と死別した
4 上記１～３のようなことはなかった

補問17－1 現在、妊娠していますか。

1 している　　2 していない・わからない

引き続き次頁以降の該当する項目に記入をお願いいたします。

あなたの状況

あなたの状況

配偶者と同居している方のみお答えください。

問18 あなたの配偶者はふだん家事、育児・子どもの世話を行っていますか。

1 している　　2 していない ---▶ 問19へお進みください

補問18－1 家事、育児・子どもの世話を行ってくれることは、あなたにとってどの程度負担の軽減になっていますか。**あてはまる番号１つに**○をつけてください。

1 非常に助かる　2 少しは助かる　3 あまり軽減とならない　4 軽減とならない

すべての方がお答えください。

問19 今後、（すでにいらっしゃる場合は、さらに）何人の子どもをもちたいと考えていますか。
すでにいらっしゃるお子さんは含めずに記入してください。
（お子さんが欲しくない場合は、０人と記入してください。）

（さらに）□ 人 ---▶ ０人と記入された方は問20へお進みください

補問19－1 今後、子どもをもつことについて、どのように思っていますか。**あてはまる番号１つに**○をつけてください。

1 絶対にもちたい　2 できればもちたい　3 もてなくてもかまわない

〔**補問19－2は所得を伴う仕事がある方のみお答えください。**現在、休業中（育児休業、介護休業など）の方も含みます。それ以外の方は問20へお進みください。〕

補問19－2 出産と仕事に関して、次のようなことがありますか。**あてはまる番号すべてに**○をつけてください。

1 配偶者や家族が出産後退職することを望んでいる
2 職場に出産後働き続けにくい雰囲気がある
3 上記１、２のようなことはない

問20 あなたは、お子さんをおもちであること（またはもつこと）に関して、次のようなことを感じていますか。**あてはまる番号すべてに**○をつけてください。

1 家族の結びつきが深まる
2 子どもとのふれあいが楽しい
3 仕事に張り合いが生まれる
4 子育てを通じて自分の友人が増える
5 子育てを通じて人間的に成長できる
6 老後の生活の面倒をみてもらえる
7 子育てによる心身の疲れが大きい
8 子育て・教育で出費がかさむ
9 自分の自由な時間がもてなくなる
10 仕事が十分にできなくなる
11 子育てが大変なことを身近な人が理解してくれない
12 社会から取り残されたような気になる
13 子どもにどのように接すればよいかわからない
14 子どもの非行が心配
15 子どもの教育・進学が心配
16 子どもの就職・仕事が心配
17 その他（　　　　　　　　　　）
18 感じていることは特にない

問21　あなたは１日の中で、家事、育児・子どもの世話に何時間くらい費やしていますか。平日と休日に分けてお答えください。

平日		時間		分	休日		時間		分

問22　現在、同居している方は何人ですか。ご家族については、建物が別であっても、同一敷地内に住んでいる場合には、同居に含めてください。

　　人（ご本人は含みません）

問23　あなた及びあなたの配偶者のご両親と同居していますか。建物が別であっても、同一敷地内に住んでいる場合には、同居に含めてください。（配偶者がいない方は、（1）、（2）のみお答えください。）

（1）あなたの父親	1　同居	2　別居（自宅からの距離＿＿分）	3　死別
（2）あなたの母親	1　同居	2　別居（自宅からの距離＿＿分）	3　死別
（3）配偶者の父親	1　同居	2　別居（自宅からの距離＿＿分）	3　死別
（4）配偶者の母親	1　同居	2　別居（自宅からの距離＿＿分）	3　死別

注：自宅からの距離は、よく利用する交通手段での移動時間を分単位に換算してご記入ください。

問24　**この１年間（平成２７年１１月～平成２８年１０月）**に転居、又は住居の増改築をしましたか。
なお、転居には、住所変更を伴わない一時的な滞在（出産のために実家に帰るなど）は含みません。

1　した　　　2　していない

補問24－1　現在のお住まいの状況について、**あてはまる番号1つに**○をつけて、居住室数をお答えください。

住居の種類	住居の床面積（※玄関・台所・便所・浴室などを含んだ住居全ての床面積の合計　※畳２畳分＝約3.3㎡）	居住室数（※玄関・台所・便所・浴室・廊下などは除きます。※ダイニングキッチンは含めます。）
1　持ち家 2　民間賃貸住宅 3　社宅・公務員住宅等の給与住宅 4　都市再生機構・公社等の公営賃貸住宅 5　借間・その他	1　25㎡未満 2　25～50㎡未満 3　50～75㎡未満 4　75～100㎡未満 5　100～150㎡未満 6　150～200㎡未満 7　200㎡以上	室

配偶者がいない方で、親御さんと同居している方のみお答えください。

問25　あなたは生活費を家計に繰り入れていますか。**あてはまる番号1つに**○をつけてください。
入れている場合は、毎月の平均額を記入してください。

1　入れていない　　2　入れている　　　万円（99万円以上の場合は「９９」と記入してください）

引き続き次頁以降の該当する項目に記入をお願いいたします。

あなたの状況

あなたの状況

すべての方がお答えください。

問26　お子さんはいますか。

1　いる　　　2　いない　→　次頁の**問27**へお進みください

補問26－1　お子さんについて、年齢の高い順に記入してください。（７人以上お子さんがいらっしゃる場合は、余白にご記入ください。）

	性別	出生年月	同別居の別	（同居している小学生のお子さんについて）現在の放課後児童（学童）クラブの利用の有無
1	1　男 2　女	1　昭和 2　平成　　年　　月	1　同居 2　別居	1　あり 2　なし
2	1　男 2　女	1　昭和 2　平成　　年　　月	1　同居 2　別居	1　あり 2　なし
3	1　男 2　女	1　昭和 2　平成　　年　　月	1　同居 2　別居	1　あり 2　なし
4	1　男 2　女	1　昭和 2　平成　　年　　月	1　同居 2　別居	1　あり 2　なし
5	1　男 2　女	1　昭和 2　平成　　年　　月	1　同居 2　別居	1　あり 2　なし
6	1　男 2　女	1　昭和 2　平成　　年　　月	1　同居 2　別居	1　あり 2　なし

補問26－2　子育てについて、負担を感じていますか。**あてはまる番号1つに**○をつけてください。

1　大いにある　　2　多少ある　　3　それほどでもない　　4　ない

小学校入学前の同居しているお子さんがいらっしゃる方のみお答えください。

補問26－3　現在、**利用している**保育サービス等について、**あてはまる番号すべてに**○をつけてください。

1　認可保育所（園）、小規模保育
2　事業所内託児施設(注)
3　認可外保育施設（事業所内託児施設を除く）
4　居宅訪問型保育・ベビーシッター、家庭的保育・保育ママ
5　ファミリー・サポート・センター
6　幼稚園が行っている預かり保育
7　幼稚園（預かり保育を除く）
8　認定こども園
9　利用していない

注：あなた（現在、配偶者がいる場合には、あなたや配偶者）が会社等にお勤めの場合、その会社等に設置されている託児施設です。

補問26－4　小学校入学前のお子さんを、平日の日中に世話をしているご家族等はどなたですか。
あてはまる番号すべてに○をつけてください。

1　あなた
2　配偶者
3　あなたの父
4　あなたの母
5　配偶者の父
6　配偶者の母
7　その他の家族・親族
8　その他（友人・知人等）
9　なし（保育サービス等の利用のみの場合はこちらに含まれます）

補問26－5　現在、利用を希望しているが利用できない保育サービスはありますか。ある場合は、**利用を希望するものすべてに**○をつけてください。

1　認可保育所（園）、小規模保育	6　幼稚園が行っている預かり保育
2　事業所内託児施設(注)	7　幼稚園（預かり保育を除く）
3　認可外保育施設（事業所内託児施設を除く）	8　認定こども園
4　居宅訪問型保育・ベビーシッター、家庭的保育・保育ママ	9　特にない
5　ファミリー・サポート・センター	

注：あなた（現在、配偶者がいる場合には、あなたや配偶者）が会社等にお勤めの場合、その会社等に設置されている託児施設です。

すべての方がお答えください。

問27　次の(ア)から(カ)の質問について、過去1か月の間はどのようでありましたか。**6つの項目それぞれ**について**あてはまる番号1つに**○をつけてください。

	いつも	たいてい	ときどき	少しだけ	まったくない
(ア) 神経過敏に感じましたか	1	2	3	4	5
(イ) 絶望的だと感じましたか	1	2	3	4	5
(ウ) そわそわ、落ち着かなく感じましたか	1	2	3	4	5
(エ) 気分が沈み込んで、何が起こっても気が晴れないように感じましたか	1	2	3	4	5
(オ) 何をするのも骨折りだと感じましたか	1	2	3	4	5
(カ) 自分は価値のない人間だと感じましたか	1	2	3	4	5

問28　現在のあなたの暮らしの状況を総合的にみて、どう感じていますか。**あてはまる番号1つに**○をつけてください。

1　大変苦しい	3　普　通	5　大変ゆとりがある
2　やや苦しい	4　ややゆとりがある	

問29　あなたの世帯で主に家計を支えているのはどなたですか。**あてはまる番号1つに**○をつけてください。

1　あなた	4　配偶者のきょうだい	7　配偶者の父親	10　わからない
2　配偶者	5　あなたの父親	8　配偶者の母親	
3　あなたのきょうだい	6　あなたの母親	9　その他	

引き続き次頁以降の該当する項目に記入をお願いいたします。

あなたの状況

あなたの状況

問30　あなた（現在、配偶者がいる場合には**あなた及び配偶者**）の、**平成２７年１年間に得た所得（働いて得た所得（税込み）とその他の所得の合計金額）**について、それぞれ**あてはまる番号1つに**○をつけてください。配偶者がいない場合には、「(1) あなたの所得」のみお答えください。

	平成２７年１年間の所得		
(1) あなたの所得	1　所得なし 2　50万円未満 3　50～ 99万円 4　100～149万円 5　150～199万円 6　200～249万円	7　250～299万円 8　300～349万円 9　350～399万円 10　400～449万円 11　450～499万円 12　500～599万円	13　600～ 699万円 14　700～ 799万円 15　800～ 899万円 16　900～ 999万円 17　1000～1499万円 18　1500万円以上
(2) 配偶者の所得	1　所得なし 2　50万円未満 3　50～ 99万円 4　100～149万円 5　150～199万円 6　200～249万円	7　250～299万円 8　300～349万円 9　350～399万円 10　400～449万円 11　450～499万円 12　500～599万円	13　600～ 699万円 14　700～ 799万円 15　800～ 899万円 16　900～ 999万円 17　1000～1499万円 18　1500万円以上

注：1）**1万円未満は四捨五入**してください。
2）わからない場合は家族の方と相談してお答えください。
3）**その他の所得**には、親からの仕送り、家賃・地代等の財産収入、利子・配当金、児童手当、雇用保険からの育児休業給付等の社会保障給付金などを含みます。

問31　あなた（現在、同居している配偶者がいる場合には**あなた及び配偶者**）が、**平成２８年１０月の1か月間に支出した額**を記入してください。配偶者がいない場合や配偶者が別居している場合には、あなたご自身の支出について記入してください。

なお、親や兄弟など他の家族と生計を同一にしているため、他のご家族の支出と**区別することが困難な場合**には、**世帯全体**（あなたの親や兄弟などの支出を含む）の支出を記入してください。

（わからない場合には家族の方と相談してお答えください。）

平成２８年１０月の１か月間の支出	
(1) **支出額** ((2)、(3)を含む)	□□□万□千円
(2) **うち、お子さんの保育料** 小学校入学前のお子さんについて、保育所、認定こども園、ベビーシッター等の保育サービスを利用した場合に支払った費用	1　あり→金額 □□□万□千円 2　なし
(3) **うち、お子さんの教育費** 幼稚園、放課後児童(学童)クラブ、学校教育費、参考書等の購入費、家庭教師、通信教育、学習塾、水泳教室、音楽教室等に支払った費用	1　あり→金額 □□□万□千円 2　なし
(4) **親や兄弟など他の家族の支出との区別**	1　できる　　2　できない

注：1）**支出**には、税金、社会保険料、事業上の支払い、貯蓄、借金、住宅ローンの返済、掛け捨て型以外の生命保険料・損害保険料は**含めません**が、耐久消費財の購入、冠婚葬祭の費用は**含めます。**
2）**千円未満は四捨五入**してください。

配偶者がいない方は回答終了です。

配偶者（夫）の状況

配偶者（夫）がこの調査に回答されていない方（平成24年11月～平成28年10月にご結婚された方）は、配偶者（夫）の方の状況をお答えください。

配－問1　あなたの夫は、現在、所得を伴う仕事（学生アルバイトも含む）についていますか。**あてはまる番号1つに**○をつけてください。所得を伴う仕事には、家業（農業を含む）の手伝いや内職も含みます。

1　仕事についている ┐
2　仕事についているが、休業中（育児休業、介護休業など）である ┘→ **配－問2**へお進みください
3　仕事についていない
　→ 1　家事に従事している
　　 2　通学している
　　 3　その他
　　→ 15頁の**配－問10**へお進みください

配－問2　あなたの夫は、現在、複数の仕事（休業中の仕事も含む）についていますか。**あてはまる番号1つに**○をつけてください。

1　複数の仕事についている → **配－問3**から**配－問6**までは、一番長い時間している仕事についてお答えください
2　ひとつの仕事にのみついている

配－問3　あなたの夫が、現在ついている仕事は、どのような形態ですか。**あてはまる番号1つに**○をつけてください。休業中の場合は、休業前の状況をもとにお答えください。(**配－問6**まで同様です。)

1　会社などの役員
2　自営業主
3　自家営業の手伝い
4　自宅での賃仕事（内職）
5　正規の職員・従業員
6　アルバイト
7　パート
8　労働者派遣事業所の派遣社員
9　契約社員
10　嘱託
11　その他

勤め先における呼称を基準にお答えください。

（5～11の方）→
雇用保険（失業保険）に加入していますか。
あてはまる番号1つに○をつけてください。

1　している
2　していない
3　わからない

雇用契約は有期ですか、無期ですか。
あてはまる番号1つに○をつけてください。

1　無期（契約期間の定めがない）
2　有期（契約期間が1年超）
3　有期（契約期間が1年以下）
4　わからない

引き続き次頁以降の該当する項目に記入をお願いいたします。

あなたの夫の状況

あなたの夫の状況

配－問4　あなたの夫の勤め先の従業者の数（勤め先・業主などの企業全体）はどのくらいですか。
あてはまる番号1つに○をつけてください。

1　1～4人	4　100～299人	7　1000～4999人
2　5～29人	5　300～499人	8　5000人以上
3　30～99人	6　500～999人	9　官公庁

配－問5　あなたの夫が現在ついているのはどのような職業ですか。**あてはまる番号1つに**○をつけてください。

1　管理的な仕事	5　サービスの仕事	9　輸送・機械運転の仕事
2　専門的・技術的な仕事	6　保安の仕事	10　建設・採掘の仕事
3　事務の仕事	7　農林漁業の仕事	11　運搬・清掃・包装等の仕事
4　販売の仕事	8　生産工程の仕事	12　分類不能の職業

配－問6　あなたの夫の現在のお勤め先は、1年前（平成27年11月1日）と同じですか。

1　同じ → **配－問7**へお進みください
2　違う（1年前に仕事についていなかった方も含みます）→

配－補問6－1　あなたの夫が現在の勤め先に勤め始めた時期、または事業を開始した時期はいつですか。

1　平成27年
2　平成28年
　　□□ 月

配－問7　あなたの夫には、<u>**平成28年10月の1か月間に働いて得た所得**</u>はありましたか。**あてはまる番号1つに**○をつけ、所得がある場合は、**この1か月間の所得額（税込み）**を記入してください。
複数の仕事による所得がある場合は、それらを合算のうえ記入してください。

	平成28年10月の1か月間に働いて得た所得
所　得	1　あり → 金額 □□□ 万 □ 千円 2　なし

注：1）**千円未満は四捨五入**してください。
　　2）わからない場合は家族の方と相談してお答えください。

配－問8　あなたの夫の就業時間等についてお答えください。勤務日数と就業時間については、**複数の仕事**についている場合、**それらを合計のうえ**記入してください。
なお、平均的な平日の帰宅時間は、**平日の日中に就業されている方**のみ、出勤日の平均を24時間表示（10:00PMは22:00）でご記入ください。

1週間の勤務日数　通常 □ 日　平均的な**1週間の就業時間** □□□ 時間

1日の<u>**片道**</u>の平均通勤時間 □ 時間 □□ 分　平均的な**平日の帰宅時間** □□：□□
（例：10:00PM→22:00）

注：1）就業時間は、ふだんの**1週間の就業時間**を記入してください。また、ふだん残業している場合は、**残業時間も含めて**記入してください。
（記入例：1日8時間、週5日働いた場合は、勤務日数<u>5日</u>、就業時間<u>40時間</u>となります。）
　　2）通勤時間は、日によって異なる場合は、それらを平均した1日当たりの片道通勤時間を記入してください。

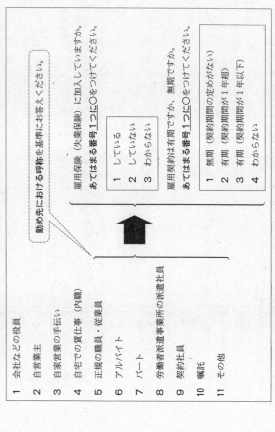

あなたの夫の状況

配－問９　あなたの夫は、現在、学業のために学校に通っていますか。通っている場合は学業と仕事のどちらが主ですか。**あてはまる番号**1つに○をつけてください。

通っている
　1　学業が主である
　2　仕事が主である
3　通っていない

配－問10　あなたの夫が**最後に**卒業（または中退）された、あるいは**在学中**の学校はどれですか。**あてはまる番号**1つに○をつけてください。また、卒業・中退・在学中のうち**あてはまる番号**1つに○をつけ、在学中でない方は、卒業（または中退）された年月を記入してください。

1　中学校	5　大学
2　高校	6　大学院
3　専門学校	7　その他
4　短大・高専	

→ 1　卒業／2　中退 → 卒業（または中退）された年月　1 昭和　2 平成　□□年□□月
3　在学中（休学等を含む）

配－問11　あなたの夫は１日の中で、家事、育児・子どもの世話に何時間くらい費やしていますか。平日と休日に分けてお答えください。

平日	時間	分	休日	時間	分

お子さんのいる方のみお答えください。

配－問12　あなたの夫は**この１年間**（**平成２７年１１月～平成２８年１０月**）に、次の制度を利用しましたか。それぞれの制度について、**あてはまる番号**1つに○をつけてください。また、育児休業制度の**利用あり**の場合は、取得した期間（現在取得中の場合は予定期間）を記入してください。

制度の種類	利用の有無	育児休業取得期間（平成２７年１１月～平成２８年１０月の間）
（1）育児休業制度	1　利用あり 2　利用なし	→ 平成□□年□□月 ～ 平成□□年□□月
（2）育児のための短時間勤務制度	1　利用あり 2　利用なし	※育児休業取得期間は、育児休業の開始から終了の期間が平成２７年１１月～平成２８年１０月にかかる場合に、実際の取得期間をすべて記入してください。 （記入例） 育児休業取得期間が平成２７年７月から平成２８年６月までの場合、平成２７年７月～平成２８年６月となります。
（3）（1）、（2）以外の育児のための勤務時間の短縮等	1　利用あり 2　利用なし	

注：1）複数の仕事についている場合は、一番長い時間している仕事についてお答えください。
　　2）（3）の内容は、６頁の問13の（3）と同様です。

15

あなたの状況

すべての方がお答えください。

○　本調査では、今回からパソコンによるインターネットを利用した回答ができるようにしましたが、今後の参考とさせていただきますので、インターネットによる回答を利用しなかった理由について教えてください。（**あてはまる番号**すべてに○をつけてください。）

1　パソコンを持っていない
2　パソコンは持っているが、インターネットを利用できない
3　セキュリティが心配
4　インターネットで回答しようとしたが、調査票が開けなかった
5　インターネットで回答しようとしたが、操作が難しくあきらめた
6　その他（　　　　　　　　　　　　　　　　　　　）

○　次回の調査はインターネットで回答したいですか。（**あてはまる番号**1つに○をつけてください。）

1　パソコンで回答したい
2　スマートフォンやタブレットによる回答ができるならしたい
3　インターネットでは回答したくない
4　わからない

最後に、この調査に関して何でも結構ですので、感想など自由にご記入ください。

たいへんお忙しい中、長時間にわたりご協力いただきまして、ありがとうございました。

この調査の結果は、まとまり次第皆さまのもとにお届けします。

少子化、就業、社会保障など、皆さまにとって身近な課題に取り組んでいくための重要な基礎資料とさせていただきますので、今後ともご協力いただきますようお願い申し上げます。

政府統計

このマークは、統計法に基づく国の統計調査であることを示し、提出いただいた調査票情報の秘密の保護に万全を期すことをお約束するものです。

16

秘　統計法に基づく　一般統計調査

第５回２１世紀成年者縦断調査【平成２４年成年者】

国民の生活に関する継続調査
〔男性票〕

（平成２８年１１月２日調査）

厚生労働省

調査票の記入及び提出は、インターネットでも可能です。
詳しくは、同封の「インターネット回答の手引き」をご覧ください。

（お願い）
お答えは、数字は右詰めで記入し、あてはまる番号は○で囲んでください。
お答えになった内容については統計以外の目的には使用しませんのでご協力をお願いいたします。

整理番号

地区番号	単位区番号	世帯番号

出生年月をご確認ください。
記載されていない場合はご記入願います。

出生年月
1　昭和　2　平成　□□年　□□月生

問１　あなたは、現在、所得を伴う仕事（学生アルバイトも含む）についていますか。**あてはまる番号１つに**○をつけてください。所得を伴う仕事には、家業（農業を含む）の手伝いや内職も含みます。

1　仕事についている
2　仕事についているが、休業中（育児休業、介護休業など）である
→ **問２**へお進みください
3　仕事についていない
　1　家事に従事している
　2　通学している
　3　その他
　→ ４頁の**問10**へお進みください

問２　現在、複数の仕事（休業中の仕事も含む）についていますか。**あてはまる番号１つに**○をつけてください。

1　複数の仕事についている → 次頁の**問３**から**問６**までは、一番長い時間している仕事についてお答えください
2　ひとつの仕事にのみついている

あなたの状況

あなたの状況

問３　現在ついている仕事は、どのような形態ですか。**あてはまる番号１つに**○をつけてください。休業中の場合は、休業前の状況をもとにお答えください。（**問６**まで同様です。）

1　会社などの役員
2　自営業主
3　自家営業の手伝い
4　自宅での賃仕事（内職）
5　正規の職員・従業員
6　アルバイト
7　パート
8　労働者派遣事業所の派遣社員
9　契約社員
10　嘱託
11　その他

勤め先における呼称を基準にお答えください。

（5〜11の方）→
雇用保険（失業保険）に加入していますか。
あてはまる番号１つに○をつけてください。
1　している
2　していない
3　わからない

雇用契約は有期ですか、無期ですか。
あてはまる番号１つに○をつけてください。
1　無期（契約期間の定めがない）
2　有期（契約期間が１年超）
3　有期（契約期間が１年以下）
4　わからない

問４　従業者の数（勤め先・業主などの企業全体）はどのくらいですか。**あてはまる番号１つに**○をつけてください。

1　１～４人	4　１００～２９９人	7　１０００～４９９９人
2　５～２９人	5　３００～４９９人	8　５０００人以上
3　３０～９９人	6　５００～９９９人	9　官公庁

問５　どのような職業ですか。**あてはまる番号１つに**○をつけてください。

1　管理的な仕事	5　サービスの仕事	9　輸送・機械運転の仕事
2　専門的・技術的な仕事	6　保安の仕事	10　建設・採掘の仕事
3　事務の仕事	7　農林漁業の仕事	11　運搬・清掃・包装等の仕事
4　販売の仕事	8　生産工程の仕事	12　分類不能の職業

問６　現在の勤め先（会社等）は、１年前（平成２７年１１月１日）と同じですか。

1　同じ → 次頁の**問７**へお進みください
2　違う（１年前に仕事についていなかった方も含みます）

補問６－１　現在の勤め先（会社等）に勤め始めた時期、または事業を開始した時期はいつですか。

1　平成２７年
2　平成２８年
□□月

問7　<u>平成２８年１０月の１か月間に</u>働いて得た所得はありましたか。**あてはまる番号<u>１つに</u>○**をつけ、所得がある場合は、**この１か月間の所得額（税込み）**を記入してください。**複数の仕事**による所得がある場合は、それらを合算のうえ記入してください。

	平成２８年１０月の１か月間に働いて得た所得
所　得	1　あり　→　金額 □□□ 万 □ 千円 2　なし

注：**千円未満は四捨五入**してください。

問8　就業時間等についてお答えください。勤務日数と就業時間については、**複数の仕事**についている場合、**それらを合計のうえ**記入してください。

なお、平均的な平日の帰宅時間は、**平日の日中に就業されている方**のみ、出勤日の平均を２４時間表示（10:00PMは22:00）でご記入ください。

1週間の勤務日数　通常 □ 日	平均的な**1週間の就業時間** □□□ 時間
1日の<u>片道</u>の平均通勤時間 □ 時間 □□ 分	平均的な**平日の帰宅時間** □□ : □□ (例：10:00PM→22:00)

注：1）就業時間は、ふだんの**1週間の就業時間**を記入してください。また、ふだん残業している場合は、**残業時間も含めて**記入してください。

（記入例：１日８時間、週５日働いた場合は、勤務日数<u>５日</u>、就業時間<u>４０時間</u>となります。）

2）通勤時間は、日によって異なる場合は、それらを平均した１日当たりの片道通勤時間を記入してください。

問9　現在、学業のために学校に通っていますか。通っている場合は学業と仕事のどちらが主ですか。**あてはまる番号<u>１つに</u>○**をつけてください。

通っている
- 1　学業が主である　→　次頁の**問10**へお進みください
- 2　仕事が主である　→　５頁の**問11**へお進みください
- 3　通っていない　→　５頁の**問11**へお進みください

引き続き次頁以降の該当する項目に記入をお願いいたします。

3

あなたの状況

あなたの状況

現在、仕事についていない方、仕事についているが学業が主である方のみお答えください。

問10　あなたは、現在、所得を伴う仕事につきたいと思っていますか。**あてはまる番号<u>１つに</u>○**をつけてください。（なお、在学中の方は学校卒業後に所得を伴う仕事につきたいと思っているかどうかお答えください。）

- 1　思っている　→　**補問10－１**へお進みください
- 2　思っていない　→　仕事についた経験がない方は７頁の**問14**へお進みください
  　　　　　　　　→　仕事についた経験がある方は次頁の**問11**へお進みください

補問10－１　どのような形態の仕事につきたいと思いますか。**あてはまる番号<u>１つに</u>○**をつけてください。

1　会社などの役員	5　正規の職員・従業員	9　契約社員
2　自営業主	6　アルバイト	10　嘱託
3　自家営業の手伝い	7　パート	11　その他
4　自宅での賃仕事（内職）	8　労働者派遣事業所の派遣社員	

補問10－２　仕事を探したり開業の準備をしたりしていますか。**あてはまる番号<u>１つに</u>○**をつけてください。

1　している　　　2　していない

4

この１年間（平成２７年１１月１日以降）に仕事をやめたことがある方のみお答えください。

問11　**この１年間**にやめた所得を伴う仕事（学生アルバイトも含む）についてお答えください。
なお、同時期に複数の仕事についていた場合は、一番長い時間していた仕事をやめた場合について記入してください。

	仕事についた年月	仕事をやめた年月	就業形態（あてはまる番号１つに○をつけてください。） 会社などの役員	自営業主	自家営業の手伝い	自宅での賃仕事（内職）	正規の職員・従業員	アルバイト	パート	労働者派遣事業所の派遣社員	契約社員	嘱託	その他
1年前（平成27年11月1日）についていた仕事		平成　年　月											
平成27年11月1日以降に新たについた仕事	平成　年　月	平成　年　月	1	2	3	4	5	6	7	8	9	10	11
	平成　年　月	平成　年　月	1	2	3	4	5	6	7	8	9	10	11
	平成　年　月	平成　年　月	1	2	3	4	5	6	7	8	9	10	11

補問11－1　**1年前（平成２７年１１月１日）**についていた仕事をその後、やめたのはどのような理由からですか。**あてはまる番号すべてに○をつけてください。**
また、**その中で主なものの番号１つを番号記入欄に記入**してください。

1　自分の希望する仕事ではなかったから
2　能力・実績が正当に評価されなかったから
3　給与・報酬が少なかったから
4　労働時間が長かった・休暇が少なかったから
5　独立・起業のため
6　通勤時間が長かったから
7　転勤が多かったから
8　一時的・不安定な仕事だったから
9　人間関係がうまくいかなかったから
10　会社の経営方針に不満を感じたから
11　事業又は会社の将来に不安を感じたから
12　結婚のため
13　出産・育児のため
14　健康がすぐれなかったから
15　家族の介護のため
16　家族が転勤したから
17　育児休業がとりにくかったから
18　会社から出向・転籍を命ぜられたから
19　希望退職に応じたから
20　倒産したから
21　解雇されたから
22　契約期間が満了したから
23　初めから短期のつもりだったから
24　新しい仕事がみつかったから
25　勉強のため
26　その他（　　　　　　　　　　）

主なものの番号記入欄

引き続き次頁以降の該当する項目に記入をお願いいたします。

あなたの状況

あなたの状況

現在、会社等にお勤めの方（休業中、アルバイト・パート等も含む）のみお答えください。

問12　あなたのお勤めの会社等には、以下のような、**仕事と子育ての両立のため及び仕事と介護の両立のための制度で、あなたの就業形態で利用可能な制度**はありますか。それぞれの制度について、**あてはまる番号１つに○をつけてください。**

	制度の種類	① あなたの就業形態で利用可能な次の制度はありますか。	①で「ある」とお答えになった制度についてお答えください。 ② その制度を利用した場合の給与	③ あなたが利用するにあたっての雰囲気はどうですか。	④ 現在または今後、育児のために制度を利用したいと思いますか。
仕事と子育ての両立のため	(1) 育児休業制度	1 ある　2 ない　3 わからない	1 有給　2 無給　3 わからない	1 利用しやすい雰囲気がある　2 利用しにくい雰囲気がある　3 どちらともいえない	1 思う　2 思わない　3 現在利用している　4 わからない
	(2) 短時間勤務制度	1 ある　2 ない　3 わからない		1 利用しやすい雰囲気がある　2 利用しにくい雰囲気がある　3 どちらともいえない	1 思う　2 思わない　3 現在利用している　4 わからない
	(3) (1)、(2) 以外の育児のための勤務時間の短縮等（フレックスタイム制　始業・終業時刻の繰上げ・繰下げ　所定外労働（残業）の免除）	1 ある　2 ない　3 わからない		1 利用しやすい雰囲気がある　2 利用しにくい雰囲気がある　3 どちらともいえない	1 思う　2 思わない　3 現在利用している　4 わからない

	制度の種類	① あなたの就業形態で利用可能な次の制度はありますか。	①で「ある」とお答えになった制度についてお答えください。 ② その制度を利用した場合の給与	③ あなたが利用するにあたっての雰囲気はどうですか。	④ 現在または今後、介護のために制度を利用したいと思いますか。
仕事と介護の両立のため	(1) 介護休業制度	1 ある　2 ない　3 わからない	1 有給　2 無給　3 わからない	1 利用しやすい雰囲気がある　2 利用しにくい雰囲気がある　3 どちらともいえない	1 思う　2 思わない　3 この1年間(※2)に利用経験がある　4 わからない
	(2) 介護のための所定労働時間の短縮等の措置(※1)	1 ある　2 ない　3 わからない		1 利用しやすい雰囲気がある　2 利用しにくい雰囲気がある　3 どちらともいえない	1 思う　2 思わない　3 この1年間(※2)に利用経験がある　4 わからない

注：複数の仕事についている場合は、一番長い時間している仕事についてお答えください。
※1　介護のための所定労働時間の短縮等の措置とは、介護のために利用可能な以下のいずれかの制度を指します。所定労働時間を短縮する制度、フレックスタイム制、始業・終業時刻の繰上げ・繰下げ、労働者が利用する介護サービスの費用の助成その他これに準ずる制度。
※2　この１年間とは「平成２７年１１月～平成２８年１０月」までの期間を指します。

お子さんのいる方のみお答えください。

問13　あなたは**この１年間（平成２７年１１月～平成２８年１０月）**に、次の制度を利用しましたか。
それぞれの制度について、**あてはまる番号１つに○をつけてください。**また、育児休業制度の**利用ありの場合は、取得した期間（現在取得中の場合は予定期間）を記入してください。**

制度の種類	利用の有無	育児休業取得期間（平成２７年１１月～平成２８年１０月の間）
（1）育児休業制度	1　利用あり　2　利用なし	→ 平成　年　月 ～ 平成　年　月
（2）育児のための短時間勤務制度	1　利用あり　2　利用なし	※育児休業取得期間は、育児休業の開始から終了の期間が平成２７年１１月～平成２８年１０月にかかる場合に、実際の取得期間をすべて記入してください。
（3）（1）、（2）以外の育児のための勤務時間の短縮等	1　利用あり　2　利用なし	（記入例）育児休業取得期間が平成２７年７月から平成２８年６月までの場合、平成２７年７月～平成２８年６月となります。

注：1）複数の仕事についている場合は、一番長い時間している仕事についてお答えください。
2）（3）の内容は、この頁の問12の（3）と同様です。

すべての方がお答えください。

問14 あなたは**この1年間（平成２７年１１月～平成２８年１０月）**に、次の出来事がありましたか。
あてはまる番号すべてに○をつけて、その年月を記入してください。
また、それぞれの学校の種類についても、**あてはまる番号1つに**○をつけてください。

1 卒業した→平成	□□年□□月→	1 高校 2 専門学校	3 短大・高専 4 大学	5 大学院 6 その他
2 中退した→平成	□□年□□月→	1 高校 2 専門学校	3 短大・高専 4 大学	5 大学院 6 その他
3 入学した→平成	□□年□□月→	1 高校 2 専門学校	3 短大・高専 4 大学	5 大学院 6 その他
4 上記1～3のようなことはなかった			

問15 あなたには、**現在**、配偶者はいますか。
なお、「配偶者」には、事実上夫婦として生活しているが、婚姻届を提出していない場合も含みます。**（以下の質問についても同様です。）**

1 い る →現在、配偶者と同居していますか。　1 同居している　2 同居していない

2 いない →現在、「交際している異性」はいますか。　1 いる　2 いない

問16 **この1年間（平成２７年１１月～平成２８年１０月）**に、次のような出来事はありましたか。
あてはまる番号すべてに○をつけてください。
なお、結婚には、事実上夫婦として生活するようになった場合、離婚・死別には事実上夫婦として生活していた場合も含みます。

1 結婚した →

配偶者の生年月	1 昭和 2 平成	□□年□□月生
同居を開始した年月	平成	□□年□□月

2 離婚した
3 配偶者と死別した
4 上記1～3のようなことはなかった

引き続き次頁以降の該当する項目に記入をお願いいたします。

7

あなたの状況

あなたの状況

すべての方がお答えください。

問17 今後、（すでにいらっしゃる場合は、さらに）何人の子どもをもちたいと考えていますか。
すでにいらっしゃるお子さんは含めずに記入してください。
（お子さんが欲しくない場合は、０人と記入してください。）

（さらに）□□人 → ０人と記入された方は**問18**へお進みください

補問17－1 今後、子どもをもつことについて、どのように思っていますか。**あてはまる番号1つに**○をつけてください。

1 絶対にもちたい　2 できればもちたい　3 もてなくてもかまわない

問18 あなたは、お子さんをおもちであること（またはもつこと）に関して、次のようなことを感じていますか。**あてはまる番号すべてに**○をつけてください。

1 家族の結びつきが深まる	10 仕事が十分にできなくなる
2 子どもとのふれあいが楽しい	11 子育てが大変なことを身近な人が理解してくれない
3 仕事に張り合いが生まれる	12 社会から取り残されたような気になる
4 子育てを通じて自分の友人が増える	13 子どもにどのように接すればよいかわからない
5 子育てを通じて人間的に成長できる	14 子どもの非行が心配
6 老後の生活の面倒をみてもらえる	15 子どもの教育・進学が心配
7 子育てによる心身の疲れが大きい	16 子どもの就職・仕事が心配
8 子育て・教育で出費がかさむ	17 その他（　　　）
9 自分の自由な時間がもてなくなる	18 感じていることは特にない

問19 あなたは１日の中で、家事、育児・子どもの世話に何時間くらい費やしていますか。平日と休日に分けてお答えください。

平日	□□時間□□分	休日	□□時間□□分

お子さんのいる方のみお答えください。

問20 子育てについて、負担を感じていますか。**あてはまる番号1つに**○をつけてください。

1 大いにある　2 多少ある　3 それほどでもない　4 ない

配偶者がいる方で、現在、配偶者が仕事についている方（休業中、アルバイト・パート等も含む）のみお答えください。

問21 あなたの配偶者が、今後出産する場合に、出産した後も配偶者が現在の仕事を続けることを希望しますか。**あてはまる番号1つに**○をつけてください。（**今後の出産を考えていない方**は、「５ 今後の配偶者の出産は考えていない」に○をつけてください。）

1 出産した後も続けてほしい　2 出産を機にやめてほしい　3 配偶者の意向を尊重したい　4 わからない　5 今後の配偶者の出産は考えていない

8

すべての方がお答えください。

問22　次の(ア)から(カ)の質問について、過去1か月の間はどのようでありましたか。**6つの項目それぞれについてあてはまる番号1つに○をつけてください。**

	いつも	たいてい	ときどき	少しだけ	まったくない
(ア) 神経過敏に感じましたか	1	2	3	4	5
(イ) 絶望的だと感じましたか	1	2	3	4	5
(ウ) そわそわ、落ち着かなく感じましたか	1	2	3	4	5
(エ) 気分が沈み込んで、何が起こっても気が晴れないように感じましたか	1	2	3	4	5
(オ) 何をするのも骨折りだと感じましたか	1	2	3	4	5
(カ) 自分は価値のない人間だと感じましたか	1	2	3	4	5

問23　現在のあなたの暮らしの状況を総合的にみて、どう感じていますか。**あてはまる番号1つに○をつけてください。**

1　大変苦しい　　3　普　通　　5　大変ゆとりがある
2　やや苦しい　　4　ややゆとりがある

問24　あなたの世帯で主に家計を支えているのはどなたですか。**あてはまる番号1つに○をつけてください。**

1　あなた　　4　配偶者のきょうだい　　7　配偶者の父親　　10　わからない
2　配偶者　　5　あなたの父親　　8　配偶者の母親
3　あなたのきょうだい　　6　あなたの母親　　9　その他

配偶者がこの調査に回答いただいている方 ⇨ **今回の調査はすべて終了です。**

配偶者がこの調査に回答いただいていない方（平成24年11月～平成28年10月にご結婚された方）、配偶者がいない方 ⇨ **引き続き問25より該当する項目に記入をお願いいたします。**

問25　現在、同居している方は何人ですか。ご家族については、建物が別であっても、同一敷地内に住んでいる場合には、同居に含めてください。

□□人（ご本人は含みません）

問26　あなた及びあなたの配偶者のご両親と同居していますか。建物が別であっても、同一敷地内に住んでいる場合には、同居に含めてください。（配偶者がいない方は、(1)、(2) のみお答えください。）

(1) あなたの父親	1　同居	2　別居（自宅からの距離＿＿＿分）	3　死別
(2) あなたの母親	1　同居	2　別居（自宅からの距離＿＿＿分）	3　死別
(3) 配偶者の父親	1　同居	2　別居（自宅からの距離＿＿＿分）	3　死別
(4) 配偶者の母親	1　同居	2　別居（自宅からの距離＿＿＿分）	3　死別

注：自宅からの距離は、よく利用する交通手段での移動時間を分単位に換算してご記入ください。

引き続き次頁以降の該当する項目に記入をお願いいたします。

あなたの状況

あなたの状況

問27　**この1年間（平成27年11月～平成28年10月）に転居、又は住居の増改築をしましたか。**
なお、転居には、住所変更を伴わない一時的な滞在（出産のために実家に帰るなど）は含みません。

1　した　　2　していない

補問27－1　現在のお住まいの状況について、**あてはまる番号1つに○をつけて、居住室数をお答えください。**

住居の種類	住居の床面積（※玄関・台所・便所・浴室などを含んだ住居全ての床面積の合計 ※畳2畳分＝約3.3㎡）	居住室数（※玄関・台所・便所・浴室・廊下などは除きます。※ダイニングキッチンは含めます。）
1　持ち家 2　民間賃貸住宅 3　社宅・公務員住宅等の給与住宅 4　都市再生機構・公社等の公営賃貸住宅 5　借間・その他	1　25㎡未満 2　25～50㎡未満 3　50～75㎡未満 4　75～100㎡未満 5　100～150㎡未満 6　150～200㎡未満 7　200㎡以上	室

配偶者がいない方で、親御さんと同居している方のみお答えください。

問28　あなたは生活費を家計に繰り入れていますか。**あてはまる番号1つに○をつけてください。**入れている場合は、毎月の平均額を記入してください。

1　入れていない　　2　入れている　□□万円（99万円以上の場合は「９９」と記入してください）

すべての方がお答えください。

問29　**あなた**（現在、配偶者がいる場合には**あなた及び配偶者**）の、**平成２７年１年間に得た所得（働いて得た所得（税込み）とその他の所得の合計金額）**について、それぞれ**あてはまる番号１つに○**をつけてください。配偶者がいない場合には、「（１）あなたの所得」のみお答えください。

	平成２７年１年間の所得		
（１）あなたの所得	1　所得なし 2　50万円未満 3　50～ 99万円 4　100～149万円 5　150～199万円 6　200～249万円	7　250～299万円 8　300～349万円 9　350～399万円 10　400～449万円 11　450～499万円 12　500～599万円	13　600～ 699万円 14　700～ 799万円 15　800～ 899万円 16　900～ 999万円 17　1000～1499万円 18　1500万円以上
（２）配偶者の所得	1　所得なし 2　50万円未満 3　50～ 99万円 4　100～149万円 5　150～199万円 6　200～249万円	7　250～299万円 8　300～349万円 9　350～399万円 10　400～449万円 11　450～499万円 12　500～599万円	13　600～ 699万円 14　700～ 799万円 15　800～ 899万円 16　900～ 999万円 17　1000～1499万円 18　1500万円以上

注：１）**１万円未満は四捨五入**してください。
　　２）わからない場合は家族の方と相談してお答えください。
　　３）**その他の所得**には、親からの仕送り、家賃・地代等の財産収入、利子・配当金、児童手当、雇用保険からの育児休業給付等の社会保障給付金などを含みます。

問30　**あなた**（現在、同居している配偶者がいる場合には**あなた及び配偶者**）が、**平成２８年１０月の１か月間に支出した額**を記入してください。配偶者がいない場合や配偶者が別居している場合には、あなたご自身の支出について記入してください。

なお、親や兄弟など他の家族と生計を同一にしているため、他のご家族の支出と**区別することが困難な場合**には、**世帯全体**（あなたの親や兄弟などの支出を含む）の支出を記入してください。

（わからない場合には家族の方と相談してお答えください。）

平成２８年１０月の１か月間の支出	
（１）**支出額** （（２）、（３）を含む）	□□□万　□千円
（２）**うち、お子さんの保育料** 小学校入学前のお子さんについて、保育所、認定こども園、ベビーシッター等の保育サービスを利用した場合に支払った費用	1　あり ↓ 金額　□□□万　□千円 2　なし
（３）**うち、お子さんの教育費** 幼稚園、放課後児童（学童）クラブ、学校教育費、参考書等の購入費、家庭教師、通信教育、学習塾、水泳教室、音楽教室等に支払った費用	1　あり ↓ 金額　□□□万　□千円 2　なし
（４）**親や兄弟など他の家族の支出との区別**	1　できる　　2　できない

注：１）**支出**には、税金、社会保険料、事業上の支払い、貯蓄、借金、住宅ローンの返済、掛け捨て型以外の生命保険料・損害保険料は**含めません**が、耐久消費財の購入、冠婚葬祭の費用は**含めます。**
　　２）**千円未満は四捨五入**してください。

引き続き次頁以降の該当する項目に記入をお願いいたします。

あなたの状況

あなたの状況

問31　お子さんはいますか。

1　いる　　2　いない ──→ **次頁**へお進みください

補問31－1　お子さんについて、年齢の高い順に記入してください。（７人以上お子さんがいらっしゃる場合は、余白にご記入ください。）

	性別	出生年月	同別居の別	（同居している小学生のお子さんについて）現在の放課後児童（学童）クラブの利用の有無
1	1　男 2　女	1　昭和 2　平成　□□年□□月	1　同居 2　別居	1　あり 2　なし
2	1　男 2　女	1　昭和 2　平成　□□年□□月	1　同居 2　別居	1　あり 2　なし
3	1　男 2　女	1　昭和 2　平成　□□年□□月	1　同居 2　別居	1　あり 2　なし
4	1　男 2　女	1　昭和 2　平成　□□年□□月	1　同居 2　別居	1　あり 2　なし
5	1　男 2　女	1　昭和 2　平成　□□年□□月	1　同居 2　別居	1　あり 2　なし
6	1　男 2　女	1　昭和 2　平成　□□年□□月	1　同居 2　別居	1　あり 2　なし

小学校入学前の同居しているお子さんがいらっしゃる方のみお答えください。

補問31－２　現在、**利用している**保育サービス等について、**あてはまる番号すべてに**○をつけてください。

1　認可保育所（園）、小規模保育
2　事業所内託児施設（注）
3　認可外保育施設（事業所内託児施設を除く）
4　居宅訪問型保育・ベビーシッター、家庭的保育・保育ママ
5　ファミリー・サポート・センター
6　幼稚園が行っている預かり保育
7　幼稚園（預かり保育を除く）
8　認定こども園
9　利用していない

注：あなた（現在、配偶者がいる場合には、あなたや配偶者）が会社等にお勤めの場合、その会社等に設置されている託児施設です。

補問31－３　小学校入学前のお子さんを、平日の日中に世話をしているご家族等はどなたですか。**あてはまる番号すべてに**○をつけてください。

1　あなた
2　配偶者
3　あなたの父
4　あなたの母
5　配偶者の父
6　配偶者の母
7　その他の家族・親族
8　その他（友人・知人等）
9　なし（保育サービス等の利用のみの場合はこちらに含まれます）

補問31－４　現在、利用を希望しているが利用できない保育サービスはありますか。ある場合は、**利用を希望するものすべてに**○をつけてください。

1　認可保育所（園）、小規模保育
2　事業所内託児施設（注）
3　認可外保育施設（事業所内託児施設を除く）
4　居宅訪問型保育・ベビーシッター、家庭的保育・保育ママ
5　ファミリー・サポート・センター
6　幼稚園が行っている預かり保育
7　幼稚園（預かり保育を除く）
8　認定こども園
9　特にない

注：あなた（現在、配偶者がいる場合には、あなたや配偶者）が会社等にお勤めの場合、その会社等に設置されている託児施設です。

配偶者(妻)の状況（配偶者がいない方は回答終了です。）

配偶者(妻)がこの調査に回答されていない方（平成24年11月～平成28年10月にご結婚された方）は、配偶者(妻)の方の状況をお答えください。

配－問１　あなたの妻は、現在、所得を伴う仕事（学生アルバイトも含む）についていますか。**あてはまる番号１つに○**をつけてください。所得を伴う仕事には、家業（農業を含む）の手伝いや内職も含みます。

1　仕事についている
2　仕事についているが、休業中（育児休業、介護休業など）である
→ **配－問２**へお進みください
3　仕事についていない
　1　家事に従事している
　2　通学している
　3　その他
→ 15頁の**配－問10**へお進みください

配－問２　あなたの妻は、現在、複数の仕事（休業中の仕事も含む）についていますか。**あてはまる番号１つに○**をつけてください。

1　複数の仕事についている → **配－問３**から**配－問６**までは、一番長い時間している仕事についてお答えください
2　ひとつの仕事にのみついている

配－問３　あなたの妻が、現在ついている仕事は、どのような形態ですか。**あてはまる番号１つに○**をつけてください。休業中の場合は、休業前の状況をもとにお答えください。（**配－問６まで**同様です。）

1　会社などの役員
2　自営業主
3　自家営業の手伝い
4　自宅での賃仕事（内職）
5　正規の職員・従業員
6　アルバイト
7　パート
8　労働者派遣事業所の派遣社員
9　契約社員
10　嘱託
11　その他

勤め先における呼称を基準にお答えください。

（5～11の方）
雇用保険（失業保険）に加入していますか。
あてはまる番号１つに○をつけてください。

1　している
2　していない
3　わからない

雇用契約は有期ですか、無期ですか。
あてはまる番号１つに○をつけてください。

1　無期（契約期間の定めがない）
2　有期（契約期間が１年超）
3　有期（契約期間が１年以下）
4　わからない

引き続き次頁以降の該当する項目に記入をお願いいたします。

あなたの妻の状況

あなたの妻の状況

配－問４　あなたの妻の勤め先の従業者の数（勤め先・業主などの企業全体）はどのくらいですか。**あてはまる番号１つに○**をつけてください。

1　１～４人	4　１００～２９９人	7　１０００～４９９９人
2　５～２９人	5　３００～４９９人	8　５０００人以上
3　３０～９９人	6　５００～９９９人	9　官公庁

配－問５　あなたの妻が現在ついているのはどのような職業ですか。**あてはまる番号１つに○**をつけてください。

1　管理的な仕事	5　サービスの仕事	9　輸送・機械運転の仕事
2　専門的・技術的な仕事	6　保安の仕事	10　建設・採掘の仕事
3　事務の仕事	7　農林漁業の仕事	11　運搬・清掃・包装等の仕事
4　販売の仕事	8　生産工程の仕事	12　分類不能の職業

配－問６　あなたの妻の現在のお勤め先は、１年前（平成２７年１１月１日）と同じですか。

1　同じ → **配－問７**へお進みください
2　違う（１年前に仕事についていなかった方も含みます）

配－補問６－１　あなたの妻が現在の勤め先に勤め始めた時期、または事業を開始した時期はいつですか。

1　平成２７年
2　平成２８年
□□月

配－問７　あなたの妻には、**平成２８年１０月の１か月間に働いて得た所得**はありましたか。**あてはまる番号１つに○**をつけ、所得がある場合は、**この１か月間の所得額（税込み）**を記入してください。**複数の仕事**による所得がある場合は、それらを合算のうえ記入してください。

	平成２８年１０月の１か月間に働いて得た所得
所　得	1　あり → 金額 □□□万 □千円 2　なし

注：1）**千円未満は四捨五入**してください。
　　2）わからない場合は家族の方と相談してお答えください。

配－問８　あなたの妻の就業時間等についてお答えください。勤務日数と就業時間については、**複数の仕事についている場合、それらを合計のうえ記入**してください。

なお、平均的な平日の帰宅時間は、**平日の日中に就業されている方**のみ、出勤日の平均を２４時間表示（10:00PMは22:00）でご記入ください。

１週間の勤務日数　通常 □日　平均的な**１週間の就業時間** □□□時間

１日の片道の平均通勤時間 □時間 □□分　平均的な**平日の帰宅時間** □□：□□

（例：10:00PM→22:00）

注：1）就業時間は、ふだんの**１週間の就業時間**を記入してください。また、ふだん残業している場合は、**残業時間も含めて**記入してください。
　　（記入例：１日８時間、週５日働いた場合は、勤務日数**５日**、就業時間**４０時間**となります。）
　　2）通勤時間は、日によって異なる場合は、それらを平均した１日当たりの片道通勤時間を記入してください。

あなたの妻の状況

配－問9　あなたの妻は、現在、学業のために学校に通っていますか。通っている場合は学業と仕事のどちらが主ですか。**あてはまる番号1つに**○をつけてください。

通っている
1　学業が主である
2　仕事が主である
3　通っていない

配－問10　あなたの妻が**最後に**卒業（または中退）された、あるいは**在学中**の学校はどれですか。**あてはまる番号1つに**○をつけてください。また、卒業・中退・在学中のうち**あてはまる番号1つに**○をつけ、在学中でない方は、卒業（または中退）された年月を記入してください。

1　中学校	5　大学
2　高校	6　大学院
3　専門学校	7　その他
4　短大・高専	

→ 1　卒業 / 2　中退 → 卒業（または中退）された年月：1　昭和　2　平成　□□年□□月

3　在学中（休学等を含む）

配－問11　あなたの妻は、現在、妊娠していますか。

1　している　　　2　していない・わからない

配－問12　あなたの妻は１日の中で、家事、育児・子どもの世話に何時間くらい費やしていますか。平日と休日に分けてお答えください。

平日	□□時間□□分	休日	□□時間□□分

お子さんのいる方のみお答えください。

配－問13　あなたの妻は**この１年間（平成27年11月～平成28年10月）**に、次の制度を利用しましたか。それぞれの制度について、**あてはまる番号1つに**○をつけてください。また、育児休業制度の**利用あり**の場合は、取得した期間（現在取得中の場合は予定期間）を記入してください。

制度の種類	利用の有無	育児休業取得期間（平成27年11月～平成28年10月の間）
（1）育児休業制度	1　利用あり 2　利用なし	→ 平成□□年□□月 ～ 平成□□年□□月
（2）育児のための短時間勤務制度	1　利用あり 2　利用なし	※育児休業取得期間は、育児休業の開始から終了の期間が平成27年11月～平成28年10月にかかる場合に、実際の取得期間をすべて記入してください。 （記入例） 育児休業取得期間が平成27年7月から平成28年6月までの場合、平成27年7月～平成28年6月となります。
（3）（1）、（2）以外の育児のための勤務時間の短縮等	1　利用あり 2　利用なし	

注：1）複数の仕事についている場合は、一番長い時間している仕事についてお答えください。
　　2）（3）の内容は、6頁の問12の（3）と同様です。

あなたの状況

すべての方がお答えください。

○　本調査では、今回からパソコンによるインターネットを利用した回答ができるようにしましたが、今後の参考とさせていただきますので、インターネットによる回答を利用しなかった理由について教えてください。（**あてはまる番号すべてに**○をつけてください。）

1　パソコンを持っていない
2　パソコンは持っているが、インターネットを利用できない
3　セキュリティが心配
4　インターネットで回答しようとしたが、調査票が開けなかった
5　インターネットで回答しようとしたが、操作が難しくあきらめた
6　その他（　　　　　　　　　　　）

○　次回の調査はインターネットで回答したいですか。（**あてはまる番号1つに**○をつけてください。）

1　パソコンで回答したい
2　スマートフォンやタブレットによる回答ができるならしたい
3　インターネットでは回答したくない
4　わからない

最後に、この調査に関して何でも結構ですので、感想など自由にご記入ください。

たいへんお忙しい中、長時間にわたりご協力いただきまして、ありがとうございました。

この調査の結果は、まとまり次第皆さまのもとにお届けします。

少子化、就業、社会保障など、皆さまにとって身近な課題に取り組んでいくための重要な基礎資料とさせていただきますので、今後ともご協力いただきますようお願い申し上げます。

政府統計

このマークは、統計法に基づく国の統計調査であることを示し、提出いただいた調査票情報の秘密の保護に万全を期すことをお約束するものです。

Ⅱ　結果の概要

【利用上の注意】

(1)　表章記号の規約

計数のない場合	－
マイナスの場合	△

(2)　掲載の数値は四捨五入しているため、内訳の合計が「総数」に合わない場合がある。

結　果　の　概　要

1　この４年間の出生の状況

（1）夫婦における出生の状況

この４年間に、第１回からの夫婦の 56.7%、第２回からの夫婦の 72.0%、第３回からの夫婦の 56.0%、第４回からの夫婦の 29.8%に子どもが生まれている。

この１年間に、第１回からの夫婦の10.6%、第２回からの夫婦の27.5%、第３回からの夫婦の26.9%、第４回からの夫婦の 29.8%に子どもが生まれ、この４年間では、それぞれ 56.7%、72.0%、56.0%、29.8%の夫婦に１人以上の子どもが生まれている（表１、図１）。

表１　夫婦におけるこの４年間の出生の状況

（単位：％）

	総数	この４年間に出生あり													この４年間に出生なし		
		総数	第１回から第２回間に出生			第２回から第３回間に出生			第３回から第４回間に出生			第４回から第５回間に出生			総数	すでに子どもあり	子どもなし
			総数	第１子	第２子以降	総数	第１子	第２子以降	総数	第１子	第２子以降	総数	第１子	第２子以降			
第１回からの夫婦	100.0	56.7	20.2	6.3	13.9	19.6	5.1	14.5	16.7	2.4	14.3	10.6	0.6	10.0	43.3	37.6	5.7
第２回からの夫婦	100.0	72.0	-	-	-	31.1	30.9	0.2	27.3	23.2	4.1	27.5	11.7	15.8	28.0	5.5	22.5
第３回からの夫婦	100.0	56.0	-	-	-	-	-	-	30.7	29.3	1.4	26.9	23.4	3.5	44.0	8.0	36.1
第４回からの夫婦	100.0	29.8	-	-	-	-	-	-	-	-	-	29.8	28.5	1.3	70.2	8.0	62.1

注：1)集計対象は、９頁「参考」を参照。
2)「第１回からの夫婦」とは、第１回調査時点ですでに結婚していた夫婦、「第２回からの夫婦」「第３回からの夫婦」「第４回からの夫婦」とは、当該調査回に結婚したと回答があった夫婦を計上している。

図１　夫婦におけるこの４年間の出生の状況

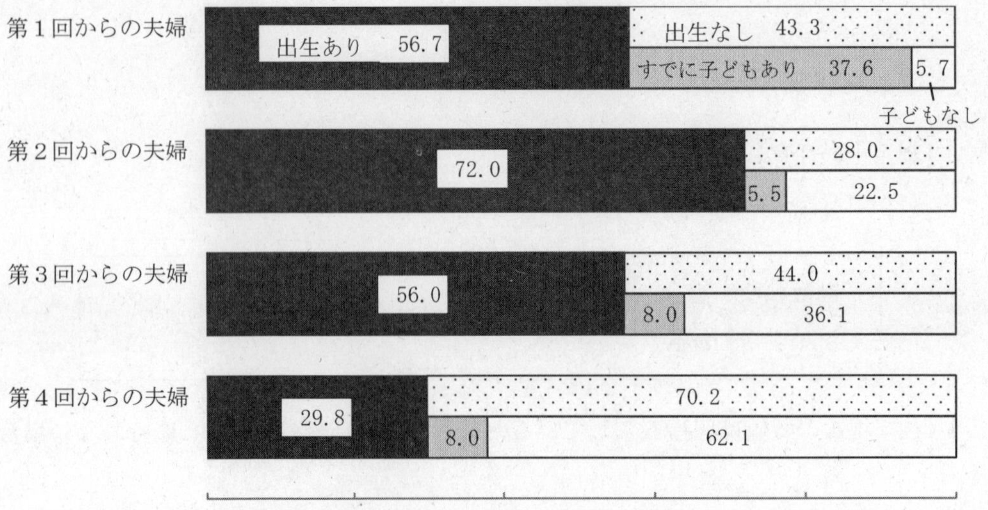

注：1)集計対象は、９頁「参考」を参照。
2)「第１回からの夫婦」とは、第１回調査時点ですでに結婚していた夫婦、「第２回からの夫婦」「第３回からの夫婦」「第４回からの夫婦」とは、当該調査回に結婚したと回答があった夫婦を計上している。

（２）夫婦の子どもをもつ意欲の変化

この４年間に第１子が出生した夫婦では、夫 79.2%、妻 72.9%が、第５回調査で第２子以降の子どもを「もちたい」と考えている。

第１回からの夫婦について、この４年間の出生の有無、出生順位、子ども数別に第１回と第５回の夫、妻の子どもをもつ意欲をみると、この４年間に出生ありの夫婦で、子どもを「もちたい」と考えている者の割合は、第１子出生の場合、夫は、第１回 91.7%、第５回 79.2%、妻は、第１回 91.7%、第５回 72.9%となっている。第２子出生の場合は、夫は、第１回 87.2%、第５回 27.0%、妻は、第１回 90.5%、第５回 27.0%と、第１子出生の場合より大きく減少している。

また、この４年間に出生なしの夫婦で子ども１人の夫婦の場合、「もちたい」と考えている者の割合は、夫は 66.0%から 64.0%へ、妻は 72.0%から 56.0%へ減少しており、「子どもは欲しくない」と考えている者の割合は、夫は 18.0%から 32.0%へ、妻は 22.0%から 40.0%へ増加している。（表２）

表２　第１回からの夫婦におけるこの４年間の出生の状況別にみた
第１回及び第５回の子どもをもつ意欲

（単位：%）

				第１回の子どもをもつ意欲					第５回の子どもをもつ意欲				
				総数	もちたい	もてなくてもかまわない	子どもは欲しくない	不詳	総数	もちたい	もてなくてもかまわない	子どもは欲しくない	不詳
この４年間に出生あり	出生順位		(100.0)										
	第１子出生	夫	(16.6)	100.0	91.7	2.1	2.1	4.2	100.0	79.2	2.1	12.5	6.3
		妻		100.0	91.7	6.3	－	2.1	100.0	72.9	8.3	16.7	2.1
	第２子出生	夫	(51.2)	100.0	87.2	1.4	7.4	4.1	100.0	27.0	4.7	66.9	1.4
		妻		100.0	90.5	2.0	5.4	2.0	100.0	27.0	5.4	66.2	1.4
	第３子以降出生	夫	(32.2)	100.0	67.7	7.5	20.4	4.3	100.0	8.6	5.4	82.8	3.2
		妻		100.0	73.1	3.2	22.6	1.1	100.0	7.5	5.4	86.0	1.1
この４年間に出生なし	子ども数		(100.0)										
	子どもなし	夫	(13.1)	100.0	86.2	3.4	10.3	－	100.0	82.8	3.4	10.3	3.4
		妻		100.0	86.2	3.4	10.3	－	100.0	72.4	3.4	20.7	3.4
	１人	夫	(22.6)	100.0	66.0	2.0	18.0	14.0	100.0	64.0	－	32.0	4.0
		妻		100.0	72.0	4.0	22.0	2.0	100.0	56.0	2.0	40.0	2.0
	２人以上	夫	(64.3)	100.0	27.5	4.9	64.1	3.5	100.0	19.7	4.2	76.1	－
		妻		100.0	29.6	6.3	62.0	2.1	100.0	17.6	4.2	76.1	2.1

注： 1)集計対象は、９頁「参考」を参照。

2)「もちたい」は「絶対にもちたい」「できればもちたい」と回答した者を、「子どもは欲しくない」は「今後、何人の子どもをもちたいと考えていますか。」という質問に「０人」と回答した者を集計している。

3)出生順位は、４年間で２人以上出生ありの場合は、末子について計上している。

4)（　）内は、「出生順位」「子ども数」の、それぞれ総数に対する割合である。

（３）妻の職場の育児休業制度等と出生

妻の職場の「育児休業制度あり」の割合は、「出生あり」は67.1%、「出生なし」は58.1%となっている。

この４年間の出生の有無別に、妻の職場の育児休業制度等の状況をみると、「育児休業制度あり」の割合は、「出生あり」は 67.1%、「出生なし」は 58.1%となっている。また、「短時間勤務制度あり」の割合は、「出生あり」「出生なし」いずれも約５割であり、育児休業制度、短時間勤務制度以外の「育児のための勤務時間の短縮等あり」の割合は、「出生あり」は 35.8%、「出生なし」は 29.8%となっている。（図２）

図２　この４年間の出生の有無別にみた妻の職場の育児休業制度等の状況

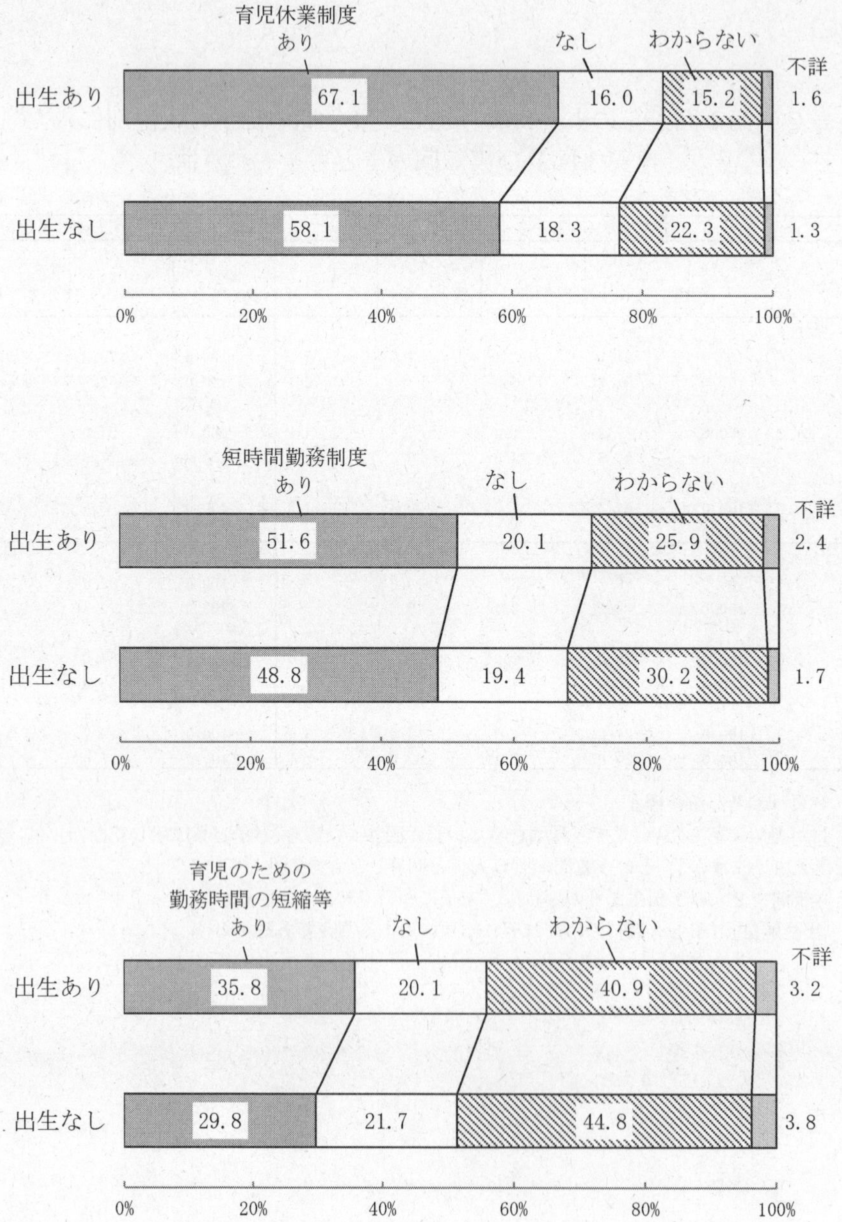

注：1)集計対象は、９頁「参考」を参照。
　　2)育児休業制度等の「あり」「なし」とは、利用可能な育児休業制度等があるかどうかをいい、
　　　「出生あり」は出生前の、「出生なし」は第４回の状況である。

２　独身時の希望子ども数と結婚後の子ども数

独身時の希望子ども数が「２人」「３人以上」だった者は、男女ともに「子どもあり」はそれぞれ５割近くとなっている。

第１回調査時に独身で第５回調査時に既婚だった者の、第１回の希望子ども数を性別にみると、男女ともに「２人」の割合は６割を超え、「３人以上」と合わせると８割を超えている（図３）。

また、第１回の希望子ども数別に第５回の子ども数をみると、「２人」「３人以上」だった者は、男女ともに「子どもあり」はそれぞれ５割近くとなっている（図４）。

図３　第１回調査時に独身で第５回調査時に既婚だった者の性別にみた第１回の希望子ども数

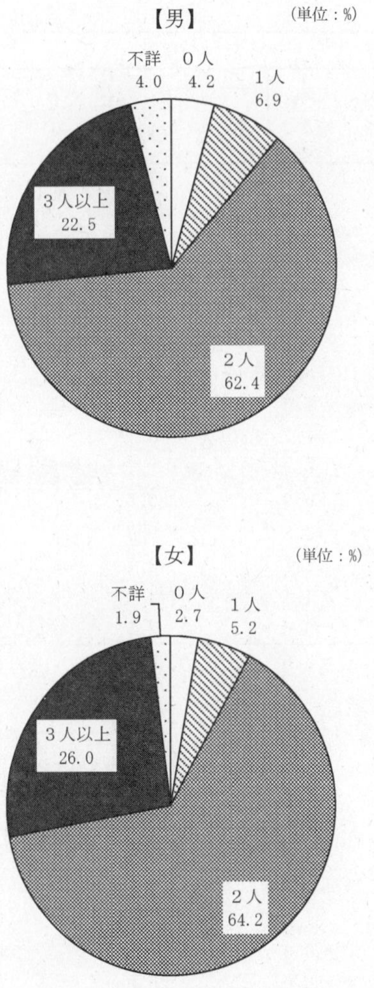

注：集計対象は、９頁「参考」を参照。

図４　第１回調査時に独身で第５回調査時に既婚だった者の性、第１回の希望子ども数別にみた第５回の子ども数

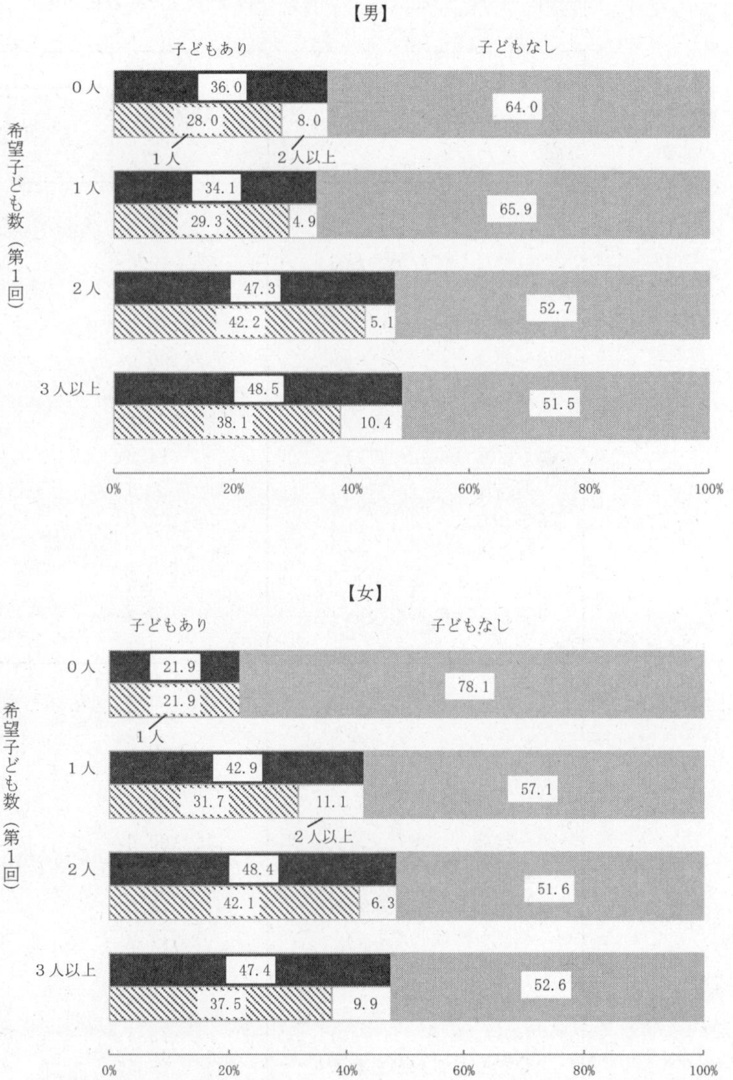

注：集計対象は、９頁「参考」を参照。

３　独身者の子どもをもつ意欲と子ども観

（１）独身者の子どもをもつ意欲の変化

独身者の第１回と第５回の子どもをもつ意欲は、男女ともに子どもを「もちたい」が減少し、「子どもは欲しくない」が増加している。

第１回調査時から第５回調査時まで独身だった者の、第１回と第５回の子どもをもつ意欲を性別にみると、子どもを「もちたい」と考えている者の割合は、第１回は男性が 68.3%、女性が 77.9%、第５回は男性が 62.5%、女性が 71.0%と減少している。また、「子どもは欲しくない」と考えている者の割合は、第１回は男性が 16.9%、女性が 14.0%、第５回は男性が 27.1%、女性が 20.7%と増加している。（表３）

表３　第１回調査時から第５回調査時まで独身だった者の性、年齢階級別にみた第１回と第５回の子どもをもつ意欲

（単位：%）

性、年齢階級、第１回の子どもをもつ意欲	総数	第５回の子どもをもつ意欲			
		もちたい	もてなくてもかまわない	子どもは欲しくない	不詳
男	100.0	62.5	6.6	27.1	3.7
もちたい	68.3	53.5	3.7	9.2	2.0
もてなくてもかまわない	9.0	3.7	1.3	3.7	0.2
子どもは欲しくない	16.9	2.7	1.1	12.5	0.6
不詳	5.7	2.6	0.5	1.8	0.9
20～24歳	100.0	65.6	6.3	24.3	3.8
もちたい	71.1	56.7	3.6	8.7	2.1
もてなくてもかまわない	8.6	3.5	1.3	3.7	0.1
子どもは欲しくない	14.9	2.4	1.1	10.7	0.7
不詳	5.4	3.0	0.4	1.2	0.8
25～29歳	100.0	58.9	6.9	30.5	3.7
もちたい	65.1	49.7	3.8	9.7	1.9
もてなくてもかまわない	9.4	4.0	1.4	3.7	0.4
子どもは欲しくない	19.3	3.1	1.1	14.6	0.5
不詳	6.1	2.1	0.6	2.5	0.9
女	100.0	71.0	5.6	20.7	2.6
もちたい	77.9	65.4	3.0	7.9	1.6
もてなくてもかまわない	6.0	2.0	1.4	2.5	0.2
子どもは欲しくない	14.0	2.7	0.9	9.7	0.6
不詳	2.1	0.9	0.3	0.7	0.2
20～24歳	100.0	75.5	5.4	17.3	1.8
もちたい	81.2	69.3	3.1	7.5	1.3
もてなくてもかまわない	5.6	2.4	1.0	2.1	0.2
子どもは欲しくない	11.3	3.0	1.0	7.2	0.2
不詳	1.8	0.9	0.3	0.6	0.1
25～29歳	100.0	65.4	6.0	25.0	3.6
もちたい	73.8	60.6	2.9	8.4	1.9
もてなくてもかまわない	6.5	1.5	1.8	3.0	0.2
子どもは欲しくない	17.3	2.5	0.8	12.9	1.1
不詳	2.3	0.9	0.4	0.7	0.4

注：１)集計対象は、９頁「参考」を参照。
２)年齢は第１回調査時の年齢である。
３)「もちたい」は「絶対にもちたい」「できればもちたい」と回答した者を、「子どもは欲しくない」は「今後、何人の子どもをもちたいと考えていますか。」という質問に「０人」と回答した者を集計している。

（2）独身者の子ども観

「子どもが欲しい」とする者と「子どもは欲しくない」とする者別に第５回のそれぞれの子ども観を比較すると、「子どもが欲しい」方が高く、その差が大きいのは、男女ともに「家族の結びつきが深まる」「子どもとのふれあいが楽しい」となっている。

第１回調査時から第５回調査時まで独身だった者について、「子どもが欲しい」とする者と「子どもは欲しくない」とする者別に第５回のそれぞれの子ども観を比較すると、「子どもが欲しい」方が高く、その差が大きいのは、男女ともに「家族の結びつきが深まる」「子どもとのふれあいが楽しい」となっている。一方、「子どもは欲しくない」方が高く、その差が最も大きいのは、男女ともに「感じていることは特にない」であり、次いで男性では「子育てによる心身の疲れが大きい」、女性では「子どもにどのように接すればよいかわからない」となっている。（図５）

図５　第１回調査時から第５回調査時まで独身だった者の性、第５回の希望子ども数の有無別にみた子ども観（複数回答）

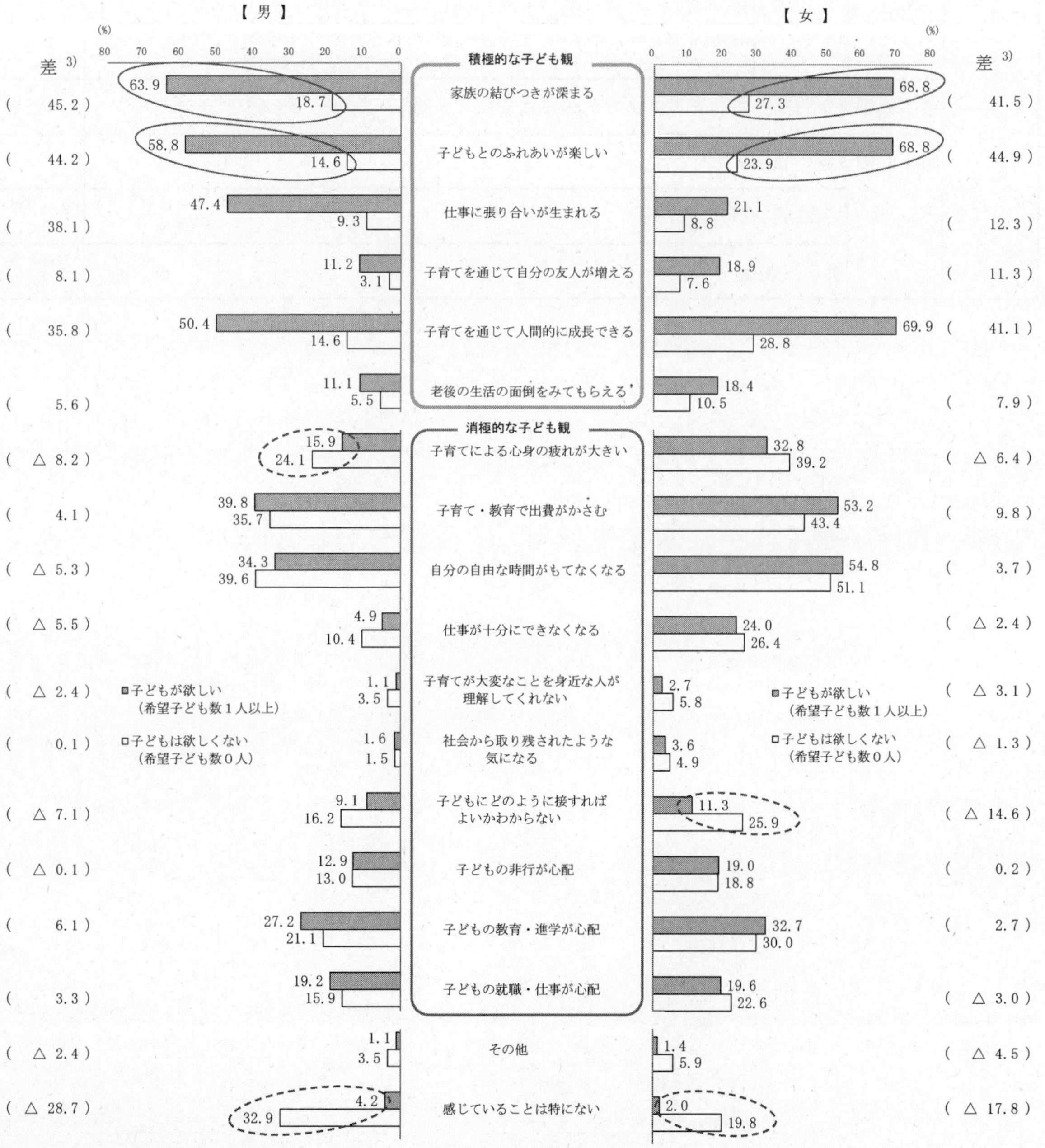

注：1）集計対象は、９頁「参考」を参照。
2）「子どもが欲しい」は「今後、何人の子どもをもちたいと考えていますか。」という質問に１人以上と回答した者を、「子どもは欲しくない」は「０人」と回答した者を集計している。
3）（　）内は「子どもが欲しい」から「子どもは欲しくない」を引いた割合の差。

参　考

1　集計対象の条件

第1回調査から第5回調査までの蓄積データ

<table>
<tr><th colspan="4">集計対象の条件</th><th>図表番号</th></tr>
<tr><td colspan="4">第１回調査から第５回調査まで継続して回答している者</td><td></td></tr>
<tr><td></td><td colspan="3">以下の（a）または（b）に該当する夫婦
（a）第１回調査から第５回調査まで双方が回答している夫婦
（b）第１回調査時に独身で第４回調査までの間に結婚し、第５回調査まで回答している夫婦</td><td>表１
図１</td></tr>
<tr><td></td><td></td><td colspan="2">（a）または（b）で、（b）の場合は「女性票」の対象者</td><td></td></tr>
<tr><td></td><td></td><td></td><td>出産前に妻が会社等に勤めていて、この４年間に子どもが生まれた夫婦</td><td rowspan="2">図２</td></tr>
<tr><td></td><td></td><td></td><td>第４回調査時に妻が会社等に勤めていて、この４年間に子どもが生まれなかった夫婦</td></tr>
<tr><td></td><td colspan="3">第１回調査から第５回調査まで双方が回答している夫婦</td><td>表２</td></tr>
<tr><td></td><td colspan="3">第１回調査時の独身者</td><td></td></tr>
<tr><td></td><td></td><td colspan="2">第５回調査時の既婚者</td><td>図３
図４</td></tr>
<tr><td></td><td></td><td colspan="2">第５回調査時の独身者</td><td>表３
図５</td></tr>
</table>

2　集計客体数一覧

表１、図１　夫婦におけるこの４年間の出生の状況

（単位：人）

	総数	この４年間に出生あり													この４年間に出生なし		
		総数	第１回から第２回間に出生			第２回から第３回間に出生			第３回から第４回間に出生			第４回から第５回間に出生			総数	すでに子どもあり	子どもなし
			総数	第１子	第２子以降	総数	第１子	第２子以降	総数	第１子	第２子以降	総数	第１子	第２子以降			
第１回からの夫婦	510	289	103	32	71	100	26	74	85	12	73	54	3	51	221	192	29
第２回からの夫婦	418	301	-	-	-	130	129	1	114	97	17	115	49	66	117	23	94
第３回からの夫婦	427	239	-	-	-	-	-	-	131	125	6	115	100	15	188	34	154
第４回からの夫婦	449	134	-	-	-	-	-	-	-	-	-	134	128	6	315	36	279

注：1)集計対象は、９頁「参考」を参照。
2)「第１回からの夫婦」とは、第１回調査時点ですでに結婚していた夫婦、「第２回からの夫婦」「第３回からの夫婦」「第４回からの夫婦」とは、当該調査回に結婚したと回答があった夫婦を計上している。

表２　第１回からの夫婦におけるこの４年間の出生の状況別にみた第１回及び第５回の子どもをもつ意欲

（単位：人）

			第１回の子どもをもつ意欲					第５回の子どもをもつ意欲				
			総数	もちたい	もてなくてもかまわない	子どもは欲しくない	不詳	総数	もちたい	もてなくてもかまわない	子どもは欲しくない	不詳
この４年間に出生あり	出生順位		289									
	第１子出生	夫	48	44	1	1	2	48	38	1	6	3
		妻	48	44	3	-	1	48	35	4	8	1
	第２子出生	夫	148	129	2	11	6	148	40	7	99	2
		妻	148	134	3	8	3	148	40	8	98	2
	第３子以降出生	夫	93	63	7	19	4	93	8	5	77	3
		妻	93	68	3	21	1	93	7	5	80	1
この４年間に出生なし	子ども数		221									
	子どもなし	夫	29	25	1	3	-	29	24	1	3	1
		妻	29	25	1	3	-	29	21	1	6	1
	１人	夫	50	33	1	9	7	50	32	-	16	2
		妻	50	36	2	11	1	50	28	1	20	1
	２人以上	夫	142	39	7	91	5	142	28	6	108	-
		妻	142	42	9	88	3	142	25	6	108	3

注：1)集計対象は、９頁「参考」を参照。
2)「もちたい」は「絶対にもちたい」「できればもちたい」と回答した者を、「子どもは欲しくない」は「今後、何人の子どもをもちたいと考えていますか。」という質問に「０人」と回答した者を集計している。
3)出生順位は、４年間で２人以上出生ありの場合は、末子について計上している。

図２　この４年間の出生の有無別にみた妻の職場の育児休業制度等の状況

（単位：人）

この４年間の出生の有無	総数	制度等あり	制度等なし	わからない	不詳
	育児休業制度				
総数	854	530	148	164	12
出生あり	374	251	60	57	6
出生なし	480	279	88	107	6
	短時間勤務制度				
総数	854	427	168	242	17
出生あり	374	193	75	97	9
出生なし	480	234	93	145	8
	育児のための勤務時間の短縮等				
総数	854	277	179	368	30
出生あり	374	134	75	153	12
出生なし	480	143	104	215	18

注：1)集計対象は、９頁「参考」を参照。
2)育児休業制度等の「あり」「なし」とは、利用可能な育児休業制度等があるかどうかをいい、「出生あり」は出生前の、「出生なし」は第４回の状況である。

図３、図４　第１回調査時に独身で第５回調査時に既婚だった者の性、
第１回の希望子ども数別にみた第５回の子ども数

（単位：人）

性、第１回の希望子ども数	総数	第５回の子ども数			
		子どもなし	子どもあり	１人	２人以上
男	596	325	271	233	38
０人	25	16	9	7	2
１人	41	27	14	12	2
２人	372	196	176	157	19
３人以上	134	69	65	51	14
不詳	24	17	7	6	1
女	1 202	637	565	478	87
０人	32	25	7	7	-
１人	63	36	27	20	7
２人	772	398	374	325	49
３人以上	312	164	148	117	31
不詳	23	14	9	9	-

注：集計対象は、９頁「参考」を参照。

表３　第１回調査時から第５回調査まで独身だった者の性、年齢階級別にみた第１回と第５回の
子どもをもつ意欲

（単位：人）

性、年齢階級、第１回の子どもをもつ意欲	総数	第５回の子どもをもつ意欲			
		もちたい	もてなくてもかまわない	子どもは欲しくない	不詳
男	2 859	1 788	189	776	106
もちたい	1 954	1 530	105	262	57
もてなくてもかまわない	257	107	38	105	7
子どもは欲しくない	484	78	32	357	17
不詳	164	73	14	52	25
20～24歳	1 546	1 014	98	376	58
もちたい	1 099	877	55	135	32
もてなくてもかまわない	133	54	20	57	2
子どもは欲しくない	230	37	17	165	11
不詳	84	46	6	19	13
25～29歳	1 313	774	91	400	48
もちたい	855	653	50	127	25
もてなくてもかまわない	124	53	18	48	5
子どもは欲しくない	254	41	15	192	6
不詳	80	27	8	33	12
女	3 164	2 247	178	656	83
もちたい	2 465	2 070	96	249	50
もてなくてもかまわない	191	63	43	78	7
子どもは欲しくない	443	87	28	308	20
不詳	65	27	11	21	6
20～24歳	1 755	1 325	94	304	32
もちたい	1 425	1 216	55	131	23
もてなくてもかまわない	99	42	17	36	4
子どもは欲しくない	199	52	17	126	4
不詳	32	15	5	11	1
25～29歳	1 409	922	84	352	51
もちたい	1 040	854	41	118	27
もてなくてもかまわない	92	21	26	42	3
子どもは欲しくない	244	35	11	182	16
不詳	33	12	6	10	5

注：1)集計対象は、９頁「参考」を参照。
2)年齢は第１回調査時の年齢である。
3)「もちたい」は「絶対にもちたい」「できればもちたい」と回答した者を、「子どもは欲しくない」は
「今後、何人の子どもをもちたいと考えていますか。」という質問に「０人」と回答した者を集計している。

図５　第１回調査時から第５回調査時まで独身だった者の性、第５回の希望子ども数の有無別にみた子ども観（複数回答）

（単位：人）

	男			女		
	計	子どもが欲しい（希望子ども数１人以上）	子どもは欲しくない（希望子ども数０人）	計	子どもが欲しい（希望子ども数１人以上）	子どもは欲しくない（希望子ども数０人）
総数	2 701	1 925	776	3 064	2 408	656
家族の結びつきが深まる	1 376	1 231	145	1 836	1 657	179
子どもとのふれあいが楽しい	1 245	1 132	113	1 814	1 657	157
仕事に張り合いが生まれる	985	913	72	565	507	58
子育てを通じて自分の友人が増える	239	215	24	505	455	50
子育てを通じて人間的に成長できる	1 084	971	113	1 872	1 683	189
老後の生活の面倒をみてもらえる	256	213	43	513	444	69
子育てによる心身の疲れが大きい	493	306	187	1 046	789	257
子育て･教育で出費がかさむ	1 043	766	277	1 566	1 281	285
自分の自由な時間がもてなくなる	967	660	307	1 655	1 320	335
仕事が十分にできなくなる	176	95	81	752	579	173
子育てが大変なことを身近な人が理解してくれない	48	21	27	104	66	38
社会から取り残されたような気になる	42	30	12	118	86	32
子どもにどのように接すればよいかわからない	301	175	126	442	272	170
子どもの非行が心配	350	249	101	580	457	123
子どもの教育･進学が心配	688	524	164	985	788	197
子どもの就職･仕事が心配	492	369	123	621	473	148
その他	48	21	27	72	33	39
感じていることは特にない	335	80	255	179	49	130
不詳	92	66	26	57	45	12

注：1)集計対象は、９頁「参考」を参照。

2)「子どもが欲しい」は「今後、何人の子どもをもちたいと考えていますか。」という質問に１人以上と回答した者を、「子どもは欲しくない」は「０人」と回答した者を集計している。

結果の概要及び統計表の見方についての留意点

1　調査票の種類と対象者（年齢は平成28年10月末時点）

第５回調査は、男性票及び女性票の２つの調査票において調査を実施した。対象者は以下のとおりである。

①　24～33歳（昭和57年11月～平成４年10月生まれ）の男女
（平成24年10月末時点で20～29歳）

②　第１回調査実施時に把握した①の配偶者

※　第１回調査は、②の者は配偶者票の対象者として調査を実施していたが、第２回調査以降は、配偶者票を廃止したため、男性票又は女性票の対象者として調査を実施している。一方、①の者が第２回調査以降に結婚したと回答した場合、その配偶者に関する情報は、配偶者票ではなく、男性票及び女性票の中で把握している。

このため、第１回調査と第２回調査以降における配偶者に関する情報は、把握している調査項目に違いがあることに留意し、結果を見る必要がある。

2　調査時点について

（1）項目中の**「第１回」「第２回」「第３回」「第４回」「第５回」**とは、それぞれの回で把握した状況である。

（2）**「結婚前」「結婚後」**とは、それぞれ結婚直前、直後の調査において把握した状況である。

（3）**「出生前（出産前）」**とは、出生があった調査回の前回調査時に妊娠が判明している場合は前々回の調査、妊娠が判明していない場合は前回調査において把握した状況である。

なお、**「出生前データ」**とは、出生前（出産前）の時点で把握した対象者のデータをいう。

（4）**「出生後（出産後）」**とは、出産直後の調査において把握した状況である。

（5）**「この４年間」**とは第１回調査と第５回調査の間、**「この３年間」**とは第２回調査と第５回調査の間のことをいう。

3　その他

各用語の説明は、巻末の「Ⅳ　用語の定義」を参照のこと。

Ⅲ　統　計　表

【利用上の注意】

表章記号の規約

計数のない場合	−
統計項目のあり得ない場合	・

統　計　表

1　結婚の状況

統計表番号	集計対象	性	第5回の年齢階級	結婚後の年齢階級	調査と調査の間の変化	各回調査								
						第1回			第4回					
					この4年間の結婚の状況	家庭観	結婚意欲	子どもをもつ意欲	親との同居の有無	仕事の有無	就業形態	一週間の就業時間	一日当たりの仕事時間	所得額階級
1	第1回独身者数	○	○	○	○		○							
2	〃	○	○	○	○	○								
3	〃	○	○	○	○			○						
4	〃	○	○	○	○				○					
5	〃	○	○	○	○					○	○			
6	〃	○	○	○	○							○		
7	〃	○	○	○	○								○	
8	〃	○	○	○	○									○
9	この4年間に結婚した者数	○		○										
10	〃	○		○										

一　覧

の　項　目									統計表番号
結　婚　前							結婚後		
親との同居の有無	仕事の有無	就業形態	一週間の就業時間	一日当たりの仕事時間	所得階級	希望子ども数	親との同居の有無	希望子ども数	
									1
									2
									3
○									4
	○	○							5
			○						6
				○					7
					○				8
○							○		9
						○		○	10

2　夫婦における子どもの出生の状況（2－1）

統計表番号	集計対象	年齢階級						調査と調査の間の変化			各回									
		夫			妻						第1回				第2回					
		第4回	第5回	出生（出産）後	第4回	第5回	出生（出産）後	この4年間の出生の状況	この3年間の出生の状況	この3年間の出生順位	子ども数	夫の子どもをもつ意欲	妻の子どもをもつ意欲	子どもが「ほしい」と考えていた夫婦	夫の家事・育児分担の有無	妻の家事・育児の負担軽減感	夫の子育て負担感	妻の子育て負担感	子ども数	夫婦の同居開始後経過期間
11	夫婦数		○	○		○	○	○											○	
12	〃					○	○	○											○	○
13	〃					○	○	○											○	
14	〃					○	○	○											○	
15	〃					○	○	○			○	○	○							
16	〃					○	○	○											○	
17	〃					○	○	○											○	
18	〃					○	○	○						○					○	
19	〃					○	○	○						○					○	
20	〃				○		○		○										○	
21	〃	○		○					○										○	
22	〃							○											○	
23	〃							○											○	
24	〃				○		○	○											○	
25	〃	○		○				○											○	
26	〃							○											○	
27	〃					○	○		○	○					○	○			○	
28	第2回子どもをもつ夫婦数					○	○		○	○							○		○	
29	〃					○	○		○	○								○	○	

一　覧

調査の項目																										統計表番号
第4回											第5回	出生（出産）前														
親との同居の有無	妻の仕事の有無	妻の就業形態	妻の正規・非正規	夫の職場の仕事と子育ての両立のための制度等の状況	妻の職場の仕事と子育ての両立のための制度等の状況	夫の追加希望子ども数	妻の追加希望子ども数	夫の家事・育児時間（平日・休日）	妻の家事・育児時間（平日・休日）	住居の床面積	所得額階級	子ども数	夫婦の同居開始後経過期間	親との同居の有無	妻の仕事の有無	妻の就業形態	妻の正規・非正規	夫の職場の仕事と子育ての両立のための制度等の状況	妻の職場の仕事と子育ての両立のための制度等の状況	夫の追加希望子ども数	妻の追加希望子ども数	夫の家事・育児時間（平日・休日）	妻の家事・育児時間（平日・休日）	所得額階級	住居の床面積	
												○														11
												○	○													12
○												○		○												13
	○	○										○			○	○										14
																										15
						○						○								○						16
							○					○									○					17
								○				○										○				18
									○			○											○			19
										○		○													○	20
										○		○													○	21
				○								○						○								22
			○		○							○					○		○							23
											○	○												○		24
											○	○												○		25
	○										○	○			○									○		26
																										27
																										28
																										29

2　夫婦における子どもの出生の状況（2－2）

統計表番号	集計対象	出生（出産）後の妻の年齢階級	調査と調査の間の変化				各回調						
			この4年間の出生の状況	この4年間の出生順位	出生前後		第1回						
					夫の家事・育児時間の増減（平日・休日）	妻の家事・育児時間の増減（平日・休日）	子ども数	末子の年齢階級	親の子育て支援の有無	妻の仕事の有無	保育サービス等の利用状況	夫の職場の仕事と子育ての両立のための制度等の利用状況	妻の職場の仕事と子育ての両立のための制度等の利用状況
30	第1回小学校入学前の子どもをもつ夫婦数		○				○	○	○	○			
31	〃		○				○	○		○	○		
32	第1回3歳未満の子どもをもつ夫婦数		○				○	○				○	
33	〃		○				○	○					○
34	この4年間に子どもが生まれた夫婦数	○		○									
35	〃	○		○									
36	〃	○		○									
37	〃	○		○	○								
38	〃	○		○		○							
39	〃	○		○	○	○							

一　覧

査の項目								統計表番号
出生（出産）前					出生（出産）後			
親との同居の有無	夫の希望子ども数	妻の希望子ども数	夫の家事・育児時間（平日・休日）	妻の家事・育児時間（平日・休日）	親との同居の有無	夫の希望子ども数	妻の希望子ども数	
								30
								31
								32
								33
○					○			34
	○					○		35
		○					○	36
			○					37
				○				38
								39

3　就業の状況

統計表番号	集計対象	性	年齢階級				調査と調査の間の変化															
			第5回の年齢階級	第5回の妻の年齢階級	結婚後の年齢階級	出生（出産）後の妻の年齢階級	この4年間の結婚の状況	この4年間の出生の状況	出生順位	第4回から第5回間				結婚前後			出生前後			第		
										就業状況の変化	正規・非正規の変化	妻の就業状況の変化	妻の正規・非正規の変化	就業状況の変化	正規・非正規の変化	結婚後の就業継続の有無	妻の就業状況の変化	妻の正規・非正規の変化	出産後の妻の就業継続の有無	夫婦の家庭観	夫の家庭観	妻の家庭観
40	第1回独身者数	○	○		○		○			○	○			○	○							
41	この4年間に結婚した者数	○			○																	
42	〃	○			○									○	○							
43	この4年間に結婚した 結婚前に仕事ありの女性数				○											○						
44	〃				○											○						○
45	〃				○											○						
46	〃				○											○						
47	〃				○											○						
48	夫婦数			○		○		○				○	○				○	○				
49	この4年間に子どもが生まれた 出産前に妻に仕事ありの夫婦数					○			○										○			
50	〃								○										○	○		
51	〃					○			○										○		○	
52	〃					○			○										○			○
53	〃					○			○										○			
54	〃								○										○			
55	〃					○			○										○			
56	〃								○										○			
57	〃																		○			
58	〃								○										○			
59	〃								○										○			

一　　覧

各回調査の項目																									統計表番号
1回			第3回		第4回	第5回		結婚前				結婚後				出生（出産）前				出生（出産）後					
正規・非正規	結婚後の就業継続意欲	出産後の就業継続に関する家族の考え方や会社の雰囲気	職業観	妻の職業観	子ども数	正規・非正規	妻の正規・非正規	仕事の有無	就業形態	女性の正規・非正規	職業	仕事の有無	就業形態	正規・非正規	妻の正規・非正規	子ども数	妻の正規・非正規	妻の職場の育児休業制度の状況	出産後の就業継続意欲	親の支援の有無	保育サービス等の利用状況	親との同居の有無	妻の正規・非正規	夫の家事・育児時間（平日・休日）	
						○								○											40
								○	○			○	○												41
			○											○											42
										○					○										43
															○										44
○	○														○										45
	○								○						○										46
	○										○				○										47
					○		○									○							○		48
																	○								49
																									50
																									51
																									52
				○																					53
																	○							○	54
																	○					○			55
																	○			○	○				56
																	○	○							57
																	○		○						58
		○																	○						59

統計表一覧

4　意欲の変化、　5　職業観・子ども観

統計表番号	集計対象	姓	年齢階級		同居開始後経過期間	調査と調査の間の変化					各回調査の項目										統計表番号
			第5回の年齢階級	第5回の妻の年齢階級		この4年間の結婚の状況	この4年間の出生の状況	第1回から第5回間			第1回			第2回	第3回	第5回					
								就業状況の変化	女性の就業状況の変化	女性の正規・非正規の変化	子ども数	夫の子どもをもつ意欲	妻の子どもをもつ意欲	子ども観	職業観	子ども数	正規・非正規	配偶者の有無	出産後の就業継続意欲	子ども観	
60	夫婦数				○		○				○	○									60
61	〃				○		○				○		○								61
62	第1回独身女性数		○						○	○							○	○	○		62
63	夫婦数			○					○	○						○	○		○		63
64	第1回独身者数	○	○			○	○								○						64
65	〃	○	○			○	○													○	65
66	〃	○	○			○	○							○							66
67	〃	○				○	○	○												○	67
68	〃	○				○	○	○						○							68

第1表　第1回独身者数、性、年齢階級、

男

年齢階級 第1回の結婚意欲	総数	結婚した	結婚していない
総数	3 472	613	2 859
絶対したい	879	294	585
なるべくしたい	1 247	227	1 020
どちらとも言えない	919	68	851
あまりしたくない	232	11	221
絶対したくない	129	3	126
不詳	66	10	56
21～25歳	749	102	647
絶対したい	192	51	141
なるべくしたい	303	39	264
どちらとも言えない	171	9	162
あまりしたくない	36	1	35
絶対したくない	24	1	23
不詳	23	1	22
26～30歳	1 857	411	1 446
絶対したい	510	208	302
なるべくしたい	658	141	517
どちらとも言えない	472	44	428
あまりしたくない	129	10	119
絶対したくない	59	2	57
不詳	29	6	23
31～33歳	866	100	766
絶対したい	177	35	142
なるべくしたい	286	47	239
どちらとも言えない	276	15	261
あまりしたくない	67	–	67
絶対したくない	46	–	46
不詳	14	3	11

注：1）集計対象は、第１回独身で第５回まで回答した者である。
2）年齢は、「結婚した」は結婚後の、「結婚していない」は第５回の年齢である。
3）「結婚した」には、この４年間に結婚した後離婚した者を含む。
4）４年間で２回以上結婚している場合、最新の結婚の状況について計上している。

第１回の結婚意欲、この４年間の結婚の状況別

女　　　　　　　　　　　　　　　　　　　　　**第５回調査（平成28年）**

年齢階級 第１回の結婚意欲	総数	結婚した	結婚していない
総数	4 400	1 236	3 164
絶対したい	1 759	723	1 036
なるべくしたい	1 567	388	1 179
どちらとも言えない	737	93	644
あまりしたくない	196	15	181
絶対したくない	108	8	100
不詳	33	9	24
21～25歳	1 033	250	783
絶対したい	435	153	282
なるべくしたい	371	76	295
どちらとも言えない	162	18	144
あまりしたくない	36	2	34
絶対したくない	20	–	20
不詳	9	1	8
26～30歳	2 395	820	1 575
絶対したい	1 033	491	542
なるべくしたい	834	247	587
どちらとも言えない	362	61	301
あまりしたくない	89	7	82
絶対したくない	58	7	51
不詳	19	7	12
31～33歳	972	166	806
絶対したい	291	79	212
なるべくしたい	362	65	297
どちらとも言えない	213	14	199
あまりしたくない	71	6	65
絶対したくない	30	1	29
不詳	5	1	4

第2表　第1回独身者数、性、年齢階級、

男

年齢階級 第1回の家庭観	総数	結婚した	結婚していない
総数			
＜世帯の収入＞	3 277	600	2 677
夫が主として責任をもつ家庭	1 172	259	913
妻が主として責任をもつ家庭	28	5	23
夫妻いずれも同様に責任をもつ家庭	1 395	267	1 128
わからない	487	39	448
不詳	195	30	165
＜家事＞	3 277	600	2 677
夫が主として責任をもつ家庭	19	7	12
妻が主として責任をもつ家庭	851	183	668
夫妻いずれも同様に責任をもつ家庭	1 745	339	1 406
わからない	439	35	404
不詳	223	36	187
＜育児＞	3 277	600	2 677
夫が主として責任をもつ家庭	18	5	13
妻が主として責任をもつ家庭	288	64	224
夫妻いずれも同様に責任をもつ家庭	2 314	457	1 857
わからない	430	38	392
不詳	227	36	191
21～25歳			
＜世帯の収入＞	702	100	602
夫が主として責任をもつ家庭	269	38	231
妻が主として責任をもつ家庭	6	2	4
夫妻いずれも同様に責任をもつ家庭	274	45	229
わからない	107	7	100
不詳	46	8	38
＜家事＞	702	100	602
夫が主として責任をもつ家庭	2	－	2
妻が主として責任をもつ家庭	195	30	165
夫妻いずれも同様に責任をもつ家庭	347	54	293
わからない	104	6	98
不詳	54	10	44
＜育児＞	702	100	602
夫が主として責任をもつ家庭	4	－	4
妻が主として責任をもつ家庭	68	13	55
夫妻いずれも同様に責任をもつ家庭	481	71	410
わからない	96	6	90
不詳	53	10	43

注：1）集計対象は、第１回独身で第５回まで回答し、第１回の結婚意欲が「絶対したい」「なるべくしたい」「どちらとも言えない」「あまりしたくない」のいずれかの者である。
2）年齢は、「結婚した」は結婚後の、「結婚していない」は第５回の年齢である。
3）「結婚した」には、この４年間に結婚した後離婚した者を含む。
4）４年間で２回以上結婚している場合、最新の結婚の状況について計上している。

第１回の家庭観、この４年間の結婚の状況別（２－１）

第５回調査（平成28年）

年齢階級 第１回の家庭観	総数	結婚した	結婚していない
26～30歳			
＜世帯の収入＞	1 769	403	1 366
夫が主として責任をもつ家庭	648	174	474
妻が主として責任をもつ家庭	18	3	15
夫妻いずれも同様に責任をもつ家庭	764	183	581
わからない	248	25	223
不詳	91	18	73
＜家事＞	1 769	403	1 366
夫が主として責任をもつ家庭	11	4	7
妻が主として責任をもつ家庭	458	122	336
夫妻いずれも同様に責任をもつ家庭	966	231	735
わからない	227	24	203
不詳	107	22	85
＜育児＞	1 769	403	1 366
夫が主として責任をもつ家庭	10	4	6
妻が主として責任をもつ家庭	151	41	110
夫妻いずれも同様に責任をもつ家庭	1 276	310	966
わからない	223	26	197
不詳	109	22	87
31～33歳			
＜世帯の収入＞	806	97	709
夫が主として責任をもつ家庭	255	47	208
妻が主として責任をもつ家庭	4	-	4
夫妻いずれも同様に責任をもつ家庭	357	39	318
わからない	132	7	125
不詳	58	4	54
＜家事＞	806	97	709
夫が主として責任をもつ家庭	6	3	3
妻が主として責任をもつ家庭	198	31	167
夫妻いずれも同様に責任をもつ家庭	432	54	378
わからない	108	5	103
不詳	62	4	58
＜育児＞	806	97	709
夫が主として責任をもつ家庭	4	1	3
妻が主として責任をもつ家庭	69	10	59
夫妻いずれも同様に責任をもつ家庭	557	76	481
わからない	111	6	105
不詳	65	4	61

第２表　第１回独身者数、性、年齢階級、

女

年齢階級 第１回の家庭観	総数	結婚した	結婚していない
総数			
＜世帯の収入＞	4 259	1 219	3 040
夫が主として責任をもつ家庭	1 847	582	1 265
妻が主として責任をもつ家庭	37	11	26
夫妻いずれも同様に責任をもつ家庭	1 674	484	1 190
わからない	340	48	292
不詳	361	94	267
＜家事＞	4 259	1 219	3 040
夫が主として責任をもつ家庭	14	3	11
妻が主として責任をもつ家庭	1 391	458	933
夫妻いずれも同様に責任をもつ家庭	2 266	630	1 636
わからない	222	33	189
不詳	366	95	271
＜育児＞	4 259	1 219	3 040
夫が主として責任をもつ家庭	10	1	9
妻が主として責任をもつ家庭	360	124	236
夫妻いずれも同様に責任をもつ家庭	3 324	968	2 356
わからない	200	31	169
不詳	365	95	270
21～25歳			
＜世帯の収入＞	1 004	249	755
夫が主として責任をもつ家庭	391	109	282
妻が主として責任をもつ家庭	4	－	4
夫妻いずれも同様に責任をもつ家庭	431	106	325
わからない	80	13	67
不詳	98	21	77
＜家事＞	1 004	249	755
夫が主として責任をもつ家庭	3	－	3
妻が主として責任をもつ家庭	309	90	219
夫妻いずれも同様に責任をもつ家庭	546	131	415
わからない	46	7	39
不詳	100	21	79
＜育児＞	1 004	249	755
夫が主として責任をもつ家庭	4	－	4
妻が主として責任をもつ家庭	89	26	63
夫妻いずれも同様に責任をもつ家庭	769	195	574
わからない	44	7	37
不詳	98	21	77

注：１）集計対象は、第１回独身で第５回まで回答し、第１回の結婚意欲が「絶対したい」「なるべくしたい」「どちらとも言えない」「あまりしたくない」のいずれかの者である。
　２）年齢は、「結婚した」は結婚後の、「結婚していない」は第５回の年齢である。
　３）「結婚した」には、この４年間に結婚した後離婚した者を含む。
　４）４年間で２回以上結婚している場合、最新の結婚の状況について計上している。

第１回の家庭観、この４年間の結婚の状況別（２－２）

第５回調査（平成28年）

年齢階級 第１回の家庭観	総数	結婚した	結婚していない
26～30歳			
＜世帯の収入＞	2 318	806	1 512
夫が主として責任をもつ家庭	1 042	393	649
妻が主として責任をもつ家庭	23	9	14
夫妻いずれも同様に責任をもつ家庭	891	311	580
わからない	177	31	146
不詳	185	62	123
＜家事＞	2 318	806	1 512
夫が主として責任をもつ家庭	7	3	4
妻が主として責任をもつ家庭	797	316	481
夫妻いずれも同様に責任をもつ家庭	1 211	402	809
わからない	115	23	92
不詳	188	62	126
＜育児＞	2 318	806	1 512
夫が主として責任をもつ家庭	4	1	3
妻が主として責任をもつ家庭	214	86	128
夫妻いずれも同様に責任をもつ家庭	1 809	637	1 172
わからない	103	20	83
不詳	188	62	126
31～33歳			
＜世帯の収入＞	937	164	773
夫が主として責任をもつ家庭	414	80	334
妻が主として責任をもつ家庭	10	2	8
夫妻いずれも同様に責任をもつ家庭	352	67	285
わからない	83	4	79
不詳	78	11	67
＜家事＞	937	164	773
夫が主として責任をもつ家庭	4	-	4
妻が主として責任をもつ家庭	285	52	233
夫妻いずれも同様に責任をもつ家庭	509	97	412
わからない	61	3	58
不詳	78	12	66
＜育児＞	937	164	773
夫が主として責任をもつ家庭	2	-	2
妻が主として責任をもつ家庭	57	12	45
夫妻いずれも同様に責任をもつ家庭	746	136	610
わからない	53	4	49
不詳	79	12	67

第3表　第1回独身者数、性、年齢階級、第1回の子どもをもつ意欲、この4年間の結婚の状況別

第5回調査（平成28年）

性 年齢階級 第1回の子どもをもつ意欲	総数	結婚した	結婚していない
男	3 472	613	2 859
絶対にもちたい	943	302	641
できればもちたい	1 549	236	1 313
もてなくてもかまわない	276	19	257
子どもは欲しくない	511	27	484
不詳	193	29	164
21～25歳	749	102	647
絶対にもちたい	210	48	162
できればもちたい	350	39	311
もてなくてもかまわない	53	-	53
子どもは欲しくない	88	5	83
不詳	48	10	38
26～30歳	1 857	411	1 446
絶対にもちたい	550	216	334
できればもちたい	812	156	656
もてなくてもかまわない	144	12	132
子どもは欲しくない	261	16	245
不詳	90	11	79
31～33歳	866	100	766
絶対にもちたい	183	38	145
できればもちたい	387	41	346
もてなくてもかまわない	79	7	72
子どもは欲しくない	162	6	156
不詳	55	8	47
女	4 400	1 236	3 164
絶対にもちたい	1 822	721	1 101
できればもちたい	1 787	423	1 364
もてなくてもかまわない	226	35	191
子どもは欲しくない	482	39	443
不詳	83	18	65
21～25歳	1 033	250	783
絶対にもちたい	447	156	291
できればもちたい	417	75	342
もてなくてもかまわない	53	9	44
子どもは欲しくない	92	5	87
不詳	24	5	19
26～30歳	2 395	820	1 575
絶対にもちたい	1 075	485	590
できればもちたい	939	279	660
もてなくてもかまわない	102	19	83
子どもは欲しくない	241	28	213
不詳	38	9	29
31～33歳	972	166	806
絶対にもちたい	300	80	220
できればもちたい	431	69	362
もてなくてもかまわない	71	7	64
子どもは欲しくない	149	6	143
不詳	21	4	17

注：1）集計対象は、第1回独身で第5回まで回答した者である。
　　2）年齢は、「結婚した」は結婚後の、「結婚していない」は第5回の年齢である。
　　3）「結婚した」には、この4年間に結婚した後離婚した者を含む。
　　4）「子どもは欲しくない」とは、「今後、何人の子どもをもちたいと考えていますか。」という質問に「0人」と回答した者である。
　　5）4年間で2回以上結婚している場合、最新の結婚の状況について計上している。

第４表　第１回独身者数、性、年齢階級、親との同居の有無、この４年間の結婚の状況別

第５回調査（平成28年）

性 年齢階級 親との同居の有無	総数	結婚した	結婚していない
男	3 472	613	2 859
親と同居している	2 726	439	2 287
親と同居していない	568	138	430
不詳	178	36	142
21～25歳	749	102	647
親と同居している	566	76	490
親と同居していない	132	19	113
不詳	51	7	44
26～30歳	1 857	411	1 446
親と同居している	1 458	297	1 161
親と同居していない	315	90	225
不詳	84	24	60
31～33歳	866	100	766
親と同居している	702	66	636
親と同居していない	121	29	92
不詳	43	5	38
女	4 400	1 236	3 164
親と同居している	3 485	929	2 556
親と同居していない	708	236	472
不詳	207	71	136
21～25歳	1 033	250	783
親と同居している	796	198	598
親と同居していない	189	39	150
不詳	48	13	35
26～30歳	2 395	820	1 575
親と同居している	1 914	615	1 299
親と同居していない	369	156	213
不詳	112	49	63
31～33歳	972	166	806
親と同居している	775	116	659
親と同居していない	150	41	109
不詳	47	9	38

注：１）集計対象は、第１回独身で第５回まで回答した者である。
　　２）年齢は、「結婚した」は結婚後の、「結婚していない」は第５回の年齢である。
　　３）親との同居の有無は、「結婚した」は結婚前の、「結婚していない」は第４回の状況である。
　　４）「親と同居している」とは、父母のうちいずれか１人でも同居している場合をいう。
　　５）「結婚した」には、この４年間に結婚した後離婚した者を含む。
　　６）４年間で２回以上結婚している場合、最新の結婚の状況について計上している。

第5表　第1回独身者数、性、年齢階級、

男

年齢階級 仕事の有無・就業形態	総数	結婚した	結婚していない
総数	3 472	613	2 859
仕事あり	3 027	588	2 439
会社などの役員・自営業主	119	26	93
自家営業の手伝い	80	13	67
自宅での賃仕事（内職）	4	－	4
正規の職員・従業員	2 101	470	1 631
アルバイト・パート	325	18	307
労働者派遣事業所の派遣社員	68	5	63
契約社員・嘱託	184	21	163
その他	56	8	48
不詳	90	27	63
仕事なし	438	20	418
不詳	7	5	2
21～25歳	749	102	647
仕事あり	622	95	527
会社などの役員・自営業主	22	6	16
自家営業の手伝い	12	5	7
自宅での賃仕事（内職）	1	－	1
正規の職員・従業員	418	69	349
アルバイト・パート	97	4	93
労働者派遣事業所の派遣社員	11	－	11
契約社員・嘱託	30	3	27
その他	14	2	12
不詳	17	6	11
仕事なし	125	6	119
不詳	2	1	1
26～30歳	1 857	411	1 446
仕事あり	1 651	397	1 254
会社などの役員・自営業主	57	14	43
自家営業の手伝い	40	6	34
自宅での賃仕事（内職）	2	－	2
正規の職員・従業員	1 170	318	852
アルバイト・パート	164	11	153
労働者派遣事業所の派遣社員	40	4	36
契約社員・嘱託	105	17	88
その他	26	6	20
不詳	47	21	26
仕事なし	202	11	191
不詳	4	3	1
31～33歳	866	100	766
仕事あり	754	96	658
会社などの役員・自営業主	40	6	34
自家営業の手伝い	28	2	26
自宅での賃仕事（内職）	1	－	1
正規の職員・従業員	513	83	430
アルバイト・パート	64	3	61
労働者派遣事業所の派遣社員	17	1	16
契約社員・嘱託	49	1	48
その他	16	－	16
不詳	26	－	26
仕事なし	111	3	108
不詳	1	1	－

注：1）集計対象は、第1回独身で第5回まで回答した者である。
　　2）年齢は、「結婚した」は結婚後の、「結婚していない」は第5回の年齢である。
　　3）仕事の有無・就業形態は、「結婚した」は結婚前の、「結婚していない」は第4回の状況である。
　　4）「結婚した」には、この4年間に結婚した後離婚した者を含む。
　　5）4年間で2回以上結婚している場合、最新の結婚の状況について計上している。

仕事の有無・就業形態、この４年間の結婚の状況別

女　　　　**第５回調査（平成28年）**

年齢階級 仕事の有無・就業形態	総数	結婚した	結婚していない
総数	4 400	1 236	3 164
仕事あり	3 928	1 140	2 788
会社などの役員・自営業主	102	33	69
自家営業の手伝い	27	8	19
自宅での賃仕事（内職）	11	2	9
正規の職員・従業員	2 547	776	1 771
アルバイト・パート	641	148	493
労働者派遣事業所の派遣社員	103	32	71
契約社員・嘱託	384	98	286
その他	43	10	33
不詳	70	33	37
仕事なし	454	79	375
不詳	18	17	1
21～25歳	1 033	250	783
仕事あり	895	227	668
会社などの役員・自営業主	30	10	20
自家営業の手伝い	4	3	1
自宅での賃仕事（内職）	1	－	1
正規の職員・従業員	606	145	461
アルバイト・パート	150	39	111
労働者派遣事業所の派遣社員	11	2	9
契約社員・嘱託	65	17	48
その他	7	1	6
不詳	21	10	11
仕事なし	134	19	115
不詳	4	4	－
26～30歳	2 395	820	1 575
仕事あり	2 163	757	1 406
会社などの役員・自営業主	49	18	31
自家営業の手伝い	11	3	8
自宅での賃仕事（内職）	6	－	6
正規の職員・従業員	1 418	532	886
アルバイト・パート	329	84	245
労働者派遣事業所の派遣社員	56	20	36
契約社員・嘱託	229	69	160
その他	27	9	18
不詳	38	22	16
仕事なし	219	51	168
不詳	13	12	1
31～33歳	972	166	806
仕事あり	870	156	714
会社などの役員・自営業主	23	5	18
自家営業の手伝い	12	2	10
自宅での賃仕事（内職）	4	2	2
正規の職員・従業員	523	99	424
アルバイト・パート	162	25	137
労働者派遣事業所の派遣社員	36	10	26
契約社員・嘱託	90	12	78
その他	9	－	9
不詳	11	1	10
仕事なし	101	9	92
不詳	1	1	－

第６表　第１回独身者数、性、年齢階級、

男

年齢階級 一週間の就業時間	総数	結婚した	結婚していない
総数	3 027	588	2 439
15時間未満	101	8	93
15～34時間	200	15	185
35～39時間	155	26	129
40～48時間	1 532	294	1 238
49～59時間	612	144	468
60時間以上	366	90	276
不詳	61	11	50
21～25歳	622	95	527
15時間未満	47	5	42
15～34時間	47	4	43
35～39時間	32	3	29
40～48時間	293	48	245
49～59時間	116	17	99
60時間以上	72	16	56
不詳	15	2	13
26～30歳	1 651	397	1 254
15時間未満	38	3	35
15～34時間	120	10	110
35～39時間	85	16	69
40～48時間	848	202	646
49～59時間	332	95	237
60時間以上	204	64	140
不詳	24	7	17
31～33歳	754	96	658
15時間未満	16	-	16
15～34時間	33	1	32
35～39時間	38	7	31
40～48時間	391	44	347
49～59時間	164	32	132
60時間以上	90	10	80
不詳	22	2	20

注：１）集計対象は、第１回独身で第５回まで回答した者で、「結婚した」は結婚前に、「結婚していない」は第４回に仕事ありの者である。
２）年齢は、「結婚した」は結婚後の、「結婚していない」は第５回の年齢である。
３）一週間の就業時間は、「結婚した」は結婚前の、「結婚していない」は第４回の状況である。
４）「結婚した」には、この４年間に結婚した後離婚した者を含む。
５）４年間で２回以上結婚している場合、最新の結婚の状況について計上している。

女　　　　**第５回調査（平成28年）**

年齢階級 一週間の就業時間	総数	結婚した	結婚していない
総数	3 928	1 140	2 788
15時間未満	98	21	77
15～34時間	360	72	288
35～39時間	356	90	266
40～48時間	2 231	701	1 530
49～59時間	553	158	395
60時間以上	264	84	180
不詳	66	14	52
21～25歳	895	227	668
15時間未満	41	9	32
15～34時間	80	20	60
35～39時間	64	14	50
40～48時間	488	133	355
49～59時間	140	31	109
60時間以上	70	16	54
不詳	12	4	8
26～30歳	2 163	757	1 406
15時間未満	44	9	35
15～34時間	188	43	145
35～39時間	196	59	137
40～48時間	1 274	486	788
49～59時間	288	94	194
60時間以上	138	57	81
不詳	35	9	26
31～33歳	870	156	714
15時間未満	13	3	10
15～34時間	92	9	83
35～39時間	96	17	79
40～48時間	469	82	387
49～59時間	125	33	92
60時間以上	56	11	45
不詳	19	1	18

第７表　第１回独身者数、性、年齢階級、一日当たりの仕事時間、この４年間の結婚の状況別

第５回調査（平成28年）

性 年齢階級 一日当たりの仕事時間	総数	結婚した	結婚していない
男	3 027	588	2 439
８時間未満	328	28	300
８～10時間未満	1 319	263	1 056
10時間以上	1 289	279	1 010
不詳	91	18	73
21～25歳	622	95	527
８時間未満	93	11	82
８～10時間未満	258	42	216
10時間以上	249	39	210
不詳	22	3	19
26～30歳	1 651	397	1 254
８時間未満	164	13	151
８～10時間未満	733	182	551
10時間以上	714	189	525
不詳	40	13	27
31～33歳	754	96	658
８時間未満	71	4	67
８～10時間未満	328	39	289
10時間以上	326	51	275
不詳	29	2	27
女	3 928	1 140	2 788
８時間未満	572	122	450
８～10時間未満	1 976	611	1 365
10時間以上	1 281	385	896
不詳	99	22	77
21～25歳	895	227	668
８時間未満	152	34	118
８～10時間未満	401	112	289
10時間以上	326	77	249
不詳	16	4	12
26～30歳	2 163	757	1 406
８時間未満	286	69	217
８～10時間未満	1 156	419	737
10時間以上	671	256	415
不詳	50	13	37
31～33歳	870	156	714
８時間未満	134	19	115
８～10時間未満	419	80	339
10時間以上	284	52	232
不詳	33	5	28

注：１）集計対象は、第１回独身で第５回まで回答した者で、「結婚した」は結婚前に、「結婚していない」は第４回に仕事ありの者である。
２）年齢は、「結婚した」は結婚後の、「結婚していない」は第５回の年齢である。
３）一日当たりの仕事時間は、「結婚した」は結婚前の、「結婚していない」は第４回の状況である。
４）「結婚した」には、この４年間に結婚した後離婚した者を含む。
５）４年間で２回以上結婚している場合、最新の結婚の状況について計上している。

第8表　第1回独身者数、性、年齢階級、

男

年齢階級 所得額階級	総数	結婚した	結婚していない
総数	3 472	613	2 859
100万円未満	778	42	736
100～200万円未満	533	61	472
200～300万円未満	888	158	730
300～400万円未満	705	188	517
400～500万円未満	295	84	211
500万円以上	122	39	83
不詳	151	41	110
21～25歳	749	102	647
100万円未満	290	20	270
100～200万円未満	119	16	103
200～300万円未満	167	28	139
300～400万円未満	105	23	82
400～500万円未満	19	7	12
500万円以上	4	1	3
不詳	45	7	38
26～30歳	1 857	411	1 446
100万円未満	333	15	318
100～200万円未満	283	38	245
200～300万円未満	499	108	391
300～400万円未満	421	136	285
400～500万円未満	179	60	119
500万円以上	61	24	37
不詳	81	30	51
31～33歳	866	100	766
100万円未満	155	7	148
100～200万円未満	131	7	124
200～300万円未満	222	22	200
300～400万円未満	179	29	150
400～500万円未満	97	17	80
500万円以上	57	14	43
不詳	25	4	21

注：1）集計対象は、第１回独身で第５回まで回答した者である。
2）年齢は、「結婚した」は結婚後の、「結婚していない」は第５回の年齢である。
3）所得額は、「結婚した」は第１回から第２回の結婚は平成23年中、第２回から第３回の結婚は平成24年中、第３回から第４回の結婚は平成25年中、第４回から第５回の結婚は平成26年中の、「結婚していない」は平成26年中の状況である。
4）不詳には、所得有無不詳、所得額不詳を含み、100万円未満には、所得なしを含む。
5）「結婚した」には、この４年間に結婚した後離婚した者を含む。
6）４年間で２回以上結婚している場合、最新の結婚の状況について計上している。

所得額階級、この４年間の結婚の状況別

女 **第５回調査（平成28年）**

年齢階級 所得額階級	総数	結婚した	結婚していない
総数	4 400	1 236	3 164
100万円未満	778	104	674
100～200万円未満	1 175	296	879
200～300万円未満	1 390	472	918
300～400万円未満	690	251	439
400～500万円未満	164	54	110
500万円以上	58	15	43
不詳	145	44	101
21～25歳	1 033	250	783
100万円未満	310	39	271
100～200万円未満	277	73	204
200～300万円未満	313	97	216
300～400万円未満	85	28	57
400～500万円未満	12	3	9
500万円以上	1	1	-
不詳	35	9	26
26～30歳	2 395	820	1 575
100万円未満	316	53	263
100～200万円未満	652	182	470
200～300万円未満	798	322	476
300～400万円未満	441	186	255
400～500万円未満	91	39	52
500万円以上	24	9	15
不詳	73	29	44
31～33歳	972	166	806
100万円未満	152	12	140
100～200万円未満	246	41	205
200～300万円未満	279	53	226
300～400万円未満	164	37	127
400～500万円未満	61	12	49
500万円以上	33	5	28
不詳	37	6	31

第9表　この4年間に結婚した者数、性、年齢階級、結婚前の親との同居の有無、結婚後の親との同居の有無別

第5回調査（平成28年）

性 年齢階級 結婚前の 親との同居の有無	結婚後の親との同居の有無					
	総数	妻の親と同居している	夫の親と同居している	両方の親と同居している	親と同居していない	不詳
男	577	11	75	1	342	148
親と同居している	414	8	69	1	223	113
親と同居していない	129	1	1	−	101	26
不詳	34	2	5	−	18	9
21〜25歳	96	3	14	−	48	31
親と同居している	70	2	13	−	28	27
親と同居していない	19	−	−	−	17	2
不詳	7	1	1	−	3	2
26〜30歳	387	7	50	1	237	92
親と同居している	281	5	45	1	162	68
親と同居していない	83	1	1	−	62	19
不詳	23	1	4	−	13	5
31〜33歳	94	1	11	−	57	25
親と同居している	63	1	11	−	33	18
親と同居していない	27	−	−	−	22	5
不詳	4	−	−	−	2	2
女	1 134	50	97	2	922	63
親と同居している	845	40	77	2	683	43
親と同居していない	222	3	12	−	197	10
不詳	67	7	8	−	42	10
21〜25歳	232	19	26	−	172	15
親と同居している	181	14	20	−	138	9
親と同居していない	38	1	4	−	29	4
不詳	13	4	2	−	5	2
26〜30歳	759	25	57	2	633	42
親と同居している	566	21	45	2	467	31
親と同居していない	147	1	6	−	136	4
不詳	46	3	6	−	30	7
31〜33歳	143	6	14	−	117	6
親と同居している	98	5	12	−	78	3
親と同居していない	37	1	2	−	32	2
不詳	8	−	−	−	7	1

注：1）集計対象は、第1回独身で第5回まで回答し、この4年間に結婚し、結婚後は配偶者と同居している者である。ただし、調査と調査の間に結婚し、かつ離婚した者を除く。
2）年齢は、結婚後の年齢である。
3）「親と同居している」とは、父母のうちいずれか1人でも同居している場合をいう。

第10表　この４年間に結婚した者数、性、年齢階級、結婚前の希望子ども数、結婚後の希望子ども数別

第５回調査（平成28年）

性 年齢階級 結婚前の 希望子ども数	結婚後の希望子ども数						
	総数	０人	１人	２人	３人	４人以上	不詳
男	613	28	50	347	153	16	19
０人	17	5	4	5	2	−	1
１人	38	5	15	11	4	−	3
２人	354	10	18	261	56	2	7
３人	122	2	2	36	72	9	1
４人以上	4	−	−	−	2	2	−
不詳	78	6	11	34	17	3	7
21～25歳	102	7	11	53	26	1	4
０人	5	−	3	1	1	−	−
１人	5	1	2	1	1	−	−
２人	46	4	−	36	5	−	1
３人	29	1	2	9	16	1	−
４人以上	−	−	−	−	−	−	−
不詳	17	1	4	6	3	−	3
26～30歳	411	12	29	243	104	13	10
０人	7	2	−	3	1	−	1
１人	22	1	8	8	3	−	2
２人	251	4	15	183	43	2	4
３人	76	1	−	25	44	6	−
４人以上	4	−	−	−	2	2	−
不詳	51	4	6	24	11	3	3
31～33歳	100	9	10	51	23	2	5
０人	5	3	1	1	−	−	−
１人	11	3	5	2	−	−	1
２人	57	2	3	42	8	−	2
３人	17	−	−	2	12	2	1
４人以上	−	−	−	−	−	−	−
不詳	10	1	1	4	3	−	1
女	1 234	38	111	754	284	21	26
０人	30	13	5	8	2	−	2
１人	66	7	28	24	3	−	4
２人	772	14	69	605	72	5	7
３人	297	1	5	86	195	6	4
４人以上	18	1	−	2	5	9	1
不詳	51	2	4	29	7	1	8
21～25歳	249	8	21	137	67	11	5
０人	9	2	1	5	1	−	−
１人	12	1	6	4	1	−	−
２人	126	3	13	96	10	3	1
３人	87	1	1	28	53	2	2
４人以上	7	−	−	−	−	6	1
不詳	8	1	−	4	2	−	1
26～30歳	820	23	70	514	188	9	16
０人	16	8	3	2	1	−	2
１人	46	5	19	16	2	−	4
２人	533	8	42	425	54	2	2
３人	180	−	3	49	123	3	2
４人以上	10	1	−	2	4	3	−
不詳	35	1	3	20	4	1	6
31～33歳	165	7	20	103	29	1	5
０人	5	3	1	1	−	−	−
１人	8	1	3	4	−	−	−
２人	113	3	14	84	8	−	4
３人	30	−	1	9	19	1	−
４人以上	1	−	−	−	1	−	−
不詳	8	−	1	5	1	−	1

注：１）集計対象は、第１回独身で第５回まで回答し、この４年間に結婚した者である。ただし、調査と調査の間に結婚し、かつ離婚した者を除く。
２）年齢は、結婚後の年齢である。

第11表　夫婦数、夫の年齢階級、子ども数、

夫の年齢階級 子ども数 この４年間の出生の状況	妻の年齢階級					
	総数	25歳以下	26～30歳	31～35歳	36～40歳	41歳以上
総数	1 549	105	784	617	38	5
出生あり	725	55	398	255	16	1
出生なし	824	50	386	362	22	4
子どもなし	972	64	565	327	15	1
第１子出生あり	428	32	269	122	5	－
第１子出生なし	544	32	296	205	10	1
１人	342	38	148	144	11	1
第２子出生あり	213	21	94	91	7	－
第２子出生なし	129	17	54	53	4	1
２人	194	3	64	116	10	1
第３子出生あり	77	2	35	37	2	1
第３子出生なし	117	1	29	79	8	－
３人以上	41	－	7	30	2	2
第４子以降出生あり	7	－	－	5	2	－
第４子以降出生なし	34	－	7	25	－	2
25歳以下	52	40	9	3	－	－
出生あり	32	28	3	1	－	－
出生なし	20	12	6	2	－	－
子どもなし	24	18	5	1	－	－
第１子出生あり	13	12	1	－	－	－
第１子出生なし	11	6	4	1	－	－
１人	27	22	3	2	－	－
第２子出生あり	19	16	2	1	－	－
第２子出生なし	8	6	1	1	－	－
２人	1	－	1	－	－	－
第３子出生あり	－	－	－	－	－	－
第３子出生なし	1	－	1	－	－	－
３人以上	－	－	－	－	－	－
第４子以降出生あり	－	－	－	－	－	－
第４子以降出生なし	－	－	－	－	－	－
26～30歳	655	48	504	92	10	1
出生あり	346	20	268	52	6	－
出生なし	309	28	236	40	4	1
子どもなし	477	35	376	62	4	－
第１子出生あり	230	14	183	31	2	－
第１子出生なし	247	21	193	31	2	－
１人	124	11	90	19	4	－
第２子出生あり	83	4	63	13	3	－
第２子出生なし	41	7	27	6	1	－
２人	49	2	37	9	1	－
第３子出生あり	31	2	22	7	－	－
第３子出生なし	18	－	15	2	1	－
３人以上	5	－	1	2	1	1
第４子以降出生あり	2	－	－	1	1	－
第４子以降出生なし	3	－	1	1	－	1

注：１）集計対象は、①または②に該当する夫婦である。ただし、妻の出生前データが得られていない夫婦は除く。
①第１回から第５回まで双方が回答した夫婦
②第１回に独身で第４回までの間に結婚し、結婚後第５回まで回答した夫婦
２）年齢は、「出生あり」は出生後の、「出生なし」は第５回の年齢である。
３）「子どもなし」「１人」「２人」「３人以上」は、「出生あり」は出生前の、「出生なし」は第４回の状況である。
４）４年間で２人以上出生ありの場合は、末子について計上している。

この４年間の出生の状況、妻の年齢階級別

第５回調査（平成28年）

夫の年齢階級 子ども数 この４年間の出生の状況	妻の年齢階級					
	総数	25歳以下	26～30歳	31～35歳	36～40歳	41歳以上
31～35歳	627	11	212	372	28	4
出生あり	278	4	102	161	10	1
出生なし	349	7	110	211	18	3
子どもなし	346	8	142	184	11	1
第１子出生あり	145	4	66	72	3	－
第１子出生なし	201	4	76	112	8	1
１人	148	2	45	93	7	1
第２子出生あり	94	－	26	64	4	－
第２子出生なし	54	2	19	29	3	1
２人	109	1	19	79	9	1
第３子出生あり	35	－	10	22	2	1
第３子出生なし	74	1	9	57	7	－
３人以上	24	－	6	16	1	1
第４子以降出生あり	4	－	－	3	1	－
第４子以降出生なし	20	－	6	13	－	1
36～40歳	154	4	48	102	－	－
出生あり	54	2	22	30	－	－
出生なし	100	2	26	72	－	－
子どもなし	90	2	37	51	－	－
第１子出生あり	30	1	17	12	－	－
第１子出生なし	60	1	20	39	－	－
１人	29	2	7	20	－	－
第２子出生あり	15	1	3	11	－	－
第２子出生なし	14	1	4	9	－	－
２人	28	－	4	24	－	－
第３子出生あり	9	－	2	7	－	－
第３子出生なし	19	－	2	17	－	－
３人以上	7	－	－	7	－	－
第４子以降出生あり	－	－	－	－	－	－
第４子以降出生なし	7	－	－	7	－	－
41歳以上	61	2	11	48	－	－
出生あり	15	1	3	11	－	－
出生なし	46	1	8	37	－	－
子どもなし	35	1	5	29	－	－
第１子出生あり	10	1	2	7	－	－
第１子出生なし	25	－	3	22	－	－
１人	14	1	3	10	－	－
第２子出生あり	2	－	－	2	－	－
第２子出生なし	12	1	3	8	－	－
２人	7	－	3	4	－	－
第３子出生あり	2	－	1	1	－	－
第３子出生なし	5	－	2	3	－	－
３人以上	5	－	－	5	－	－
第４子以降出生あり	1	－	－	1	－	－
第４子以降出生なし	4	－	－	4	－	－

第12表　夫婦数、妻の年齢階級、夫婦の同居開始後経過期間、

妻の年齢階級 夫婦の同居開始後経過期間	総数			子どもなし		
		出生あり	出生なし		出生あり	出生なし
総数	1 433	684	749	881	399	482
1年未満	457	236	221	420	222	198
1～3年未満	490	228	262	341	129	212
3～5年未満	108	75	33	33	15	18
5～10年未満	232	95	137	26	8	18
10年以上	54	10	44	8	3	5
不詳	92	40	52	53	22	31
25歳以下	98	52	46	59	30	29
1年未満	44	21	23	35	20	15
1～3年未満	35	18	17	17	6	11
3～5年未満	9	6	3	1	－	1
5～10年未満	2	1	1	1	1	－
10年以上	－	－	－	－	－	－
不詳	8	6	2	5	3	2
26～30歳	728	376	352	519	254	265
1年未満	293	154	139	271	145	126
1～3年未満	276	129	147	204	89	115
3～5年未満	47	37	10	11	4	7
5～10年未満	62	32	30	6	3	3
10年以上	7	3	4	2	1	1
不詳	43	21	22	25	12	13
31～35歳	567	240	327	289	111	178
1年未満	116	59	57	110	55	55
1～3年未満	172	78	94	115	33	82
3～5年未満	47	31	16	20	11	9
5～10年未満	153	54	99	17	4	13
10年以上	39	5	34	5	1	4
不詳	40	13	27	22	7	15
36～40歳	35	15	20	13	4	9
1年未満	4	2	2	4	2	2
1～3年未満	6	3	3	4	1	3
3～5年未満	4	1	3	1	－	1
5～10年未満	14	8	6	2	－	2
10年以上	6	1	5	1	1	－
不詳	1	－	1	1	－	1
41歳以上	5	1	4	1	－	1
1年未満	－	－	－	－	－	－
1～3年未満	1	－	1	1	－	1
3～5年未満	1	－	1	－	－	－
5～10年未満	1	－	1	－	－	－
10年以上	2	1	1	－	－	－
不詳	－	－	－	－	－	－

注：1）集計対象は、①または②に該当する夫婦である。ただし、妻の出生前データが得られていない夫婦は除く。
　　①第1回から第5回まで双方が回答した夫婦
　　②第1回に独身で第4回までの間に結婚し、結婚後第5回まで回答した夫婦
　2）年齢は、「出生あり」は出生後の、「出生なし」は第5回の年齢である。
　3）同居開始後経過期間は、「出生あり」は出生前時点の、「出生なし」は第4回時点の期間である。
　4）「子どもなし」「1人」「2人」「3人以上」は、「出生あり」は出生前の、「出生なし」は第4回の状況である。
　5）4年間で2人以上出生ありの場合は、末子について計上している。

子ども数、この４年間の出生の状況別

第５回調査（平成28年）

１　　人	出生あり	出生なし	２　　人	出生あり	出生なし	３人以上	出生あり	出生なし
328	206	122	184	72	112	40	7	33
36	13	23	1	1	−	−	−	−
139	97	42	7	2	5	3	−	3
55	45	10	19	15	4	1	−	1
68	36	32	118	45	73	20	6	14
9	2	7	24	4	20	13	1	12
21	13	8	15	5	10	3	−	3
36	20	16	3	2	1	−	−	−
9	1	8	−	−	−	−	−	−
18	12	6	−	−	−	−	−	−
6	5	1	2	1	1	−	−	−
1	−	1	−	−	−	−	−	−
−	−	−	−	−	−	−	−	−
2	2	−	1	1	−	−	−	−
142	90	52	60	32	28	7	−	7
21	8	13	1	1	−	−	−	−
65	38	27	7	2	5	−	−	−
30	28	2	6	5	1	−	−	−
14	8	6	38	21	17	4	−	4
2	1	1	1	1	−	2	−	2
10	7	3	7	2	5	1	−	1
139	89	50	110	35	75	29	5	24
6	4	2	−	−	−	−	−	−
54	45	9	−	−	−	3	−	3
17	11	6	10	9	1	−	−	−
47	24	23	76	22	54	13	4	9
6	1	5	17	2	15	11	1	10
9	4	5	7	2	5	2	−	2
10	7	3	10	2	8	2	2	−
−	−	−	−	−	−	−	−	−
2	2	−	−	−	−	−	−	−
2	1	1	1	−	1	−	−	−
6	4	2	4	2	2	2	2	−
−	−	−	5	−	5	−	−	−
−	−	−	−	−	−	−	−	−
1	−	1	1	1	−	2	−	2
−	−	−	−	−	−	−	−	−
−	−	−	−	−	−	−	−	−
−	−	−	−	−	−	1	−	1
−	−	−	−	−	−	1	−	1
1	−	1	1	1	−	−	−	−
−	−	−	−	−	−	−	−	−

第13表　夫婦数、妻の年齢階級、親との同居の有無、

妻の年齢階級 親との同居の有無	総数	出生あり	出生なし	子どもなし	出生あり	出生なし
総数	1 433	684	749	881	399	482
妻の親と同居している	69	28	41	29	14	15
夫の親と同居している	203	110	93	77	44	33
両方の親と同居している	–	–	–	–	–	–
親と同居していない	1 023	478	545	678	294	384
不詳	138	68	70	97	47	50
25歳以下	98	52	46	59	30	29
妻の親と同居している	4	3	1	2	1	1
夫の親と同居している	20	14	6	7	4	3
両方の親と同居している	–	–	–	–	–	–
親と同居していない	60	30	30	41	20	21
不詳	14	5	9	9	5	4
26～30歳	728	376	352	519	254	265
妻の親と同居している	33	17	16	16	10	6
夫の親と同居している	85	53	32	38	27	11
両方の親と同居している	–	–	–	–	–	–
親と同居していない	528	263	265	404	186	218
不詳	82	43	39	61	31	30
31～35歳	567	240	327	289	111	178
妻の親と同居している	29	8	21	11	3	8
夫の親と同居している	91	38	53	31	13	18
両方の親と同居している	–	–	–	–	–	–
親と同居していない	412	176	236	226	85	141
不詳	35	18	17	21	10	11
36～40歳	35	15	20	13	4	9
妻の親と同居している	3	–	3	–	–	–
夫の親と同居している	6	4	2	1	–	1
両方の親と同居している	–	–	–	–	–	–
親と同居していない	20	9	11	7	3	4
不詳	6	2	4	5	1	4
41歳以上	5	1	4	1	–	1
妻の親と同居している	–	–	–	–	–	–
夫の親と同居している	1	1	–	–	–	–
両方の親と同居している	–	–	–	–	–	–
親と同居していない	3	–	3	–	–	–
不詳	1	–	1	1	–	1

注：1）集計対象は、①または②に該当する夫婦である。ただし、妻の出生前データが得られていない夫婦は除く。
　①第１回から第５回まで双方が回答した夫婦
　②第１回に独身で第４回までの間に結婚し、結婚後第５回まで回答した夫婦
2）年齢は、「出生あり」は出生後の、「出生なし」は第５回の年齢である。
3）親との同居の有無は、「出生あり」は出生前の、「出生なし」は第４回の状況である。
4）「子どもなし」「１人」「２人」「３人以上」は、「出生あり」は出生前の、「出生なし」は第４回の状況である。
5）４年間で２人以上出生ありの場合は、末子について計上している。

子ども数、この４年間の出生の状況別

第５回調査（平成28年）

１　人	出生あり	出生なし	２　人	出生あり	出生なし	３人以上	出生あり	出生なし
328	206	122	184	72	112	40	7	33
22	9	13	16	5	11	2	-	2
65	45	20	53	20	33	8	1	7
-	-	-	-	-	-	-	-	-
207	134	73	110	45	65	28	5	23
34	18	16	5	2	3	2	1	1
36	20	16	3	2	1	-	-	-
2	2	-	-	-	-	-	-	-
12	9	3	1	1	-	-	-	-
-	-	-	-	-	-	-	-	-
17	9	8	2	1	1	-	-	-
5	-	5	-	-	-	-	-	-
142	90	52	60	32	28	7	-	7
11	4	7	5	3	2	1	-	1
26	16	10	20	10	10	1	-	1
-	-	-	-	-	-	-	-	-
85	59	26	34	18	16	5	-	5
20	11	9	1	1	-	-	-	-
139	89	50	110	35	75	29	5	24
8	3	5	9	2	7	1	-	1
24	17	7	29	7	22	7	1	6
-	-	-	-	-	-	-	-	-
99	63	36	68	25	43	19	3	16
8	6	2	4	1	3	2	1	1
10	7	3	10	2	8	2	2	-
1	-	1	2	-	2	-	-	-
3	3	-	2	1	1	-	-	-
-	-	-	-	-	-	-	-	-
5	3	2	6	1	5	2	2	-
1	1	-	-	-	-	-	-	-
1	-	1	1	1	-	2	-	2
-	-	-	-	-	-	-	-	-
-	-	-	1	1	-	-	-	-
-	-	-	-	-	-	-	-	-
1	-	1	-	-	-	2	-	2
-	-	-	-	-	-	-	-	-

第14表　夫婦数、妻の年齢階級、妻の仕事の有無・就業形態、

妻の年齢階級 妻の仕事の有無・就業形態	総数			子どもなし		
		出生あり	出生なし		出生あり	出生なし
総数	1 549	725	824	972	428	544
仕事あり	1 136	499	637	777	339	438
会社などの役員・自営業主	32	14	18	21	9	12
自家営業の手伝い	23	10	13	9	2	7
自宅での賃仕事（内職）	1	-	1	-	-	-
正規の職員・従業員	613	292	321	463	212	251
アルバイト・パート	320	111	209	175	62	113
労働者派遣事業所の派遣社員	32	13	19	28	13	15
契約社員・嘱託	86	41	45	61	31	30
その他	15	9	6	10	5	5
不詳	14	9	5	10	5	5
仕事なし	365	200	165	157	69	88
不詳	48	26	22	38	20	18
25歳以下	105	55	50	64	32	32
仕事あり	67	35	32	48	24	24
会社などの役員・自営業主	2	-	2	-	-	-
自家営業の手伝い	3	-	3	1	-	1
自宅での賃仕事（内職）	-	-	-	-	-	-
正規の職員・従業員	36	20	16	32	17	15
アルバイト・パート	16	8	8	9	2	7
労働者派遣事業所の派遣社員	4	2	2	3	2	1
契約社員・嘱託	5	4	1	2	2	-
その他	-	-	-	-	-	-
不詳	1	1	-	1	1	-
仕事なし	29	16	13	8	4	4
不詳	9	4	5	8	4	4
26～30歳	784	398	386	565	269	296
仕事あり	588	281	307	463	216	247
会社などの役員・自営業主	15	7	8	12	5	7
自家営業の手伝い	7	3	4	5	2	3
自宅での賃仕事（内職）	-	-	-	-	-	-
正規の職員・従業員	342	165	177	282	132	150
アルバイト・パート	149	66	83	101	44	57
労働者派遣事業所の派遣社員	12	4	8	11	4	7
契約社員・嘱託	47	26	21	39	22	17
その他	7	4	3	7	4	3
不詳	9	6	3	6	3	3
仕事なし	172	102	70	86	43	43
不詳	24	15	9	16	10	6

注：1）集計対象は、①または②に該当する夫婦である。ただし、妻の出生前データが得られていない夫婦は除く。
　①第１回から第５回まで双方が回答した夫婦
　②第１回に独身で第４回までの間に結婚し、結婚後第５回まで回答した夫婦
2）年齢は、「出生あり」は出生後の、「出生なし」は第５回の年齢である。
3）妻の仕事の有無・就業形態は、「出生あり」は出生前の、「出生なし」は第４回の状況である。
4）「子どもなし」「１人」「２人」「３人以上」は、「出生あり」は出生前の、「出生なし」は第４回の状況である。
5）４年間で２人以上出生ありの場合は、末子について計上している。

子ども数、この４年間の出生の状況別（２－１）

第５回調査（平成28年）

１　　人			２　　人			３人以上		
	出生あり	出生なし		出生あり	出生なし		出生あり	出生なし
342	213	129	194	77	117	41	7	34
187	109	78	142	48	94	30	3	27
5	2	3	6	3	3	－	－	－
6	3	3	8	5	3	－	－	－
－	－	－	1	－	1	－	－	－
96	63	33	46	16	30	8	1	7
61	30	31	65	17	48	19	2	17
1	－	1	2	－	2	1	－	1
11	4	7	12	6	6	2	－	2
3	3	－	2	1	1	－	－	－
4	4	－	－	－	－	－	－	－
146	99	47	51	28	23	11	4	7
9	5	4	1	1	－	－	－	－
38	21	17	3	2	1	－	－	－
18	10	8	1	1	－	－	－	－
2	－	2	－	－	－	－	－	－
2	－	2	－	－	－	－	－	－
－	－	－	－	－	－	－	－	－
4	3	1	－	－	－	－	－	－
7	6	1	－	－	－	－	－	－
1	－	1	－	－	－	－	－	－
2	1	1	1	1	－	－	－	－
－	－	－	－	－	－	－	－	－
－	－	－	－	－	－	－	－	－
19	11	8	2	1	1	－	－	－
1	－	1	－	－	－	－	－	－
148	94	54	64	35	29	7	－	7
75	42	33	44	23	21	6	－	6
2	2	－	1	－	1	－	－	－
1	1	－	1	－	1	－	－	－
－	－	－	－	－	－	－	－	－
44	25	19	13	8	5	3	－	3
22	11	11	23	11	12	3	－	3
－	－	－	1	－	1	－	－	－
3	－	3	5	4	1	－	－	－
－	－	－	－	－	－	－	－	－
3	3	－	－	－	－	－	－	－
66	48	18	19	11	8	1	－	1
7	4	3	1	1	－	－	－	－

第14表　夫婦数、妻の年齢階級、妻の仕事の有無・就業形態、

妻の年齢階級 妻の仕事の有無・就業形態	総数			子どもなし		
		出生あり	出生なし		出生あり	出生なし
31～35歳	617	255	362	327	122	205
仕事あり	452	173	279	256	96	160
会社などの役員・自営業主	14	7	7	8	4	4
自家営業の手伝い	10	7	3	2	－	2
自宅での賃仕事（内職）	1	－	1	－	－	－
正規の職員・従業員	223	102	121	145	61	84
アルバイト・パート	146	34	112	62	15	47
労働者派遣事業所の派遣社員	15	7	8	14	7	7
契約社員・嘱託	33	10	23	20	7	13
その他	6	4	2	2	1	1
不詳	4	2	2	3	1	2
仕事なし	151	75	76	58	20	38
不詳	14	7	7	13	6	7
36～40歳	38	16	22	15	5	10
仕事あり	26	9	17	9	3	6
会社などの役員・自営業主	1	－	1	1	－	1
自家営業の手伝い	2	－	2	－	－	－
自宅での賃仕事（内職）	－	－	－	－	－	－
正規の職員・従業員	12	5	7	4	2	2
アルバイト・パート	7	2	5	3	1	2
労働者派遣事業所の派遣社員	1	－	1	－	－	－
契約社員・嘱託	1	1	－	－	－	－
その他	2	1	1	1	－	1
不詳	－	－	－	－	－	－
仕事なし	11	7	4	5	2	3
不詳	1	－	1	1	－	1
41歳以上	5	1	4	1	－	1
仕事あり	3	1	2	1	－	1
会社などの役員・自営業主	－	－	－	－	－	－
自家営業の手伝い	1	－	1	1	－	1
自宅での賃仕事（内職）	－	－	－	－	－	－
正規の職員・従業員	－	－	－	－	－	－
アルバイト・パート	2	1	1	－	－	－
労働者派遣事業所の派遣社員	－	－	－	－	－	－
契約社員・嘱託	－	－	－	－	－	－
その他	－	－	－	－	－	－
不詳	－	－	－	－	－	－
仕事なし	2	－	2	－	－	－
不詳	－	－	－	－	－	－

注：1）集計対象は、①または②に該当する夫婦である。ただし、妻の出生前データが得られていない夫婦は除く。
①第１回から第５回まで双方が回答した夫婦
②第１回に独身で第４回までの間に結婚し、結婚後第５回まで回答した夫婦
2）年齢は、「出生あり」は出生後の、「出生なし」は第５回の年齢である。
3）妻の仕事の有無・就業形態は、「出生あり」は出生前の、「出生なし」は第４回の状況である。
4）「子どもなし」「１人」「２人」「３人以上」は、「出生あり」は出生前の、「出生なし」は第４回の状況である。
5）４年間で２人以上出生ありの場合は、末子について計上している。

第５回調査（平成28年）

１人	出生あり	出生なし	２人	出生あり	出生なし	３人以上	出生あり	出生なし
144	91	53	116	37	79	30	5	25
86	52	34	87	22	65	23	3	20
1	-	1	5	3	2	-	-	-
2	2	-	6	5	1	-	-	-
-	-	-	1	-	1	-	-	-
44	33	11	29	7	22	5	1	4
31	12	19	38	5	33	15	2	13
-	-	-	-	-	-	1	-	1
5	2	3	6	1	5	2	-	2
2	2	-	2	1	1	-	-	-
1	1	-	-	-	-	-	-	-
57	38	19	29	15	14	7	2	5
1	1	-	-	-	-	-	-	-
11	7	4	10	2	8	2	2	-
8	5	3	9	1	8	-	-	-
-	-	-	-	-	-	-	-	-
1	-	1	1	-	1	-	-	-
-	-	-	-	-	-	-	-	-
4	2	2	4	1	3	-	-	-
1	1	-	3	-	3	-	-	-
-	-	-	1	-	1	-	-	-
1	1	-	-	-	-	-	-	-
1	1	-	-	-	-	-	-	-
-	-	-	-	-	-	-	-	-
3	2	1	1	1	-	2	2	-
-	-	-	-	-	-	-	-	-
1	-	1	1	1	-	2	-	2
-	-	-	1	1	-	1	-	1
-	-	-	-	-	-	-	-	-
-	-	-	-	-	-	-	-	-
-	-	-	-	-	-	-	-	-
-	-	-	-	-	-	-	-	-
-	-	-	1	1	-	1	-	1
-	-	-	-	-	-	-	-	-
-	-	-	-	-	-	-	-	-
-	-	-	-	-	-	-	-	-
-	-	-	-	-	-	-	-	-
1	-	1	-	-	-	1	-	1
-	-	-	-	-	-	-	-	-

第15表　夫婦数、妻の年齢階級、第1回子ども数、第1回の夫の子ども

総　　数

第1回子ども数 第1回の夫の子どもをもつ意欲 この4年間の出生の状況	第1回の妻の子どもをもつ意欲 総数	絶対に もちたい	できれば もちたい	もてなくても かまわない	今後子どもは 欲しくない	不詳
総数	468	149	169	19	123	8
出生あり	247	118	97	7	21	4
出生なし	221	31	72	12	102	4
絶対にもちたい	130	88	38	1	3	–
出生あり	103	73	29	1	–	–
出生なし	27	15	9	–	3	–
できればもちたい	172	49	95	8	16	4
出生あり	102	37	52	4	6	3
出生なし	70	12	43	4	10	1
もてなくてもかまわない	18	1	8	5	4	–
出生あり	9	1	5	2	1	–
出生なし	9	–	3	3	3	–
今後子どもは欲しくない	125	5	16	4	98	2
出生あり	22	4	5	–	13	–
出生なし	103	1	11	4	85	2
不詳	23	6	12	1	2	2
出生あり	11	3	6	–	1	1
出生なし	12	3	6	1	1	1
子どもなし	94	60	28	3	3	–
第1子以降出生あり	66	48	16	2	–	–
第1子以降出生なし	28	12	12	1	3	–
絶対にもちたい	54	45	9	–	–	–
第1子以降出生あり	42	36	6	–	–	–
第1子以降出生なし	12	9	3	–	–	–
できればもちたい	32	13	17	1	1	–
第1子以降出生あり	20	10	9	1	–	–
第1子以降出生なし	12	3	8	–	1	–
もてなくてもかまわない	2	–	1	1	–	–
第1子以降出生あり	1	–	–	1	–	–
第1子以降出生なし	1	–	1	–	–	–
今後子どもは欲しくない	4	1	–	1	2	–
第1子以降出生あり	1	1	–	–	–	–
第1子以降出生なし	3	–	–	1	2	–
不詳	2	1	1	–	–	–
第1子以降出生あり	2	1	1	–	–	–
第1子以降出生なし	–	–	–	–	–	–
1人	175	70	76	6	19	4
第2子以降出生あり	121	58	50	3	7	3
第2子以降出生なし	54	12	26	3	12	1
絶対にもちたい	62	37	23	1	1	–
第2子以降出生あり	50	31	18	1	–	–
第2子以降出生なし	12	6	5	–	1	–
できればもちたい	80	26	42	3	7	2
第2子以降出生あり	57	22	27	2	4	2
第2子以降出生なし	23	4	15	1	3	–
もてなくてもかまわない	3	1	1	1	–	–
第2子以降出生あり	2	1	1	–	–	–
第2子以降出生なし	1	–	–	1	–	–
今後子どもは欲しくない	16	2	3	–	11	–
第2子以降出生あり	6	2	1	–	3	–
第2子以降出生なし	10	–	2	–	8	–
不詳	14	4	7	1	–	2
第2子以降出生あり	6	2	3	–	–	1
第2子以降出生なし	8	2	4	1	–	1

注：1）集計対象は、第1回から第5回まで双方が回答した夫婦である。ただし、妻の出生前データが得られていない夫婦は除く。
　　2）年齢は、「出生あり」は出生後の、「出生なし」は第5回の年齢である。
　　3）「今後子どもは欲しくない」とは、「今後、何人の子どもをもちたいと考えていますか。」という質問に「0人」と回答した者である。
　　4）4年間で2人以上出生ありの場合は、末子について計上している。

をもつ意欲、この４年間の出生の状況、第１回の妻の子どもをもつ意欲別（６－１）

第５回調査（平成28年）

第１回子ども数 第１回の夫の子どもをもつ意欲 この４年間の出生の状況	第１回の妻の子どもをもつ意欲					
	総数	絶対にもちたい	できればもちたい	もてなくてもかまわない	今後子どもは欲しくない	不詳
２人	165	19	60	9	73	4
第３子以降出生あり	55	12	31	1	10	1
第３子以降出生なし	110	7	29	8	63	3
絶対にもちたい	13	6	6	-	1	-
第３子以降出生あり	11	6	5	-	-	-
第３子以降出生なし	2	-	1	-	1	-
できればもちたい	58	10	34	4	8	2
第３子以降出生あり	25	5	16	1	2	1
第３子以降出生なし	33	5	18	3	6	1
もてなくてもかまわない	9	-	5	2	2	-
第３子以降出生あり	4	-	4	-	-	-
第３子以降出生なし	5	-	1	2	2	-
今後子どもは欲しくない	78	2	11	3	60	2
第３子以降出生あり	12	1	4	-	7	-
第３子以降出生なし	66	1	7	3	53	2
不詳	7	1	4	-	2	-
第３子以降出生あり	3	-	2	-	1	-
第３子以降出生なし	4	1	2	-	1	-
３人以上	34	-	5	1	28	-
第４子以降出生あり	5	-	-	1	4	-
第４子以降出生なし	29	-	5	-	24	-
絶対にもちたい	1	-	-	-	1	-
第４子以降出生あり	-	-	-	-	-	-
第４子以降出生なし	1	-	-	-	1	-
できればもちたい	2	-	2	-	-	-
第４子以降出生あり	-	-	-	-	-	-
第４子以降出生なし	2	-	2	-	-	-
もてなくてもかまわない	4	-	1	1	2	-
第４子以降出生あり	2	-	-	1	1	-
第４子以降出生なし	2	-	1	-	1	-
今後子どもは欲しくない	27	-	2	-	25	-
第４子以降出生あり	3	-	-	-	3	-
第４子以降出生なし	24	-	2	-	22	-
不詳	-	-	-	-	-	-
第４子以降出生あり	-	-	-	-	-	-
第４子以降出生なし	-	-	-	-	-	-

第15表　夫婦数、妻の年齢階級、第1回子ども数、第1回の夫の子ども

25歳以下

第１回子ども数 第1回の夫の子どもをもつ意欲 この４年間の出生の状況	第１回の妻の子どもをもつ意欲					
	総数	絶対にもちたい	できればもちたい	もてなくてもかまわない	今後子どもは欲しくない	不詳
総数	12	7	3	1	1	－
出生あり	12	7	3	1	1	－
出生なし	－	－	－	－	－	－
絶対にもちたい	6	4	1	1	－	－
出生あり	6	4	1	1	－	－
出生なし	－	－	－	－	－	－
できればもちたい	2	1	1	－	－	－
出生あり	2	1	1	－	－	－
出生なし	－	－	－	－	－	－
もてなくてもかまわない	－	－	－	－	－	－
出生あり	－	－	－	－	－	－
出生なし	－	－	－	－	－	－
今後子どもは欲しくない	2	1	－	－	1	－
出生あり	2	1	－	－	1	－
出生なし	－	－	－	－	－	－
不詳	2	1	1	－	－	－
出生あり	2	1	1	－	－	－
出生なし	－	－	－	－	－	－
子どもなし	2	2	－	－	－	－
第１子以降出生あり	2	2	－	－	－	－
第１子以降出生なし	－	－	－	－	－	－
絶対にもちたい	1	1	－	－	－	－
第１子以降出生あり	1	1	－	－	－	－
第１子以降出生なし	－	－	－	－	－	－
できればもちたい	1	1	－	－	－	－
第１子以降出生あり	1	1	－	－	－	－
第１子以降出生なし	－	－	－	－	－	－
もてなくてもかまわない	－	－	－	－	－	－
第１子以降出生あり	－	－	－	－	－	－
第１子以降出生なし	－	－	－	－	－	－
今後子どもは欲しくない	－	－	－	－	－	－
第１子以降出生あり	－	－	－	－	－	－
第１子以降出生なし	－	－	－	－	－	－
不詳	－	－	－	－	－	－
第１子以降出生あり	－	－	－	－	－	－
第１子以降出生なし	－	－	－	－	－	－
１人	8	3	3	1	1	－
第２子以降出生あり	8	3	3	1	1	－
第２子以降出生なし	－	－	－	－	－	－
絶対にもちたい	3	1	1	1	－	－
第２子以降出生あり	3	1	1	1	－	－
第２子以降出生なし	－	－	－	－	－	－
できればもちたい	1	－	1	－	－	－
第２子以降出生あり	1	－	1	－	－	－
第２子以降出生なし	－	－	－	－	－	－
もてなくてもかまわない	－	－	－	－	－	－
第２子以降出生あり	－	－	－	－	－	－
第２子以降出生なし	－	－	－	－	－	－
今後子どもは欲しくない	2	1	－	－	1	－
第２子以降出生あり	2	1	－	－	1	－
第２子以降出生なし	－	－	－	－	－	－
不詳	2	1	1	－	－	－
第２子以降出生あり	2	1	1	－	－	－
第２子以降出生なし	－	－	－	－	－	－

注：１）集計対象は、第１回から第５回まで双方が回答した夫婦である。ただし、妻の出生前データが得られていない夫婦は除く。
　２）年齢は、「出生あり」は出生後の、「出生なし」は第５回の年齢である。
　３）「今後子どもは欲しくない」とは、「今後、何人の子どもをもちたいと考えていますか。」という質問に「０人」と回答した者である。
　４）４年間で２人以上出生ありの場合は、末子について計上している。

をもつ意欲、この４年間の出生の状況、第１回の妻の子どもをもつ意欲別（６－２）

第５回調査（平成28年）

第１回子ども数 第１回の夫の子どもをもつ意欲 この４年間の出生の状況	第１回の妻の子どもをもつ意欲					
	総数	絶対にもちたい	できればもちたい	もてなくてもかまわない	今後子どもは欲しくない	不詳
２人	2	2	–	–	–	–
第３子以降出生あり	2	2	–	–	–	–
第３子以降出生なし	–	–	–	–	–	–
絶対にもちたい	2	2	–	–	–	–
第３子以降出生あり	2	2	–	–	–	–
第３子以降出生なし	–	–	–	–	–	–
できればもちたい	–	–	–	–	–	–
第３子以降出生あり	–	–	–	–	–	–
第３子以降出生なし	–	–	–	–	–	–
もてなくてもかまわない	–	–	–	–	–	–
第３子以降出生あり	–	–	–	–	–	–
第３子以降出生なし	–	–	–	–	–	–
今後子どもは欲しくない	–	–	–	–	–	–
第３子以降出生あり	–	–	–	–	–	–
第３子以降出生なし	–	–	–	–	–	–
不詳	–	–	–	–	–	–
第３子以降出生あり	–	–	–	–	–	–
第３子以降出生なし	–	–	–	–	–	–
３人以上	–	–	–	–	–	–
第４子以降出生あり	–	–	–	–	–	–
第４子以降出生なし	–	–	–	–	–	–
絶対にもちたい	–	–	–	–	–	–
第４子以降出生あり	–	–	–	–	–	–
第４子以降出生なし	–	–	–	–	–	–
できればもちたい	–	–	–	–	–	–
第４子以降出生あり	–	–	–	–	–	–
第４子以降出生なし	–	–	–	–	–	–
もてなくてもかまわない	–	–	–	–	–	–
第４子以降出生あり	–	–	–	–	–	–
第４子以降出生なし	–	–	–	–	–	–
今後子どもは欲しくない	–	–	–	–	–	–
第４子以降出生あり	–	–	–	–	–	–
第４子以降出生なし	–	–	–	–	–	–
不詳	–	–	–	–	–	–
第４子以降出生あり	–	–	–	–	–	–
第４子以降出生なし	–	–	–	–	–	–

第15表　夫婦数、妻の年齢階級、第１回子ども数、第１回の夫の子ども

26～30歳

第１回子ども数 第１回の夫の子どもをもつ意欲 この４年間の出生の状況	第１回の妻の子どもをもつ意欲 総数	絶対にもちたい	できればもちたい	もてなくてもかまわない	今後子どもは欲しくない	不詳
総数	153	66	51	7	25	4
出生あり	109	60	35	3	8	3
出生なし	44	6	16	4	17	1
絶対にもちたい	61	49	11	−	1	−
出生あり	53	44	9	−	−	−
出生なし	8	5	2	−	1	−
できればもちたい	54	14	30	3	4	3
出生あり	39	13	20	2	1	3
出生なし	15	1	10	1	3	−
もてなくてもかまわない	2	−	1	1	−	−
出生あり	2	−	1	1	−	−
出生なし	−	−	−	−	−	−
今後子どもは欲しくない	27	2	4	2	18	1
出生あり	10	2	2	−	6	−
出生なし	17	−	2	2	12	1
不詳	9	1	5	1	2	−
出生あり	5	1	3	−	1	−
出生なし	4	−	2	1	1	−
子どもなし	40	30	8	1	1	−
第１子以降出生あり	36	28	7	1	−	−
第１子以降出生なし	4	2	1	−	1	−
絶対にもちたい	30	26	4	−	−	−
第１子以降出生あり	27	24	3	−	−	−
第１子以降出生なし	3	2	1	−	−	−
できればもちたい	8	4	3	−	1	−
第１子以降出生あり	7	4	3	−	−	−
第１子以降出生なし	1	−	−	−	1	−
もてなくてもかまわない	1	−	−	1	−	−
第１子以降出生あり	1	−	−	1	−	−
第１子以降出生なし	−	−	−	−	−	−
今後子どもは欲しくない	−	−	−	−	−	−
第１子以降出生あり	−	−	−	−	−	−
第１子以降出生なし	−	−	−	−	−	−
不詳	1	−	1	−	−	−
第１子以降出生あり	1	−	1	−	−	−
第１子以降出生なし	−	−	−	−	−	−
１人	58	29	21	2	4	2
第２子以降出生あり	47	26	15	1	3	2
第２子以降出生なし	11	3	6	1	1	−
絶対にもちたい	27	21	5	−	1	−
第２子以降出生あり	23	18	5	−	−	−
第２子以降出生なし	4	3	−	−	1	−
できればもちたい	23	6	13	1	1	2
第２子以降出生あり	20	6	10	1	1	2
第２子以降出生なし	3	−	3	−	−	−
もてなくてもかまわない	−	−	−	−	−	−
第２子以降出生あり	−	−	−	−	−	−
第２子以降出生なし	−	−	−	−	−	−
今後子どもは欲しくない	4	1	1	−	2	−
第２子以降出生あり	3	1	−	−	2	−
第２子以降出生なし	1	−	1	−	−	−
不詳	4	1	2	1	−	−
第２子以降出生あり	1	1	−	−	−	−
第２子以降出生なし	3	−	2	1	−	−

注：１）集計対象は、第１回から第５回まで双方が回答した夫婦である。ただし、妻の出生前データが得られていない夫婦は除く。
２）年齢は、「出生あり」は出生後の、「出生なし」は第５回の年齢である。
３）「今後子どもは欲しくない」とは、「今後、何人の子どもをもちたいと考えていますか。」という質問に「０人」と回答した者である。
４）４年間で２人以上出生ありの場合は、末子について計上している。

をもつ意欲、この４年間の出生の状況、第１回の妻の子どもをもつ意欲別（６－３）

第５回調査（平成28年）

第１回子ども数 第１回の夫の子どもをもつ意欲 この４年間の出生の状況	第１回の妻の子どもをもつ意欲					
	総数	絶対にもちたい	できればもちたい	もてなくてもかまわない	今後子どもは欲しくない	不詳
２人	49	7	21	4	15	2
第３子以降出生あり	26	6	13	1	5	1
第３子以降出生なし	23	1	8	3	10	1
絶対にもちたい	4	2	2	－	－	－
第３子以降出生あり	3	2	1	－	－	－
第３子以降出生なし	1	－	1	－	－	－
できればもちたい	23	4	14	2	2	1
第３子以降出生あり	12	3	7	1	－	1
第３子以降出生なし	11	1	7	1	2	－
もてなくてもかまわない	1	－	1	－	－	－
第３子以降出生あり	1	－	1	－	－	－
第３子以降出生なし	－	－	－	－	－	－
今後子どもは欲しくない	17	1	2	2	11	1
第３子以降出生あり	7	1	2	－	4	－
第３子以降出生なし	10	－	－	2	7	1
不詳	4	－	2	－	2	－
第３子以降出生あり	3	－	2	－	1	－
第３子以降出生なし	1	－	－	－	1	－
３人以上	6	－	1	－	5	－
第４子以降出生あり	－	－	－	－	－	－
第４子以降出生なし	6	－	1	－	5	－
絶対にもちたい	－	－	－	－	－	－
第４子以降出生あり	－	－	－	－	－	－
第４子以降出生なし	－	－	－	－	－	－
できればもちたい	－	－	－	－	－	－
第４子以降出生あり	－	－	－	－	－	－
第４子以降出生なし	－	－	－	－	－	－
もてなくてもかまわない	－	－	－	－	－	－
第４子以降出生あり	－	－	－	－	－	－
第４子以降出生なし	－	－	－	－	－	－
今後子どもは欲しくない	6	－	1	－	5	－
第４子以降出生あり	－	－	－	－	－	－
第４子以降出生なし	6	－	1	－	5	－
不詳	－	－	－	－	－	－
第４子以降出生あり	－	－	－	－	－	－
第４子以降出生なし	－	－	－	－	－	－

第15表　夫婦数、妻の年齢階級、第１回子ども数、第１回の夫の子ども

31～35歳

第１回子ども数 第１回の夫の子どもをもつ意欲 この４年間の出生の状況	第１回の妻の子どもをもつ意欲					
	総数	絶対にもちたい	できればもちたい	もてなくてもかまわない	今後子どもは欲しくない	不詳
総数	276	72	105	9	86	4
出生あり	113	50	52	2	8	1
出生なし	163	22	53	7	78	3
絶対にもちたい	61	34	25	–	2	–
出生あり	43	25	18	–	–	–
出生なし	18	9	7	–	2	–
できればもちたい	103	32	57	4	9	1
出生あり	52	22	25	2	3	–
出生なし	51	10	32	2	6	1
もてなくてもかまわない	13	1	6	3	3	–
出生あり	6	1	4	–	1	–
出生なし	7	–	2	3	2	–
今後子どもは欲しくない	88	2	11	2	72	1
出生あり	8	1	3	–	4	–
出生なし	80	1	8	2	68	1
不詳	11	3	6	–	–	2
出生あり	4	1	2	–	–	1
出生なし	7	2	4	–	–	1
子どもなし	49	28	17	2	2	–
第１子以降出生あり	27	18	8	1	–	–
第１子以降出生なし	22	10	9	1	2	–
絶対にもちたい	23	18	5	–	–	–
第１子以降出生あり	14	11	3	–	–	–
第１子以降出生なし	9	7	2	–	–	–
できればもちたい	21	8	12	1	–	–
第１子以降出生あり	11	5	5	1	–	–
第１子以降出生なし	10	3	7	–	–	–
もてなくてもかまわない	–	–	–	–	–	–
第１子以降出生あり	–	–	–	–	–	–
第１子以降出生なし	–	–	–	–	–	–
今後子どもは欲しくない	4	1	–	1	2	–
第１子以降出生あり	1	1	–	–	–	–
第１子以降出生なし	3	–	–	1	2	–
不詳	1	1	–	–	–	–
第１子以降出生あり	1	1	–	–	–	–
第１子以降出生なし	–	–	–	–	–	–
１人	99	35	47	3	12	2
第２子以降出生あり	59	28	27	1	2	1
第２子以降出生なし	40	7	20	2	10	1
絶対にもちたい	30	14	16	–	–	–
第２子以降出生あり	23	12	11	–	–	–
第２子以降出生なし	7	2	5	–	–	–
できればもちたい	48	18	24	2	4	–
第２子以降出生あり	30	15	12	1	2	–
第２子以降出生なし	18	3	12	1	2	–
もてなくてもかまわない	3	1	1	1	–	–
第２子以降出生あり	2	1	1	–	–	–
第２子以降出生なし	1	–	–	1	–	–
今後子どもは欲しくない	10	–	2	–	8	–
第２子以降出生あり	1	–	1	–	–	–
第２子以降出生なし	9	–	1	–	8	–
不詳	8	2	4	–	–	2
第２子以降出生あり	3	–	2	–	–	1
第２子以降出生なし	5	2	2	–	–	1

注：１）集計対象は、第１回から第５回まで双方が回答した夫婦である。ただし、妻の出生前データが得られていない夫婦は除く。
　２）年齢は、「出生あり」は出生後の、「出生なし」は第５回の年齢である。
　３）「今後子どもは欲しくない」とは、「今後、何人の子どもをもちたいと考えていますか。」という質問に「０人」と回答した者である。
　４）４年間で２人以上出生ありの場合は、末子について計上している。

をもつ意欲、この４年間の出生の状況、第１回の妻の子どもをもつ意欲別（６－４）

第５回調査（平成28年）

第１回子ども数 第１回の夫の子どもをもつ意欲 この４年間の出生の状況	第１回の妻の子どもをもつ意欲					
	総数	絶対にもちたい	できればもちたい	もてなくてもかまわない	今後子どもは欲しくない	不詳
２人	103	9	37	4	51	2
第３子以降出生あり	24	4	17	−	3	−
第３子以降出生なし	79	5	20	4	48	2
絶対にもちたい	7	2	4	−	1	−
第３子以降出生あり	6	2	4	−	−	−
第３子以降出生なし	1	−	−	−	1	−
できればもちたい	32	6	19	1	5	1
第３子以降出生あり	11	2	8	−	1	−
第３子以降出生なし	21	4	11	1	4	1
もてなくてもかまわない	7	−	4	2	1	−
第３子以降出生あり	3	−	3	−	−	−
第３子以降出生なし	4	−	1	2	1	−
今後子どもは欲しくない	55	1	8	1	44	1
第３子以降出生あり	4	−	2	−	2	−
第３子以降出生なし	51	1	6	1	42	1
不詳	2	−	2	−	−	−
第３子以降出生あり	−	−	−	−	−	−
第３子以降出生なし	2	−	2	−	−	−
３人以上	25	−	4	−	21	−
第４子以降出生あり	3	−	−	−	3	−
第４子以降出生なし	22	−	4	−	18	−
絶対にもちたい	1	−	−	−	1	−
第４子以降出生あり	−	−	−	−	−	−
第４子以降出生なし	1	−	−	−	1	−
できればもちたい	2	−	2	−	−	−
第４子以降出生あり	−	−	−	−	−	−
第４子以降出生なし	2	−	2	−	−	−
もてなくてもかまわない	3	−	1	−	2	−
第４子以降出生あり	1	−	−	−	1	−
第４子以降出生なし	2	−	1	−	1	−
今後子どもは欲しくない	19	−	1	−	18	−
第４子以降出生あり	2	−	−	−	2	−
第４子以降出生なし	17	−	1	−	16	−
不詳	−	−	−	−	−	−
第４子以降出生あり	−	−	−	−	−	−
第４子以降出生なし	−	−	−	−	−	−

第15表　夫婦数、妻の年齢階級、第１回子ども数、第１回の夫の子ども

36～40歳

第１回子ども数 第１回の夫の子どもをもつ意欲 この４年間の出生の状況	第１回の妻の子どもをもつ意欲					
	総数	絶対に もちたい	できれば もちたい	もてなくても かまわない	今後子どもは 欲しくない	不詳
総数	24	4	10	2	8	－
出生あり	12	1	7	1	3	－
出生なし	12	3	3	1	5	－
絶対にもちたい	2	1	1	－	－	－
出生あり	1	－	1	－	－	－
出生なし	1	1	－	－	－	－
できればもちたい	11	2	7	1	1	－
出生あり	8	1	6	－	1	－
出生なし	3	1	1	1	－	－
もてなくてもかまわない	3	－	1	1	1	－
出生あり	1	－	－	1	－	－
出生なし	2	－	1	－	1	－
今後子どもは欲しくない	7	－	1	－	6	－
出生あり	2	－	－	－	2	－
出生なし	5	－	1	－	4	－
不詳	1	1	－	－	－	－
出生あり	－	－	－	－	－	－
出生なし	1	1	－	－	－	－
子どもなし	3	－	3	－	－	－
第１子以降出生あり	1	－	1	－	－	－
第１子以降出生なし	2	－	2	－	－	－
絶対にもちたい	－	－	－	－	－	－
第１子以降出生あり	－	－	－	－	－	－
第１子以降出生なし	－	－	－	－	－	－
できればもちたい	2	－	2	－	－	－
第１子以降出生あり	1	－	1	－	－	－
第１子以降出生なし	1	－	1	－	－	－
もてなくてもかまわない	1	－	1	－	－	－
第１子以降出生あり	－	－	－	－	－	－
第１子以降出生なし	1	－	1	－	－	－
今後子どもは欲しくない	－	－	－	－	－	－
第１子以降出生あり	－	－	－	－	－	－
第１子以降出生なし	－	－	－	－	－	－
不詳	－	－	－	－	－	－
第１子以降出生あり	－	－	－	－	－	－
第１子以降出生なし	－	－	－	－	－	－
１人	9	3	5	－	1	－
第２子以降出生あり	7	1	5	－	1	－
第２子以降出生なし	2	2	－	－	－	－
絶対にもちたい	2	1	1	－	－	－
第２子以降出生あり	1	－	1	－	－	－
第２子以降出生なし	1	1	－	－	－	－
できればもちたい	7	2	4	－	1	－
第２子以降出生あり	6	1	4	－	1	－
第２子以降出生なし	1	1	－	－	－	－
もてなくてもかまわない	－	－	－	－	－	－
第２子以降出生あり	－	－	－	－	－	－
第２子以降出生なし	－	－	－	－	－	－
今後子どもは欲しくない	－	－	－	－	－	－
第２子以降出生あり	－	－	－	－	－	－
第２子以降出生なし	－	－	－	－	－	－
不詳	－	－	－	－	－	－
第２子以降出生あり	－	－	－	－	－	－
第２子以降出生なし	－	－	－	－	－	－

注：１）集計対象は、第１回から第５回まで双方が回答した夫婦である。ただし、妻の出生前データが得られていない夫婦は除く。
　２）年齢は、「出生あり」は出生後の、「出生なし」は第５回の年齢である。
　３）「今後子どもは欲しくない」とは、「今後、何人の子どもをもちたいと考えていますか。」という質問に「０人」と回答した者である。
　４）４年間で２人以上出生ありの場合は、末子について計上している。

をもつ意欲、この４年間の出生の状況、第１回の妻の子どもをもつ意欲別（６－５）

第５回調査（平成28年）

第１回子ども数 第１回の夫の子どもをもつ意欲 この４年間の出生の状況	第１回の妻の子どもをもつ意欲					
	総数	絶対にもちたい	できればもちたい	もてなくてもかまわない	今後子どもは欲しくない	不詳
２人	10	1	2	1	6	－
第３子以降出生あり	2	－	1	－	1	－
第３子以降出生なし	8	1	1	1	5	－
絶対にもちたい	－	－	－	－	－	－
第３子以降出生あり	－	－	－	－	－	－
第３子以降出生なし	－	－	－	－	－	－
できればもちたい	2	－	1	1	－	－
第３子以降出生あり	1	－	1	－	－	－
第３子以降出生なし	1	－	－	1	－	－
もてなくてもかまわない	1	－	－	－	1	－
第３子以降出生あり	－	－	－	－	－	－
第３子以降出生なし	1	－	－	－	1	－
今後子どもは欲しくない	6	－	1	－	5	－
第３子以降出生あり	1	－	－	－	1	－
第３子以降出生なし	5	－	1	－	4	－
不詳	1	1	－	－	－	－
第３子以降出生あり	－	－	－	－	－	－
第３子以降出生なし	1	1	－	－	－	－
３人以上	2	－	－	1	1	－
第４子以降出生あり	2	－	－	1	1	－
第４子以降出生なし	－	－	－	－	－	－
絶対にもちたい	－	－	－	－	－	－
第４子以降出生あり	－	－	－	－	－	－
第４子以降出生なし	－	－	－	－	－	－
できればもちたい	－	－	－	－	－	－
第４子以降出生あり	－	－	－	－	－	－
第４子以降出生なし	－	－	－	－	－	－
もてなくてもかまわない	1	－	－	1	－	－
第４子以降出生あり	1	－	－	1	－	－
第４子以降出生なし	－	－	－	－	－	－
今後子どもは欲しくない	1	－	－	－	1	－
第４子以降出生あり	1	－	－	－	1	－
第４子以降出生なし	－	－	－	－	－	－
不詳	－	－	－	－	－	－
第４子以降出生あり	－	－	－	－	－	－
第４子以降出生なし	－	－	－	－	－	－

第15表　夫婦数、妻の年齢階級、第１回子ども数、第１回の夫の子ども

41歳以上

第１回子ども数 第１回の夫の子どもをもつ意欲 この４年間の出生の状況	第１回の妻の子どもをもつ意欲					
	総数	絶対にもちたい	できればもちたい	もてなくてもかまわない	今後子どもは欲しくない	不詳
総数	3	–	–	–	3	–
出生あり	1	–	–	–	1	–
出生なし	2	–	–	–	2	–
絶対にもちたい	–	–	–	–	–	–
出生あり	–	–	–	–	–	–
出生なし	–	–	–	–	–	–
できればもちたい	2	–	–	–	2	–
出生あり	1	–	–	–	1	–
出生なし	1	–	–	–	1	–
もてなくてもかまわない	–	–	–	–	–	–
出生あり	–	–	–	–	–	–
出生なし	–	–	–	–	–	–
今後子どもは欲しくない	1	–	–	–	1	–
出生あり	–	–	–	–	–	–
出生なし	1	–	–	–	1	–
不詳	–	–	–	–	–	–
出生あり	–	–	–	–	–	–
出生なし	–	–	–	–	–	–
子どもなし	–	–	–	–	–	–
第１子以降出生あり	–	–	–	–	–	–
第１子以降出生なし	–	–	–	–	–	–
絶対にもちたい	–	–	–	–	–	–
第１子以降出生あり	–	–	–	–	–	–
第１子以降出生なし	–	–	–	–	–	–
できればもちたい	–	–	–	–	–	–
第１子以降出生あり	–	–	–	–	–	–
第１子以降出生なし	–	–	–	–	–	–
もてなくてもかまわない	–	–	–	–	–	–
第１子以降出生あり	–	–	–	–	–	–
第１子以降出生なし	–	–	–	–	–	–
今後子どもは欲しくない	–	–	–	–	–	–
第１子以降出生あり	–	–	–	–	–	–
第１子以降出生なし	–	–	–	–	–	–
不詳	–	–	–	–	–	–
第１子以降出生あり	–	–	–	–	–	–
第１子以降出生なし	–	–	–	–	–	–
１人	1	–	–	–	1	–
第２子以降出生あり	–	–	–	–	–	–
第２子以降出生なし	1	–	–	–	1	–
絶対にもちたい	–	–	–	–	–	–
第２子以降出生あり	–	–	–	–	–	–
第２子以降出生なし	–	–	–	–	–	–
できればもちたい	1	–	–	–	1	–
第２子以降出生あり	–	–	–	–	–	–
第２子以降出生なし	1	–	–	–	1	–
もてなくてもかまわない	–	–	–	–	–	–
第２子以降出生あり	–	–	–	–	–	–
第２子以降出生なし	–	–	–	–	–	–
今後子どもは欲しくない	–	–	–	–	–	–
第２子以降出生あり	–	–	–	–	–	–
第２子以降出生なし	–	–	–	–	–	–
不詳	–	–	–	–	–	–
第２子以降出生あり	–	–	–	–	–	–
第２子以降出生なし	–	–	–	–	–	–

注：１）集計対象は、第１回から第５回まで双方が回答した夫婦である。ただし、妻の出生前データが得られていない夫婦は除く。
　　２）年齢は、「出生あり」は出生後の、「出生なし」は第５回の年齢である。
　　３）「今後子どもは欲しくない」とは、「今後、何人の子どもをもちたいと考えていますか。」という質問に「０人」と回答した者である。
　　４）４年間で２人以上出生ありの場合は、末子について計上している。

をもつ意欲、この４年間の出生の状況、第１回の妻の子どもをもつ意欲別（６－６）

第５回調査（平成28年）

第１回子ども数 第１回の夫の子どもをもつ意欲 この４年間の出生の状況	第１回の妻の子どもをもつ意欲					
	総数	絶対にもちたい	できればもちたい	もてなくてもかまわない	今後子どもは欲しくない	不詳
２人	1	－	－	－	1	－
第３子以降出生あり	1	－	－	－	1	－
第３子以降出生なし	－	－	－	－	－	－
絶対にもちたい	－	－	－	－	－	－
第３子以降出生あり	－	－	－	－	－	－
第３子以降出生なし	－	－	－	－	－	－
できればもちたい	1	－	－	－	1	－
第３子以降出生あり	1	－	－	－	1	－
第３子以降出生なし	－	－	－	－	－	－
もてなくてもかまわない	－	－	－	－	－	－
第３子以降出生あり	－	－	－	－	－	－
第３子以降出生なし	－	－	－	－	－	－
今後子どもは欲しくない	－	－	－	－	－	－
第３子以降出生あり	－	－	－	－	－	－
第３子以降出生なし	－	－	－	－	－	－
不詳	－	－	－	－	－	－
第３子以降出生あり	－	－	－	－	－	－
第３子以降出生なし	－	－	－	－	－	－
３人以上	1	－	－	－	1	－
第４子以降出生あり	－	－	－	－	－	－
第４子以降出生なし	1	－	－	－	1	－
絶対にもちたい	－	－	－	－	－	－
第４子以降出生あり	－	－	－	－	－	－
第４子以降出生なし	－	－	－	－	－	－
できればもちたい	－	－	－	－	－	－
第４子以降出生あり	－	－	－	－	－	－
第４子以降出生なし	－	－	－	－	－	－
もてなくてもかまわない	－	－	－	－	－	－
第４子以降出生あり	－	－	－	－	－	－
第４子以降出生なし	－	－	－	－	－	－
今後子どもは欲しくない	1	－	－	－	1	－
第４子以降出生あり	－	－	－	－	－	－
第４子以降出生なし	1	－	－	－	1	－
不詳	－	－	－	－	－	－
第４子以降出生あり	－	－	－	－	－	－
第４子以降出生なし	－	－	－	－	－	－

第16表　夫婦数、妻の年齢階級、子ども数、

妻の年齢階級 子ども数 この４年間の出生の状況	夫の追加希望子ども数				
	総数	欲しくない	あと１人欲しい	あと２人以上欲しい	不詳
総数	821	162	252	391	16
出生あり	399	33	150	209	7
出生なし	422	129	102	182	9
子どもなし	358	15	35	297	11
第１子出生あり	164	3	11	146	4
第１子出生なし	194	12	24	151	7
１人	238	24	128	82	4
第２子出生あり	152	8	87	54	3
第２子出生なし	86	16	41	28	1
２人	187	91	85	10	1
第３子出生あり	76	19	49	8	−
第３子出生なし	111	72	36	2	1
３人以上	38	32	4	2	−
第４子以降出生あり	7	3	3	1	−
第４子以降出生なし	31	29	1	1	−
25歳以下	43	5	14	23	1
出生あり	23	3	7	13	−
出生なし	20	2	7	10	1
子どもなし	24	2	3	18	1
第１子出生あり	11	−	1	10	−
第１子出生なし	13	2	2	8	1
１人	17	3	9	5	−
第２子出生あり	10	3	4	3	−
第２子出生なし	7	−	5	2	−
２人	2	−	2	−	−
第３子出生あり	2	−	2	−	−
第３子出生なし	−	−	−	−	−
３人以上	−	−	−	−	−
第４子以降出生あり	−	−	−	−	−
第４子以降出生なし	−	−	−	−	−
26～30歳	354	34	100	213	7
出生あり	199	12	63	121	3
出生なし	155	22	37	92	4
子どもなし	191	2	17	167	5
第１子出生あり	95	1	6	87	1
第１子出生なし	96	1	11	80	4
１人	98	4	54	38	2
第２子出生あり	70	2	39	27	2
第２子出生なし	28	2	15	11	−
２人	58	21	29	8	−
第３子出生あり	34	9	18	7	−
第３子出生なし	24	12	11	1	−
３人以上	7	7	−	−	−
第４子以降出生あり	−	−	−	−	−
第４子以降出生なし	7	7	−	−	−

注：１）集計対象は、①または②に該当する夫婦である。ただし、妻の出生前データが得られていない夫婦は除く。
①第１回から第５回まで双方が回答した夫婦
②第１回に独身で第４回までの間に結婚し、結婚後第５回まで回答した夫が男性票の対象の夫婦
２）年齢は、「出生あり」は出生後の、「出生なし」は第５回の年齢である。
３）追加希望子ども数は、「出生あり」は出生前の、「出生なし」は第４回の状況である。
４）「子どもなし」「１人」「２人」「３人以上」は、「出生あり」は出生前の、「出生なし」は第４回の状況である。
５）４年間で２人以上出生ありの場合は、末子について計上している。

この４年間の出生の状況、夫の追加希望子ども数別

第５回調査（平成28年）

妻の年齢階級 子ども数 この４年間の出生の状況	夫の追加希望子ども数				
	総数	欲しくない	あと１人欲しい	あと２人以上欲しい	不詳
31～35歳	381	108	121	144	8
出生あり	160	16	70	70	4
出生なし	221	92	51	74	4
子どもなし	127	8	9	105	5
第１子出生あり	53	2	2	46	3
第１子出生なし	74	6	7	59	2
１人	111	16	58	35	2
第２子出生あり	65	3	39	22	1
第２子出生なし	46	13	19	13	1
２人	116	62	51	2	1
第３子出生あり	37	9	27	1	－
第３子出生なし	79	53	24	1	1
３人以上	27	22	3	2	－
第４子以降出生あり	5	2	2	1	－
第４子以降出生なし	22	20	1	1	－
36～40歳	38	12	15	11	－
出生あり	16	2	9	5	－
出生なし	22	10	6	6	－
子どもなし	15	3	5	7	－
第１子出生あり	5	－	2	3	－
第１子出生なし	10	3	3	4	－
１人	11	－	7	4	－
第２子出生あり	7	－	5	2	－
第２子出生なし	4	－	2	2	－
２人	10	8	2	－	－
第３子出生あり	2	1	1	－	－
第３子出生なし	8	7	1	－	－
３人以上	2	1	1	－	－
第４子以降出生あり	2	1	1	－	－
第４子以降出生なし	－	－	－	－	－
41歳以上	5	3	2	－	－
出生あり	1	－	1	－	－
出生なし	4	3	1	－	－
子どもなし	1	－	1	－	－
第１子出生あり	－	－	－	－	－
第１子出生なし	1	－	1	－	－
１人	1	1	－	－	－
第２子出生あり	－	－	－	－	－
第２子出生なし	1	1	－	－	－
２人	1	－	1	－	－
第３子出生あり	1	－	1	－	－
第３子出生なし	－	－	－	－	－
３人以上	2	2	－	－	－
第４子以降出生あり	－	－	－	－	－
第４子以降出生なし	2	2	－	－	－

第17表　夫婦数、妻の年齢階級、子ども数、

妻の年齢階級 子ども数 この４年間の出生の状況	妻の追加希望子ども数				
	総数	欲しくない	あと１人欲しい	あと２人以上欲しい	不詳
総数	1 196	175	291	704	26
出生あり	573	27	170	364	12
出生なし	623	148	121	340	14
子どもなし	686	24	46	597	19
第１子出生あり	308	3	18	279	8
第１子出生なし	378	21	28	318	11
１人	279	25	150	98	6
第２子出生あり	183	5	95	79	4
第２子出生なし	96	20	55	19	2
２人	191	93	89	8	1
第３子出生あり	75	13	56	6	−
第３子出生なし	116	80	33	2	1
３人以上	40	33	6	1	−
第４子以降出生あり	7	6	1	−	−
第４子以降出生なし	33	27	5	1	−
25歳以下	74	2	14	58	−
出生あり	44	1	9	34	−
出生なし	30	1	5	24	−
子どもなし	42	−	2	40	−
第１子出生あり	23	−	2	21	−
第１子出生なし	19	−	−	19	−
１人	29	2	10	17	−
第２子出生あり	19	1	5	13	−
第２子出生なし	10	1	5	4	−
２人	3	−	2	1	−
第３子出生あり	2	−	2	−	−
第３子出生なし	1	−	−	1	−
３人以上	−	−	−	−	−
第４子以降出生あり	−	−	−	−	−
第４子以降出生なし	−	−	−	−	−
26～30歳	583	45	120	404	14
出生あり	308	10	71	217	10
出生なし	275	35	49	187	4
子どもなし	399	10	20	358	11
第１子出生あり	195	1	9	178	7
第１子出生なし	204	9	11	180	4
１人	115	7	64	41	3
第２子出生あり	79	3	39	34	3
第２子出生なし	36	4	25	7	−
２人	62	22	35	5	−
第３子出生あり	34	6	23	5	−
第３子出生なし	28	16	12	−	−
３人以上	7	6	1	−	−
第４子以降出生あり	−	−	−	−	−
第４子以降出生なし	7	6	1	−	−

注：１）集計対象は、①または②に該当する夫婦である。ただし、妻の出生前データが得られていない夫婦は除く。
　①第１回から第５回まで双方が回答した夫婦
　②第１回に独身で第４回までの間に結婚し、結婚後第５回まで回答した妻が女性票の対象の夫婦
２）年齢は、「出生あり」は出生後の、「出生なし」は第５回の年齢である。
３）追加希望子ども数は、「出生あり」は出生前の、「出生なし」は第４回の状況である。
４）「子どもなし」「１人」「２人」「３人以上」は、「出生あり」は出生前の、「出生なし」は第４回の状況である。
５）４年間で２人以上出生ありの場合は、末子について計上している。

この４年間の出生の状況、妻の追加希望子ども数別

第５回調査（平成28年）

妻の年齢階級 子ども数 この４年間の出生の状況	妻の追加希望子ども数				
	総数	欲しくない	あと１人欲しい	あと２人以上欲しい	不詳
31～35歳	512	116	143	241	12
出生あり	208	12	82	112	2
出生なし	304	104	61	129	10
子どもなし	242	13	22	199	8
第１子出生あり	89	2	6	80	1
第１子出生なし	153	11	16	119	7
１人	125	15	68	39	3
第２子出生あり	78	1	45	31	1
第２子出生なし	47	14	23	8	2
２人	115	64	48	2	1
第３子出生あり	36	5	30	1	–
第３子出生なし	79	59	18	1	1
３人以上	30	24	5	1	–
第４子以降出生あり	5	4	1	–	–
第４子以降出生なし	25	20	4	1	–
36～40歳	24	9	14	1	–
出生あり	12	3	8	1	–
出生なし	12	6	6	–	–
子どもなし	3	1	2	–	–
第１子出生あり	1	–	1	–	–
第１子出生なし	2	1	1	–	–
１人	9	–	8	1	–
第２子出生あり	7	–	6	1	–
第２子出生なし	2	–	2	–	–
２人	10	6	4	–	–
第３子出生あり	2	1	1	–	–
第３子出生なし	8	5	3	–	–
３人以上	2	2	–	–	–
第４子以降出生あり	2	2	–	–	–
第４子以降出生なし	–	–	–	–	–
41歳以上	3	3	–	–	–
出生あり	1	1	–	–	–
出生なし	2	2	–	–	–
子どもなし	–	–	–	–	–
第１子出生あり	–	–	–	–	–
第１子出生なし	–	–	–	–	–
１人	1	1	–	–	–
第２子出生あり	–	–	–	–	–
第２子出生なし	1	1	–	–	–
２人	1	1	–	–	–
第３子出生あり	1	1	–	–	–
第３子出生なし	–	–	–	–	–
３人以上	1	1	–	–	–
第４子以降出生あり	–	–	–	–	–
第４子以降出生なし	1	1	–	–	–

第18表　夫婦数、妻の年齢階級、夫の家事・育児時間（平日・休日）、

平　日

妻の年齢階級 夫の家事・育児時間 （再掲）子どもが「ほしい」と考えていた夫婦	総数			子どもなし		
		出生あり	出生なし		出生あり	出生なし
総数	1 433	684	749	881	399	482
家事・育児時間なし	223	93	130	173	66	107
２時間未満	790	385	405	568	267	301
２～４時間未満	268	133	135	65	28	37
４～６時間未満	48	23	25	5	1	4
６～８時間未満	9	3	6	1	1	–
８時間以上	8	3	5	1	1	–
不詳	87	44	43	68	35	33
25歳以下	98	52	46	59	30	29
家事・育児時間なし	16	9	7	13	7	6
２時間未満	51	27	24	38	20	18
２～４時間未満	16	12	4	3	2	1
４～６時間未満	4	1	3	–	–	–
６～８時間未満	2	–	2	–	–	–
８時間以上	1	–	1	–	–	–
不詳	8	3	5	5	1	4
26～30歳	728	376	352	519	254	265
家事・育児時間なし	107	48	59	89	37	52
２時間未満	419	220	199	347	173	174
２～４時間未満	124	70	54	41	22	19
４～６時間未満	27	13	14	3	1	2
６～８時間未満	2	1	1	1	1	–
８時間以上	4	1	3	1	1	–
不詳	45	23	22	37	19	18
31～35歳	567	240	327	289	111	178
家事・育児時間なし	95	34	61	67	21	46
２時間未満	304	131	173	176	72	104
２～４時間未満	114	46	68	20	4	16
４～６時間未満	15	8	7	2	–	2
６～８時間未満	4	2	2	–	–	–
８時間以上	3	2	1	–	–	–
不詳	32	17	15	24	14	10
36～40歳	35	15	20	13	4	9
家事・育児時間なし	4	1	3	4	1	3
２時間未満	14	7	7	6	2	4
２～４時間未満	12	5	7	1	–	1
４～６時間未満	2	1	1	–	–	–
６～８時間未満	1	–	1	–	–	–
８時間以上	–	–	–	–	–	–
不詳	2	1	1	2	1	1
41歳以上	5	1	4	1	–	1
家事・育児時間なし	1	1	–	–	–	–
２時間未満	2	–	2	1	–	1
２～４時間未満	2	–	2	–	–	–
４～６時間未満	–	–	–	–	–	–
６～８時間未満	–	–	–	–	–	–
８時間以上	–	–	–	–	–	–
不詳	–	–	–	–	–	–

注：１）集計対象は、①または②に該当する同居夫婦である。ただし、妻の出生前データが得られていない夫婦は除く。
①第１回から第５回まで双方が回答した夫婦
②第１回に独身で第４回までの間に結婚し、結婚後第５回まで回答した夫婦
２）年齢は、「出生あり」は出生後の、「出生なし」は第５回の年齢である。
３）夫の家事・育児時間は、「出生あり」は出生前の、「出生なし」は第４回の状況である。
４）「子どもなし」「１人」「２人」「３人以上」は、「出生あり」は出生前の、「出生なし」は第４回の状況である。
５）４年間で２人以上出生ありの場合は、末子について計上している。
６）子どもが「ほしい」と考えていた夫婦とは、第１回の子どもをもつ意欲が、夫、妻ともに「絶対もちたい」「できればもちたい」のいずれかであった夫婦である。

（再掲）子どもが「ほしい」と考えていた夫婦、子ども数、この４年間の出生の状況別（４－１）

第５回調査（平成28年）

	１　人	出生あり	出生なし	２　人	出生あり	出生なし	３人以上	出生あり	出生なし
	328	206	122	184	72	112	40	7	33
	25	17	8	18	9	9	7	1	6
	133	84	49	74	30	44	15	4	11
	124	81	43	66	24	42	13	－	13
	27	14	13	13	6	7	3	2	1
	4	1	3	3	1	2	1	－	1
	3	2	1	4	－	4	－	－	－
	12	7	5	6	2	4	1	－	1
	36	20	16	3	2	1	－	－	－
	3	2	1	－	－	－	－	－	－
	12	6	6	1	1	－	－	－	－
	13	10	3	－	－	－	－	－	－
	3	－	3	1	1	－	－	－	－
	1	－	1	1	－	1	－	－	－
	1	－	1	－	－	－	－	－	－
	3	2	1	－	－	－	－	－	－
	142	90	52	60	32	28	7	－	7
	11	8	3	6	3	3	1	－	1
	52	35	17	19	12	7	1	－	1
	58	36	22	21	12	9	4	－	4
	18	9	9	6	3	3	－	－	－
	－	－	－	－	－	－	1	－	1
	－	－	－	3	－	3	－	－	－
	3	2	1	5	2	3	－	－	－
	139	89	50	110	35	75	29	5	24
	11	7	4	11	5	6	6	1	5
	66	40	26	50	16	34	12	3	9
	47	31	16	39	11	28	8	－	8
	5	5	－	6	2	4	2	1	1
	2	1	1	2	1	1	－	－	－
	2	2	－	1	－	1	－	－	－
	6	3	3	1	－	1	1	－	1
	10	7	3	10	2	8	2	2	－
	－	－	－	－	－	－	－	－	－
	3	3	－	4	1	3	1	1	－
	5	4	1	6	1	5	－	－	－
	1	－	1	－	－	－	1	1	－
	1	－	1	－	－	－	－	－	－
	－	－	－	－	－	－	－	－	－
	－	－	－	－	－	－	－	－	－
	1	－	1	1	1	－	2	－	2
	－	－	－	1	1	－	－	－	－
	－	－	－	－	－	－	1	－	1
	1	－	1	－	－	－	1	－	1
	－	－	－	－	－	－	－	－	－
	－	－	－	－	－	－	－	－	－
	－	－	－	－	－	－	－	－	－
	－	－	－	－	－	－	－	－	－

第18表　夫婦数、妻の年齢階級、夫の家事・育児時間（平日・休日）、

平　日

妻の年齢階級 夫の家事・育児時間 （再掲）子どもが「ほしい」 と考えていた夫婦	総数			子どもなし		
		出生あり	出生なし		出生あり	出生なし
(再掲) 子どもが「ほしい」と考えていた夫婦	252	182	70	55	36	19
家事・育児時間なし	35	25	10	17	9	8
２時間未満	108	79	29	26	18	8
２～４時間未満	74	52	22	5	2	3
４～６時間未満	19	12	7	-	-	-
６～８時間未満	2	1	1	-	-	-
８時間以上	-	-	-	-	-	-
不詳	14	13	1	7	7	-
25歳以下	7	7	-	2	2	-
家事・育児時間なし	1	1	-	1	1	-
２時間未満	1	1	-	-	-	-
２～４時間未満	2	2	-	-	-	-
４～６時間未満	1	1	-	-	-	-
６～８時間未満	-	-	-	-	-	-
８時間以上	-	-	-	-	-	-
不詳	2	2	-	1	1	-
26～30歳	97	79	18	20	17	3
家事・育児時間なし	11	9	2	3	2	1
２時間未満	44	36	8	13	12	1
２～４時間未満	29	24	5	3	2	1
４～６時間未満	8	5	3	-	-	-
６～８時間未満	-	-	-	-	-	-
８時間以上	-	-	-	-	-	-
不詳	5	5	-	1	1	-
31～35歳	137	88	49	31	16	15
家事・育児時間なし	21	14	7	11	5	6
２時間未満	60	39	21	13	6	7
２～４時間未満	39	22	17	2	-	2
４～６時間未満	9	6	3	-	-	-
６～８時間未満	1	1	-	-	-	-
８時間以上	-	-	-	-	-	-
不詳	7	6	1	5	5	-
36～40歳	11	8	3	2	1	1
家事・育児時間なし	2	1	1	2	1	1
２時間未満	3	3	-	-	-	-
２～４時間未満	4	4	-	-	-	-
４～６時間未満	1	-	1	-	-	-
６～８時間未満	1	-	1	-	-	-
８時間以上	-	-	-	-	-	-
不詳	-	-	-	-	-	-
41歳以上	-	-	-	-	-	-
家事・育児時間なし	-	-	-	-	-	-
２時間未満	-	-	-	-	-	-
２～４時間未満	-	-	-	-	-	-
４～６時間未満	-	-	-	-	-	-
６～８時間未満	-	-	-	-	-	-
８時間以上	-	-	-	-	-	-
不詳	-	-	-	-	-	-

注：１）集計対象は、①または②に該当する同居夫婦である。ただし、妻の出生前データが得られていない夫婦は除く。
①第１回から第５回まで双方が回答した夫婦
②第１回に独身で第４回までの間に結婚し、結婚後第５回まで回答した夫婦
２）年齢は、「出生あり」は出生後の、「出生なし」は第５回の年齢である。
３）夫の家事・育児時間は、「出生あり」は出生前の、「出生なし」は第４回の状況である。
４）「子どもなし」「１人」「２人」「３人以上」は、「出生あり」は出生前の、「出生なし」は第４回の状況である。
５）４年間で２人以上出生ありの場合は、末子について計上している。
６）子どもが「ほしい」と考えていた夫婦とは、第１回の子どもをもつ意欲が、夫、妻ともに「絶対もちたい」「できればもちたい」のいずれかであった夫婦である。

第５回調査（平成28年）

１　　人	出生あり	出生なし	２　　人	出生あり	出生なし	３人以上	出生あり	出生なし
124	97	27	69	47	22	4	2	2
12	11	1	6	5	1	-	-	-
54	43	11	26	17	9	2	1	1
44	32	12	25	18	7	-	-	-
9	7	2	8	4	4	2	1	1
1	-	1	1	1	-	-	-	-
-	-	-	-	-	-	-	-	-
4	4	-	3	2	1	-	-	-
3	3	-	2	2	-	-	-	-
-	-	-	-	-	-	-	-	-
-	-	-	1	1	-	-	-	-
2	2	-	-	-	-	-	-	-
-	-	-	1	1	-	-	-	-
-	-	-	-	-	-	-	-	-
-	-	-	-	-	-	-	-	-
1	1	-	-	-	-	-	-	-
50	44	6	27	18	9	-	-	-
5	5	-	3	2	1	-	-	-
21	18	3	10	6	4	-	-	-
17	15	2	9	7	2	-	-	-
5	4	1	3	1	2	-	-	-
-	-	-	-	-	-	-	-	-
-	-	-	-	-	-	-	-	-
2	2	-	2	2	-	-	-	-
63	44	19	39	26	13	4	2	2
7	6	1	3	3	-	-	-	-
31	23	8	14	9	5	2	1	1
21	11	10	16	11	5	-	-	-
3	3	-	4	2	2	2	1	1
-	-	-	1	1	-	-	-	-
-	-	-	-	-	-	-	-	-
1	1	-	1	-	1	-	-	-
8	6	2	1	1	-	-	-	-
-	-	-	-	-	-	-	-	-
2	2	-	1	1	-	-	-	-
4	4	-	-	-	-	-	-	-
1	-	1	-	-	-	-	-	-
1	-	1	-	-	-	-	-	-
-	-	-	-	-	-	-	-	-
-	-	-	-	-	-	-	-	-
-	-	-	-	-	-	-	-	-
-	-	-	-	-	-	-	-	-
-	-	-	-	-	-	-	-	-
-	-	-	-	-	-	-	-	-
-	-	-	-	-	-	-	-	-
-	-	-	-	-	-	-	-	-
-	-	-	-	-	-	-	-	-
-	-	-	-	-	-	-	-	-

第18表　夫婦数、妻の年齢階級、夫の家事・育児時間（平日・休日）、

休　日

妻の年齢階級 夫の家事・育児時間 （再掲）子どもが「ほしい」と考えていた夫婦	総数			子どもなし		
		出生あり	出生なし		出生あり	出生なし
総数	1 433	684	749	881	399	482
家事・育児時間なし	92	41	51	84	37	47
２時間未満	562	265	297	513	238	275
２～４時間未満	263	112	151	177	73	104
４～６時間未満	130	62	68	33	15	18
６～８時間未満	62	36	26	2	1	1
８時間以上	240	127	113	7	2	5
不詳	84	41	43	65	33	32
25歳以下	98	52	46	59	30	29
家事・育児時間なし	9	6	3	9	6	3
２時間未満	27	15	12	24	13	11
２～４時間未満	23	11	12	18	8	10
４～６時間未満	10	5	5	2	1	1
６～８時間未満	2	1	1	－	－	－
８時間以上	19	11	8	1	1	－
不詳	8	3	5	5	1	4
26～30歳	728	376	352	519	254	265
家事・育児時間なし	50	22	28	47	21	26
２時間未満	318	171	147	295	156	139
２～４時間未満	140	59	81	114	45	69
４～６時間未満	56	29	27	23	12	11
６～８時間未満	24	18	6	2	1	1
８時間以上	96	54	42	3	1	2
不詳	44	23	21	35	18	17
31～35歳	567	240	327	289	111	178
家事・育児時間なし	32	12	20	27	9	18
２時間未満	206	76	130	185	67	118
２～４時間未満	93	39	54	43	20	23
４～６時間未満	61	28	33	8	2	6
６～８時間未満	32	16	16	－	－	－
８時間以上	113	55	58	3	－	3
不詳	30	14	16	23	13	10
36～40歳	35	15	20	13	4	9
家事・育児時間なし	1	1	－	1	1	－
２時間未満	10	3	7	8	2	6
２～４時間未満	5	2	3	2	－	2
４～６時間未満	2	－	2	－	－	－
６～８時間未満	4	1	3	－	－	－
８時間以上	11	7	4	－	－	－
不詳	2	1	1	2	1	1
41歳以上	5	1	4	1	－	1
家事・育児時間なし	－	－	－	－	－	－
２時間未満	1	－	1	1	－	1
２～４時間未満	2	1	1	－	－	－
４～６時間未満	1	－	1	－	－	－
６～８時間未満	－	－	－	－	－	－
８時間以上	1	－	1	－	－	－
不詳	－	－	－	－	－	－

注：１）集計対象は、①または②に該当する同居夫婦である。ただし、妻の出生前データが得られていない夫婦は除く。
　　　①第１回から第５回まで双方が回答した夫婦
　　　②第１回に独身で第４回までの間に結婚し、結婚後第５回まで回答した夫婦
　　２）年齢は、「出生あり」は出生後の、「出生なし」は第５回の年齢である。
　　３）夫の家事・育児時間は、「出生あり」は出生前の、「出生なし」は第４回の状況である。
　　４）「子どもなし」「１人」「２人」「３人以上」は、「出生あり」は出生前の、「出生なし」は第４回の状況である。
　　５）４年間で２人以上出生ありの場合は、末子について計上している。
　　６）子どもが「ほしい」と考えていた夫婦とは、第１回の子どもをもつ意欲が、夫、妻ともに「絶対もちたい」「できればもちたい」のいずれかであった夫婦である。

（再掲）子どもが「ほしい」と考えていた夫婦、子ども数、この４年間の出生の状況別（４－３）

第５回調査（平成28年）

１　　人	出生あり	出生なし	２　　人	出生あり	出生なし	３人以上	出生あり	出生なし
328	206	122	184	72	112	40	7	33
4	3	1	3	1	2	1	−	1
31	20	11	15	6	9	3	1	2
56	29	27	25	10	15	5	−	5
54	30	24	34	16	18	9	1	8
40	29	11	14	5	9	6	1	5
130	89	41	88	32	56	15	4	11
13	6	7	5	2	3	1	−	1
36	20	16	3	2	1	−	−	−
−	−	−	−	−	−	−	−	−
3	2	1	−	−	−	−	−	−
5	3	2	−	−	−	−	−	−
8	4	4	−	−	−	−	−	−
2	1	1	−	−	−	−	−	−
15	8	7	3	2	1	−	−	−
3	2	1	−	−	−	−	−	−
142	90	52	60	32	28	7	−	7
2	1	1	1	−	1	−	−	−
17	12	5	6	3	3	−	−	−
20	11	9	5	3	2	1	−	1
23	10	13	8	7	1	2	−	2
18	15	3	3	2	1	1	−	1
56	38	18	34	15	19	3	−	3
6	3	3	3	2	1	−	−	−
139	89	50	110	35	75	29	5	24
2	2	−	2	1	1	1	−	1
11	6	5	8	3	5	2	−	2
28	13	15	18	6	12	4	−	4
23	16	7	24	9	15	6	1	5
18	12	6	9	3	6	5	1	4
53	39	14	47	13	34	10	3	7
4	1	3	2	−	2	1	−	1
10	7	3	10	2	8	2	2	−
−	−	−	−	−	−	−	−	−
−	−	−	1	−	1	1	1	−
2	2	−	1	−	1	−	−	−
−	−	−	2	−	2	−	−	−
2	1	1	2	−	2	−	−	−
6	4	2	4	2	2	1	1	−
−	−	−	−	−	−	−	−	−
1	−	1	1	1	−	2	−	2
−	−	−	−	−	−	−	−	−
−	−	−	−	−	−	−	−	−
1	−	1	1	1	−	−	−	−
−	−	−	−	−	−	1	−	1
−	−	−	−	−	−	−	−	−
−	−	−	−	−	−	1	−	1
−	−	−	−	−	−	−	−	−

第18表　夫婦数、妻の年齢階級、夫の家事・育児時間（平日・休日）、

休　日

妻の年齢階級 夫の家事・育児時間 （再掲）子どもが「ほしい」と考えていた夫婦	総数			子どもなし		
		出生あり	出生なし		出生あり	出生なし
（再掲）子どもが「ほしい」と考えていた夫婦	252	182	70	55	36	19
家事・育児時間なし	9	5	4	7	3	4
２時間未満	49	35	14	32	20	12
２～４時間未満	41	28	13	8	6	2
４～６時間未満	29	21	8	1	-	1
６～８時間未満	24	18	6	-	-	-
８時間以上	88	64	24	-	-	-
不詳	12	11	1	7	7	-
25歳以下	7	7	-	2	2	-
家事・育児時間なし	-	-	-	-	-	-
２時間未満	1	1	-	1	1	-
２～４時間未満	-	-	-	-	-	-
４～６時間未満	-	-	-	-	-	-
６～８時間未満	1	1	-	-	-	-
８時間以上	3	3	-	-	-	-
不詳	2	2	-	1	1	-
26～30歳	97	79	18	20	17	3
家事・育児時間なし	1	1	-	1	1	-
２時間未満	20	17	3	11	9	2
２～４時間未満	18	15	3	7	6	1
４～６時間未満	12	9	3	-	-	-
６～８時間未満	9	8	1	-	-	-
８時間以上	33	25	8	-	-	-
不詳	4	4	-	1	1	-
31～35歳	137	88	49	31	16	15
家事・育児時間なし	7	3	4	5	1	4
２時間未満	27	17	10	19	10	9
２～４時間未満	22	12	10	1	-	1
４～６時間未満	17	12	5	1	-	1
６～８時間未満	12	8	4	-	-	-
８時間以上	46	31	15	-	-	-
不詳	6	5	1	5	5	-
36～40歳	11	8	3	2	1	1
家事・育児時間なし	1	1	-	1	1	-
２時間未満	1	-	1	1	-	1
２～４時間未満	1	1	-	-	-	-
４～６時間未満	-	-	-	-	-	-
６～８時間未満	2	1	1	-	-	-
８時間以上	6	5	1	-	-	-
不詳	-	-	-	-	-	-
41歳以上	-	-	-	-	-	-
家事・育児時間なし	-	-	-	-	-	-
２時間未満	-	-	-	-	-	-
２～４時間未満	-	-	-	-	-	-
４～６時間未満	-	-	-	-	-	-
６～８時間未満	-	-	-	-	-	-
８時間以上	-	-	-	-	-	-
不詳	-	-	-	-	-	-

注：１）集計対象は、①または②に該当する同居夫婦である。ただし、妻の出生前データが得られていない夫婦は除く。
　①第１回から第５回まで双方が回答した夫婦
　②第１回に独身で第４回までの間に結婚し、結婚後第５回まで回答した夫婦
２）年齢は、「出生あり」は出生後の、「出生なし」は第５回の年齢である。
３）夫の家事・育児時間は、「出生あり」は出生前の、「出生なし」は第４回の状況である。
４）「子どもなし」「１人」「２人」「３人以上」は、「出生あり」は出生前の、「出生なし」は第４回の状況である。
５）４年間で２人以上出生ありの場合は、末子について計上している。
６）子どもが「ほしい」と考えていた夫婦とは、第１回の子どもをもつ意欲が、夫、妻ともに「絶対もちたい」「できればもちたい」のいずれかであった夫婦である。

（再掲）子どもが「ほしい」と考えていた夫婦、子ども数、この４年間の出生の状況別（４－４）

第５回調査（平成28年）

１　　人			２　　人			３人以上		
	出生あり	出生なし		出生あり	出生なし		出生あり	出生なし
124	97	27	69	47	22	4	2	2
2	2	－	－	－	－	－	－	－
11	11	－	5	4	1	1	－	1
24	16	8	9	6	3	－	－	－
16	11	5	11	9	2	1	1	－
17	14	3	7	4	3	－	－	－
51	40	11	35	23	12	2	1	1
3	3	－	2	1	1	－	－	－
3	3	－	2	2	－	－	－	－
－	－	－	－	－	－	－	－	－
－	－	－	－	－	－	－	－	－
－	－	－	－	－	－	－	－	－
－	－	－	－	－	－	－	－	－
1	1	－	－	－	－	－	－	－
1	1	－	2	2	－	－	－	－
1	1	－	－	－	－	－	－	－
50	44	6	27	18	9	－	－	－
－	－	－	－	－	－	－	－	－
6	6	－	3	2	1	－	－	－
7	6	1	4	3	1	－	－	－
9	6	3	3	3	－	－	－	－
7	7	－	2	1	1	－	－	－
19	17	2	14	8	6	－	－	－
2	2	－	1	1	－	－	－	－
63	44	19	39	26	13	4	2	2
2	2	－	－	－	－	－	－	－
5	5	－	2	2	－	1	－	1
16	9	7	5	3	2	－	－	－
7	5	2	8	6	2	1	1	－
7	5	2	5	3	2	－	－	－
26	18	8	18	12	6	2	1	1
－	－	－	1	－	1	－	－	－
8	6	2	1	1	－	－	－	－
－	－	－	－	－	－	－	－	－
－	－	－	－	－	－	－	－	－
1	1	－	－	－	－	－	－	－
－	－	－	－	－	－	－	－	－
2	1	1	－	－	－	－	－	－
5	4	1	1	1	－	－	－	－
－	－	－	－	－	－	－	－	－
－	－	－	－	－	－	－	－	－
－	－	－	－	－	－	－	－	－
－	－	－	－	－	－	－	－	－
－	－	－	－	－	－	－	－	－
－	－	－	－	－	－	－	－	－
－	－	－	－	－	－	－	－	－
－	－	－	－	－	－	－	－	－
－	－	－	－	－	－	－	－	－

第19表　夫婦数、妻の年齢階級、妻の家事・育児時間（平日・休日）、

平　日

妻の年齢階級 妻の家事・育児時間 （再掲）子どもが「ほしい」 と考えていた夫婦	総数			子どもなし		
		出生あり	出生なし		出生あり	出生なし
総数	1 433	684	749	881	399	482
家事・育児時間なし	6	2	4	5	2	3
２時間未満	219	95	124	216	93	123
２～４時間未満	423	185	238	393	174	219
４～６時間未満	257	120	137	156	79	77
６～８時間未満	101	41	60	22	8	14
８時間以上	308	176	132	22	10	12
不詳	119	65	54	67	33	34
25歳以下	98	52	46	59	30	29
家事・育児時間なし	－	－	－	－	－	－
２時間未満	12	8	4	12	8	4
２～４時間未満	24	9	15	22	9	13
４～６時間未満	15	10	5	11	7	4
６～８時間未満	2	2	－	－	－	－
８時間以上	29	17	12	1	－	1
不詳	16	6	10	13	6	7
26～30歳	728	376	352	519	254	265
家事・育児時間なし	5	1	4	4	1	3
２時間未満	141	66	75	139	65	74
２～４時間未満	233	111	122	224	107	117
４～６時間未満	128	70	58	93	51	42
６～８時間未満	38	17	21	11	5	6
８時間以上	121	76	45	16	8	8
不詳	62	35	27	32	17	15
31～35歳	567	240	327	289	111	178
家事・育児時間なし	1	1	－	1	1	－
２時間未満	64	21	43	63	20	43
２～４時間未満	156	61	95	141	56	85
４～６時間未満	107	36	71	49	19	30
６～８時間未満	52	19	33	10	3	7
８時間以上	148	78	70	5	2	3
不詳	39	24	15	20	10	10
36～40歳	35	15	20	13	4	9
家事・育児時間なし	－	－	－	－	－	－
２時間未満	1	－	1	1	－	1
２～４時間未満	10	4	6	6	2	4
４～６時間未満	7	4	3	3	2	1
６～８時間未満	7	2	5	1	－	1
８時間以上	8	5	3	－	－	－
不詳	2	－	2	2	－	2
41歳以上	5	1	4	1	－	1
家事・育児時間なし	－	－	－	－	－	－
２時間未満	1	－	1	1	－	1
２～４時間未満	－	－	－	－	－	－
４～６時間未満	－	－	－	－	－	－
６～８時間未満	2	1	1	－	－	－
８時間以上	2	－	2	－	－	－
不詳	－	－	－	－	－	－

注：１）集計対象は、①または②に該当する同居夫婦である。ただし、妻の出生前データが得られていない夫婦は除く。
　　　①第１回から第５回まで双方が回答した夫婦
　　　②第１回に独身で第４回までの間に結婚し、結婚後第５回まで回答した夫婦
　　２）年齢は、「出生あり」は出生後の、「出生なし」は第５回の年齢である。
　　３）妻の家事・育児時間は、「出生あり」は出生前の、「出生なし」は第４回の状況である。
　　４）「子どもなし」「１人」「２人」「３人以上」は、「出生あり」は出生前の、「出生なし」は第４回の状況である。
　　５）４年間で２人以上出生ありの場合は、末子について計上している。
　　６）子どもが「ほしい」と考えていた夫婦とは、第１回の子どもをもつ意欲が、夫、妻ともに「絶対もちたい」「できればもちたい」のいずれかであった夫婦である。

（再掲）子どもが「ほしい」と考えていた夫婦、子ども数、この４年間の出生の状況別（４－１）

第５回調査（平成28年）

１　人	出生あり	出生なし	２　人	出生あり	出生なし	３人以上	出生あり	出生なし
328	206	122	184	72	112	40	7	33
1	－	1	－	－	－	－	－	－
3	2	1	－	－	－	－	－	－
19	10	9	11	1	10	－	－	－
55	29	26	39	11	28	7	1	6
30	18	12	40	15	25	9	－	9
178	120	58	86	40	46	22	6	16
42	27	15	8	5	3	2	－	2
36	20	16	3	2	1	－	－	－
－	－	－	－	－	－	－	－	－
－	－	－	－	－	－	－	－	－
2	－	2	－	－	－	－	－	－
4	3	1	－	－	－	－	－	－
2	2	－	－	－	－	－	－	－
25	15	10	3	2	1	－	－	－
3	－	3	－	－	－	－	－	－
142	90	52	60	32	28	7	－	7
1	－	1	－	－	－	－	－	－
2	1	1	－	－	－	－	－	－
6	4	2	3	－	3	－	－	－
22	12	10	11	7	4	2	－	2
12	5	7	12	7	5	3	－	3
76	55	21	27	13	14	2	－	2
23	13	10	7	5	2	－	－	－
139	89	50	110	35	75	29	5	24
－	－	－	－	－	－	－	－	－
1	1	－	－	－	－	－	－	－
10	5	5	5	－	5	－	－	－
27	12	15	26	4	22	5	1	4
12	9	3	25	7	18	5	－	5
73	48	25	53	24	29	17	4	13
16	14	2	1	－	1	2	－	2
10	7	3	10	2	8	2	2	－
－	－	－	－	－	－	－	－	－
－	－	－	－	－	－	－	－	－
1	1	－	3	1	2	－	－	－
2	2	－	2	－	2	－	－	－
4	2	2	2	－	2	－	－	－
3	2	1	3	1	2	2	2	－
－	－	－	－	－	－	－	－	－
1	－	1	1	1	－	2	－	2
－	－	－	－	－	－	－	－	－
－	－	－	－	－	－	－	－	－
－	－	－	－	－	－	－	－	－
－	－	－	－	－	－	－	－	－
－	－	－	1	1	－	1	－	1
1	－	1	－	－	－	1	－	1
－	－	－	－	－	－	－	－	－

第19表　夫婦数、妻の年齢階級、妻の家事・育児時間（平日・休日）、

平　日

妻の年齢階級 妻の家事・育児時間 （再掲）子どもが「ほしい」 と考えていた夫婦	総数			子どもなし		
		出生あり	出生なし		出生あり	出生なし
(再掲) 子どもが「ほしい」と考えていた夫婦	252	182	70	55	36	19
家事・育児時間なし	-	-	-	-	-	-
2時間未満	14	8	6	12	6	6
2～4時間未満	37	24	13	26	17	9
4～6時間未満	49	30	19	12	8	4
6～8時間未満	34	26	8	2	2	-
8時間以上	100	78	22	-	-	-
不詳	18	16	2	3	3	-
25歳以下	7	7	-	2	2	-
家事・育児時間なし	-	-	-	-	-	-
2時間未満	-	-	-	-	-	-
2～4時間未満	1	1	-	1	1	-
4～6時間未満	2	2	-	1	1	-
6～8時間未満	-	-	-	-	-	-
8時間以上	4	4	-	-	-	-
不詳	-	-	-	-	-	-
26～30歳	97	79	18	20	17	3
家事・育児時間なし	-	-	-	-	-	-
2時間未満	4	4	-	3	3	-
2～4時間未満	15	12	3	10	9	1
4～6時間未満	21	15	6	4	2	2
6～8時間未満	13	10	3	1	1	-
8時間以上	34	29	5	-	-	-
不詳	10	9	1	2	2	-
31～35歳	137	88	49	31	16	15
家事・育児時間なし	-	-	-	-	-	-
2時間未満	10	4	6	9	3	6
2～4時間未満	18	9	9	13	6	7
4～6時間未満	25	12	13	7	5	2
6～8時間未満	18	14	4	1	1	-
8時間以上	58	42	16	-	-	-
不詳	8	7	1	1	1	-
36～40歳	11	8	3	2	1	1
家事・育児時間なし	-	-	-	-	-	-
2時間未満	-	-	-	-	-	-
2～4時間未満	3	2	1	2	1	1
4～6時間未満	1	1	-	-	-	-
6～8時間未満	3	2	1	-	-	-
8時間以上	4	3	1	-	-	-
不詳	-	-	-	-	-	-
41歳以上	-	-	-	-	-	-
家事・育児時間なし	-	-	-	-	-	-
2時間未満	-	-	-	-	-	-
2～4時間未満	-	-	-	-	-	-
4～6時間未満	-	-	-	-	-	-
6～8時間未満	-	-	-	-	-	-
8時間以上	-	-	-	-	-	-
不詳	-	-	-	-	-	-

注：1）集計対象は、①または②に該当する同居夫婦である。ただし、妻の出生前データが得られていない夫婦は除く。
①第１回から第５回まで双方が回答した夫婦
②第１回に独身で第４回までの間に結婚し、結婚後第５回まで回答した夫婦
2）年齢は、「出生あり」は出生後の、「出生なし」は第５回の年齢である。
3）妻の家事・育児時間は、「出生あり」は出生前の、「出生なし」は第４回の状況である。
4）「子どもなし」「１人」「２人」「３人以上」は、「出生あり」は出生前の、「出生なし」は第４回の状況である。
5）４年間で２人以上出生ありの場合は、末子について計上している。
6）子どもが「ほしい」と考えていた夫婦とは、第１回の子どもをもつ意欲が、夫、妻ともに「絶対もちたい」「できればもちたい」のいずれかであった夫婦である。

（再掲）子どもが「ほしい」と考えていた夫婦、子ども数、この４年間の出生の状況別（４－２）

第５回調査（平成28年）

１　　人	出生あり	出生なし	２　　人	出生あり	出生なし	３人以上	出生あり	出生なし
124	97	27	69	47	22	4	2	2
–	–	–	–	–	–	–	–	–
2	2	–	–	–	–	–	–	–
9	7	2	2	–	2	–	–	–
24	16	8	13	6	7	–	–	–
16	13	3	15	11	4	1	–	1
62	49	13	35	27	8	3	2	1
11	10	1	4	3	1	–	–	–
3	3	–	2	2	–	–	–	–
–	–	–	–	–	–	–	–	–
–	–	–	–	–	–	–	–	–
–	–	–	–	–	–	–	–	–
1	1	–	–	–	–	–	–	–
–	–	–	–	–	–	–	–	–
2	2	–	2	2	–	–	–	–
–	–	–	–	–	–	–	–	–
50	44	6	27	18	9	–	–	–
–	–	–	–	–	–	–	–	–
1	1	–	–	–	–	–	–	–
3	3	–	2	–	2	–	–	–
11	8	3	6	5	1	–	–	–
6	4	2	6	5	1	–	–	–
24	24	–	10	5	5	–	–	–
5	4	1	3	3	–	–	–	–
63	44	19	39	26	13	4	2	2
–	–	–	–	–	–	–	–	–
1	1	–	–	–	–	–	–	–
5	3	2	–	–	–	–	–	–
11	6	5	7	1	6	–	–	–
7	7	–	9	6	3	1	–	1
33	21	12	22	19	3	3	2	1
6	6	–	1	–	1	–	–	–
8	6	2	1	1	–	–	–	–
–	–	–	–	–	–	–	–	–
–	–	–	–	–	–	–	–	–
1	1	–	–	–	–	–	–	–
1	1	–	–	–	–	–	–	–
3	2	1	–	–	–	–	–	–
3	2	1	1	1	–	–	–	–
–	–	–	–	–	–	–	–	–
–	–	–	–	–	–	–	–	–
–	–	–	–	–	–	–	–	–
–	–	–	–	–	–	–	–	–
–	–	–	–	–	–	–	–	–
–	–	–	–	–	–	–	–	–
–	–	–	–	–	–	–	–	–
–	–	–	–	–	–	–	–	–
–	–	–	–	–	–	–	–	–

第19表　夫婦数、妻の年齢階級、妻の家事・育児時間（平日・休日）、

休　日

妻の年齢階級 妻の家事・育児時間 （再掲）子どもが「ほしい」と考えていた夫婦	総数			子どもなし		
		出生あり	出生なし		出生あり	出生なし
総数	1 433	684	749	881	399	482
家事・育児時間なし	5	3	2	4	3	1
２時間未満	88	31	57	87	30	57
２～４時間未満	361	170	191	353	166	187
４～６時間未満	288	129	159	269	119	150
６～８時間未満	92	41	51	62	29	33
８時間以上	502	261	241	34	17	17
不詳	97	49	48	72	35	37
25歳以下	98	52	46	59	30	29
家事・育児時間なし	–	–	–	–	–	–
２時間未満	6	5	1	6	5	1
２～４時間未満	14	5	9	14	5	9
４～６時間未満	17	8	9	16	7	9
６～８時間未満	8	5	3	6	4	2
８時間以上	39	23	16	4	3	1
不詳	14	6	8	13	6	7
26～30歳	728	376	352	519	254	265
家事・育児時間なし	3	1	2	2	1	1
２時間未満	58	21	37	58	21	37
２～４時間未満	217	115	102	215	115	100
４～６時間未満	172	75	97	164	70	94
６～８時間未満	35	21	14	28	17	11
８時間以上	191	114	77	18	12	6
不詳	52	29	23	34	18	16
31～35歳	567	240	327	289	111	178
家事・育児時間なし	2	2	–	2	2	–
２時間未満	23	5	18	22	4	18
２～４時間未満	123	47	76	117	43	74
４～６時間未満	95	45	50	85	41	44
６～８時間未満	46	14	32	28	8	20
８時間以上	249	113	136	12	2	10
不詳	29	14	15	23	11	12
36～40歳	35	15	20	13	4	9
家事・育児時間なし	–	–	–	–	–	–
２時間未満	1	–	1	1	–	1
２～４時間未満	6	3	3	6	3	3
４～６時間未満	4	1	3	4	1	3
６～８時間未満	3	1	2	–	–	–
８時間以上	19	10	9	–	–	–
不詳	2	–	2	2	–	2
41歳以上	5	1	4	1	–	1
家事・育児時間なし	–	–	–	–	–	–
２時間未満	–	–	–	–	–	–
２～４時間未満	1	–	1	1	–	1
４～６時間未満	–	–	–	–	–	–
６～８時間未満	–	–	–	–	–	–
８時間以上	4	1	3	–	–	–
不詳	–	–	–	–	–	–

注：１）集計対象は、①または②に該当する同居夫婦である。ただし、妻の出生前データが得られていない夫婦は除く。
　　　①第１回から第５回まで双方が回答した夫婦
　　　②第１回に独身で第４回までの間に結婚し、結婚後第５回まで回答した夫婦
　　２）年齢は、「出生あり」は出生後の、「出生なし」は第５回の年齢である。
　　３）妻の家事・育児時間は、「出生あり」は出生前の、「出生なし」は第４回の状況である。
　　４）「子どもなし」「１人」「２人」「３人以上」は、「出生あり」は出生前の、「出生なし」は第４回の状況である。
　　５）４年間で２人以上出生ありの場合は、末子について計上している。
　　６）子どもが「ほしい」と考えていた夫婦とは、第１回の子どもをもつ意欲が、夫、妻ともに「絶対もちたい」「できればもちたい」のいずれかであった夫婦である。

（再掲）子どもが「ほしい」と考えていた夫婦、子ども数、この４年間の出生の状況別（４－３）

第５回調査（平成28年）

１　　人			２　　人			３人以上		
	出生あり	出生なし		出生あり	出生なし		出生あり	出生なし
328	206	122	184	72	112	40	7	33
1	－	1	－	－	－	－	－	－
1	1	－	－	－	－	－	－	－
5	3	2	2	1	1	1	－	1
14	10	4	4	－	4	1	－	1
19	12	7	9	－	9	2	－	2
266	167	99	167	70	97	35	7	28
22	13	9	2	1	1	1	－	1
36	20	16	3	2	1	－	－	－
－	－	－	－	－	－	－	－	－
－	－	－	－	－	－	－	－	－
－	－	－	－	－	－	－	－	－
1	1	－	－	－	－	－	－	－
2	1	1	－	－	－	－	－	－
32	18	14	3	2	1	－	－	－
1	－	1	－	－	－	－	－	－
142	90	52	60	32	28	7	－	7
1	－	1	－	－	－	－	－	－
－	－	－	－	－	－	－	－	－
2	－	2	－	－	－	－	－	－
7	5	2	1	－	1	－	－	－
5	4	1	1	－	1	1	－	1
111	71	40	56	31	25	6	－	6
16	10	6	2	1	1	－	－	－
139	89	50	110	35	75	29	5	24
－	－	－	－	－	－	－	－	－
1	1	－	－	－	－	－	－	－
3	3	－	2	1	1	1	－	1
6	4	2	3	－	3	1	－	1
11	6	5	6	－	6	1	－	1
113	72	41	99	34	65	25	5	20
5	3	2	－	－	－	1	－	1
10	7	3	10	2	8	2	2	－
－	－	－	－	－	－	－	－	－
－	－	－	－	－	－	－	－	－
－	－	－	－	－	－	－	－	－
－	－	－	－	－	－	－	－	－
1	1	－	2	－	2	－	－	－
9	6	3	8	2	6	2	2	－
－	－	－	－	－	－	－	－	－
1	－	1	1	1	－	2	－	2
－	－	－	－	－	－	－	－	－
－	－	－	－	－	－	－	－	－
－	－	－	－	－	－	－	－	－
－	－	－	－	－	－	－	－	－
－	－	－	－	－	－	－	－	－
1	－	1	1	1	－	2	－	2
－	－	－	－	－	－	－	－	－

第19表　夫婦数、妻の年齢階級、妻の家事・育児時間（平日・休日）、

休　日

妻の年齢階級 妻の家事・育児時間 （再掲）子どもが「ほしい」 と考えていた夫婦	総数			子どもなし		
		出生あり	出生なし		出生あり	出生なし
（再掲）子どもが「ほしい」と考えていた夫婦	252	182	70	55	36	19
家事・育児時間なし	-	-	-	-	-	-
２時間未満	5	3	2	4	2	2
２～４時間未満	24	16	8	23	15	8
４～６時間未満	31	21	10	23	14	9
６～８時間未満	9	6	3	2	2	-
８時間以上	178	131	47	-	-	-
不詳	5	5	-	3	3	-
25歳以下	7	7	-	2	2	-
家事・育児時間なし	-	-	-	-	-	-
２時間未満	-	-	-	-	-	-
２～４時間未満	-	-	-	-	-	-
４～６時間未満	2	2	-	2	2	-
６～８時間未満	-	-	-	-	-	-
８時間以上	5	5	-	-	-	-
不詳	-	-	-	-	-	-
26～30歳	97	79	18	20	17	3
家事・育児時間なし	-	-	-	-	-	-
２時間未満	1	1	-	1	1	-
２～４時間未満	10	9	1	10	9	1
４～６時間未満	10	8	2	7	5	2
６～８時間未満	2	2	-	-	-	-
８時間以上	70	55	15	-	-	-
不詳	4	4	-	2	2	-
31～35歳	137	88	49	31	16	15
家事・育児時間なし	-	-	-	-	-	-
２時間未満	4	2	2	3	1	2
２～４時間未満	12	6	6	11	5	6
４～６時間未満	19	11	8	14	7	7
６～８時間未満	7	4	3	2	2	-
８時間以上	94	64	30	-	-	-
不詳	1	1	-	1	1	-
36～40歳	11	8	3	2	1	1
家事・育児時間なし	-	-	-	-	-	-
２時間未満	-	-	-	-	-	-
２～４時間未満	2	1	1	2	1	1
４～６時間未満	-	-	-	-	-	-
６～８時間未満	-	-	-	-	-	-
８時間以上	9	7	2	-	-	-
不詳	-	-	-	-	-	-
41歳以上	-	-	-	-	-	-
家事・育児時間なし	-	-	-	-	-	-
２時間未満	-	-	-	-	-	-
２～４時間未満	-	-	-	-	-	-
４～６時間未満	-	-	-	-	-	-
６～８時間未満	-	-	-	-	-	-
８時間以上	-	-	-	-	-	-
不詳	-	-	-	-	-	-

注：１）集計対象は、①または②に該当する同居夫婦である。ただし、妻の出生前データが得られていない夫婦は除く。
　　　①第１回から第５回まで双方が回答した夫婦
　　　②第１回に独身で第４回までの間に結婚し、結婚後第５回まで回答した夫婦
　　２）年齢は、「出生あり」は出生後の、「出生なし」は第５回の年齢である。
　　３）妻の家事・育児時間は、「出生あり」は出生前の、「出生なし」は第４回の状況である。
　　４）「子どもなし」「１人」「２人」「３人以上」は、「出生あり」は出生前の、「出生なし」は第４回の状況である。
　　５）４年間で２人以上出生ありの場合は、末子について計上している。
　　６）子どもが「ほしい」と考えていた夫婦とは、第１回の子どもをもつ意欲が、夫、妻ともに「絶対もちたい」「できればもちたい」のいずれかであった夫婦である。

（再掲）子どもが「ほしい」と考えていた夫婦、子ども数、この４年間の出生の状況別（４－４）

第５回調査（平成28年）

１人	出生あり	出生なし	２人	出生あり	出生なし	３人以上	出生あり	出生なし
124	97	27	69	47	22	4	2	2
－	－	－	－	－	－	－	－	－
1	1	－	－	－	－	－	－	－
1	1	－	－	－	－	－	－	－
8	7	1	－	－	－	－	－	－
6	4	2	1	－	1	－	－	－
106	82	24	68	47	21	4	2	2
2	2	－	－	－	－	－	－	－
3	3	－	2	2	－	－	－	－
－	－	－	－	－	－	－	－	－
－	－	－	－	－	－	－	－	－
－	－	－	－	－	－	－	－	－
－	－	－	－	－	－	－	－	－
－	－	－	－	－	－	－	－	－
3	3	－	2	2	－	－	－	－
－	－	－	－	－	－	－	－	－
50	44	6	27	18	9	－	－	－
－	－	－	－	－	－	－	－	－
－	－	－	－	－	－	－	－	－
－	－	－	－	－	－	－	－	－
3	3	－	－	－	－	－	－	－
2	2	－	－	－	－	－	－	－
43	37	6	27	18	9	－	－	－
2	2	－	－	－	－	－	－	－
63	44	19	39	26	13	4	2	2
－	－	－	－	－	－	－	－	－
1	1	－	－	－	－	－	－	－
1	1	－	－	－	－	－	－	－
5	4	1	－	－	－	－	－	－
4	2	2	1	－	1	－	－	－
52	36	16	38	26	12	4	2	2
－	－	－	－	－	－	－	－	－
8	6	2	1	1	－	－	－	－
－	－	－	－	－	－	－	－	－
－	－	－	－	－	－	－	－	－
－	－	－	－	－	－	－	－	－
－	－	－	－	－	－	－	－	－
－	－	－	－	－	－	－	－	－
8	6	2	1	1	－	－	－	－
－	－	－	－	－	－	－	－	－
－	－	－	－	－	－	－	－	－
－	－	－	－	－	－	－	－	－
－	－	－	－	－	－	－	－	－
－	－	－	－	－	－	－	－	－
－	－	－	－	－	－	－	－	－
－	－	－	－	－	－	－	－	－
－	－	－	－	－	－	－	－	－
－	－	－	－	－	－	－	－	－

第20表　夫婦数、妻の年齢階級、住居の床面積階級、

妻の年齢階級 住居の床面積階級	総数	出生あり	出生なし	子どもなし	出生あり	出生なし
総数	1 375	563	812	859	377	482
25㎡未満	46	18	28	35	15	20
25～50㎡未満	325	132	193	239	94	145
50～75㎡未満	379	169	210	266	121	145
75～100㎡未満	135	58	77	74	36	38
100～150㎡未満	138	43	95	60	20	40
150～200㎡未満	64	27	37	27	13	14
200㎡以上	35	17	18	16	10	6
不詳	253	99	154	142	68	74
25歳以下	129	39	90	92	28	64
25㎡未満	7	2	5	6	2	4
25～50㎡未満	24	7	17	19	6	13
50～75㎡未満	39	12	27	31	9	22
75～100㎡未満	6	2	4	2	1	1
100～150㎡未満	13	3	10	10	2	8
150～200㎡未満	1	-	1	1	-	1
200㎡以上	4	2	2	1	-	1
不詳	35	11	24	22	8	14
26～30歳	749	316	433	537	241	296
25㎡未満	28	13	15	22	11	11
25～50㎡未満	203	81	122	164	66	98
50～75㎡未満	200	87	113	159	70	89
75～100㎡未満	69	29	40	50	23	27
100～150㎡未満	65	20	45	32	11	21
150～200㎡未満	30	13	17	17	10	7
200㎡以上	14	10	4	11	9	2
不詳	140	63	77	82	41	41
31～35歳	465	196	269	220	105	115
25㎡未満	10	3	7	7	2	5
25～50㎡未満	94	42	52	53	21	32
50～75㎡未満	131	68	63	74	42	32
75～100㎡未満	53	24	29	20	11	9
100～150㎡未満	56	19	37	18	7	11
150～200㎡未満	33	14	19	9	3	6
200㎡以上	15	4	11	4	1	3
不詳	73	22	51	35	18	17
36～40歳	28	11	17	9	3	6
25㎡未満	-	-	-	-	-	-
25～50㎡未満	3	2	1	2	1	1
50～75㎡未満	8	2	6	2	-	2
75～100㎡未満	7	3	4	2	1	1
100～150㎡未満	4	1	3	-	-	-
150～200㎡未満	-	-	-	-	-	-
200㎡以上	2	1	1	-	-	-
不詳	4	2	2	3	1	2
41歳以上	4	1	3	1	-	1
25㎡未満	1	-	1	-	-	-
25～50㎡未満	1	-	1	1	-	1
50～75㎡未満	1	-	1	-	-	-
75～100㎡未満	-	-	-	-	-	-
100～150㎡未満	-	-	-	-	-	-
150～200㎡未満	-	-	-	-	-	-
200㎡以上	-	-	-	-	-	-
不詳	1	1	-	-	-	-

注：1）集計対象は、①または②に該当する同居夫婦である。ただし、妻の出生前データが得られていない夫婦は除く。
　　　①第１回から第５回まで双方が回答した夫婦
　　　②第１回に独身で第４回までの間に結婚し、結婚後第５回まで双方が回答した夫婦
　　2）年齢は、「出生あり」は出生後の、「出生なし」は第４回の年齢である。
　　3）住居の床面積は、「出生あり」は出生前の、「出生なし」は第４回の状況である。
　　4）「子どもなし」「１人」「２人」「３人以上」は、「出生あり」は出生前の、「出生なし」は第４回の状況である。
　　5）３年間で２人以上出生ありの場合は、末子について計上している。

子ども数、この３年間の出生の状況別

第５回調査（平成28年）

１　人	出生あり	出生なし	２　人	出生あり	出生なし	３人以上	出生あり	出生なし
263	128	135	201	52	149	52	6	46
9	3	6	2	－	2	－	－	－
47	23	24	32	13	19	7	2	5
58	33	25	42	13	29	13	2	11
32	15	17	22	6	16	7	1	6
33	17	16	36	6	30	9	－	9
17	11	6	15	3	12	5	－	5
7	4	3	10	3	7	2	－	2
60	22	38	42	8	34	9	1	8
30	10	20	7	1	6	－	－	－
1	－	1	－	－	－	－	－	－
3	－	3	2	1	1	－	－	－
6	3	3	2	－	2	－	－	－
4	1	3	－	－	－	－	－	－
2	1	1	1	－	1	－	－	－
－	－	－	－	－	－	－	－	－
3	2	1	－	－	－	－	－	－
11	3	8	2	－	2	－	－	－
123	56	67	79	19	60	10	－	10
5	2	3	1	－	1	－	－	－
29	12	17	10	3	7	－	－	－
22	12	10	18	5	13	1	－	1
9	4	5	7	2	5	3	－	3
15	6	9	14	3	11	4	－	4
5	2	3	7	1	6	1	－	1
2	1	1	－	－	－	1	－	1
36	17	19	22	5	17	－	－	－
101	57	44	106	29	77	38	5	33
2	1	1	1	－	1	－	－	－
15	11	4	19	8	11	7	2	5
26	16	10	21	8	13	10	2	8
17	8	9	13	4	9	3	1	2
14	9	5	19	3	16	5	－	5
12	9	3	8	2	6	4	－	4
2	1	1	8	2	6	1	－	1
13	2	11	17	2	15	8	－	8
8	5	3	8	2	6	3	1	2
－	－	－	－	－	－	－	－	－
－	－	－	1	1	－	－	－	－
4	2	2	1	－	1	1	－	1
2	2	－	2	－	2	1	－	1
2	1	1	2	－	2	－	－	－
－	－	－	－	－	－	－	－	－
－	－	－	2	1	1	－	－	－
－	－	－	－	－	－	1	1	－
1	－	1	1	1	－	1	－	1
1	－	1	－	－	－	－	－	－
－	－	－	－	－	－	－	－	－
－	－	－	－	－	－	1	－	1
－	－	－	－	－	－	－	－	－
－	－	－	－	－	－	－	－	－
－	－	－	－	－	－	－	－	－
－	－	－	－	－	－	－	－	－
－	－	－	1	1	－	－	－	－

第21表　夫婦数、夫の年齢階級、住居の床面積階級、

夫の年齢階級 住居の床面積階級	総数	出生あり	出生なし	子どもなし	出生あり	出生なし
総数	1 375	563	812	859	377	482
25㎡未満	46	18	28	35	15	20
25～50㎡未満	325	132	193	239	94	145
50～75㎡未満	379	169	210	266	121	145
75～100㎡未満	135	58	77	74	36	38
100～150㎡未満	138	43	95	60	20	40
150～200㎡未満	64	27	37	27	13	14
200㎡以上	35	17	18	16	10	6
不詳	253	99	154	142	68	74
25歳以下	67	20	47	42	12	30
25㎡未満	1	－	1	1	－	1
25～50㎡未満	15	3	12	12	2	10
50～75㎡未満	20	6	14	14	4	10
75～100㎡未満	4	2	2	2	1	1
100～150㎡未満	6	1	5	3	－	3
150～200㎡未満	1	－	1	1	－	1
200㎡以上	3	2	1	1	－	1
不詳	17	6	11	8	5	3
26～30歳	637	274	363	464	204	260
25㎡未満	25	12	13	20	10	10
25～50㎡未満	166	63	103	131	49	82
50～75㎡未満	169	75	94	136	57	79
75～100㎡未満	58	27	31	43	22	21
100～150㎡未満	50	17	33	27	10	17
150～200㎡未満	19	8	11	10	5	5
200㎡以上	16	9	7	9	7	2
不詳	134	63	71	88	44	44
31～35歳	498	211	287	258	123	135
25㎡未満	16	6	10	12	5	7
25～50㎡未満	104	51	53	66	31	35
50～75㎡未満	146	73	73	92	50	42
75～100㎡未満	53	20	33	19	8	11
100～150㎡未満	57	18	39	18	6	12
150～200㎡未満	33	13	20	12	5	7
200㎡以上	10	5	5	3	2	1
不詳	79	25	54	36	16	20
36～40歳	121	44	77	66	28	38
25㎡未満	3	－	3	1	－	1
25～50㎡未満	28	10	18	22	8	14
50～75㎡未満	34	13	21	17	9	8
75～100㎡未満	9	5	4	4	2	2
100～150㎡未満	17	6	11	9	3	6
150～200㎡未満	10	5	5	4	3	1
200㎡以上	3	1	2	1	1	－
不詳	17	4	13	8	2	6
41歳以上	52	14	38	29	10	19
25㎡未満	1	－	1	1	－	1
25～50㎡未満	12	5	7	8	4	4
50～75㎡未満	10	2	8	7	1	6
75～100㎡未満	11	4	7	6	3	3
100～150㎡未満	8	1	7	3	1	2
150～200㎡未満	1	1	－	－	－	－
200㎡以上	3	－	3	2	－	2
不詳	6	1	5	2	1	1

注：1）集計対象は、①または②に該当する同居夫婦である。ただし、妻の出生前データが得られていない夫婦は除く。
①第１回から第５回まで双方が回答した夫婦
②第１回に独身で第４回までの間に結婚し、結婚後第５回まで双方が回答した夫婦
2）年齢は、「出生あり」は出生後の、「出生なし」は第４回の年齢である。
3）住居の床面積は、「出生あり」は出生前の、「出生なし」は第４回の状況である。
4）「子どもなし」「１人」「２人」「３人以上」は、「出生あり」は出生前の、「出生なし」は第４回の状況である。
5）３年間で２人以上出生ありの場合は、末子について計上している。

子ども数、この３年間の出生の状況別

第５回調査（平成28年）

１　　人	出生あり	出生なし	２　　人	出生あり	出生なし	３人以上	出生あり	出生なし
263	128	135	201	52	149	52	6	46
9	3	6	2	−	2	−	−	−
47	23	24	32	13	19	7	2	5
58	33	25	42	13	29	13	2	11
32	15	17	22	6	16	7	1	6
33	17	16	36	6	30	9	−	9
17	11	6	15	3	12	5	−	5
7	4	3	10	3	7	2	−	2
60	22	38	42	8	34	9	1	8
21	8	13	4	−	4	−	−	−
−	−	−	−	−	−	−	−	−
3	1	2	−	−	−	−	−	−
4	2	2	2	−	2	−	−	−
2	1	1	−	−	−	−	−	−
2	1	1	1	−	1	−	−	−
−	−	−	−	−	−	−	−	−
2	2	−	−	−	−	−	−	−
8	1	7	1	−	1	−	−	−
105	52	53	56	17	39	12	1	11
5	2	3	−	−	−	−	−	−
22	9	13	13	5	8	−	−	−
21	13	8	10	4	6	2	1	1
7	2	5	6	3	3	2	−	2
11	6	5	8	1	7	4	−	4
4	2	2	4	1	3	1	−	1
4	2	2	2	−	2	1	−	1
31	16	15	13	3	10	2	−	2
106	59	47	108	25	83	26	4	22
3	1	2	1	−	1	−	−	−
17	12	5	15	6	9	6	2	4
25	14	11	24	8	16	5	1	4
17	10	7	13	2	11	4	−	4
18	10	8	17	2	15	4	−	4
9	8	1	9	−	9	3	−	3
1	−	1	6	3	3	−	−	−
16	4	12	23	4	19	4	1	3
19	7	12	26	9	17	10	−	10
1	−	1	1	−	1	−	−	−
3	1	2	3	1	2	−	−	−
7	3	4	5	1	4	5	−	5
3	2	1	2	1	1	−	−	−
−	−	−	8	3	5	−	−	−
3	−	3	2	2	−	1	−	1
−	−	−	1	−	1	1	−	1
2	1	1	4	1	3	3	−	3
12	2	10	7	1	6	4	1	3
−	−	−	−	−	−	−	−	−
2	−	2	1	1	−	1	−	1
1	1	−	1	−	1	1	−	1
3	−	3	1	−	1	1	1	−
2	−	2	2	−	2	1	−	1
1	1	−	−	−	−	−	−	−
−	−	−	1	−	1	−	−	−
3	−	3	1	−	1	−	−	−

第22表　夫婦数、夫の職場の仕事と子育ての両立のための制度等の状況、

夫の職場の仕事と子育ての両立のための制度等の状況	総数	出生あり	出生なし	子どもなし	出生あり	出生なし
＜育児休業制度＞	708	334	374	322	143	179
制度あり	392	188	204	191	84	107
利用しやすい雰囲気がある	94	39	55	58	22	36
利用しにくい雰囲気がある	168	88	80	66	31	35
どちらともいえない	123	54	69	64	28	36
不詳	7	7	−	3	3	−
有給	210	102	108	105	48	57
利用しやすい雰囲気がある	55	24	31	35	14	21
利用しにくい雰囲気がある	91	45	46	38	18	20
どちらともいえない	63	32	31	32	16	16
不詳	1	1	−	−	−	−
無給	54	27	27	23	9	14
利用しやすい雰囲気がある	18	7	11	10	3	7
利用しにくい雰囲気がある	20	12	8	5	1	4
どちらともいえない	16	8	8	8	5	3
不詳	−	−	−	−	−	−
有給か無給かわからない	123	55	68	62	26	36
利用しやすい雰囲気がある	20	8	12	13	5	8
利用しにくい雰囲気がある	57	31	26	23	12	11
どちらともいえない	44	14	30	24	7	17
不詳	2	2	−	2	2	−
不詳	5	4	1	1	1	−
利用しやすい雰囲気がある	1	−	1	−	−	−
利用しにくい雰囲気がある	−	−	−	−	−	−
どちらともいえない	−	−	−	−	−	−
不詳	4	4	−	1	1	−
制度なし	91	39	52	40	18	22
制度があるかないかわからない	210	102	108	84	40	44
不詳	15	5	10	7	1	6
＜短時間勤務制度＞	708	334	374	322	143	179
制度あり	228	115	113	119	58	61
制度なし	173	79	94	86	39	47
制度があるかないかわからない	287	133	154	110	45	65
不詳	20	7	13	7	1	6
＜上記以外の時間短縮等＞	708	334	374	322	143	179
制度あり	191	103	88	99	50	49
制度なし	163	74	89	77	31	46
制度があるかないかわからない	323	147	176	131	58	73
不詳	31	10	21	15	4	11

注：1）集計対象は、①または②に該当し、かつ③に該当する夫婦である。
①第１回から第５回まで双方が回答した夫婦
②第１回に独身で第４回までの間に結婚し、結婚後第５回まで回答した夫が男性票の対象の夫婦
③「出生あり」は出生前に、「出生なし」は第４回に夫が会社等に勤めていて、育児休業制度等の有無のデータが得られている夫婦
2）育児休業制度等の「あり」「なし」とは、利用可能な育児休業制度等があるかどうかをいい、「出生あり」は出生前の、「出生なし」は第４回の状況である。
3）「子どもなし」「１人」「２人」「３人以上」は、「出生あり」は出生前の、「出生なし」は第４回の状況である。
4）４年間で２人以上出生ありの場合は、末子について計上している。

子ども数、この４年間の出生の状況別

第５回調査（平成28年）

１　　人	出生あり	出生なし	２　　人	出生あり	出生なし	３人以上	出生あり	出生なし
208	129	79	147	56	91	31	6	25
114	73	41	72	29	43	15	2	13
19	12	7	14	5	9	3	–	3
66	41	25	33	15	18	3	1	2
26	17	9	24	8	16	9	1	8
3	3	–	1	1	–	–	–	–
62	39	23	32	14	18	11	1	10
12	8	4	5	2	3	3	–	3
34	19	15	17	8	9	2	–	2
15	11	4	10	4	6	6	1	5
1	1	–	–	–	–	–	–	–
18	11	7	10	7	3	3	–	3
4	2	2	4	2	2	–	–	–
10	7	3	5	4	1	–	–	–
4	2	2	1	1	–	3	–	3
–	–	–	–	–	–	–	–	–
31	21	10	29	7	22	1	1	–
2	2	–	5	1	4	–	–	–
22	15	7	11	3	8	1	1	–
7	4	3	13	3	10	–	–	–
–	–	–	–	–	–	–	–	–
3	2	1	1	1	–	–	–	–
1	–	1	–	–	–	–	–	–
–	–	–	–	–	–	–	–	–
–	–	–	–	–	–	–	–	–
2	2	–	1	1	–	–	–	–
27	15	12	19	4	15	5	2	3
63	38	25	52	22	30	11	2	9
4	3	1	4	1	3	–	–	–
208	129	79	147	56	91	31	6	25
66	43	23	37	13	24	6	1	5
47	28	19	30	10	20	10	2	8
89	55	34	73	30	43	15	3	12
6	3	3	7	3	4	–	–	–
208	129	79	147	56	91	31	6	25
57	39	18	31	14	17	4	–	4
46	30	16	29	11	18	11	2	9
96	57	39	80	28	52	16	4	12
9	3	6	7	3	4	–	–	–

第23表　夫婦数、妻の職場の仕事と子育ての両立のための制度等の状況、

総　数

妻の職場の仕事と子育ての両立のための制度等の状況	総数	出生あり	出生なし	子どもなし	出生あり	出生なし
＜育児休業制度＞	854	374	480	547	243	304
制度あり	530	251	279	351	164	187
利用しやすい雰囲気がある	333	159	174	222	98	124
利用しにくい雰囲気がある	64	30	34	47	24	23
どちらともいえない	122	56	66	77	39	38
不詳	11	6	5	5	3	2
有給	262	124	138	178	79	99
利用しやすい雰囲気がある	193	86	107	133	54	79
利用しにくい雰囲気がある	23	13	10	17	11	6
どちらともいえない	45	25	20	28	14	14
不詳	1	−	1	−	−	−
無給	138	73	65	74	38	36
利用しやすい雰囲気がある	84	50	34	42	23	19
利用しにくい雰囲気がある	20	11	9	13	7	6
どちらともいえない	33	12	21	19	8	11
不詳	1	−	1	−	−	−
有給か無給かわからない	118	47	71	93	44	49
利用しやすい雰囲気がある	53	22	31	46	21	25
利用しにくい雰囲気がある	21	6	15	17	6	11
どちらともいえない	43	18	25	29	16	13
不詳	1	1	−	1	1	−
不詳	12	7	5	6	3	3
利用しやすい雰囲気がある	3	1	2	1	−	1
利用しにくい雰囲気がある	−	−	−	−	−	−
どちらともいえない	1	1	−	1	1	−
不詳	8	5	3	4	2	2
制度なし	148	60	88	88	35	53
制度があるかないかわからない	164	57	107	101	41	60
不詳	12	6	6	7	3	4
＜短時間勤務制度＞	854	374	480	547	243	304
制度あり	427	193	234	271	119	152
制度なし	168	75	93	106	48	58
制度があるかないかわからない	242	97	145	161	71	90
不詳	17	9	8	9	5	4
＜上記以外の時間短縮等＞	854	374	480	547	243	304
制度あり	277	134	143	157	77	80
制度なし	179	75	104	117	50	67
制度があるかないかわからない	368	153	215	254	109	145
不詳	30	12	18	19	7	12

注：1）集計対象は、①または②に該当し、かつ③に該当する夫婦である。
①第１回から第５回まで双方が回答した夫婦
②第１回に独身で第４回までの間に結婚し、結婚後第５回まで回答した妻が女性票の対象の夫婦
③「出生あり」は出生前に、「出生なし」は第４回に妻が会社等に勤めていて、育児休業制度等の有無のデータが得られている夫婦

2）育児休業制度等の「あり」「なし」とは、利用可能な育児休業制度等があるかどうかをいい、「出生あり」は出生前の、「出生なし」は第４回の状況である。

3）「子どもなし」「１人」「２人」「３人以上」は、「出生あり」は出生前の、「出生なし」は第４回の状況である。

4）４年間で２人以上出生ありの場合は、末子について計上している。

妻の正規・非正規、子ども数、この４年間の出生の状況別（３－１）

第５回調査（平成28年）

１　　人	出生あり	出生なし	２　　人	出生あり	出生なし	３人以上	出生あり	出生なし
150	88	62	127	40	87	30	3	27
102	63	39	66	23	43	11	1	10
63	44	19	42	16	26	6	1	5
10	5	5	3	1	2	4	-	4
26	13	13	18	4	14	1	-	1
3	1	2	3	2	1	-	-	-
52	33	19	27	11	16	5	1	4
33	22	11	23	9	14	4	1	3
5	2	3	-	-	-	1	-	1
14	9	5	3	2	1	-	-	-
-	-	-	1	-	1	-	-	-
41	27	14	21	8	13	2	-	2
28	21	7	13	6	7	1	-	1
5	3	2	2	1	1	-	-	-
7	3	4	6	1	5	1	-	1
1	-	1	-	-	-	-	-	-
6	1	5	15	2	13	4	-	4
1	-	1	5	1	4	1	-	1
-	-	-	1	-	1	3	-	3
5	1	4	9	1	8	-	-	-
-	-	-	-	-	-	-	-	-
3	2	1	3	2	1	-	-	-
1	1	-	1	-	1	-	-	-
-	-	-	-	-	-	-	-	-
-	-	-	-	-	-	-	-	-
2	1	1	2	2	-	-	-	-
24	17	7	28	7	21	8	1	7
21	6	15	31	9	22	11	1	10
3	2	1	2	1	1	-	-	-
150	88	62	127	40	87	30	3	27
84	51	33	60	21	39	12	2	10
27	18	9	27	8	19	8	1	7
34	16	18	37	10	27	10	-	10
5	3	2	3	1	2	-	-	-
150	88	62	127	40	87	30	3	27
66	41	25	45	15	30	9	1	8
27	15	12	27	9	18	8	1	7
50	28	22	52	15	37	12	1	11
7	4	3	3	1	2	1	-	1

第23表　夫婦数、妻の職場の仕事と子育ての両立のための制度等の状況、

正　規

妻の職場の仕事と子育ての両立のための制度等の状況	総数			子どもなし		
		出生あり	出生なし		出生あり	出生なし
＜育児休業制度＞	465	221	244	332	149	183
制度あり	411	202	209	285	131	154
利用しやすい雰囲気がある	275	136	139	186	82	104
利用しにくい雰囲気がある	50	24	26	40	19	21
どちらともいえない	81	39	42	55	28	27
不詳	5	3	2	4	2	2
有給	222	112	110	160	74	86
利用しやすい雰囲気がある	169	81	88	120	52	68
利用しにくい雰囲気がある	19	12	7	16	10	6
どちらともいえない	34	19	15	24	12	12
不詳	－	－	－	－	－	－
無給	104	55	49	55	25	30
利用しやすい雰囲気がある	70	41	29	34	17	17
利用しにくい雰囲気がある	14	8	6	10	5	5
どちらともいえない	20	6	14	11	3	8
不詳	－	－	－	－	－	－
有給か無給かわからない	79	31	48	66	30	36
利用しやすい雰囲気がある	35	13	22	32	13	19
利用しにくい雰囲気がある	17	4	13	14	4	10
どちらともいえない	26	13	13	19	12	7
不詳	1	1	－	1	1	－
不詳	6	4	2	4	2	2
利用しやすい雰囲気がある	1	1	－	－	－	－
利用しにくい雰囲気がある	－	－	－	－	－	－
どちらともいえない	1	1	－	1	1	－
不詳	4	2	2	3	1	2
制度なし	25	9	16	18	8	10
制度があるかないかわからない	26	9	17	26	9	17
不詳	3	1	2	3	1	2
＜短時間勤務制度＞	465	221	244	332	149	183
制度あり	298	146	152	203	92	111
制度なし	63	24	39	43	17	26
制度があるかないかわからない	97	47	50	81	37	44
不詳	7	4	3	5	3	2
＜上記以外の時間短縮等＞	465	221	244	332	149	183
制度あり	202	106	96	128	62	66
制度なし	79	32	47	58	24	34
制度があるかないかわからない	169	77	92	135	59	76
不詳	15	6	9	11	4	7

注：1）集計対象は、①または②に該当し、かつ③に該当する夫婦である。
①第１回から第５回まで双方が回答した夫婦
②第１回に独身で第４回までの間に結婚し、結婚後第５回まで回答した妻が女性票の対象の夫婦
③「出生あり」は出生前に、「出生なし」は第４回に妻が会社等に勤めていて、育児休業制度等の有無のデータが得られている夫婦
2）育児休業制度等の「あり」「なし」とは、利用可能な育児休業制度等があるかどうかをいい、「出生あり」は出生前の、「出生なし」は第４回の状況である。
3）「子どもなし」「１人」「２人」「３人以上」は、「出生あり」は出生前の、「出生なし」は第４回の状況である。
4）４年間で２人以上出生ありの場合は、末子について計上している。

妻の正規・非正規、子ども数、この４年間の出生の状況別（３－２）

第５回調査（平成28年）

１人			２人			３人以上		
	出生あり	出生なし		出生あり	出生なし		出生あり	出生なし
79	55	24	46	16	30	8	1	7
77	55	22	42	15	27	7	1	6
55	41	14	30	12	18	4	1	3
6	5	1	2	-	2	2	-	2
16	9	7	9	2	7	1	-	1
-	-	-	1	1	-	-	-	-
40	29	11	18	8	10	4	1	3
28	21	7	17	7	10	4	1	3
3	2	1	-	-	-	-	-	-
9	6	3	1	1	-	-	-	-
-	-	-	-	-	-	-	-	-
33	24	9	15	6	9	1	-	1
25	19	6	11	5	6	-	-	-
3	3	-	1	-	1	-	-	-
5	2	3	3	1	2	1	-	1
-	-	-	-	-	-	-	-	-
3	1	2	8	-	8	2	-	2
1	-	1	2	-	2	-	-	-
-	-	-	1	-	1	2	-	2
2	1	1	5	-	5	-	-	-
-	-	-	-	-	-	-	-	-
1	1	-	1	1	-	-	-	-
1	1	-	-	-	-	-	-	-
-	-	-	-	-	-	-	-	-
-	-	-	-	-	-	-	-	-
-	-	-	1	1	-	-	-	-
2	-	2	4	1	3	1	-	1
-	-	-	-	-	-	-	-	-
-	-	-	-	-	-	-	-	-
79	55	24	46	16	30	8	1	7
56	40	16	34	13	21	5	1	4
9	4	5	9	3	6	2	-	2
12	10	2	3	-	3	1	-	1
2	1	1	-	-	-	-	-	-
79	55	24	46	16	30	8	1	7
47	34	13	24	9	15	3	1	2
9	5	4	9	3	6	3	-	3
20	14	6	13	4	9	1	-	1
3	2	1	-	-	-	1	-	1

第23表　夫婦数、妻の職場の仕事と子育ての両立のための制度等の状況、

非正規

妻の職場の仕事と子育ての両立のための制度等の状況	総数			子どもなし		
		出生あり	出生なし		出生あり	出生なし
＜育児休業制度＞	389	153	236	215	94	121
制度あり	119	49	70	66	33	33
利用しやすい雰囲気がある	58	23	35	36	16	20
利用しにくい雰囲気がある	14	6	8	7	5	2
どちらともいえない	41	17	24	22	11	11
不詳	6	3	3	1	1	－
有給	40	12	28	18	5	13
利用しやすい雰囲気がある	24	5	19	13	2	11
利用しにくい雰囲気がある	4	1	3	1	1	－
どちらともいえない	11	6	5	4	2	2
不詳	1	－	1	－	－	－
無給	34	18	16	19	13	6
利用しやすい雰囲気がある	14	9	5	8	6	2
利用しにくい雰囲気がある	6	3	3	3	2	1
どちらともいえない	13	6	7	8	5	3
不詳	1	－	1	－	－	－
有給か無給かわからない	39	16	23	27	14	13
利用しやすい雰囲気がある	18	9	9	14	8	6
利用しにくい雰囲気がある	4	2	2	3	2	1
どちらともいえない	17	5	12	10	4	6
不詳	－	－	－	－	－	－
不詳	6	3	3	2	1	1
利用しやすい雰囲気がある	2	－	2	1	－	1
利用しにくい雰囲気がある	－	－	－	－	－	－
どちらともいえない	－	－	－	－	－	－
不詳	4	3	1	1	1	－
制度なし	123	51	72	70	27	43
制度があるかないかわからない	138	48	90	75	32	43
不詳	9	5	4	4	2	2
＜短時間勤務制度＞	389	153	236	215	94	121
制度あり	129	47	82	68	27	41
制度なし	105	51	54	63	31	32
制度があるかないかわからない	145	50	95	80	34	46
不詳	10	5	5	4	2	2
＜上記以外の時間短縮等＞	389	153	236	215	94	121
制度あり	75	28	47	29	15	14
制度なし	100	43	57	59	26	33
制度があるかないかわからない	199	76	123	119	50	69
不詳	15	6	9	8	3	5

注：1）集計対象は、①または②に該当し、かつ③に該当する夫婦である。
①第１回から第５回まで双方が回答した夫婦
②第１回に独身で第４回までの間に結婚し、結婚後第５回まで回答した妻が女性票の対象の夫婦
③「出生あり」は出生前に、「出生なし」は第４回に妻が会社等に勤めていて、育児休業制度等の有無のデータが得られている夫婦
2）育児休業制度等の「あり」「なし」とは、利用可能な育児休業制度等があるかどうかをいい、「出生あり」は出生前の、「出生なし」は第４回の状況である。
3）「子どもなし」「１人」「２人」「３人以上」は、「出生あり」は出生前の、「出生なし」は第４回の状況である。
4）４年間で２人以上出生ありの場合は、末子について計上している。

妻の正規・非正規、子ども数、この４年間の出生の状況別（３－３）

第５回調査（平成28年）

１　人	出生あり	出生なし	２　人	出生あり	出生なし	３人以上	出生あり	出生なし
71	33	38	81	24	57	22	2	20
25	8	17	24	8	16	4	－	4
8	3	5	12	4	8	2	－	2
4	－	4	1	1	－	2	－	2
10	4	6	9	2	7	－	－	－
3	1	2	2	1	1	－	－	－
12	4	8	9	3	6	1	－	1
5	1	4	6	2	4	－	－	－
2	－	2	－	－	－	1	－	1
5	3	2	2	1	1	－	－	－
－	－	－	1	－	1	－	－	－
8	3	5	6	2	4	1	－	1
3	2	1	2	1	1	1	－	1
2	－	2	1	1	－	－	－	－
2	1	1	3	－	3	－	－	－
1	－	1	－	－	－	－	－	－
3	－	3	7	2	5	2	－	2
－	－	－	3	1	2	1	－	1
－	－	－	－	－	－	1	－	1
3	－	3	4	1	3	－	－	－
－	－	－	－	－	－	－	－	－
2	1	1	2	1	1	－	－	－
－	－	－	1	－	1	－	－	－
－	－	－	－	－	－	－	－	－
－	－	－	－	－	－	－	－	－
2	1	1	1	1	－	－	－	－
22	17	5	24	6	18	7	1	6
21	6	15	31	9	22	11	1	10
3	2	1	2	1	1	－	－	－
71	33	38	81	24	57	22	2	20
28	11	17	26	8	18	7	1	6
18	14	4	18	5	13	6	1	5
22	6	16	34	10	24	9	－	9
3	2	1	3	1	2	－	－	－
71	33	38	81	24	57	22	2	20
19	7	12	21	6	15	6	－	6
18	10	8	18	6	12	5	1	4
30	14	16	39	11	28	11	1	10
4	2	2	3	1	2	－	－	－

第24表　夫婦数、妻の年齢階級、妻・夫の所得額階級、

妻の所得額階級

妻の年齢階級 妻・夫の所得額階級	総数	出生あり	出生なし	子どもなし	出生あり	出生なし
総数	1 433	684	749	881	399	482
100万円未満	544	281	263	228	101	127
100～200万円未満	274	108	166	167	61	106
200～300万円未満	227	104	123	175	81	94
300～400万円未満	204	95	109	163	76	87
400～500万円未満	91	51	40	82	49	33
500～600万円未満	21	11	10	19	9	10
600～700万円未満	4	2	2	3	2	1
700～800万円未満	1	−	1	1	−	1
800～900万円未満	1	1	−	1	1	−
900～1000万円未満	2	1	1	−	−	−
1000万円以上	1	−	1	1	−	1
不詳	63	30	33	41	19	22
25歳以下	140	52	88	94	30	64
100万円未満	53	24	29	21	7	14
100～200万円未満	29	10	19	19	6	13
200～300万円未満	27	10	17	27	10	17
300～400万円未満	18	4	14	16	4	12
400～500万円未満	3	1	2	3	1	2
500～600万円未満	1	−	1	1	−	1
600～700万円未満	−	−	−	−	−	−
700～800万円未満	−	−	−	−	−	−
800～900万円未満	−	−	−	−	−	−
900～1000万円未満	−	−	−	−	−	−
1000万円以上	−	−	−	−	−	−
不詳	9	3	6	7	2	5
26～30歳	776	376	400	550	254	296
100万円未満	276	151	125	147	69	78
100～200万円未満	142	56	86	104	40	64
200～300万円未満	143	60	83	113	49	64
300～400万円未満	117	56	61	102	49	53
400～500万円未満	54	31	23	52	31	21
500～600万円未満	6	3	3	6	3	3
600～700万円未満	1	1	−	1	1	−
700～800万円未満	1	−	1	1	−	1
800～900万円未満	−	−	−	−	−	−
900～1000万円未満	1	1	−	−	−	−
1000万円以上	1	−	1	1	−	1
不詳	34	17	17	23	12	11

注：1）集計対象は、①または②に該当する同居夫婦である。ただし、妻の出生前データが得られていない夫婦は除く。
①第１回から第５回まで双方が回答した夫婦
②第１回に独身で第４回までの間に結婚し、結婚後第５回まで回答した夫婦
2）年齢は、「出生あり」は出生後の、「出生なし」は第４回の年齢である。
3）所得額は、妻・夫それぞれの年間所得額であり、「出生あり」は、
・平成24年11月から平成25年10月の出産で、平成24年調査時に妊娠が判明していない場合は平成24年中、
・平成25年11月から平成26年10月の出産で、平成25年調査時に妊娠が判明している場合は平成24年中、妊娠が判明していない場合は平成25年中、
・平成26年11月から平成27年10月の出産で、平成26年調査時に妊娠が判明している場合は平成25年中、妊娠が判明していない場合は平成26年中、
・平成27年11月から平成28年10月の出産で、平成27年調査時に妊娠が判明している場合は平成26年中、妊娠が判明していない場合は平成27年中
の状況である。「出生なし」は、平成27年中の状況である。
4）不詳には、所得有無不詳、所得額不詳を含み、100万円未満には所得なしを含む。
5）「子どもなし」「１人」「２人」「３人以上」は、「出生あり」は出生前の、「出生なし」は第４回の状況である。
6）４年間で２人以上出生ありの場合は、末子について計上している。

子ども数、この４年間の出生の状況別（４－１）

第５回調査（平成28年）

	1　人	出生あり	出生なし	2　人	出生あり	出生なし	３人以上	出生あり	出生なし
	328	206	122	184	72	112	40	7	33
	187	128	59	106	48	58	23	4	19
	56	32	24	39	13	26	12	2	10
	30	15	15	19	8	11	3	－	3
	26	16	10	14	3	11	1	－	1
	6	2	4	3	－	3	－	－	－
	1	1	－	－	－	－	1	1	－
	1	－	1	－	－	－	－	－	－
	－	－	－	－	－	－	－	－	－
	－	－	－	－	－	－	－	－	－
	2	1	1	－	－	－	－	－	－
	－	－	－	－	－	－	－	－	－
	19	11	8	3	－	3	－	－	－
	40	20	20	6	2	4	－	－	－
	28	16	12	4	1	3	－	－	－
	8	3	5	2	1	1	－	－	－
	－	－	－	－	－	－	－	－	－
	2	－	2	－	－	－	－	－	－
	－	－	－	－	－	－	－	－	－
	－	－	－	－	－	－	－	－	－
	－	－	－	－	－	－	－	－	－
	－	－	－	－	－	－	－	－	－
	－	－	－	－	－	－	－	－	－
	－	－	－	－	－	－	－	－	－
	－	－	－	－	－	－	－	－	－
	2	1	1	－	－	－	－	－	－
	149	90	59	70	32	38	7	－	7
	83	62	21	43	20	23	3	－	3
	22	10	12	14	6	8	2	－	2
	19	6	13	9	5	4	2	－	2
	11	6	5	4	1	3	－	－	－
	2	－	2	－	－	－	－	－	－
	－	－	－	－	－	－	－	－	－
	－	－	－	－	－	－	－	－	－
	－	－	－	－	－	－	－	－	－
	－	－	－	－	－	－	－	－	－
	1	1	－	－	－	－	－	－	－
	－	－	－	－	－	－	－	－	－
	11	5	6	－	－	－	－	－	－

第24表　夫婦数、妻の年齢階級、妻・夫の所得額階級、

妻の所得額階級

妻の年齢階級 妻・夫の所得額階級	総数	出生あり	出生なし	子どもなし	出生あり	出生なし
31～35歳	484	240	244	226	111	115
100万円未満	200	97	103	56	22	34
100～200万円未満	95	38	57	42	15	27
200～300万円未満	55	33	22	35	22	13
300～400万円未満	65	34	31	43	22	21
400～500万円未満	32	19	13	25	17	8
500～600万円未満	13	7	6	12	6	6
600～700万円未満	3	1	2	2	1	1
700～800万円未満	-	-	-	-	-	-
800～900万円未満	1	1	-	1	1	-
900～1000万円未満	1	-	1	-	-	-
1000万円以上	-	-	-	-	-	-
不詳	19	10	9	10	5	5
36～40歳	29	15	14	10	4	6
100万円未満	12	8	4	4	3	1
100～200万円未満	7	4	3	1	-	1
200～300万円未満	2	1	1	-	-	-
300～400万円未満	4	1	3	2	1	1
400～500万円未満	2	-	2	2	-	2
500～600万円未満	1	1	-	-	-	-
600～700万円未満	-	-	-	-	-	-
700～800万円未満	-	-	-	-	-	-
800～900万円未満	-	-	-	-	-	-
900～1000万円未満	-	-	-	-	-	-
1000万円以上	-	-	-	-	-	-
不詳	1	-	1	1	-	1
41歳以上	4	1	3	1	-	1
100万円未満	3	1	2	-	-	-
100～200万円未満	1	-	1	1	-	1
200～300万円未満	-	-	-	-	-	-
300～400万円未満	-	-	-	-	-	-
400～500万円未満	-	-	-	-	-	-
500～600万円未満	-	-	-	-	-	-
600～700万円未満	-	-	-	-	-	-
700～800万円未満	-	-	-	-	-	-
800～900万円未満	-	-	-	-	-	-
900～1000万円未満	-	-	-	-	-	-
1000万円以上	-	-	-	-	-	-
不詳	-	-	-	-	-	-

注：1）集計対象は、①または②に該当する同居夫婦である。ただし、妻の出生前データが得られていない夫婦は除く。
①第１回から第５回まで双方が回答した夫婦
②第１回に独身で第４回までの間に結婚し、結婚後第５回まで回答した夫婦
2）年齢は、「出生あり」は出生後の、「出生なし」は第４回の年齢である。
3）所得額は、妻・夫それぞれの年間所得額であり、「出生あり」は、
・平成24年11月から平成25年10月の出産で、平成24年調査時に妊娠が判明していない場合は平成24年中、
・平成25年11月から平成26年10月の出産で、平成25年調査時に妊娠が判明している場合は平成24年中、妊娠が判明していない場合は平成25年中、
・平成26年11月から平成27年10月の出産で、平成26年調査時に妊娠が判明している場合は平成25年中、妊娠が判明していない場合は平成26年中、
・平成27年11月から平成28年10月の出産で、平成27年調査時に妊娠が判明している場合は平成26年中、妊娠が判明していない場合は平成27年中
の状況である。「出生なし」は、平成27年中の状況である。
4）不詳には、所得有無不詳、所得額不詳を含み、100万円未満には所得なしを含む。
5）「子どもなし」「１人」「２人」「３人以上」は、「出生あり」は出生前の、「出生なし」は第４回の状況である。
6）４年間で２人以上出生ありの場合は、末子について計上している。

子ども数、この４年間の出生の状況別（４－２）

第５回調査（平成28年）

１　　人			２　　人			３人以上		
	出生あり	出生なし		出生あり	出生なし		出生あり	出生なし
128	89	39	101	35	66	29	5	24
72	48	24	56	25	31	16	2	14
23	16	7	20	5	15	10	2	8
10	8	2	9	3	6	1	－	1
11	10	1	10	2	8	1	－	1
4	2	2	3	－	3	－	－	－
－	－	－	－	－	－	1	1	－
1	－	1	－	－	－	－	－	－
－	－	－	－	－	－	－	－	－
－	－	－	－	－	－	－	－	－
1	－	1	－	－	－	－	－	－
－	－	－	－	－	－	－	－	－
6	5	1	3	－	3	－	－	－
10	7	3	6	2	4	3	2	1
3	2	1	2	1	1	3	2	1
3	3	－	3	1	2	－	－	－
1	1	－	1	－	1	－	－	－
2	－	2	－	－	－	－	－	－
－	－	－	－	－	－	－	－	－
1	1	－	－	－	－	－	－	－
－	－	－	－	－	－	－	－	－
－	－	－	－	－	－	－	－	－
－	－	－	－	－	－	－	－	－
－	－	－	－	－	－	－	－	－
－	－	－	－	－	－	－	－	－
－	－	－	－	－	－	－	－	－
1	－	1	1	1	－	1	－	1
1	－	1	1	1	－	1	－	1
－	－	－	－	－	－	－	－	－
－	－	－	－	－	－	－	－	－
－	－	－	－	－	－	－	－	－
－	－	－	－	－	－	－	－	－
－	－	－	－	－	－	－	－	－
－	－	－	－	－	－	－	－	－
－	－	－	－	－	－	－	－	－
－	－	－	－	－	－	－	－	－
－	－	－	－	－	－	－	－	－
－	－	－	－	－	－	－	－	－
－	－	－	－	－	－	－	－	－

第24表　夫婦数、妻の年齢階級、妻・夫の所得額階級、

夫の所得額階級

妻の年齢階級 妻・夫の所得額階級	総数			子どもなし		
		出生あり	出生なし		出生あり	出生なし
総数	1 433	684	749	881	399	482
100万円未満	29	15	14	19	11	8
100～200万円未満	77	37	40	42	18	24
200～300万円未満	296	149	147	166	85	81
300～400万円未満	420	199	221	261	111	150
400～500万円未満	304	149	155	202	98	104
500～600万円未満	146	60	86	91	32	59
600～700万円未満	59	28	31	35	18	17
700～800万円未満	17	6	11	10	4	6
800～900万円未満	10	5	5	6	3	3
900～1000万円未満	3	1	2	3	1	2
1000万円以上	11	3	8	7	-	7
不詳	61	32	29	39	18	21
25歳以下	140	52	88	94	30	64
100万円未満	3	-	3	2	-	2
100～200万円未満	11	5	6	7	3	4
200～300万円未満	41	21	20	21	11	10
300～400万円未満	38	17	21	29	10	19
400～500万円未満	27	5	22	21	4	17
500～600万円未満	8	1	7	5	1	4
600～700万円未満	4	1	3	4	1	3
700～800万円未満	2	-	2	1	-	1
800～900万円未満	-	-	-	-	-	-
900～1000万円未満	-	-	-	-	-	-
1000万円以上	-	-	-	-	-	-
不詳	6	2	4	4	-	4
26～30歳	776	376	400	550	254	296
100万円未満	10	7	3	8	7	1
100～200万円未満	42	19	23	23	9	14
200～300万円未満	169	88	81	108	57	51
300～400万円未満	244	104	140	173	68	105
400～500万円未満	175	99	76	132	71	61
500～600万円未満	66	27	39	52	19	33
600～700万円未満	22	9	13	19	8	11
700～800万円未満	7	3	4	4	2	2
800～900万円未満	3	1	2	3	1	2
900～1000万円未満	-	-	-	-	-	-
1000万円以上	5	1	4	4	-	4
不詳	33	18	15	24	12	12

注：1）集計対象は、①または②に該当する同居夫婦である。ただし、妻の出生前データが得られていない夫婦は除く。
①第１回から第５回まで双方が回答した夫婦
②第１回に独身で第４回までの間に結婚し、結婚後第５回まで回答した夫婦
2）年齢は、「出生あり」は出生後の、「出生なし」は第４回の年齢である。
3）所得額は、妻・夫それぞれの年間所得額であり、「出生あり」は、
・平成24年11月から平成25年10月の出産で、平成24年調査時に妊娠が判明していない場合は平成24年中、
・平成25年11月から平成26年10月の出産で、平成25年調査時に妊娠が判明している場合は平成24年中、妊娠が判明していない場合は平成25年中、
・平成26年11月から平成27年10月の出産で、平成26年調査時に妊娠が判明している場合は平成25年中、妊娠が判明していない場合は平成26年中、
・平成27年11月から平成28年10月の出産で、平成27年調査時に妊娠が判明している場合は平成26年中、妊娠が判明していない場合は平成27年中
の状況である。「出生なし」は、平成27年中の状況である。
4）不詳には、所得有無不詳、所得額不詳を含み、100万円未満には所得なしを含む。
5）「子どもなし」「1人」「2人」「3人以上」は、「出生あり」は出生前の、「出生なし」は第４回の状況である。
6）４年間で２人以上出生ありの場合は、末子について計上している。

第５回調査（平成28年）

１　人	出生あり	出生なし	２　人	出生あり	出生なし	３人以上	出生あり	出生なし
328	206	122	184	72	112	40	7	33
7	2	5	3	2	1	−	−	−
19	13	6	14	6	8	2	−	2
85	49	36	39	15	24	6	−	6
98	61	37	52	26	26	9	1	8
52	38	14	43	12	31	7	1	6
32	19	13	16	6	10	7	3	4
11	7	4	8	2	6	5	1	4
4	1	3	3	1	2	−	−	−
2	2	−	−	−	−	2	−	2
−	−	−	−	−	−	−	−	−
3	2	1	−	−	−	1	1	−
15	12	3	6	2	4	1	−	1
40	20	20	6	2	4	−	−	−
1	−	1	−	−	−	−	−	−
3	2	1	1	−	1	−	−	−
16	8	8	4	2	2	−	−	−
9	7	2	−	−	−	−	−	−
5	1	4	1	−	1	−	−	−
3	−	3	−	−	−	−	−	−
−	−	−	−	−	−	−	−	−
1	−	1	−	−	−	−	−	−
−	−	−	−	−	−	−	−	−
−	−	−	−	−	−	−	−	−
−	−	−	−	−	−	−	−	−
2	2	−	−	−	−	−	−	−
149	90	59	70	32	38	7	−	7
2	−	2	−	−	−	−	−	−
9	6	3	9	4	5	1	−	1
41	22	19	17	9	8	3	−	3
48	26	22	22	10	12	1	−	1
27	22	5	15	6	9	1	−	1
10	6	4	4	2	2	−	−	−
1	−	1	2	1	1	−	−	−
2	1	1	1	−	1	−	−	−
−	−	−	−	−	−	−	−	−
−	−	−	−	−	−	−	−	−
1	1	−	−	−	−	−	−	−
8	6	2	−	−	−	1	−	1

第24表　夫婦数、妻の年齢階級、妻・夫の所得額階級、

夫の所得額階級

妻の年齢階級 妻・夫の所得額階級	総数			子どもなし		
		出生あり	出生なし		出生あり	出生なし
31～35歳	484	240	244	226	111	115
100万円未満	16	8	8	9	4	5
100～200万円未満	22	11	11	12	6	6
200～300万円未満	73	34	39	33	15	18
300～400万円未満	128	74	54	54	31	23
400～500万円未満	99	44	55	48	23	25
500～600万円未満	70	30	40	34	12	22
600～700万円未満	32	18	14	12	9	3
700～800万円未満	8	3	5	5	2	3
800～900万円未満	7	4	3	3	2	1
900～1000万円未満	3	1	2	3	1	2
1000万円以上	6	2	4	3	－	3
不詳	20	11	9	10	6	4
36～40歳	29	15	14	10	4	6
100万円未満	－	－	－	－	－	－
100～200万円未満	2	2	－	－	－	－
200～300万円未満	12	6	6	4	2	2
300～400万円未満	9	4	5	5	2	3
400～500万円未満	2	1	1	－	－	－
500～600万円未満	2	2	－	－	－	－
600～700万円未満	1	－	1	－	－	－
700～800万円未満	－	－	－	－	－	－
800～900万円未満	－	－	－	－	－	－
900～1000万円未満	－	－	－	－	－	－
1000万円以上	－	－	－	－	－	－
不詳	1	－	1	1	－	1
41歳以上	4	1	3	1	－	1
100万円未満	－	－	－	－	－	－
100～200万円未満	－	－	－	－	－	－
200～300万円未満	1	－	1	－	－	－
300～400万円未満	1	－	1	－	－	－
400～500万円未満	1	－	1	1	－	1
500～600万円未満	－	－	－	－	－	－
600～700万円未満	－	－	－	－	－	－
700～800万円未満	－	－	－	－	－	－
800～900万円未満	－	－	－	－	－	－
900～1000万円未満	－	－	－	－	－	－
1000万円以上	－	－	－	－	－	－
不詳	1	1	－	－	－	－

注：1）集計対象は、①または②に該当する同居夫婦である。ただし、妻の出生前データが得られていない夫婦は除く。
①第１回から第５回まで双方が回答した夫婦
②第１回に独身で第４回までの間に結婚し、結婚後第５回まで回答した夫婦
2）年齢は、「出生あり」は出生後の、「出生なし」は第４回の年齢である。
3）所得額は、妻・夫それぞれの年間所得額であり、「出生あり」は、
・平成24年11月から平成25年10月の出産で、平成24年調査時に妊娠が判明していない場合は平成24年中、
・平成25年11月から平成26年10月の出産で、平成25年調査時に妊娠が判明している場合は平成24年中、妊娠が判明していない場合は平成25年中、
・平成26年11月から平成27年10月の出産で、平成26年調査時に妊娠が判明している場合は平成25年中、妊娠が判明していない場合は平成26年中、
・平成27年11月から平成28年10月の出産で、平成27年調査時に妊娠が判明している場合は平成26年中、妊娠が判明していない場合は平成27年中の状況である。「出生なし」は、平成27年中の状況である。
4）不詳には、所得有無不詳、所得額不詳を含み、100万円未満には所得なしを含む。
5）「子どもなし」「１人」「２人」「３人以上」は、「出生あり」は出生前の、「出生なし」は第４回の状況である。
6）４年間で２人以上出生ありの場合は、末子について計上している。

子ども数、この４年間の出生の状況別（４－４）

第５回調査（平成28年）

１　人	出生あり	出生なし	２　人	出生あり	出生なし	３人以上	出生あり	出生なし
128	89	39	101	35	66	29	5	24
4	2	2	3	2	1	–	–	–
5	3	2	4	2	2	1	–	1
24	16	8	14	3	11	2	–	2
39	27	12	28	15	13	7	1	6
18	14	4	27	6	21	6	1	5
19	13	6	12	4	8	5	1	4
9	7	2	6	1	5	5	1	4
1	–	1	2	1	1	–	–	–
2	2	–	–	–	–	2	–	2
–	–	–	–	–	–	–	–	–
2	1	1	–	–	–	1	1	–
5	4	1	5	1	4	–	–	–
10	7	3	6	2	4	3	2	1
–	–	–	–	–	–	–	–	–
2	2	–	–	–	–	–	–	–
4	3	1	4	1	3	–	–	–
1	1	–	2	1	1	1	–	1
2	1	1	–	–	–	–	–	–
–	–	–	–	–	–	2	2	–
1	–	1	–	–	–	–	–	–
–	–	–	–	–	–	–	–	–
–	–	–	–	–	–	–	–	–
–	–	–	–	–	–	–	–	–
–	–	–	–	–	–	–	–	–
–	–	–	–	–	–	–	–	–
1	–	1	1	1	–	1	–	1
–	–	–	–	–	–	–	–	–
–	–	–	–	–	–	–	–	–
–	–	–	–	–	–	1	–	1
1	–	1	–	–	–	–	–	–
–	–	–	–	–	–	–	–	–
–	–	–	–	–	–	–	–	–
–	–	–	–	–	–	–	–	–
–	–	–	–	–	–	–	–	–
–	–	–	–	–	–	–	–	–
–	–	–	–	–	–	–	–	–
–	–	–	–	–	–	–	–	–
–	–	–	–	–	–	1	1	–

第25表　夫婦数、夫の年齢階級、妻・夫の所得額階級、

妻の所得額階級

夫の年齢階級 妻・夫の所得額階級	総数			子どもなし		
		出生あり	出生なし		出生あり	出生なし
総数	1 433	684	749	881	399	482
100万円未満	544	281	263	228	101	127
100～200万円未満	274	108	166	167	61	106
200～300万円未満	227	104	123	175	81	94
300～400万円未満	204	95	109	163	76	87
400～500万円未満	91	51	40	82	49	33
500～600万円未満	21	11	10	19	9	10
600～700万円未満	4	2	2	3	2	1
700～800万円未満	1	-	1	1	-	1
800～900万円未満	1	1	-	1	1	-
900～1000万円未満	2	1	1	-	-	-
1000万円以上	1	-	1	1	-	1
不詳	63	30	33	41	19	22
25歳以下	76	31	45	43	13	30
100万円未満	30	16	14	11	3	8
100～200万円未満	21	5	16	12	2	10
200～300万円未満	6	3	3	6	3	3
300～400万円未満	11	3	8	10	3	7
400～500万円未満	1	1	-	1	1	-
500～600万円未満	-	-	-	-	-	-
600～700万円未満	-	-	-	-	-	-
700～800万円未満	-	-	-	-	-	-
800～900万円未満	-	-	-	-	-	-
900～1000万円未満	-	-	-	-	-	-
1000万円以上	-	-	-	-	-	-
不詳	7	3	4	3	1	2
26～30歳	673	330	343	477	217	260
100万円未満	232	125	107	116	49	67
100～200万円未満	121	51	70	85	34	51
200～300万円未満	114	49	65	97	42	55
300～400万円未満	112	56	56	98	49	49
400～500万円未満	48	28	20	44	27	17
500～600万円未満	11	5	6	11	5	6
600～700万円未満	-	-	-	-	-	-
700～800万円未満	1	-	1	1	-	1
800～900万円未満	-	-	-	-	-	-
900～1000万円未満	-	-	-	-	-	-
1000万円以上	-	-	-	-	-	-
不詳	34	16	18	25	11	14

注：1）集計対象は、①または②に該当する同居夫婦である。ただし、妻の出生前データが得られていない夫婦は除く。
①第１回から第５回まで双方が回答した夫婦
②第１回に独身で第４回までの間に結婚し、結婚後第５回まで回答した夫婦
2）年齢は、「出生あり」は出生後の、「出生なし」は第４回の年齢である。
3）所得額は、妻・夫それぞれの年間所得額であり、「出生あり」は、
・平成24年11月から平成25年10月の出産で、平成24年調査時に妊娠が判明していない場合は平成24年中、
・平成25年11月から平成26年10月の出産で、平成25年調査時に妊娠が判明している場合は平成24年中、妊娠が判明していない場合は平成25年中、
・平成26年11月から平成27年10月の出産で、平成26年調査時に妊娠が判明している場合は平成25年中、妊娠が判明していない場合は平成26年中、
・平成27年11月から平成28年10月の出産で、平成27年調査時に妊娠が判明している場合は平成26年中、妊娠が判明していない場合は平成27年中
の状況である。「出生なし」は、平成27年中の状況である。
4）不詳には、所得有無不詳、所得額不詳を含み、100万円未満には所得なしを含む。
5）「子どもなし」「１人」「２人」「３人以上」は、「出生あり」は出生前の、「出生なし」は第４回の状況である。
6）４年間で２人以上出生ありの場合は、末子について計上している。

子ども数、この４年間の出生の状況別（４－１）

第５回調査（平成28年）

１　　人	出生あり	出生なし	２　　人	出生あり	出生なし	３人以上	出生あり	出生なし
328	206	122	184	72	112	40	7	33
187	128	59	106	48	58	23	4	19
56	32	24	39	13	26	12	2	10
30	15	15	19	8	11	3	-	3
26	16	10	14	3	11	1	-	1
6	2	4	3	-	3	-	-	-
1	1	-	-	-	-	1	1	-
1	-	1	-	-	-	-	-	-
-	-	-	-	-	-	-	-	-
-	-	-	-	-	-	-	-	-
2	1	1	-	-	-	-	-	-
-	-	-	-	-	-	-	-	-
19	11	8	3	-	3	-	-	-
31	18	13	2	-	2	-	-	-
18	13	5	1	-	1	-	-	-
8	3	5	1	-	1	-	-	-
-	-	-	-	-	-	-	-	-
1	-	1	-	-	-	-	-	-
-	-	-	-	-	-	-	-	-
-	-	-	-	-	-	-	-	-
-	-	-	-	-	-	-	-	-
-	-	-	-	-	-	-	-	-
-	-	-	-	-	-	-	-	-
-	-	-	-	-	-	-	-	-
-	-	-	-	-	-	-	-	-
4	2	2	-	-	-	-	-	-
130	82	48	56	29	27	10	2	8
73	55	18	36	19	17	7	2	5
20	10	10	14	7	7	2	-	2
12	5	7	4	2	2	1	-	1
13	6	7	1	1	-	-	-	-
3	1	2	1	-	1	-	-	-
-	-	-	-	-	-	-	-	-
-	-	-	-	-	-	-	-	-
-	-	-	-	-	-	-	-	-
-	-	-	-	-	-	-	-	-
-	-	-	-	-	-	-	-	-
-	-	-	-	-	-	-	-	-
9	5	4	-	-	-	-	-	-

第25表　夫婦数、夫の年齢階級、妻・夫の所得額階級、

妻の所得額階級

夫の年齢階級 妻・夫の所得額階級	総数	出生あり	出生なし	子どもなし	出生あり	出生なし
31～35歳	515	257	258	266	131	135
100万円未満	207	111	96	69	38	31
100～200万円未満	100	40	60	47	16	31
200～300万円未満	78	37	41	54	25	29
300～400万円未満	63	32	31	43	21	22
400～500万円未満	36	19	17	31	18	13
500～600万円未満	9	6	3	7	4	3
600～700万円未満	4	2	2	3	2	1
700～800万円未満	-	-	-	-	-	-
800～900万円未満	1	1	-	1	1	-
900～1000万円未満	-	-	-	-	-	-
1000万円以上	1	-	1	1	-	1
不詳	16	9	7	10	6	4
36～40歳	120	51	69	66	28	38
100万円未満	55	22	33	25	9	16
100～200万円未満	22	11	11	16	8	8
200～300万円未満	20	10	10	11	6	5
300～400万円未満	11	3	8	7	2	5
400～500万円未満	4	2	2	4	2	2
500～600万円未満	1	-	1	1	-	1
600～700万円未満	-	-	-	-	-	-
700～800万円未満	-	-	-	-	-	-
800～900万円未満	-	-	-	-	-	-
900～1000万円未満	2	1	1	-	-	-
1000万円以上	-	-	-	-	-	-
不詳	5	2	3	2	1	1
41歳以上	49	15	34	29	10	19
100万円未満	20	7	13	7	2	5
100～200万円未満	10	1	9	7	1	6
200～300万円未満	9	5	4	7	5	2
300～400万円未満	7	1	6	5	1	4
400～500万円未満	2	1	1	2	1	1
500～600万円未満	-	-	-	-	-	-
600～700万円未満	-	-	-	-	-	-
700～800万円未満	-	-	-	-	-	-
800～900万円未満	-	-	-	-	-	-
900～1000万円未満	-	-	-	-	-	-
1000万円以上	-	-	-	-	-	-
不詳	1	-	1	1	-	1

注：1）集計対象は、①または②に該当する同居夫婦である。ただし、妻の出生前データが得られていない夫婦は除く。
①第１回から第５回まで双方が回答した夫婦
②第１回に独身で第４回までの間に結婚し、結婚後第５回まで回答した夫婦
2）年齢は、「出生あり」は出生後の、「出生なし」は第４回の年齢である。
3）所得額は、妻・夫それぞれの年間所得額であり、「出生あり」は、
・平成24年11月から平成25年10月の出産で、平成24年調査時に妊娠が判明していない場合は平成24年中、
・平成25年11月から平成26年10月の出産で、平成25年調査時に妊娠が判明している場合は平成24年中、妊娠が判明していない場合は平成25年中、
・平成26年11月から平成27年10月の出産で、平成26年調査時に妊娠が判明している場合は平成25年中、妊娠が判明していない場合は平成26年中、
・平成27年11月から平成28年10月の出産で、平成27年調査時に妊娠が判明している場合は平成26年中、妊娠が判明していない場合は平成27年中
の状況である。「出生なし」は、平成27年中の状況である。
4）不詳には、所得有無不詳、所得額不詳を含み、100万円未満には所得なしを含む。
5）「子どもなし」「１人」「２人」「３人以上」は、「出生あり」は出生前の、「出生なし」は第４回の状況である。
6）４年間で２人以上出生ありの場合は、末子について計上している。

子ども数、この４年間の出生の状況別（４－２）

第５回調査（平成28年）

１　人	出生あり	出生なし	２　人	出生あり	出生なし	３人以上	出生あり	出生なし
131	90	41	99	32	67	19	4	15
74	49	25	55	23	32	9	1	8
25	18	7	20	4	16	8	2	6
13	9	4	10	3	7	1	－	1
10	9	1	10	2	8	－	－	－
3	1	2	2	－	2	－	－	－
1	1	－	－	－	－	1	1	－
1	－	1	－	－	－	－	－	－
－	－	－	－	－	－	－	－	－
－	－	－	－	－	－	－	－	－
－	－	－	－	－	－	－	－	－
－	－	－	－	－	－	－	－	－
4	3	1	2	－	2	－	－	－
24	14	10	23	9	14	7	－	7
14	9	5	11	4	7	5	－	5
2	1	1	4	2	2	－	－	－
3	1	2	5	3	2	1	－	1
1	1	－	2	－	2	1	－	1
－	－	－	－	－	－	－	－	－
－	－	－	－	－	－	－	－	－
－	－	－	－	－	－	－	－	－
－	－	－	－	－	－	－	－	－
－	－	－	－	－	－	－	－	－
2	1	1	－	－	－	－	－	－
－	－	－	－	－	－	－	－	－
2	1	1	1	－	1	－	－	－
12	2	10	4	2	2	4	1	3
8	2	6	3	2	1	2	1	1
1	－	1	－	－	－	2	－	2
2	－	2	－	－	－	－	－	－
1	－	1	1	－	1	－	－	－
－	－	－	－	－	－	－	－	－
－	－	－	－	－	－	－	－	－
－	－	－	－	－	－	－	－	－
－	－	－	－	－	－	－	－	－
－	－	－	－	－	－	－	－	－
－	－	－	－	－	－	－	－	－
－	－	－	－	－	－	－	－	－
－	－	－	－	－	－	－	－	－

第25表　夫婦数、夫の年齢階級、妻・夫の所得額階級、

夫の所得額階級

夫の年齢階級 妻・夫の所得額階級	総数	出生あり	出生なし	子どもなし	出生あり	出生なし
総数	1 433	684	749	881	399	482
100万円未満	29	15	14	19	11	8
100～200万円未満	77	37	40	42	18	24
200～300万円未満	296	149	147	166	85	81
300～400万円未満	420	199	221	261	111	150
400～500万円未満	304	149	155	202	98	104
500～600万円未満	146	60	86	91	32	59
600～700万円未満	59	28	31	35	18	17
700～800万円未満	17	6	11	10	4	6
800～900万円未満	10	5	5	6	3	3
900～1000万円未満	3	1	2	3	1	2
1000万円以上	11	3	8	7	-	7
不詳	61	32	29	39	18	21
25歳以下	76	31	45	43	13	30
100万円未満	1	-	1	1	-	1
100～200万円未満	7	4	3	4	2	2
200～300万円未満	26	13	13	11	5	6
300～400万円未満	23	8	15	15	4	11
400～500万円未満	11	3	8	8	2	6
500～600万円未満	1	-	1	1	-	1
600～700万円未満	1	-	1	1	-	1
700～800万円未満	-	-	-	-	-	-
800～900万円未満	-	-	-	-	-	-
900～1000万円未満	-	-	-	-	-	-
1000万円以上	-	-	-	-	-	-
不詳	6	3	3	2	-	2
26～30歳	673	330	343	477	217	260
100万円未満	16	11	5	14	11	3
100～200万円未満	41	22	19	25	13	12
200～300万円未満	154	79	75	92	48	44
300～400万円未満	216	95	121	157	59	98
400～500万円未満	142	75	67	109	55	54
500～600万円未満	53	24	29	39	14	25
600～700万円未満	12	6	6	10	5	5
700～800万円未満	2	1	1	2	1	1
800～900万円未満	2	1	1	2	1	1
900～1000万円未満	1	-	1	1	-	1
1000万円以上	2	1	1	1	-	1
不詳	32	15	17	25	10	15

注：1）集計対象は、①または②に該当する同居夫婦である。ただし、妻の出生前データが得られていない夫婦は除く。
　　①第１回から第５回まで双方が回答した夫婦
　　②第１回に独身で第４回までの間に結婚し、結婚後第５回まで回答した夫婦
　2）年齢は、「出生あり」は出生後の、「出生なし」は第４回の年齢である。
　3）所得額は、妻・夫それぞれの年間所得額であり、「出生あり」は、
　　・平成24年11月から平成25年10月の出産で、平成24年調査時に妊娠が判明していない場合は平成24年中、
　　・平成25年11月から平成26年10月の出産で、平成25年調査時に妊娠が判明している場合は平成24年中、妊娠が判明していない場合は平成25年中、
　　・平成26年11月から平成27年10月の出産で、平成26年調査時に妊娠が判明している場合は平成25年中、妊娠が判明していない場合は平成26年中、
　　・平成27年11月から平成28年10月の出産で、平成27年調査時に妊娠が判明している場合は平成26年中、妊娠が判明していない場合は平成27年中
　　の状況である。「出生なし」は、平成27年中の状況である。
　4）不詳には、所得有無不詳、所得額不詳を含み、100万円未満には所得なしを含む。
　5）「子どもなし」「１人」「２人」「３人以上」は、「出生あり」は出生前の、「出生なし」は第４回の状況である。
　6）４年間で２人以上出生ありの場合は、末子について計上している。

子ども数、この４年間の出生の状況別（４－３）

第５回調査（平成28年）

１　　人	出生あり	出生なし	２　　人	出生あり	出生なし	３人以上	出生あり	出生なし
328	206	122	184	72	112	40	7	33
7	2	5	3	2	1	－	－	－
19	13	6	14	6	8	2	－	2
85	49	36	39	15	24	6	－	6
98	61	37	52	26	26	9	1	8
52	38	14	43	12	31	7	1	6
32	19	13	16	6	10	7	3	4
11	7	4	8	2	6	5	1	4
4	1	3	3	1	2	－	－	－
2	2	－	－	－	－	2	－	2
－	－	－	－	－	－	－	－	－
3	2	1	－	－	－	1	1	－
15	12	3	6	2	4	1	－	1
31	18	13	2	－	2	－	－	－
－	－	－	－	－	－	－	－	－
3	2	1	－	－	－	－	－	－
13	8	5	2	－	2	－	－	－
8	4	4	－	－	－	－	－	－
3	1	2	－	－	－	－	－	－
－	－	－	－	－	－	－	－	－
－	－	－	－	－	－	－	－	－
－	－	－	－	－	－	－	－	－
－	－	－	－	－	－	－	－	－
－	－	－	－	－	－	－	－	－
－	－	－	－	－	－	－	－	－
4	3	1	－	－	－	－	－	－
130	82	48	56	29	27	10	2	8
2	－	2	－	－	－	－	－	－
8	6	2	8	3	5	－	－	－
41	21	20	17	10	7	4	－	4
40	26	14	17	10	7	2	－	2
19	14	5	12	5	7	2	1	1
12	8	4	1	1	－	1	1	－
1	1	－	1	－	1	－	－	－
－	－	－	－	－	－	－	－	－
－	－	－	－	－	－	－	－	－
－	－	－	－	－	－	－	－	－
1	1	－	－	－	－	－	－	－
6	5	1	－	－	－	1	－	1

夫の所得額階級

夫の年齢階級 妻・夫の所得額階級	総数			子どもなし		
		出生あり	出生なし		出生あり	出生なし
31～35歳	515	257	258	266	131	135
100万円未満	5	2	3	2	−	2
100～200万円未満	20	9	11	9	3	6
200～300万円未満	88	44	44	47	23	24
300～400万円未満	146	78	68	73	39	34
400～500万円未満	121	59	62	66	33	33
500～600万円未満	64	29	35	32	12	20
600～700万円未満	31	16	15	14	8	6
700～800万円未満	9	3	6	5	2	3
800～900万円未満	5	3	2	2	2	−
900～1000万円未満	1	1	−	1	1	−
1000万円以上	7	1	6	5	−	5
不詳	18	12	6	10	8	2
36～40歳	120	51	69	66	28	38
100万円未満	4	1	3	1	−	1
100～200万円未満	6	2	4	2	−	2
200～300万円未満	19	7	12	9	4	5
300～400万円未満	25	16	9	13	8	5
400～500万円未満	24	11	13	15	7	8
500～600万円未満	18	6	12	12	5	7
600～700万円未満	13	4	9	8	3	5
700～800万円未満	4	2	2	2	1	1
800～900万円未満	2	−	2	2	−	2
900～1000万円未満	−	−	−	−	−	−
1000万円以上	1	−	1	1	−	1
不詳	4	2	2	1	−	1
41歳以上	49	15	34	29	10	19
100万円未満	3	1	2	1	−	1
100～200万円未満	3	−	3	2	−	2
200～300万円未満	9	6	3	7	5	2
300～400万円未満	10	2	8	3	1	2
400～500万円未満	6	1	5	4	1	3
500～600万円未満	10	1	9	7	1	6
600～700万円未満	2	2	−	2	2	−
700～800万円未満	2	−	2	1	−	1
800～900万円未満	1	1	−	−	−	−
900～1000万円未満	1	−	1	1	−	1
1000万円以上	1	1	−	−	−	−
不詳	1	−	1	1	−	1

注：１）集計対象は、①または②に該当する同居夫婦である。ただし、妻の出生前データが得られていない夫婦は除く。
　①第１回から第５回まで双方が回答した夫婦
　②第１回に独身で第４回までの間に結婚し、結婚後第５回まで回答した夫婦
２）年齢は、「出生あり」は出生後の、「出生なし」は第４回の年齢である。
３）所得額は、妻・夫それぞれの年間所得額であり、「出生あり」は、
・平成24年11月から平成25年10月の出産で、平成24年調査時に妊娠が判明していない場合は平成24年中、
・平成25年11月から平成26年10月の出産で、平成25年調査時に妊娠が判明している場合は平成24年中、妊娠が判明していない場合は平成25年中、
・平成26年11月から平成27年10月の出産で、平成26年調査時に妊娠が判明している場合は平成25年中、妊娠が判明していない場合は平成26年中、
・平成27年11月から平成28年10月の出産で、平成27年調査時に妊娠が判明している場合は平成26年中、妊娠が判明していない場合は平成27年中
の状況である。「出生なし」は、平成27年中の状況である。
４）不詳には、所得有無不詳、所得額不詳を含み、100万円未満には所得なしを含む。
５）「子どもなし」「１人」「２人」「３人以上」は、「出生あり」は出生前の、「出生なし」は第４回の状況である。
６）４年間で２人以上出生ありの場合は、末子について計上している。

子ども数、この４年間の出生の状況別（４－４）

第５回調査（平成28年）

１　　人	出生あり	出生なし	２　　人	出生あり	出生なし	３人以上	出生あり	出生なし
131	90	41	99	32	67	19	4	15
1	1	−	2	1	1	−	−	−
7	5	2	2	1	1	2	−	2
23	16	7	17	5	12	1	−	1
39	27	12	29	11	18	5	1	4
26	20	6	26	6	20	3	−	3
16	10	6	13	5	8	3	2	1
10	6	4	4	1	3	3	1	2
3	1	2	1	−	1	−	−	−
1	1	−	−	−	−	2	−	2
−	−	−	−	−	−	−	−	−
2	1	1	−	−	−	−	−	−
3	2	1	5	2	3	−	−	−
24	14	10	23	9	14	7	−	7
3	1	2	−	−	−	−	−	−
1	−	1	3	2	1	−	−	−
6	3	3	3	−	3	1	−	1
7	4	3	4	4	−	1	−	1
3	3	−	5	1	4	1	−	1
2	1	1	2	−	2	2	−	2
−	−	−	3	1	2	2	−	2
−	−	−	2	1	1	−	−	−
−	−	−	−	−	−	−	−	−
−	−	−	−	−	−	−	−	−
−	−	−	−	−	−	−	−	−
2	2	−	1	−	1	−	−	−
12	2	10	4	2	2	4	1	3
1	−	1	1	1	−	−	−	−
−	−	−	1	−	1	−	−	−
2	1	1	−	−	−	−	−	−
4	−	4	2	1	1	1	−	1
1	−	1	−	−	−	1	−	1
2	−	2	−	−	−	1	−	1
−	−	−	−	−	−	−	−	−
1	−	1	−	−	−	−	−	−
1	1	−	−	−	−	−	−	−
−	−	−	−	−	−	−	−	−
−	−	−	−	−	−	1	1	−
−	−	−	−	−	−	−	−	−

第26表　夫婦数、妻の仕事の有無、妻・夫の所得額階級、

妻の所得額階級

妻の仕事の有無 妻・夫の所得額階級	総数	出生あり	出生なし	子どもなし	出生あり	出生なし
総数	1 433	684	749	881	399	482
100万円未満	544	281	263	228	101	127
100～200万円未満	274	108	166	167	61	106
200～300万円未満	227	104	123	175	81	94
300～400万円未満	204	95	109	163	76	87
400～500万円未満	91	51	40	82	49	33
500～600万円未満	21	11	10	19	9	10
600～700万円未満	4	2	2	3	2	1
700～800万円未満	1	-	1	1	-	1
800～900万円未満	1	1	-	1	1	-
900～1000万円未満	2	1	1	-	-	-
1000万円以上	1	-	1	1	-	1
不詳	63	30	33	41	19	22
仕事あり	1 046	469	577	701	316	385
100万円未満	248	112	136	118	54	64
100～200万円未満	244	98	146	144	53	91
200～300万円未満	213	94	119	162	72	90
300～400万円未満	196	89	107	155	70	85
400～500万円未満	85	46	39	76	44	32
500～600万円未満	18	11	7	16	9	7
600～700万円未満	4	2	2	3	2	1
700～800万円未満	1	-	1	1	-	1
800～900万円未満	1	1	-	1	1	-
900～1000万円未満	1	1	-	-	-	-
1000万円以上	1	-	1	1	-	1
不詳	34	15	19	24	11	13
仕事なし	343	191	152	146	65	81
100万円未満	288	163	125	105	43	62
100～200万円未満	24	7	17	19	5	14
200～300万円未満	7	6	1	7	6	1
300～400万円未満	5	4	1	5	4	1
400～500万円未満	5	4	1	5	4	1
500～600万円未満	-	-	-	-	-	-
600～700万円未満	-	-	-	-	-	-
700～800万円未満	-	-	-	-	-	-
800～900万円未満	-	-	-	-	-	-
900～1000万円未満	1	-	1	-	-	-
1000万円以上	-	-	-	-	-	-
不詳	13	7	6	5	3	2

注：1）集計対象は、①または②に該当する同居夫婦である。ただし、妻の出生前データが得られていない夫婦は除く。
　①第１回から第５回まで双方が回答した夫婦
　②第１回に独身で第４回までの間に結婚し、結婚後第５回まで回答した夫婦
2）所得額は、妻・夫それぞれの年間所得額であり、「出生あり」は、
　・平成24年11月から平成25年10月の出産で、平成24年調査時に妊娠が判明していない場合は平成24年中、
　・平成25年11月から平成26年10月の出産で、平成25年調査時に妊娠が判明している場合は平成24年中、妊娠が判明していない場合は平成25年中、
　・平成26年11月から平成27年10月の出産で、平成26年調査時に妊娠が判明している場合は平成25年中、妊娠が判明していない場合は平成26年中、
　・平成27年11月から平成28年10月の出産で、平成27年調査時に妊娠が判明している場合は平成26年中、妊娠が判明していない場合は平成27年中
　の状況である。「出生なし」は、平成27年中の状況である。
3）不詳には、所得有無不詳、所得額不詳を含み、100万円未満には所得なしを含む。
4）「子どもなし」「1人」「2人」「3人以上」は、「出生あり」は出生前の、「出生なし」は第４回の状況である。
5）４年間で２人以上出生ありの場合は、末子について計上している。
6）妻の仕事の有無は、「出生あり」は出生前の、「出生なし」は第４回の状況である。
7）妻の仕事の有無の「総数」には、仕事の有無不詳を含む。

子ども数、この４年間の出生の状況別（２－１）

第５回調査（平成28年）

１　　人	出生あり	出生なし	２　　人	出生あり	出生なし	３人以上	出生あり	出生なし
328	206	122	184	72	112	40	7	33
187	128	59	106	48	58	23	4	19
56	32	24	39	13	26	12	2	10
30	15	15	19	8	11	3	−	3
26	16	10	14	3	11	1	−	1
6	2	4	3	−	3	−	−	−
1	1	−	−	−	−	1	1	−
1	−	1	−	−	−	−	−	−
−	−	−	−	−	−	−	−	−
−	−	−	−	−	−	−	−	−
2	1	1	−	−	−	−	−	−
−	−	−	−	−	−	−	−	−
19	11	8	3	−	3	−	−	−
180	105	75	136	45	91	29	3	26
57	35	22	60	22	38	13	1	12
50	31	19	39	13	26	11	1	10
30	15	15	18	7	11	3	−	3
26	16	10	14	3	11	1	−	1
6	2	4	3	−	3	−	−	−
1	1	−	−	−	−	1	1	−
1	−	1	−	−	−	−	−	−
−	−	−	−	−	−	−	−	−
−	−	−	−	−	−	−	−	−
1	1	−	−	−	−	−	−	−
−	−	−	−	−	−	−	−	−
8	4	4	2	−	2	−	−	−
139	96	43	47	26	21	11	4	7
127	91	36	46	26	20	10	3	7
4	1	3	−	−	−	1	1	−
−	−	−	−	−	−	−	−	−
−	−	−	−	−	−	−	−	−
−	−	−	−	−	−	−	−	−
−	−	−	−	−	−	−	−	−
−	−	−	−	−	−	−	−	−
−	−	−	−	−	−	−	−	−
−	−	−	−	−	−	−	−	−
1	−	1	−	−	−	−	−	−
−	−	−	−	−	−	−	−	−
7	4	3	1	−	1	−	−	−

第26表　夫婦数、妻の仕事の有無、妻・夫の所得額階級、

夫の所得額階級

妻の仕事の有無 妻・夫の所得額階級	総数			子どもなし		
		出生あり	出生なし		出生あり	出生なし
総数	1 433	684	749	881	399	482
100万円未満	29	15	14	19	11	8
100～200万円未満	77	37	40	42	18	24
200～300万円未満	296	149	147	166	85	81
300～400万円未満	420	199	221	261	111	150
400～500万円未満	304	149	155	202	98	104
500～600万円未満	146	60	86	91	32	59
600～700万円未満	59	28	31	35	18	17
700～800万円未満	17	6	11	10	4	6
800～900万円未満	10	5	5	6	3	3
900～1000万円未満	3	1	2	3	1	2
1000万円以上	11	3	8	7	-	7
不詳	61	32	29	39	18	21
仕事あり	1 046	469	577	701	316	385
100万円未満	19	8	11	13	5	8
100～200万円未満	59	23	36	32	10	22
200～300万円未満	230	116	114	135	73	62
300～400万円未満	318	143	175	223	96	127
400～500万円未満	230	96	134	165	73	92
500～600万円未満	98	38	60	71	27	44
600～700万円未満	36	18	18	24	14	10
700～800万円未満	12	6	6	7	4	3
800～900万円未満	5	2	3	3	2	1
900～1000万円未満	3	1	2	3	1	2
1000万円以上	4	1	3	3	-	3
不詳	32	17	15	22	11	11
仕事なし	343	191	152	146	65	81
100万円未満	9	7	2	6	6	-
100～200万円未満	14	10	4	6	4	2
200～300万円未満	61	30	31	27	10	17
300～400万円未満	91	52	39	31	12	19
400～500万円未満	67	47	20	30	19	11
500～600万円未満	46	22	24	18	5	13
600～700万円未満	23	10	13	11	4	7
700～800万円未満	5	-	5	3	-	3
800～900万円未満	5	3	2	3	1	2
900～1000万円未満	-	-	-	-	-	-
1000万円以上	7	2	5	4	-	4
不詳	15	8	7	7	4	3

注：1）集計対象は、①または②に該当する同居夫婦である。ただし、妻の出生前データが得られていない夫婦は除く。
　①第１回から第５回まで双方が回答した夫婦
　②第１回に独身で第４回までの間に結婚し、結婚後第５回まで回答した夫婦
2）所得額は、妻・夫それぞれの年間所得額であり、「出生あり」は、
・平成24年11月から平成25年10月の出産で、平成24年調査時に妊娠が判明していない場合は平成24年中、
・平成25年11月から平成26年10月の出産で、平成25年調査時に妊娠が判明している場合は平成24年中、妊娠が判明していない場合は平成25年中、
・平成26年11月から平成27年10月の出産で、平成26年調査時に妊娠が判明している場合は平成25年中、妊娠が判明していない場合は平成26年中、
・平成27年11月から平成28年10月の出産で、平成27年調査時に妊娠が判明している場合は平成26年中、妊娠が判明していない場合は平成27年中
の状況である。「出生なし」は、平成27年中の状況である。
3）不詳には、所得有無不詳、所得額不詳を含み、100万円未満には所得なしを含む。
4）「子どもなし」「1人」「2人」「3人以上」は、「出生あり」は出生前の、「出生なし」は第４回の状況である。
5）４年間で２人以上出生ありの場合は、末子について計上している。
6）妻の仕事の有無は、「出生あり」は出生前の、「出生なし」は第４回の状況である。
7）妻の仕事の有無の「総数」には、仕事の有無不詳を含む。

子ども数、この４年間の出生の状況別（２－２）

第５回調査（平成28年）

１　人			２　人			３人以上		
	出生あり	出生なし		出生あり	出生なし		出生あり	出生なし
328	206	122	184	72	112	40	7	33
7	2	5	3	2	1	－	－	－
19	13	6	14	6	8	2	－	2
85	49	36	39	15	24	6	－	6
98	61	37	52	26	26	9	1	8
52	38	14	43	12	31	7	1	6
32	19	13	16	6	10	7	3	4
11	7	4	8	2	6	5	1	4
4	1	3	3	1	2	－	－	－
2	2	－	－	－	－	2	－	2
－	－	－	－	－	－	－	－	－
3	2	1	－	－	－	1	1	－
15	12	3	6	2	4	1	－	1
180	105	75	136	45	91	29	3	26
4	2	2	2	1	1	－	－	－
13	8	5	12	5	7	2	－	2
59	32	27	31	11	20	5	－	5
49	29	20	38	17	21	8	1	7
28	17	11	31	5	26	6	1	5
13	8	5	10	2	8	4	1	3
4	2	2	7	2	5	1	－	1
3	1	2	2	1	1	－	－	－
－	－	－	－	－	－	2	－	2
－	－	－	－	－	－	－	－	－
1	1	－	－	－	－	－	－	－
6	5	1	3	1	2	1	－	1
139	96	43	47	26	21	11	4	7
2	－	2	1	1	－	－	－	－
6	5	1	2	1	1	－	－	－
25	16	9	8	4	4	1	－	1
46	32	14	13	8	5	1	－	1
24	21	3	12	7	5	1	－	1
19	11	8	6	4	2	3	2	1
7	5	2	1	－	1	4	1	3
1	－	1	1	－	1	－	－	－
2	2	－	－	－	－	－	－	－
－	－	－	－	－	－	－	－	－
2	1	1	－	－	－	1	1	－
5	3	2	3	1	2	－	－	－

第27表　夫婦数、妻の年齢階級、第２回の夫の家事・育児分担の有無、

妻の年齢階級 第２回の夫の家事・育児分担の有無 第２回の妻の家事・育児の負担軽減感	総数	出生あり		
			第１子出産	第２子出産
総数	486	214	31	106
夫が家事・育児をしている	432	192	19	100
非常に助かる	265	119	14	59
少しは助かる	147	61	4	34
あまり軽減とならない	16	10	1	5
軽減とならない	2	1	−	1
不詳	2	1	−	1
夫が家事・育児をしていない	49	20	11	5
不詳	5	2	1	1
25歳以下	11	9	1	6
夫が家事・育児をしている	10	8	1	5
非常に助かる	6	5	1	2
少しは助かる	4	3	−	3
あまり軽減とならない	−	−	−	−
軽減とならない	−	−	−	−
不詳	−	−	−	−
夫が家事・育児をしていない	1	1	−	1
不詳	−	−	−	−
26〜30歳	144	85	12	43
夫が家事・育児をしている	133	78	7	42
非常に助かる	79	46	7	21
少しは助かる	50	28	−	17
あまり軽減とならない	3	3	−	3
軽減とならない	1	1	−	1
不詳	−	−	−	−
夫が家事・育児をしていない	10	6	4	1
不詳	1	1	1	−
31〜35歳	301	107	17	51
夫が家事・育児をしている	264	96	11	48
非常に助かる	168	63	6	34
少しは助かる	82	27	4	11
あまり軽減とならない	11	5	1	2
軽減とならない	1	−	−	−
不詳	2	1	−	1
夫が家事・育児をしていない	34	10	6	2
不詳	3	1	−	1
36〜40歳	26	12	1	6
夫が家事・育児をしている	23	10	−	5
非常に助かる	11	5	−	2
少しは助かる	10	3	−	3
あまり軽減とならない	2	2	−	−
軽減とならない	−	−	−	−
不詳	−	−	−	−
夫が家事・育児をしていない	2	2	1	1
不詳	1	−	−	−
41歳以上	4	1	−	−
夫が家事・育児をしている	2	−	−	−
非常に助かる	1	−	−	−
少しは助かる	1	−	−	−
あまり軽減とならない	−	−	−	−
軽減とならない	−	−	−	−
不詳	−	−	−	−
夫が家事・育児をしていない	2	1	−	−
不詳	−	−	−	−

注：１）集計対象は、第１回から第５回まで双方から回答を得られている同居夫婦である。
　　２）年齢は、「出生あり」は出生後の、「出生なし」は第５回の年齢である。
　　３）「子どもなし」「１人」「２人以上」は、第４回の状況である。
　　４）３年間で２人以上出生ありの場合は、末子について計上している。

第２回の妻の家事・育児の負担軽減感、この３年間の出生の状況、出生順位、子ども数別

第５回調査（平成28年）

第３子以降出産	出生なし	子どもなし	１人	２人以上
77	272	24	63	185
73	240	13	58	169
46	146	8	33	105
23	86	4	23	59
4	6	–	2	4
–	1	1	–	–
–	1	–	–	1
4	29	10	4	15
–	3	1	1	1
2	2	–	–	2
2	2	–	–	2
2	1	–	–	1
–	1	–	–	1
–	–	–	–	–
–	–	–	–	–
–	–	–	–	–
–	–	–	–	–
–	–	–	–	–
30	59	4	13	42
29	55	3	13	39
18	33	1	6	26
11	22	2	7	13
–	–	–	–	–
–	–	–	–	–
–	–	–	–	–
1	4	1	–	3
–	–	–	–	–
39	194	18	47	129
37	168	9	42	117
23	105	7	25	73
12	55	1	15	39
2	6	–	2	4
–	1	1	–	–
–	1	–	–	1
2	24	9	4	11
–	2	–	1	1
5	14	2	2	10
5	13	1	2	10
3	6	–	1	5
–	7	1	1	5
2	–	–	–	–
–	–	–	–	–
–	–	–	–	–
–	–	–	–	–
–	1	1	–	–
1	3	–	1	2
–	2	–	1	1
–	1	–	1	–
–	1	–	–	1
–	–	–	–	–
–	–	–	–	–
–	–	–	–	–
1	1	–	–	1
–	–	–	–	–

第28表　第２回子どもをもつ夫婦数、妻の年齢階級、第２回の夫の子育て負担感、この３年間の出生の状況、出生順位、子ども数別

第５回調査（平成28年）

妻の年齢階級 第２回の夫の子育て負担感	総数	出生あり			出生なし		
			第２子出産	第３子以降出産		１人	２人以上
総数	440	182	102	80	258	67	191
大いにある	19	9	4	5	10	5	5
多少ある	144	62	34	28	82	20	62
それほどでもない	189	80	47	33	109	27	82
ない	71	27	13	14	44	13	31
不詳	17	4	4	−	13	2	11
25歳以下	10	8	6	2	2	−	2
大いにある	1	1	1	−	−	−	−
多少ある	1	1	1	−	−	−	−
それほどでもない	3	2	2	−	1	−	1
ない	5	4	2	2	1	−	1
不詳	−	−	−	−	−	−	−
26～30歳	128	72	40	32	56	13	43
大いにある	7	4	1	3	3	−	3
多少ある	41	22	12	10	19	4	15
それほどでもない	60	37	23	14	23	7	16
ない	15	7	2	5	8	1	7
不詳	5	2	2	−	3	1	2
31～35歳	275	90	50	40	185	51	134
大いにある	10	3	1	2	7	5	2
多少ある	94	35	20	15	59	14	45
それほどでもない	114	37	19	18	77	20	57
ない	45	13	8	5	32	11	21
不詳	12	2	2	−	10	1	9
36～40歳	23	11	6	5	12	2	10
大いにある	1	1	1	−	−	−	−
多少ある	6	4	1	3	2	1	1
それほどでもない	11	4	3	1	7	−	7
ない	5	2	1	1	3	1	2
不詳	−	−	−	−	−	−	−
41歳以上	4	1	−	1	3	1	2
大いにある	−	−	−	−	−	−	−
多少ある	2	−	−	−	2	1	1
それほどでもない	1	−	−	−	1	−	1
ない	1	1	−	1	−	−	−
不詳	−	−	−	−	−	−	−

注：１）集計対象は、第１回から第５回まで双方から回答を得られている夫婦のうち、第２回に子どもをもつ夫婦である。
２）年齢は、「出生あり」は出生後の、「出生なし」は第５回の年齢である。
３）「１人」「２人以上」は、第４回の状況である。
４）３年間で２人以上出生ありの場合は、末子について計上している。

第29表　第２回子どもをもつ夫婦数、妻の年齢階級、第２回の妻の子育て負担感、この３年間の出生の状況、出生順位、子ども数別

第５回調査（平成28年）

妻の年齢階級 第２回の妻の子育て負担感	総数	出生あり	第２子出産	第３子以降出産	出生なし	１人	２人以上
総数	440	182	102	80	258	67	191
大いにある	33	13	8	5	20	5	15
多少ある	211	87	49	38	124	24	100
それほどでもない	146	63	33	30	83	28	55
ない	31	13	7	6	18	8	10
不詳	19	6	5	1	13	2	11
25歳以下	10	8	6	2	2	－	2
大いにある	－	－	－	－	－	－	－
多少ある	5	5	4	1	－	－	－
それほどでもない	3	2	1	1	1	－	1
ない	2	1	1	－	1	－	1
不詳	－	－	－	－	－	－	－
26～30歳	128	72	40	32	56	13	43
大いにある	8	4	2	2	4	－	4
多少ある	51	29	18	11	22	3	19
それほどでもない	51	28	12	16	23	7	16
ない	12	7	5	2	5	2	3
不詳	6	4	3	1	2	1	1
31～35歳	275	90	50	40	185	51	134
大いにある	23	7	6	1	16	5	11
多少ある	142	47	24	23	95	21	74
それほどでもない	83	30	17	13	53	19	34
ない	14	4	1	3	10	5	5
不詳	13	2	2	－	11	1	10
36～40歳	23	11	6	5	12	2	10
大いにある	2	2	－	2	－	－	－
多少ある	12	6	3	3	6	－	6
それほどでもない	7	3	3	－	4	1	3
ない	2	－	－	－	2	1	1
不詳	－	－	－	－	－	－	－
41歳以上	4	1	－	1	3	1	2
大いにある	－	－	－	－	－	－	－
多少ある	1	－	－	－	1	－	1
それほどでもない	2	－	－	－	2	1	1
ない	1	1	－	1	－	－	－
不詳	－	－	－	－	－	－	－

注：１）集計対象は、第１回から第５回まで双方から回答を得られている夫婦のうち、第２回に子どもをもつ夫婦である。
２）年齢は、「出生あり」は出生後の、「出生なし」は第５回の年齢である。
３）「１人」「２人以上」は、第４回の状況である。
４）３年間で２人以上出生ありの場合は、末子について計上している。

第30表　第１回小学校入学前の子どもをもつ夫婦数、第１回の妻の仕事の有無、第１回の

第１回の妻の仕事の有無 第１回の末子の年齢階級 第１回の親の子育て支援の有無	総数			１人	
		出生あり	出生なし		出生あり
総数	390	208	182	192	142
妻の親の支援あり	31	15	16	19	11
夫の親の支援あり	32	20	12	16	14
両方の親の支援あり	4	1	3	−	−
親の支援なし	254	146	108	141	107
不詳	69	26	43	16	10
１歳未満	107	53	54	47	34
妻の親の支援あり	9	6	3	4	2
夫の親の支援あり	7	3	4	3	3
両方の親の支援あり	2	1	1	−	−
親の支援なし	75	36	39	33	24
不詳	14	7	7	7	5
１～２歳	206	122	84	102	83
妻の親の支援あり	16	9	7	11	9
夫の親の支援あり	21	14	7	11	9
両方の親の支援あり	1	−	1	−	−
親の支援なし	135	84	51	75	61
不詳	33	15	18	5	4
３～６歳	77	33	44	43	25
妻の親の支援あり	6	−	6	4	−
夫の親の支援あり	4	3	1	2	2
両方の親の支援あり	1	−	1	−	−
親の支援なし	44	26	18	33	22
不詳	22	4	18	4	1
仕事あり	211	115	96	105	79
妻の親の支援あり	21	9	12	14	7
夫の親の支援あり	19	13	6	9	9
両方の親の支援あり	3	−	3	−	−
親の支援なし	127	81	46	76	60
不詳	41	12	29	6	3
１歳未満	42	25	17	21	17
妻の親の支援あり	4	3	1	2	1
夫の親の支援あり	3	2	1	2	2
両方の親の支援あり	1	−	1	−	−
親の支援なし	31	18	13	16	13
不詳	3	2	1	1	1
１～２歳	113	67	46	54	44
妻の親の支援あり	12	6	6	8	6
夫の親の支援あり	12	8	4	5	5
両方の親の支援あり	1	−	1	−	−
親の支援なし	67	44	23	38	31
不詳	21	9	12	3	2
３～６歳	56	23	33	30	18
妻の親の支援あり	5	−	5	4	−
夫の親の支援あり	4	3	1	2	2
両方の親の支援あり	1	−	1	−	−
親の支援なし	29	19	10	22	16
不詳	17	1	16	2	−

注：１）集計対象は、第１回から第５回まで双方が回答し、第１回に小学校入学前の同居の子どもをもつ夫婦である。
　　２）親の子育て支援の有無とは、夫又は妻の父又は母が、平日の日中に、小学校入学前の同居の子どもの世話をしているかどうかをいう。

末子の年齢階級、第１回の親の子育て支援の有無、第１回子ども数、この４年間の出生の状況別（２－１）

第５回調査（平成28年）

	２　　　人			３　人　以　上		
出　生　な　し		出　生　あ　り	出　生　な　し		出　生　あ　り	出　生　な　し
50	162	58	104	36	8	28
8	12	4	8	−	−	−
2	16	6	10	−	−	−
−	3	1	2	1	−	1
34	99	38	61	14	1	13
6	32	9	23	21	7	14
13	49	18	31	11	1	10
2	5	4	1	−	−	−
−	4	−	4	−	−	−
−	1	1	−	1	−	1
9	35	12	23	7	−	7
2	4	1	3	3	1	2
19	80	32	48	24	7	17
2	5	−	5	−	−	−
2	10	5	5	−	−	−
−	1	−	1	−	−	−
14	53	22	31	7	1	6
1	11	5	6	17	6	11
18	33	8	25	1	−	1
4	2	−	2	−	−	−
−	2	1	1	−	−	−
−	1	−	1	−	−	−
11	11	4	7	−	−	−
3	17	3	14	1	−	1
26	91	33	58	15	3	12
7	7	2	5	−	−	−
−	10	4	6	−	−	−
−	2	−	2	1	−	1
16	48	21	27	3	−	3
3	24	6	18	11	3	8
4	16	7	9	5	1	4
1	2	2	−	−	−	−
−	1	−	1	−	−	−
−	−	−	−	1	−	1
3	13	5	8	2	−	2
−	−	−	−	2	1	1
10	50	21	29	9	2	7
2	4	−	4	−	−	−
−	7	3	4	−	−	−
−	1	−	1	−	−	−
7	28	13	15	1	−	1
1	10	5	5	8	2	6
12	25	5	20	1	−	1
4	1	−	1	−	−	−
−	2	1	1	−	−	−
−	1	−	1	−	−	−
6	7	3	4	−	−	−
2	14	1	13	1	−	1

第30表　第１回小学校入学前の子どもをもつ夫婦数、第１回の妻の仕事の有無、第１回の

第１回の妻の仕事の有無 第１回の末子の年齢階級 第１回の親の子育て支援の有無	総数			１人	
		出生あり	出生なし		出生あり
仕事なし	177	92	85	86	62
妻の親の支援あり	10	6	4	5	4
夫の親の支援あり	13	7	6	7	5
両方の親の支援あり	1	1	–	–	–
親の支援なし	127	65	62	65	47
不詳	26	13	13	9	6
１歳未満	64	28	36	26	17
妻の親の支援あり	5	3	2	2	1
夫の親の支援あり	4	1	3	1	1
両方の親の支援あり	1	1	–	–	–
親の支援なし	44	18	26	17	11
不詳	10	5	5	6	4
１～２歳	93	55	38	48	39
妻の親の支援あり	4	3	1	3	3
夫の親の支援あり	9	6	3	6	4
両方の親の支援あり	–	–	–	–	–
親の支援なし	68	40	28	37	30
不詳	12	6	6	2	2
３～６歳	20	9	11	12	6
妻の親の支援あり	1	–	1	–	–
夫の親の支援あり	–	–	–	–	–
両方の親の支援あり	–	–	–	–	–
親の支援なし	15	7	8	11	6
不詳	4	2	2	1	–
不詳	2	1	1	1	1
妻の親の支援あり	–	–	–	–	–
夫の親の支援あり	–	–	–	–	–
両方の親の支援あり	–	–	–	–	–
親の支援なし	–	–	–	–	–
不詳	2	1	1	1	1
１歳未満	1	–	1	–	–
妻の親の支援あり	–	–	–	–	–
夫の親の支援あり	–	–	–	–	–
両方の親の支援あり	–	–	–	–	–
親の支援なし	–	–	–	–	–
不詳	1	–	1	–	–
１～２歳	–	–	–	–	–
妻の親の支援あり	–	–	–	–	–
夫の親の支援あり	–	–	–	–	–
両方の親の支援あり	–	–	–	–	–
親の支援なし	–	–	–	–	–
不詳	–	–	–	–	–
３～６歳	1	1	–	1	1
妻の親の支援あり	–	–	–	–	–
夫の親の支援あり	–	–	–	–	–
両方の親の支援あり	–	–	–	–	–
親の支援なし	–	–	–	–	–
不詳	1	1	–	1	1

注：１）集計対象は、第１回から第５回まで双方が回答し、第１回に小学校入学前の同居の子どもをもつ夫婦である。
２）親の子育て支援の有無とは、夫又は妻の父又は母が、平日の日中に、小学校入学前の同居の子どもの世話をしているかどうかをいう。

末子の年齢階級、第１回の親の子育て支援の有無、第１回子ども数、この４年間の出生の状況別（２－２）

第５回調査（平成28年）

出生なし	２人	出生あり	出生なし	３人以上	出生あり	出生なし
24	70	25	45	21	5	16
1	5	2	3	−	−	−
2	6	2	4	−	−	−
−	1	1	−	−	−	−
18	51	17	34	11	1	10
3	7	3	4	10	4	6
9	32	11	21	6	−	6
1	3	2	1	−	−	−
−	3	−	3	−	−	−
−	1	1	−	−	−	−
6	22	7	15	5	−	5
2	3	1	2	1	−	1
9	30	11	19	15	5	10
−	1	−	1	−	−	−
2	3	2	1	−	−	−
−	−	−	−	−	−	−
7	25	9	16	6	1	5
−	1	−	1	9	4	5
6	8	3	5	−	−	−
−	1	−	1	−	−	−
−	−	−	−	−	−	−
−	−	−	−	−	−	−
5	4	1	3	−	−	−
1	3	2	1	−	−	−
−	1	−	1	−	−	−
−	−	−	−	−	−	−
−	−	−	−	−	−	−
−	−	−	−	−	−	−
−	−	−	−	−	−	−
−	1	−	1	−	−	−
−	1	−	1	−	−	−
−	−	−	−	−	−	−
−	−	−	−	−	−	−
−	−	−	−	−	−	−
−	−	−	−	−	−	−
−	1	−	1	−	−	−
−	−	−	−	−	−	−
−	−	−	−	−	−	−
−	−	−	−	−	−	−
−	−	−	−	−	−	−
−	−	−	−	−	−	−
−	−	−	−	−	−	−
−	−	−	−	−	−	−
−	−	−	−	−	−	−
−	−	−	−	−	−	−
−	−	−	−	−	−	−
−	−	−	−	−	−	−
−	−	−	−	−	−	−

第31表　第１回小学校入学前の子どもをもつ夫婦数、第１回の妻の仕事の有無、第１回の末子

総　数

第１回の末子の年齢階級 第１回の保育サービス等の利用状況（複数回答）	総数	出生あり	出生なし	１人
総数	390	208	182	192
認可保育所(園)	120	65	55	54
事業所内託児施設	9	7	2	5
認可外保育施設（事業所内託児施設を除く）	9	5	4	5
ベビーシッター、家庭的保育事業（保育ママ）	-	-	-	-
ファミリー・サポート・センター	6	1	5	2
幼稚園が行っている預かり保育	11	6	5	6
幼稚園(預かり保育を除く)	44	18	26	11
認定こども園	4	-	4	1
利用してない	132	83	49	95
不詳	76	32	44	19
１歳未満	107	53	54	47
認可保育所(園)	19	6	13	-
事業所内託児施設	-	-	-	-
認可外保育施設（事業所内託児施設を除く）	2	1	1	-
ベビーシッター、家庭的保育事業（保育ママ）	-	-	-	-
ファミリー・サポート・センター	1	-	1	-
幼稚園が行っている預かり保育	-	-	-	-
幼稚園(預かり保育を除く)	10	3	7	-
認定こども園	1	-	1	-
利用してない	62	35	27	40
不詳	15	8	7	7
１～２歳	206	122	84	102
認可保育所(園)	69	41	28	32
事業所内託児施設	8	6	2	4
認可外保育施設（事業所内託児施設を除く）	5	3	2	3
ベビーシッター、家庭的保育事業（保育ママ）	-	-	-	-
ファミリー・サポート・センター	4	1	3	2
幼稚園が行っている預かり保育	4	3	1	1
幼稚園(預かり保育を除く)	21	7	14	2
認定こども園	1	-	1	-
利用してない	65	47	18	50
不詳	38	18	20	8
３～６歳	77	33	44	43
認可保育所(園)	32	18	14	22
事業所内託児施設	1	1	-	1
認可外保育施設（事業所内託児施設を除く）	2	1	1	2
ベビーシッター、家庭的保育事業（保育ママ）	-	-	-	-
ファミリー・サポート・センター	1	-	1	-
幼稚園が行っている預かり保育	7	3	4	5
幼稚園(預かり保育を除く)	13	8	5	9
認定こども園	2	-	2	1
利用してない	5	1	4	5
不詳	23	6	17	4

注：１）集計対象は、第１回から第５回まで双方が回答し、第１回に小学校入学前の同居の子どもをもつ夫婦である。
　　２）「保育サービス等の利用状況」とは、小学校入学前の同居の子どもが複数いる場合には、いずれかの子どもが利用している保育サービス等を計上している。
　　３）第１回の妻の仕事の有無の「総数」には、仕事の有無不詳を含む。

の年齢階級、第1回の保育サービス等の利用状況(複数回答)、第1回子ども数、この4年間の出生の状況別（3－1）

第5回調査（平成28年）

出生あり	出生なし	2　　人	出生あり	出生なし	3人以上	出生あり	出生なし
142	50	162	58	104	36	8	28
39	15	62	26	36	4	－	4
5	－	4	2	2	－	－	－
4	1	3	1	2	1	－	1
－	－	－	－	－	－	－	－
1	1	4	－	4	－	－	－
4	2	5	2	3	－	－	－
8	3	24	9	15	9	1	8
－	1	2	－	2	1	－	1
72	23	35	11	24	2	－	2
13	6	36	12	24	21	7	14
34	13	49	18	31	11	1	10
－	－	16	6	10	3	－	3
－	－	－	－	－	－	－	－
－	－	1	1	－	1	－	1
－	－	－	－	－	－	－	－
－	－	1	－	1	－	－	－
－	－	－	－	－	－	－	－
－	－	5	3	2	5	－	5
－	－	－	－	－	1	－	1
29	11	22	6	16	－	－	－
5	2	5	2	3	3	1	2
83	19	80	32	48	24	7	17
24	8	36	17	19	1	－	1
4	－	4	2	2	－	－	－
3	－	2	－	2	－	－	－
－	－	－	－	－	－	－	－
1	1	2	－	2	－	－	－
1	－	3	2	1	－	－	－
2	－	15	4	11	4	1	3
－	－	1	－	1	－	－	－
42	8	13	5	8	2	－	2
6	2	13	6	7	17	6	11
25	18	33	8	25	1	－	1
15	7	10	3	7	－	－	－
1	－	－	－	－	－	－	－
1	1	－	－	－	－	－	－
－	－	－	－	－	－	－	－
－	－	1	－	1	－	－	－
3	2	2	－	2	－	－	－
6	3	4	2	2	－	－	－
－	1	1	－	1	－	－	－
1	4	－	－	－	－	－	－
2	2	18	4	14	1	－	1

第31表　第1回小学校入学前の子どもをもつ夫婦数、第1回の妻の仕事の有無、第1回の末子

仕事あり

第１回の末子の年齢階級 第1回の保育サービス等の利用状況（複数回答）	総数			１人
		出生あり	出生なし	
総数	211	115	96	105
認可保育所(園)	101	58	43	50
事業所内託児施設	9	7	2	5
認可外保育施設（事業所内託児施設を除く）	8	4	4	5
ベビーシッター、家庭的保育事業（保育ママ）	－	－	－	－
ファミリー・サポート・センター	1	－	1	－
幼稚園が行っている預かり保育	6	3	3	3
幼稚園(預かり保育を除く)	13	6	7	4
認定こども園	3	－	3	1
利用してない	41	29	12	34
不詳	43	14	29	6
１歳未満	42	25	17	21
認可保育所(園)	13	4	9	－
事業所内託児施設	－	－	－	－
認可外保育施設（事業所内託児施設を除く）	1	－	1	－
ベビーシッター、家庭的保育事業（保育ママ）	－	－	－	－
ファミリー・サポート・センター	－	－	－	－
幼稚園が行っている預かり保育	－	－	－	－
幼稚園(預かり保育を除く)	2	1	1	－
認定こども園	－	－	－	－
利用してない	23	17	6	19
不詳	4	3	1	2
１～２歳	113	67	46	54
認可保育所(園)	60	37	23	30
事業所内託児施設	8	6	2	4
認可外保育施設（事業所内託児施設を除く）	5	3	2	3
ベビーシッター、家庭的保育事業（保育ママ）	－	－	－	－
ファミリー・サポート・センター	－	－	－	－
幼稚園が行っている預かり保育	2	2	－	1
幼稚園(預かり保育を除く)	6	1	5	－
認定こども園	1	－	1	－
利用してない	16	12	4	13
不詳	22	9	13	3
３～６歳	56	23	33	30
認可保育所(園)	28	17	11	20
事業所内託児施設	1	1	－	1
認可外保育施設（事業所内託児施設を除く）	2	1	1	2
ベビーシッター、家庭的保育事業（保育ママ）	－	－	－	－
ファミリー・サポート・センター	1	－	1	－
幼稚園が行っている預かり保育	4	1	3	2
幼稚園(預かり保育を除く)	5	4	1	4
認定こども園	2	－	2	1
利用してない	2	－	2	2
不詳	17	2	15	1

注：１）集計対象は、第１回から第５回まで双方が回答し、第１回に小学校入学前の同居の子どもをもつ夫婦である。
　　２）「保育サービス等の利用状況」とは、小学校入学前の同居の子どもが複数いる場合には、いずれかの子どもが利用している保育サービス等を計上している。
　　３）第１回の妻の仕事の有無の「総数」には、仕事の有無不詳を含む。

の年齢階級、第１回の保育サービス等の利用状況(複数回答)、第１回子ども数、この４年間の出生の状況別（３－２）

第５回調査（平成28年）

出生あり	出生なし	２　人	出生あり	出生なし	３人以上	出生あり	出生なし
79	26	91	33	58	15	3	12
37	13	48	21	27	3	－	3
5	－	4	2	2	－	－	－
4	1	2	－	2	1	－	1
－	－	－	－	－	－	－	－
－	－	1	－	1	－	－	－
2	1	3	1	2	－	－	－
3	1	8	3	5	1	－	1
－	1	2	－	2	－	－	－
26	8	7	3	4	－	－	－
4	2	26	7	19	11	3	8
17	4	16	7	9	5	1	4
－	－	11	4	7	2	－	2
－	－	－	－	－	－	－	－
－	－	－	－	－	1	－	1
－	－	－	－	－	－	－	－
－	－	－	－	－	－	－	－
－	－	－	－	－	－	－	－
－	－	1	1	－	1	－	1
－	－	－	－	－	－	－	－
15	4	4	2	2	－	－	－
2	－	－	－	－	2	1	1
44	10	50	21	29	9	2	7
23	7	29	14	15	1	－	1
4	－	4	2	2	－	－	－
3	－	2	－	2	－	－	－
－	－	－	－	－	－	－	－
－	－	－	－	－	－	－	－
1	－	1	1	－	－	－	－
－	－	6	1	5	－	－	－
－	－	1	－	1	－	－	－
11	2	3	1	2	－	－	－
2	1	11	5	6	8	2	6
18	12	25	5	20	1	－	1
14	6	8	3	5	－	－	－
1	－	－	－	－	－	－	－
1	1	－	－	－	－	－	－
－	－	－	－	－	－	－	－
－	－	1	－	1	－	－	－
1	1	2	－	2	－	－	－
3	1	1	1	－	－	－	－
－	1	1	－	1	－	－	－
－	2	－	－	－	－	－	－
－	1	15	2	13	1	－	1

第31表　第1回小学校入学前の子どもをもつ夫婦数、第1回の妻の仕事の有無、第1回の末子

仕事なし

第1回の末子の年齢階級 第1回の保育サービス等の利用状況（複数回答）	総数	出生あり	出生なし	1人
総数	177	92	85	86
認可保育所(園)	19	7	12	4
事業所内託児施設	−	−	−	−
認可外保育施設（事業所内託児施設を除く）	1	1	−	−
ベビーシッター、家庭的保育事業（保育ママ）	−	−	−	−
ファミリー・サポート・センター	5	1	4	2
幼稚園が行っている預かり保育	5	3	2	3
幼稚園(預かり保育を除く)	31	12	19	7
認定こども園	1	−	1	−
利用してない	91	54	37	61
不詳	31	17	14	12
１歳未満	64	28	36	26
認可保育所(園)	6	2	4	−
事業所内託児施設	−	−	−	−
認可外保育施設（事業所内託児施設を除く）	1	1	−	−
ベビーシッター、家庭的保育事業（保育ママ）	−	−	−	−
ファミリー・サポート・センター	1	−	1	−
幼稚園が行っている預かり保育	−	−	−	−
幼稚園(預かり保育を除く)	8	2	6	−
認定こども園	1	−	1	−
利用してない	39	18	21	21
不詳	10	5	5	5
１～２歳	93	55	38	48
認可保育所(園)	9	4	5	2
事業所内託児施設	−	−	−	−
認可外保育施設（事業所内託児施設を除く）	−	−	−	−
ベビーシッター、家庭的保育事業（保育ママ）	−	−	−	−
ファミリー・サポート・センター	4	1	3	2
幼稚園が行っている預かり保育	2	1	1	−
幼稚園(預かり保育を除く)	15	6	9	2
認定こども園	−	−	−	−
利用してない	49	35	14	37
不詳	16	9	7	5
３～６歳	20	9	11	12
認可保育所(園)	4	1	3	2
事業所内託児施設	−	−	−	−
認可外保育施設（事業所内託児施設を除く）	−	−	−	−
ベビーシッター、家庭的保育事業（保育ママ）	−	−	−	−
ファミリー・サポート・センター	−	−	−	−
幼稚園が行っている預かり保育	3	2	1	3
幼稚園(預かり保育を除く)	8	4	4	5
認定こども園	−	−	−	−
利用してない	3	1	2	3
不詳	5	3	2	2

注：１）集計対象は、第１回から第５回まで双方が回答し、第１回に小学校入学前の同居の子どもをもつ夫婦である。
２）「保育サービス等の利用状況」とは、小学校入学前の同居の子どもが複数いる場合には、いずれかの子どもが利用している保育サービス等を計上している。
３）第１回の妻の仕事の有無の「総数」には、仕事の有無不詳を含む。

の年齢階級、第１回の保育サービス等の利用状況（複数回答）、第１回子ども数、この４年間の出生の状況別（３－３）

第５回調査（平成28年）

		２　人			３人以上		
出生あり	出生なし		出生あり	出生なし		出生あり	出生なし
62	24	70	25	45	21	5	16
2	2	14	5	9	1	－	1
－	－	－	－	－	－	－	－
－	－	1	1	－	－	－	－
－	－	－	－	－	－	－	－
1	1	3	－	3	－	－	－
2	1	2	1	1	－	－	－
5	2	16	6	10	8	1	7
－	－	－	－	－	1	－	1
46	15	28	8	20	2	－	2
8	4	9	5	4	10	4	6
17	9	32	11	21	6	－	6
－	－	5	2	3	1	－	1
－	－	－	－	－	－	－	－
－	－	1	1	－	－	－	－
－	－	－	－	－	－	－	－
－	－	1	－	1	－	－	－
－	－	－	－	－	－	－	－
－	－	4	2	2	4	－	4
－	－	－	－	－	1	－	1
14	7	18	4	14	－	－	－
3	2	4	2	2	1	－	1
39	9	30	11	19	15	5	10
1	1	7	3	4	－	－	－
－	－	－	－	－	－	－	－
－	－	－	－	－	－	－	－
－	－	－	－	－	－	－	－
1	1	2	－	2	－	－	－
－	－	2	1	1	－	－	－
2	－	9	3	6	4	1	3
－	－	－	－	－	－	－	－
31	6	10	4	6	2	－	2
4	1	2	1	1	9	4	5
6	6	8	3	5	－	－	－
1	1	2	－	2	－	－	－
－	－	－	－	－	－	－	－
－	－	－	－	－	－	－	－
－	－	－	－	－	－	－	－
－	－	－	－	－	－	－	－
2	1	－	－	－	－	－	－
3	2	3	1	2	－	－	－
－	－	－	－	－	－	－	－
1	2	－	－	－	－	－	－
1	1	3	2	1	－	－	－

第32表　第１回３歳未満の子どもをもつ夫婦数、第１回の末子の年齢階級、第１回の夫の職場の仕事と子育ての両立のための制度等の利用状況、第１回子ども数、この４年間の出生の状況別

第５回調査（平成28年）

第１回の末子の年齢階級 第１回の夫の職場の仕事と子育ての両立のための制度等の利用状況	総数	出生あり	出生なし	１人	出生あり	出生なし	２人	出生あり	出生なし	３人以上	出生あり	出生なし
総数												
育児休業制度	254	139	115	119	93	26	103	39	64	32	7	25
利用あり	－	－	－	－	－	－	－	－	－	－	－	－
利用なし	222	122	100	106	82	24	88	34	54	28	6	22
不詳	32	17	15	13	11	2	15	5	10	4	1	3
短時間勤務制度	254	139	115	119	93	26	103	39	64	32	7	25
利用あり	1	1	－	1	1	－	－	－	－	－	－	－
利用なし	219	119	100	105	81	24	86	32	54	28	6	22
不詳	34	19	15	13	11	2	17	7	10	4	1	3
上記以外の時間短縮等	254	139	115	119	93	26	103	39	64	32	7	25
利用あり	2	1	1	－	－	－	2	1	1	－	－	－
利用なし	218	119	99	106	82	24	84	31	53	28	6	22
不詳	34	19	15	13	11	2	17	7	10	4	1	3
１歳未満												
育児休業制度	92	43	49	40	28	12	42	14	28	10	1	9
利用あり	－	－	－	－	－	－	－	－	－	－	－	－
利用なし	82	38	44	34	24	10	38	13	25	10	1	9
不詳	10	5	5	6	4	2	4	1	3	－	－	－
短時間勤務制度	92	43	49	40	28	12	42	14	28	10	1	9
利用あり	－	－	－	－	－	－	－	－	－	－	－	－
利用なし	81	37	44	34	24	10	37	12	25	10	1	9
不詳	11	6	5	6	4	2	5	2	3	－	－	－
上記以外の時間短縮等	92	43	49	40	28	12	42	14	28	10	1	9
利用あり	1	－	1	－	－	－	1	－	1	－	－	－
利用なし	80	37	43	34	24	10	36	12	24	10	1	9
不詳	11	6	5	6	4	2	5	2	3	－	－	－
１～２歳												
育児休業制度	162	96	66	79	65	14	61	25	36	22	6	16
利用あり	－	－	－	－	－	－	－	－	－	－	－	－
利用なし	140	84	56	72	58	14	50	21	29	18	5	13
不詳	22	12	10	7	7	－	11	4	7	4	1	3
短時間勤務制度	162	96	66	79	65	14	61	25	36	22	6	16
利用あり	1	1	－	1	1	－	－	－	－	－	－	－
利用なし	138	82	56	71	57	14	49	20	29	18	5	13
不詳	23	13	10	7	7	－	12	5	7	4	1	3
上記以外の時間短縮等	162	96	66	79	65	14	61	25	36	22	6	16
利用あり	1	1	－	－	－	－	1	1	－	－	－	－
利用なし	138	82	56	72	58	14	48	19	29	18	5	13
不詳	23	13	10	7	7	－	12	5	7	4	1	3

注：集計対象は、①に該当し、かつ②③に該当する夫婦である。
①第１回から第５回まで双方が回答した夫婦
②第１回に夫が会社等に勤めていて、育児休業制度等の利用状況に関するデータが得られている夫婦
③第１回に３歳未満の子どもをもつ夫婦

第33表　第１回３歳未満の子どもをもつ夫婦数、第１回の末子の年齢階級、第１回の妻の職場の仕事と子育ての両立のための制度等の利用状況、第１回子ども数、この４年間の出生の状況別

第５回調査（平成28年）

第１回の末子の年齢階級 第１回の妻の職場の仕事と子育ての両立のための制度等の利用状況	総数	出生あり	出生なし	１人	出生あり	出生なし	２人	出生あり	出生なし	３人以上	出生あり	出生なし
総数												
育児休業制度	130	78	52	60	51	9	58	24	34	12	3	9
利用あり	48	29	19	22	18	4	23	10	13	3	1	2
利用なし	69	40	29	29	24	5	31	14	17	9	2	7
不詳	13	9	4	9	9	－	4	－	4	－	－	－
短時間勤務制度	130	78	52	60	51	9	58	24	34	12	3	9
利用あり	20	12	8	8	8	－	11	4	7	1	－	1
利用なし	95	56	39	42	33	9	43	20	23	10	3	7
不詳	15	10	5	10	10	－	4	－	4	1	－	1
上記以外の時間短縮等	130	78	52	60	51	9	58	24	34	12	3	9
利用あり	24	14	10	6	6	－	16	7	9	2	1	1
利用なし	90	54	36	45	36	9	36	16	20	9	2	7
不詳	16	10	6	9	9	－	6	1	5	1	－	1
１歳未満												
育児休業制度	37	22	15	17	14	3	15	7	8	5	1	4
利用あり	20	11	9	9	6	3	9	4	5	2	1	1
利用なし	12	7	5	4	4	－	5	3	2	3	－	3
不詳	5	4	1	4	4	－	1	－	1	－	－	－
短時間勤務制度	37	22	15	17	14	3	15	7	8	5	1	4
利用あり	4	3	1	1	1	－	3	2	1	－	－	－
利用なし	27	15	12	12	9	3	11	5	6	4	1	3
不詳	6	4	2	4	4	－	1	－	1	1	－	1
上記以外の時間短縮等	37	22	15	17	14	3	15	7	8	5	1	4
利用あり	7	5	2	1	1	－	6	4	2	－	－	－
利用なし	25	14	11	13	10	3	8	3	5	4	1	3
不詳	5	3	2	3	3	－	1	－	1	1	－	1
１～２歳												
育児休業制度	93	56	37	43	37	6	43	17	26	7	2	5
利用あり	28	18	10	13	12	1	14	6	8	1	－	1
利用なし	57	33	24	25	20	5	26	11	15	6	2	4
不詳	8	5	3	5	5	－	3	－	3	－	－	－
短時間勤務制度	93	56	37	43	37	6	43	17	26	7	2	5
利用あり	16	9	7	7	7	－	8	2	6	1	－	1
利用なし	68	41	27	30	24	6	32	15	17	6	2	4
不詳	9	6	3	6	6	－	3	－	3	－	－	－
上記以外の時間短縮等	93	56	37	43	37	6	43	17	26	7	2	5
利用あり	17	9	8	5	5	－	10	3	7	2	1	1
利用なし	65	40	25	32	26	6	28	13	15	5	1	4
不詳	11	7	4	6	6	－	5	1	4	－	－	－

注：集計対象は、①に該当し、かつ②③に該当する夫婦である。
①第１回から第５回まで双方が回答した夫婦
②第１回に妻が会社等に勤めていて、育児休業制度等の利用状況に関するデータが得られている夫婦
③第１回に３歳未満の子どもをもつ夫婦

第34表　この４年間に子どもが生まれた夫婦数、妻の年齢階級、

妻の年齢階級 出生順位 出生前の親との同居の有無	出生後の親との同居の有無					
	総数	妻の親と同居している	夫の親と同居している	両方の親と同居している	親と同居していない	不詳
総数	684	34	114	–	499	37
親と同居している	138	21	94	–	19	4
親と同居していない	478	11	13	–	436	18
不詳	68	2	7	–	44	15
第１子出産	387	19	42	–	299	27
親と同居している	54	12	34	–	6	2
親と同居していない	287	5	6	–	263	13
不詳	46	2	2	–	30	12
第２子出産	210	10	53	–	141	6
親と同居している	55	5	43	–	7	–
親と同居していない	136	5	5	–	122	4
不詳	19	–	5	–	12	2
第３子以降出産	87	5	19	–	59	4
親と同居している	29	4	17	–	6	2
親と同居していない	55	1	2	–	51	1
不詳	3	–	–	–	2	1
25歳以下	52	3	13	–	32	4
親と同居している	17	2	12	–	3	–
親と同居していない	30	1	1	–	26	2
不詳	5	–	–	–	3	2
第１子出産	29	2	2	–	22	3
親と同居している	5	1	2	–	2	–
親と同居していない	19	1	–	–	17	1
不詳	5	–	–	–	3	2
第２子出産	21	1	10	–	9	1
親と同居している	11	1	9	–	1	–
親と同居していない	10	–	1	–	8	1
不詳	–	–	–	–	–	–
第３子以降出産	2	–	1	–	1	–
親と同居している	1	–	1	–	–	–
親と同居していない	1	–	–	–	1	–
不詳	–	–	–	–	–	–
26～30歳	376	22	56	–	279	19
親と同居している	70	14	43	–	10	3
親と同居していない	263	6	8	–	242	7
不詳	43	2	5	–	27	9
第１子出産	245	12	25	–	194	14
親と同居している	34	8	20	–	4	2
親と同居していない	181	2	4	–	170	5
不詳	30	2	1	–	20	7
第２子出産	94	6	22	–	63	3
親と同居している	21	3	15	–	3	–
親と同居していない	61	3	3	–	54	1
不詳	12	–	4	–	6	2
第３子以降出産	37	4	9	–	22	2
親と同居している	15	3	8	–	3	1
親と同居していない	21	1	1	–	18	1
不詳	1	–	–	–	1	–

注：１）集計対象は、①または②に該当するこの４年間に子どもが生まれた同居夫婦である。ただし、妻の出生前データが得られていない夫婦は除く。
①第１回から第５回まで双方が回答した夫婦
②第１回に独身で第４回までの間に結婚し、結婚後第５回まで回答した夫婦
２）年齢は、出生後の年齢である。
３）「親と同居している」とは、父母のうちいずれか１人でも同居している場合をいう。
４）４年間で２人以上出生ありの場合は、末子について計上している。

出生順位、出生前の親との同居の有無、出生後の親との同居の有無別

第５回調査（平成28年）

妻の年齢階級 出生順位 出生前の親との同居の有無	出生後の親との同居の有無					
	総数	妻の親と同居している	夫の親と同居している	両方の親と同居している	親と同居していない	不詳
31～35歳	240	9	40	-	178	13
親と同居している	46	5	34	-	6	1
親と同居していない	176	4	4	-	160	8
不詳	18	-	2	-	12	4
第１子出産	109	5	15	-	80	9
親と同居している	15	3	12	-	-	-
親と同居していない	84	2	2	-	74	6
不詳	10	-	1	-	6	3
第２子出産	89	3	18	-	66	2
親と同居している	20	1	16	-	3	-
親と同居していない	63	2	1	-	58	2
不詳	6	-	1	-	5	-
第３子以降出産	42	1	7	-	32	2
親と同居している	11	1	6	-	3	1
親と同居していない	29	-	1	-	28	-
不詳	2	-	-	-	1	1
36～40歳	15	-	4	-	10	1
親と同居している	4	-	4	-	-	-
親と同居していない	9	-	-	-	8	1
不詳	2	-	-	-	2	-
第１子出産	4	-	-	-	3	1
親と同居している	-	-	-	-	-	-
親と同居していない	3	-	-	-	2	1
不詳	1	-	-	-	1	-
第２子出産	6	-	3	-	3	-
親と同居している	3	-	3	-	-	-
親と同居していない	2	-	-	-	2	-
不詳	1	-	-	-	1	-
第３子以降出産	5	-	1	-	4	-
親と同居している	1	-	1	-	-	-
親と同居していない	4	-	-	-	4	-
不詳	-	-	-	-	-	-
41歳以上	1	-	1	-	-	-
親と同居している	1	-	1	-	-	-
親と同居していない	-	-	-	-	-	-
不詳	-	-	-	-	-	-
第１子出産	-	-	-	-	-	-
親と同居している	-	-	-	-	-	-
親と同居していない	-	-	-	-	-	-
不詳	-	-	-	-	-	-
第２子出産	-	-	-	-	-	-
親と同居している	-	-	-	-	-	-
親と同居していない	-	-	-	-	-	-
不詳	-	-	-	-	-	-
第３子以降出産	1	-	1	-	-	-
親と同居している	1	-	1	-	-	-
親と同居していない	-	-	-	-	-	-
不詳	-	-	-	-	-	-

第35表　この４年間に子どもが生まれた夫婦数、妻の年齢階級、

妻の年齢階級 出生順位 出生前の夫の希望子ども数	出生後の夫の希望子ども数					
	総数	１人	２人	３人	４人以上	不詳
総数	399	12	177	172	36	2
０人	3	1	－	2	－	－
１人	19	6	10	3	－	－
２人	213	4	144	57	6	2
３人	138	1	18	98	21	－
４人以上	19	－	1	10	8	－
不詳	7	－	4	2	1	－
第１子出産	158	12	98	41	7	－
０人	1	1	－	－	－	－
１人	11	6	2	3	－	－
２人	105	4	82	17	2	－
３人	36	1	10	20	5	－
４人以上	1	－	1	－	－	－
不詳	4	－	3	1	－	－
第２子出産	152	・	79	66	6	1
０人	2	・	－	2	－	－
１人	8	・	8	－	－	－
２人	86	・	62	22	1	1
３人	48	・	8	36	4	－
４人以上	5	・	－	5	－	－
不詳	3	・	1	1	1	－
第３子以降出産	89	・	・	65	23	1
０人	－	・	・	－	－	－
１人	－	・	・	－	－	－
２人	22	・	・	18	3	1
３人	54	・	・	42	12	－
４人以上	13	・	・	5	8	－
不詳	－	・	・	－	－	－
25歳以下	23	－	14	7	2	－
０人	－	－	－	－	－	－
１人	4	－	4	－	－	－
２人	10	－	7	3	－	－
３人	7	－	2	3	2	－
４人以上	2	－	1	1	－	－
不詳	－	－	－	－	－	－
第１子出産	11	－	7	3	1	－
０人	－	－	－	－	－	－
１人	1	－	1	－	－	－
２人	6	－	4	2	－	－
３人	3	－	1	1	1	－
４人以上	1	－	1	－	－	－
不詳	－	－	－	－	－	－
第２子出産	10	・	7	3	－	－
０人	－	・	－	－	－	－
１人	3	・	3	－	－	－
２人	4	・	3	1	－	－
３人	2	・	1	1	－	－
４人以上	1	・	－	1	－	－
不詳	－	・	－	－	－	－
第３子以降出産	2	・	・	1	1	－
０人	－	・	・	－	－	－
１人	－	・	・	－	－	－
２人	－	・	・	－	－	－
３人	2	・	・	1	1	－
４人以上	－	・	・	－	－	－
不詳	－	・	・	－	－	－

注：１）集計対象は、①または②に該当するこの４年間に子どもが生まれた夫婦である。ただし、妻の出生前データが得られていない夫婦は除く。
①第１回から第５回まで双方が回答した夫婦
②第１回に独身で第４回までの間に結婚し、結婚後第５回まで回答した夫が男性票の対象の夫婦
２）年齢は、出生後の年齢である。
３）４年間で２人以上出生ありの場合は、末子について計上している。

出生順位、出生前の夫の希望子ども数、出生後の夫の希望子ども数別（２－１）

第５回調査（平成28年）

妻の年齢階級 出生順位 出生前の夫の希望子ども数	出生後の夫の希望子ども数					
	総数	１人	２人	３人	４人以上	不詳
26～30歳	199	5	90	88	16	－
０人	1	－	－	1	－	－
１人	8	4	3	1	－	－
２人	114	1	79	31	3	－
３人	64	－	8	47	9	－
４人以上	9	－	－	6	3	－
不詳	3	－	－	2	1	－
第１子出産	91	5	57	26	3	－
０人	－	－	－	－	－	－
１人	6	4	1	1	－	－
２人	65	1	52	12	－	－
３人	19	－	4	12	3	－
４人以上	－	－	－	－	－	－
不詳	1	－	－	1	－	－
第２子出産	70	・	33	32	5	－
０人	1	・	－	1	－	－
１人	2	・	2	－	－	－
２人	38	・	27	10	1	－
３人	25	・	4	18	3	－
４人以上	2	・	－	2	－	－
不詳	2	・	－	1	1	－
第３子以降出産	38	・	・	30	8	－
０人	－	・	・	－	－	－
１人	－	・	・	－	－	－
２人	11	・	・	9	2	－
３人	20	・	・	17	3	－
４人以上	7	・	・	4	3	－
不詳	－	・	・	－	－	－
31～35歳	160	5	67	70	16	2
０人	2	1	－	1	－	－
１人	5	－	3	2	－	－
２人	81	3	53	20	3	2
３人	61	1	7	44	9	－
４人以上	7	－	－	3	4	－
不詳	4	－	4	－	－	－
第１子出産	51	5	31	12	3	－
０人	1	1	－	－	－	－
１人	2	－	－	2	－	－
２人	32	3	24	3	2	－
３人	13	1	4	7	1	－
４人以上	－	－	－	－	－	－
不詳	3	－	3	－	－	－
第２子出産	66	・	36	28	1	1
０人	1	・	－	1	－	－
１人	3	・	3	－	－	－
２人	40	・	29	10	－	1
３人	19	・	3	15	1	－
４人以上	2	・	－	2	－	－
不詳	1	・	1	－	－	－
第３子以降出産	43	・	・	30	12	1
０人	－	・	・	－	－	－
１人	－	・	・	－	－	－
２人	9	・	・	7	1	1
３人	29	・	・	22	7	－
４人以上	5	・	・	1	4	－
不詳	－	・	・	－	－	－

第35表　この４年間に子どもが生まれた夫婦数、妻の年齢階級、出生順位、出生前の夫の希望子ども数、出生後の夫の希望子ども数別（２－２）

第５回調査（平成28年）

妻の年齢階級 出生順位 出生前の夫の希望子ども数	出生後の夫の希望子ども数					
	総数	１人	２人	３人	４人以上	不詳
36～40歳	16	2	6	6	2	-
０人	-	-	-	-	-	-
１人	2	2	-	-	-	-
２人	8	-	5	3	-	-
３人	5	-	1	3	1	-
４人以上	1	-	-	-	1	-
不詳	-	-	-	-	-	-
第１子出産	5	2	3	-	-	-
０人	-	-	-	-	-	-
１人	2	2	-	-	-	-
２人	2	-	2	-	-	-
３人	1	-	1	-	-	-
４人以上	-	-	-	-	-	-
不詳	-	-	-	-	-	-
第２子出産	6	・	3	3	-	-
０人	-	・	-	-	-	-
１人	-	・	-	-	-	-
２人	4	・	3	1	-	-
３人	2	・	-	2	-	-
４人以上	-	・	-	-	-	-
不詳	-	・	-	-	-	-
第３子以降出産	5	・	・	3	2	-
０人	-	・	・	-	-	-
１人	-	・	・	-	-	-
２人	2	・	・	2	-	-
３人	2	・	・	1	1	-
４人以上	1	・	・	-	1	-
不詳	-	・	・	-	-	-
41歳以上	1	-	-	1	-	-
０人	-	-	-	-	-	-
１人	-	-	-	-	-	-
２人	-	-	-	-	-	-
３人	1	-	-	1	-	-
４人以上	-	-	-	-	-	-
不詳	-	-	-	-	-	-
第１子出産	-	-	-	-	-	-
０人	-	-	-	-	-	-
１人	-	-	-	-	-	-
２人	-	-	-	-	-	-
３人	-	-	-	-	-	-
４人以上	-	-	-	-	-	-
不詳	-	-	-	-	-	-
第２子出産	-	・	-	-	-	-
０人	-	・	-	-	-	-
１人	-	・	-	-	-	-
２人	-	・	-	-	-	-
３人	-	・	-	-	-	-
４人以上	-	・	-	-	-	-
不詳	-	・	-	-	-	-
第３子以降出産	1	・	・	1	-	-
０人	-	・	・	-	-	-
１人	-	・	・	-	-	-
２人	-	・	・	-	-	-
３人	1	・	・	1	-	-
４人以上	-	・	・	-	-	-
不詳	-	・	・	-	-	-

注：１）集計対象は、①または②に該当するこの４年間に子どもが生まれた夫婦である。ただし、妻の出生前データが得られていない夫婦は除く。
①第１回から第５回まで双方が回答した夫婦
②第１回に独身で第４回までの間に結婚し、結婚後第５回まで回答した夫が男性票の対象の夫婦
２）年齢は、出生後の年齢である。
３）４年間で２人以上出生ありの場合は、末子について計上している。

第36表　この４年間に子どもが生まれた夫婦数、妻の年齢階級、出生順位、出生前の妻の希望子ども数、出生後の妻の希望子ども数別（２－１）

第５回調査（平成28年）

妻の年齢階級 出生順位 出生前の妻の希望子ども数	出生後の妻の希望子ども数					
	総数	１人	２人	３人	４人以上	不詳
総数	573	21	291	218	40	3
０人	3	1	1	1	–	–
１人	23	7	13	3	–	–
２人	329	12	236	76	2	3
３人	187	1	33	129	24	–
４人以上	19	–	2	5	12	–
不詳	12	–	6	4	2	–
第１子出産	297	21	194	75	6	1
０人	3	1	1	1	–	–
１人	16	7	8	1	–	–
２人	214	12	166	35	–	1
３人	54	1	16	32	5	–
４人以上	2	–	–	2	–	–
不詳	8	–	3	4	1	–
第２子出産	187	·	97	81	9	–
０人	–	·	–	–	–	–
１人	6	·	5	1	–	–
２人	98	·	70	28	–	–
３人	72	·	17	49	6	–
４人以上	7	·	2	3	2	–
不詳	4	·	3	–	1	–
第３子以降出産	89	·	·	62	25	2
０人	–	·	·	–	–	–
１人	1	·	·	1	–	–
２人	17	·	·	13	2	2
３人	61	·	·	48	13	–
４人以上	10	·	·	–	10	–
不詳	–	·	·	–	–	–
25歳以下	44	2	23	17	2	–
０人	–	–	–	–	–	–
１人	3	1	2	–	–	–
２人	19	–	17	2	–	–
３人	20	1	4	13	2	–
４人以上	2	–	–	2	–	–
不詳	–	–	–	–	–	–
第１子出産	22	2	13	6	1	–
０人	–	–	–	–	–	–
１人	1	1	–	–	–	–
２人	14	–	12	2	–	–
３人	6	1	1	3	1	–
４人以上	1	–	–	1	–	–
不詳	–	–	–	–	–	–
第２子出産	20	·	10	9	1	–
０人	–	·	–	–	–	–
１人	2	·	2	–	–	–
２人	5	·	5	–	–	–
３人	12	·	3	8	1	–
４人以上	1	·	–	1	–	–
不詳	–	·	–	–	–	–
第３子以降出産	2	·	·	2	–	–
０人	–	·	·	–	–	–
１人	–	·	·	–	–	–
２人	–	·	·	–	–	–
３人	2	·	·	2	–	–
４人以上	–	·	·	–	–	–
不詳	–	·	·	–	–	–

注：１）集計対象は、①または②に該当するこの４年間に子どもが生まれた夫婦である。ただし、妻の出生前データが得られていない夫婦は除く。
　　　①第１回から第５回まで双方が回答した夫婦
　　　②第１回に独身で第４回までの間に結婚し、結婚後第５回まで回答した妻が女性票の対象の夫婦
　　２）年齢は、出生後の年齢である。
　　３）４年間で２人以上出生ありの場合は、末子について計上している。

第36表　この４年間に子どもが生まれた夫婦数、妻の年齢階級、

妻の年齢階級 出生順位 出生前の妻の希望子ども数	出生後の妻の希望子ども数 総数	１人	２人	３人	４人以上	不詳
26～30歳	308	15	158	116	18	1
０人	1	1	–	–	–	–
１人	12	5	4	3	–	–
２人	183	9	128	43	2	1
３人	94	–	21	65	8	–
４人以上	8	–	–	2	6	–
不詳	10	–	5	3	2	–
第１子出産	188	15	120	50	3	–
０人	1	1	–	–	–	–
１人	9	5	3	1	–	–
２人	133	9	101	23	–	–
３人	37	–	13	22	2	–
４人以上	1	–	–	1	–	–
不詳	7	–	3	3	1	–
第２子出産	82	・	38	40	4	–
０人	–	・	–	–	–	–
１人	2	・	1	1	–	–
２人	42	・	27	15	–	–
３人	33	・	8	23	2	–
４人以上	2	・	–	1	1	–
不詳	3	・	2	–	1	–
第３子以降出産	38	・	・	26	11	1
０人	–	・	・	–	–	–
１人	1	・	・	1	–	–
２人	8	・	・	5	2	1
３人	24	・	・	20	4	–
４人以上	5	・	・	–	5	–
不詳	–	・	・	–	–	–
31～35歳	208	4	104	80	18	2
０人	2	–	1	1	–	–
１人	7	1	6	–	–	–
２人	119	3	87	27	–	2
３人	70	–	7	50	13	–
４人以上	8	–	2	1	5	–
不詳	2	–	1	1	–	–
第１子出産	86	4	60	19	2	1
０人	2	–	1	1	–	–
１人	5	1	4	–	–	–
２人	67	3	53	10	–	1
３人	11	–	2	7	2	–
４人以上	–	–	–	–	–	–
不詳	1	–	–	1	–	–
第２子出産	79	・	44	31	4	–
０人	–	・	–	–	–	–
１人	2	・	2	–	–	–
２人	46	・	34	12	–	–
３人	26	・	5	18	3	–
４人以上	4	・	2	1	1	–
不詳	1	・	1	–	–	–
第３子以降出産	43	・	・	30	12	1
０人	–	・	・	–	–	–
１人	–	・	・	–	–	–
２人	6	・	・	5	–	1
３人	33	・	・	25	8	–
４人以上	4	・	・	–	4	–
不詳	–	・	・	–	–	–

注：１）集計対象は、①または②に該当するこの４年間に子どもが生まれた夫婦である。ただし、妻の出生前データが得られていない夫婦は除く。
　　　①第１回から第５回まで双方が回答した夫婦
　　　②第１回に独身で第４回までの間に結婚し、結婚後第５回まで回答した妻が女性票の対象の夫婦
　　２）年齢は、出生後の年齢である。
　　３）４年間で２人以上出生ありの場合は、末子について計上している。

第５回調査（平成28年）

妻の年齢階級 出生順位 出生前の妻の希望子ども数	出生後の妻の希望子ども数					
	総数	１人	２人	３人	４人以上	不詳
36～40歳	12	–	6	4	2	–
０人	–	–	–	–	–	–
１人	1	–	1	–	–	–
２人	7	–	4	3	–	–
３人	3	–	1	1	1	–
４人以上	1	–	–	–	1	–
不詳	–	–	–	–	–	–
第１子出産	1	–	1	–	–	–
０人	–	–	–	–	–	–
１人	1	–	1	–	–	–
２人	–	–	–	–	–	–
３人	–	–	–	–	–	–
４人以上	–	–	–	–	–	–
不詳	–	–	–	–	–	–
第２子出産	6	·	5	1	–	–
０人	–	·	–	–	–	–
１人	–	·	–	–	–	–
２人	5	·	4	1	–	–
３人	1	·	1	–	–	–
４人以上	–	·	–	–	–	–
不詳	–	·	–	–	–	–
第３子以降出産	5	·	·	3	2	–
０人	–	·	·	–	–	–
１人	–	·	·	–	–	–
２人	2	·	·	2	–	–
３人	2	·	·	1	1	–
４人以上	1	·	·	–	1	–
不詳	–	·	·	–	–	–
41歳以上	1	–	–	1	–	–
０人	–	–	–	–	–	–
１人	–	–	–	–	–	–
２人	1	–	–	1	–	–
３人	–	–	–	–	–	–
４人以上	–	–	–	–	–	–
不詳	–	–	–	–	–	–
第１子出産	–	–	–	–	–	–
０人	–	–	–	–	–	–
１人	–	–	–	–	–	–
２人	–	–	–	–	–	–
３人	–	–	–	–	–	–
４人以上	–	–	–	–	–	–
不詳	–	–	–	–	–	–
第２子出産	–	·	–	–	–	–
０人	–	·	–	–	–	–
１人	–	·	–	–	–	–
２人	–	·	–	–	–	–
３人	–	·	–	–	–	–
４人以上	–	·	–	–	–	–
不詳	–	·	–	–	–	–
第３子以降出産	1	·	·	1	–	–
０人	–	·	·	–	–	–
１人	–	·	·	–	–	–
２人	1	·	·	1	–	–
３人	–	·	·	–	–	–
４人以上	–	·	·	–	–	–
不詳	–	·	·	–	–	–

第37表　この４年間に子どもが生まれた夫婦数、妻の年齢階級、出生順位、出生前の

平　日

妻の年齢階級 出生順位 出生前の夫の家事・育児時間	総数	出生前後の増加 総数	２時間未満増	２～４時間未満増	４～６時間未満増	６～８時間未満増	８時間以上増
総数	684	358	256	86	9	3	4
家事・育児時間なし	93	79	52	25	1	–	1
２時間未満	385	237	181	45	6	3	2
２～４時間未満	133	37	21	14	2	–	–
４～６時間未満	23	5	2	2	–	–	1
６～８時間未満	3	–	–	–	–	–	–
８時間以上	3	–	–	–	–	–	–
不詳	44	・	・	・	・	・	・
第１子出産	387	235	173	51	6	2	3
家事・育児時間なし	66	58	37	19	1	–	1
２時間未満	256	171	133	30	4	2	2
２～４時間未満	28	6	3	2	1	–	–
４～６時間未満	1	–	–	–	–	–	–
６～８時間未満	1	–	–	–	–	–	–
８時間以上	1	–	–	–	–	–	–
不詳	34	・	・	・	・	・	・
第２子出産	210	87	60	23	3	–	1
家事・育児時間なし	17	14	9	5	–	–	–
２時間未満	92	48	37	9	2	–	–
２～４時間未満	77	23	14	8	1	–	–
４～６時間未満	14	2	–	1	–	–	1
６～８時間未満	–	–	–	–	–	–	–
８時間以上	2	–	–	–	–	–	–
不詳	8	・	・	・	・	・	・
第３子以降出産	87	36	23	12	–	1	–
家事・育児時間なし	10	7	6	1	–	–	–
２時間未満	37	18	11	6	–	1	–
２～４時間未満	28	8	4	4	–	–	–
４～６時間未満	8	3	2	1	–	–	–
６～８時間未満	2	–	–	–	–	–	–
８時間以上	–	–	–	–	–	–	–
不詳	2	・	・	・	・	・	・
25歳以下	52	27	15	9	3	–	–
家事・育児時間なし	9	7	4	2	1	–	–
２時間未満	27	15	9	5	1	–	–
２～４時間未満	12	4	1	2	1	–	–
４～６時間未満	1	1	1	–	–	–	–
６～８時間未満	–	–	–	–	–	–	–
８時間以上	–	–	–	–	–	–	–
不詳	3	・	・	・	・	・	・
第１子出産	29	18	12	4	2	–	–
家事・育児時間なし	7	6	4	1	1	–	–
２時間未満	19	12	8	3	1	–	–
２～４時間未満	2	–	–	–	–	–	–
４～６時間未満	–	–	–	–	–	–	–
６～８時間未満	–	–	–	–	–	–	–
８時間以上	–	–	–	–	–	–	–
不詳	1	・	・	・	・	・	・
第２子出産	21	8	2	5	1	–	–
家事・育児時間なし	2	1	–	1	–	–	–
２時間未満	7	3	1	2	–	–	–
２～４時間未満	10	4	1	2	1	–	–
４～６時間未満	–	–	–	–	–	–	–
６～８時間未満	–	–	–	–	–	–	–
８時間以上	–	–	–	–	–	–	–
不詳	2	・	・	・	・	・	・
第３子以降出産	2	1	1	–	–	–	–
家事・育児時間なし	–	–	–	–	–	–	–
２時間未満	1	–	–	–	–	–	–
２～４時間未満	–	–	–	–	–	–	–
４～６時間未満	1	1	1	–	–	–	–
６～８時間未満	–	–	–	–	–	–	–
８時間以上	–	–	–	–	–	–	–
不詳	–	・	・	・	・	・	・

注：１）集計対象は、①または②に該当するこの４年間に子どもが生まれた同居夫婦である。ただし、妻の出生前データが得られていない夫婦は除く。
①第１回から第５回まで双方が回答した夫婦
②第１回に独身で第４回までの間に結婚し、結婚後第５回まで回答した夫婦
２）年齢は、出生後の年齢である。
３）４年間で２人以上出生ありの場合は、末子について計上している。

夫の家事・育児時間（平日・休日）、出生前後の夫の家事・育児時間の増減（平日・休日）別（６－１）

第５回調査（平成28年）

夫の家事・育児時間の増減							
減少						変化なし	不詳
総数	2時間未満減	2～4時間未満減	4～6時間未満減	6～8時間未満減	8時間以上減		
145	120	21	1	2	1	125	56
・	・	・	・	・	・	12	2
69	69	・	・	・	・	73	6
56	45	11	・	・	・	36	4
14	5	8	1	・	・	4	－
3	－	2	－	1	・	－	－
3	1	－	－	1	1	－	－
・	・	・	・	・	・	・	44
58	53	2	1	1	1	50	44
・	・	・	・	・	・	6	2
42	42	・	・	・	・	38	5
13	11	2	・	・	・	6	3
1	－	－	1	・	・	－	－
1	－	－	－	1	・	－	－
1	－	－	－	－	1	－	－
・	・	・	・	・	・	・	34
65	50	14	－	1	－	48	10
・	・	・	・	・	・	3	－
21	21	・	・	・	・	22	1
32	24	8	・	・	・	21	1
10	4	6	－	・	・	2	－
－	－	－	－	－	・	－	－
2	1	－	－	1	－	－	－
・	・	・	・	・	・	・	8
22	17	5	－	－	－	27	2
・	・	・	・	・	・	3	－
6	6	・	・	・	・	13	－
11	10	1	・	・	・	9	－
3	1	2	－	・	・	2	－
2	－	2	－	－	・	－	－
－	－	－	－	－	－	－	－
・	・	・	・	・	・	・	2
17	14	3	－	－	－	4	4
・	・	・	・	・	・	2	－
10	10	・	・	・	・	1	1
7	4	3	・	・	・	1	－
－	－	－	－	・	・	－	－
－	－	－	－	－	・	－	－
－	－	－	－	－	－	－	－
・	・	・	・	・	・	・	3
7	6	1	－	－	－	2	2
・	・	・	・	・	・	1	－
5	5	・	・	・	・	1	1
2	1	1	・	・	・	－	－
－	－	－	－	・	・	－	－
－	－	－	－	－	・	－	－
－	－	－	－	－	－	－	－
・	・	・	・	・	・	・	1
9	7	2	－	－	－	2	2
・	・	・	・	・	・	1	－
4	4	・	・	・	・	－	－
5	3	2	・	・	・	1	－
－	－	－	－	・	・	－	－
－	－	－	－	－	・	－	－
－	－	－	－	－	－	－	－
・	・	・	・	・	・	・	2
1	1	－	－	－	－	－	－
・	・	・	・	・	・	－	－
1	1	・	・	・	・	－	－
－	－	・	・	・	・	－	－
－	－	－	－	・	・	－	－
－	－	－	－	－	・	－	－
－	－	－	－	－	－	－	－
・	・	・	・	・	・	・	－

第37表　この４年間に子どもが生まれた夫婦数、妻の年齢階級、出生順位、出生前の

平　日

妻の年齢階級 出生順位 出生前の夫の家事・育児時間	総数	出生前後の					
		増加					
		総数	２時間未満増	２～４時間未満増	４～６時間未満増	６～８時間未満増	８時間以上増
26～30歳	376	209	158	43	5	1	2
家事・育児時間なし	48	41	29	12	−	−	−
２時間未満	220	146	113	26	4	1	2
２～４時間未満	70	21	15	5	1	−	−
４～６時間未満	13	1	1	−	−	−	−
６～８時間未満	1	−	−	−	−	−	−
８時間以上	1	−	−	−	−	−	−
不詳	23	・	・	・	・	・	・
第１子出産	245	151	114	31	3	1	2
家事・育児時間なし	37	32	22	10	−	−	−
２時間未満	165	113	89	19	2	1	2
２～４時間未満	22	6	3	2	1	−	−
４～６時間未満	1	−	−	−	−	−	−
６～８時間未満	1	−	−	−	−	−	−
８時間以上	1	−	−	−	−	−	−
不詳	18	・	・	・	・	・	・
第２子出産	94	44	33	9	2	−	−
家事・育児時間なし	8	7	5	2	−	−	−
２時間未満	41	26	19	5	2	−	−
２～４時間未満	33	11	9	2	−	−	−
４～６時間未満	9	−	−	−	−	−	−
６～８時間未満	−	−	−	−	−	−	−
８時間以上	−	−	−	−	−	−	−
不詳	3	・	・	・	・	・	・
第３子以降出産	37	14	11	3	−	−	−
家事・育児時間なし	3	2	2	−	−	−	−
２時間未満	14	7	5	2	−	−	−
２～４時間未満	15	4	3	1	−	−	−
４～６時間未満	3	1	1	−	−	−	−
６～８時間未満	−	−	−	−	−	−	−
８時間以上	−	−	−	−	−	−	−
不詳	2	・	・	・	・	・	・
31～35歳	240	115	78	32	1	2	2
家事・育児時間なし	34	29	17	11	−	−	1
２時間未満	131	74	57	14	1	2	−
２～４時間未満	46	10	4	6	−	−	−
４～６時間未満	8	2	−	1	−	−	1
６～８時間未満	2	−	−	−	−	−	−
８時間以上	2	−	−	−	−	−	−
不詳	17	・	・	・	・	・	・
第１子出産	109	64	45	16	1	1	1
家事・育児時間なし	21	19	10	8	−	−	1
２時間未満	70	45	35	8	1	1	−
２～４時間未満	4	−	−	−	−	−	−
４～６時間未満	−	−	−	−	−	−	−
６～８時間未満	−	−	−	−	−	−	−
８時間以上	−	−	−	−	−	−	−
不詳	14	・	・	・	・	・	・
第２子出産	89	33	23	9	−	−	1
家事・育児時間なし	7	6	4	2	−	−	−
２時間未満	42	18	16	2	−	−	−
２～４時間未満	30	7	3	4	−	−	−
４～６時間未満	5	2	−	1	−	−	1
６～８時間未満	−	−	−	−	−	−	−
８時間以上	2	−	−	−	−	−	−
不詳	3	・	・	・	・	・	・
第３子以降出産	42	18	10	7	−	1	−
家事・育児時間なし	6	4	3	1	−	−	−
２時間未満	19	11	6	4	−	1	−
２～４時間未満	12	3	1	2	−	−	−
４～６時間未満	3	−	−	−	−	−	−
６～８時間未満	2	−	−	−	−	−	−
８時間以上	−	−	−	−	−	−	−
不詳	−	・	・	・	・	・	・

注：１）集計対象は、①または②に該当するこの４年間に子どもが生まれた同居夫婦である。ただし、妻の出生前データが得られていない夫婦は除く。
①第１回から第５回まで双方が回答した夫婦
②第１回に独身で第４回までの間に結婚し、結婚後第５回まで回答した夫婦
２）年齢は、出生後の年齢である。
３）４年間で２人以上出生ありの場合は、末子について計上している。

第5回調査（平成28年）

夫の家事・育児時間の増減							
減少						変化なし	不詳
総数	2時間未満減	2～4時間未満減	4～6時間未満減	6～8時間未満減	8時間以上減		
76	64	9	1	1	1	60	31
·	·	·	·	·	·	5	2
40	40	·	·	·	·	30	4
24	20	4	·	·	·	23	2
10	4	5	1	·	·	2	－
1	－	－	－	1	·	－	－
1	－	－	－	－	1	－	－
·	·	·	·	·	·	·	23
40	36	1	1	1	1	29	25
·	·	·	·	·	·	3	2
28	28	·	·	·	·	21	3
9	8	1	·	·	·	5	2
1	－	－	1	·	·	－	－
1	－	－	－	1	·	－	－
1	－	－	－	－	1	－	－
·	·	·	·	·	·	·	18
28	21	7	－	－	－	18	4
·	·	·	·	·	·	1	－
10	10	·	·	·	·	4	1
11	8	3	·	·	·	11	－
7	3	4	－	·	·	2	－
－	－	－	－	－	·	－	－
－	－	－	－	－	－	－	－
·	·	·	·	·	·	·	3
8	7	1	－	－	－	13	2
·	·	·	·	·	·	1	－
2	2	·	·	·	·	5	－
4	4	－	·	·	·	7	－
2	1	1	－	·	·	－	－
－	－	－	－	－	·	－	－
－	－	－	－	－	－	－	－
·	·	·	·	·	·	·	2
47	37	9	－	1	－	58	20
·	·	·	·	·	·	5	－
17	17	·	·	·	·	39	1
22	18	4	·	·	·	12	2
4	1	3	－	·	·	2	－
2	－	2	－	－	·	－	－
2	1	－	－	1	－	－	－
·	·	·	·	·	·	·	17
11	11	－	－	－	－	18	16
·	·	·	·	·	·	2	－
9	9	·	·	·	·	15	1
2	2	－	·	·	·	1	1
－	－	－	－	·	·	－	－
－	－	－	－	－	·	－	－
－	－	－	－	－	－	－	－
·	·	·	·	·	·	·	14
24	18	5	－	1	－	28	4
·	·	·	·	·	·	1	－
6	6	·	·	·	·	18	－
13	10	3	·	·	·	9	1
3	1	2	－	·	·	－	－
－	－	－	－	－	·	－	－
2	1	－	－	1	－	－	－
·	·	·	·	·	·	·	3
12	8	4	－	－	－	12	－
·	·	·	·	·	·	2	－
2	2	·	·	·	·	6	－
7	6	1	·	·	·	2	－
1	－	1	－	·	·	2	－
2	－	2	－	－	·	－	－
－	－	－	－	－	－	－	－
·	·	·	·	·	·	·	－

第37表　この４年間に子どもが生まれた夫婦数、妻の年齢階級、出生順位、出生前の

平　日

妻の年齢階級 出生順位 出生前の夫の家事・育児時間	総数	出生前後の増加					
		総数	２時間未満増	２～４時間未満増	４～６時間未満増	６～８時間未満増	８時間以上増
36～40歳	15	6	4	2	–	–	–
家事・育児時間なし	1	1	1	–	–	–	–
２時間未満	7	2	2	–	–	–	–
２～４時間未満	5	2	1	1	–	–	–
４～６時間未満	1	1	–	1	–	–	–
６～８時間未満	–	–	–	–	–	–	–
８時間以上	–	–	–	–	–	–	–
不詳	1	.	.	.	.	.	.
第１子出産	4	2	2	–	–	–	–
家事・育児時間なし	1	1	1	–	–	–	–
２時間未満	2	1	1	–	–	–	–
２～４時間未満	–	–	–	–	–	–	–
４～６時間未満	–	–	–	–	–	–	–
６～８時間未満	–	–	–	–	–	–	–
８時間以上	–	–	–	–	–	–	–
不詳	1	.	.	.	.	.	.
第２子出産	6	2	2	–	–	–	–
家事・育児時間なし	–	–	–	–	–	–	–
２時間未満	2	1	1	–	–	–	–
２～４時間未満	4	1	1	–	–	–	–
４～６時間未満	–	–	–	–	–	–	–
６～８時間未満	–	–	–	–	–	–	–
８時間以上	–	–	–	–	–	–	–
不詳	–	.	.	.	.	.	.
第３子以降出産	5	2	–	2	–	–	–
家事・育児時間なし	–	–	–	–	–	–	–
２時間未満	3	–	–	–	–	–	–
２～４時間未満	1	1	–	1	–	–	–
４～６時間未満	1	1	–	1	–	–	–
６～８時間未満	–	–	–	–	–	–	–
８時間以上	–	–	–	–	–	–	–
不詳	–	.	.	.	.	.	.
41歳以上	1	1	1	–	–	–	–
家事・育児時間なし	1	1	1	–	–	–	–
２時間未満	–	–	–	–	–	–	–
２～４時間未満	–	–	–	–	–	–	–
４～６時間未満	–	–	–	–	–	–	–
６～８時間未満	–	–	–	–	–	–	–
８時間以上	–	–	–	–	–	–	–
不詳	–	.	.	.	.	.	.
第１子出産	–	–	–	–	–	–	–
家事・育児時間なし	–	–	–	–	–	–	–
２時間未満	–	–	–	–	–	–	–
２～４時間未満	–	–	–	–	–	–	–
４～６時間未満	–	–	–	–	–	–	–
６～８時間未満	–	–	–	–	–	–	–
８時間以上	–	–	–	–	–	–	–
不詳	–	.	.	.	.	.	.
第２子出産	–	–	–	–	–	–	–
家事・育児時間なし	–	–	–	–	–	–	–
２時間未満	–	–	–	–	–	–	–
２～４時間未満	–	–	–	–	–	–	–
４～６時間未満	–	–	–	–	–	–	–
６～８時間未満	–	–	–	–	–	–	–
８時間以上	–	–	–	–	–	–	–
不詳	–	.	.	.	.	.	.
第３子以降出産	1	1	1	–	–	–	–
家事・育児時間なし	1	1	1	–	–	–	–
２時間未満	–	–	–	–	–	–	–
２～４時間未満	–	–	–	–	–	–	–
４～６時間未満	–	–	–	–	–	–	–
６～８時間未満	–	–	–	–	–	–	–
８時間以上	–	–	–	–	–	–	–
不詳	–	.	.	.	.	.	.

注：１）集計対象は、①または②に該当するこの４年間に子どもが生まれた同居夫婦である。ただし、妻の出生前データが得られていない夫婦は除く。
①第１回から第５回まで双方が回答した夫婦
②第１回に独身で第４回までの間に結婚し、結婚後第５回まで回答した夫婦
２）年齢は、出生後の年齢である。
３）４年間で２人以上出生ありの場合は、末子について計上している。

夫の家事・育児時間（平日・休日）、出生前後の夫の家事・育児時間の増減（平日・休日）別（６－３）

第５回調査（平成28年）

夫の家事・育児時間の増減							
減少						変化なし	不詳
総数	2時間未満減	2～4時間未満減	4～6時間未満減	6～8時間未満減	8時間以上減		
5	5	–	–	–	–	3	1
・	・	・	・	・	・	–	–
2	2	・	・	・	・	3	–
3	3	–	・	・	・	–	–
–	–	–	–	・	・	–	–
–	–	–	–	–	・	–	–
–	–	–	–	–	–	–	–
・	・	・	・	・	・	・	1
–	–	–	–	–	–	1	1
・	・	・	・	・	・	–	–
–	–	・	・	・	・	1	–
–	–	–	・	・	・	–	–
–	–	–	–	・	・	–	–
–	–	–	–	–	・	–	–
–	–	–	–	–	–	–	–
・	・	・	・	・	・	・	1
4	4	–	–	–	–	–	–
・	・	・	・	・	・	–	–
1	1	・	・	・	・	–	–
3	3	–	・	・	・	–	–
–	–	–	–	・	・	–	–
–	–	–	–	–	・	–	–
–	–	–	–	–	–	–	–
・	・	・	・	・	・	・	–
1	1	–	–	–	–	2	–
・	・	・	・	・	・	–	–
1	1	・	・	・	・	2	–
–	–	–	・	・	・	–	–
–	–	–	–	・	・	–	–
–	–	–	–	–	・	–	–
–	–	–	–	–	–	–	–
・	・	・	・	・	・	・	–
–	–	–	–	–	–	–	–
・	・	・	・	・	・	–	–
–	–	・	・	・	・	–	–
–	–	–	・	・	・	–	–
–	–	–	–	・	・	–	–
–	–	–	–	–	・	–	–
–	–	–	–	–	–	–	–
・	・	・	・	・	・	・	–
–	–	–	–	–	–	–	–
・	・	・	・	・	・	–	–
–	–	・	・	・	・	–	–
–	–	–	・	・	・	–	–
–	–	–	–	・	・	–	–
–	–	–	–	–	・	–	–
–	–	–	–	–	–	–	–
・	・	・	・	・	・	・	–
–	–	–	–	–	–	–	–
・	・	・	・	・	・	–	–
–	–	・	・	・	・	–	–
–	–	–	・	・	・	–	–
–	–	–	–	・	・	–	–
–	–	–	–	–	・	–	–
–	–	–	–	–	–	–	–
・	・	・	・	・	・	・	–
–	–	–	–	–	–	–	–
・	・	・	・	・	・	–	–
–	–	・	・	・	・	–	–
–	–	–	・	・	・	–	–
–	–	–	–	・	・	–	–
–	–	–	–	–	・	–	–
–	–	–	–	–	–	–	–
・	・	・	・	・	・	・	–

第37表　この４年間に子どもが生まれた夫婦数、妻の年齢階級、出生順位、出生前の

休　日

妻の年齢階級 出生順位 出生前の夫の家事・育児時間	総数	出生前後の増加：総数	出生前後の増加：２時間未満増	出生前後の増加：２～４時間未満増	出生前後の増加：４～６時間未満増	出生前後の増加：６～８時間未満増	出生前後の増加：８時間以上増
総数	684	454	107	133	72	58	84
家事・育児時間なし	41	37	9	12	4	3	9
２時間未満	265	237	60	66	49	25	37
２～４時間未満	112	87	23	29	4	12	19
４～６時間未満	62	34	9	4	4	9	8
６～８時間未満	36	19	3	4	3	6	3
８時間以上	127	40	3	18	8	3	8
不詳	41	·	·	·	·	·	·
第１子出産	387	309	75	91	53	38	52
家事・育児時間なし	37	34	8	11	4	3	8
２時間未満	230	210	53	60	44	25	28
２～４時間未満	71	56	14	17	4	8	13
４～６時間未満	15	7	–	2	1	1	3
６～８時間未満	1	1	–	–	–	1	–
８時間以上	1	1	–	1	–	–	–
不詳	32	·	·	·	·	·	·
第２子出産	210	107	20	30	15	17	25
家事・育児時間なし	3	2	–	1	–	–	1
２時間未満	28	23	6	5	5	–	7
２～４時間未満	29	24	6	9	–	4	5
４～６時間未満	30	18	4	1	3	7	3
６～８時間未満	28	14	3	3	2	3	3
８時間以上	86	26	1	11	5	3	6
不詳	6	·	·	·	·	·	·
第３子以降出産	87	38	12	12	4	3	7
家事・育児時間なし	1	1	1	–	–	–	–
２時間未満	7	4	1	1	–	–	2
２～４時間未満	12	7	3	3	–	–	1
４～６時間未満	17	9	5	1	–	1	2
６～８時間未満	7	4	–	1	1	2	–
８時間以上	40	13	2	6	3	–	2
不詳	3	·	·	·	·	·	·
25歳以下	52	30	5	8	5	2	10
家事・育児時間なし	6	5	–	2	1	–	2
２時間未満	15	11	3	3	3	–	2
２～４時間未満	11	10	2	2	1	1	4
４～６時間未満	5	1	–	–	–	–	1
６～８時間未満	1	–	–	–	–	–	–
８時間以上	11	3	–	1	–	1	1
不詳	3	·	·	·	·	·	·
第１子出産	29	21	5	4	5	1	6
家事・育児時間なし	6	5	–	2	1	–	2
２時間未満	13	9	3	2	3	–	1
２～４時間未満	8	7	2	–	1	1	3
４～６時間未満	1	–	–	–	–	–	–
６～８時間未満	–	–	–	–	–	–	–
８時間以上	–	–	–	–	–	–	–
不詳	1	·	·	·	·	·	·
第２子出産	21	9	–	4	–	1	4
家事・育児時間なし	–	–	–	–	–	–	–
２時間未満	2	2	–	1	–	–	1
２～４時間未満	3	3	–	2	–	–	1
４～６時間未満	4	1	–	–	–	–	1
６～８時間未満	1	–	–	–	–	–	–
８時間以上	9	3	–	1	–	1	1
不詳	2	·	·	·	·	·	·
第３子以降出産	2	–	–	–	–	–	–
家事・育児時間なし	–	–	–	–	–	–	–
２時間未満	–	–	–	–	–	–	–
２～４時間未満	–	–	–	–	–	–	–
４～６時間未満	–	–	–	–	–	–	–
６～８時間未満	–	–	–	–	–	–	–
８時間以上	2	–	–	–	–	–	–
不詳	–	·	·	·	·	·	·

注：１）集計対象は、①または②に該当するこの４年間に子どもが生まれた同居夫婦である。ただし、妻の出生前データが得られていない夫婦は除く。
①第１回から第５回まで双方が回答した夫婦
②第１回に独身で第４回までの間に結婚し、結婚後第５回まで回答した夫婦
２）年齢は、出生後の年齢である。
３）４年間で２人以上出生ありの場合は、末子について計上している。

第５回調査（平成28年）

夫の家事・育児時間の増減							
減少						変化なし	不詳
総数	2時間未満減	2～4時間未満減	4～6時間未満減	6～8時間未満減	8時間以上減		
110	43	35	15	7	10	67	53
・	・	・	・	・	・	3	1
11	11	・	・	・	・	11	6
16	12	4	・	・	・	8	1
17	7	9	1	・	・	10	1
11	5	5	1	–	・	5	1
55	8	17	13	7	10	30	2
・	・	・	・	・	・	・	41
21	17	4	–	–	–	17	40
・	・	・	・	・	・	3	–
8	8	・	・	・	・	6	6
8	7	1	・	・	・	6	1
5	2	3	–	・	・	2	1
–	–	–	–	–	・	–	–
–	–	–	–	–	–	–	–
・	・	・	・	・	・	・	32
56	14	22	8	4	8	38	9
・	・	・	・	・	・	–	1
2	2	・	・	・	・	3	–
4	3	1	・	・	・	1	–
8	4	4	–	・	・	4	–
8	3	4	1	–	・	5	1
34	2	13	7	4	8	25	1
・	・	・	・	・	・	・	6
33	12	9	7	3	2	12	4
・	・	・	・	・	・	–	–
1	1	・	・	・	・	2	–
4	2	2	・	・	・	1	–
4	1	2	1	・	・	4	–
3	2	1	–	–	・	–	–
21	6	4	6	3	2	5	1
・	・	・	・	・	・	・	3
12	5	4	1	1	1	6	4
・	・	・	・	・	・	1	–
3	3	・	・	・	・	–	1
1	1	–	・	・	・	–	–
3	1	2	–	・	・	1	–
1	–	1	–	–	・	–	–
4	–	1	1	1	1	4	–
・	・	・	・	・	・	・	3
5	4	1	–	–	–	1	2
・	・	・	・	・	・	1	–
3	3	・	・	・	・	–	1
1	1	–	・	・	・	–	–
1	–	1	–	・	・	–	–
–	–	–	–	–	・	–	–
–	–	–	–	–	–	–	–
・	・	・	・	・	・	・	1
5	1	3	–	–	1	5	2
・	・	・	・	・	・	–	–
–	–	・	・	・	・	–	–
–	–	–	・	・	・	–	–
2	1	1	–	・	・	1	–
1	–	1	–	–	・	–	–
2	–	1	–	–	1	4	–
・	・	・	・	・	・	・	2
2	–	–	1	1	–	–	–
・	・	・	・	・	・	–	–
–	–	・	・	・	・	–	–
–	–	–	・	・	・	–	–
–	–	–	–	・	・	–	–
–	–	–	–	–	・	–	–
2	–	–	1	1	–	–	–
・	・	・	・	・	・	・	–

第37表　この４年間に子どもが生まれた夫婦数、妻の年齢階級、出生順位、出生前の

休　日

妻の年齢階級 出生順位 出生前の夫の家事・育児時間	総数	出生前後の増加					
		総数	２時間未満増	２～４時間未満増	４～６時間未満増	６～８時間未満増	８時間以上増
26～30歳	376	268	63	89	42	30	44
家事・育児時間なし	22	19	4	6	3	2	4
２時間未満	171	155	42	48	27	16	22
２～４時間未満	59	48	10	20	3	5	10
４～６時間未満	29	16	4	2	1	4	5
６～８時間未満	18	11	2	3	2	3	1
８時間以上	54	19	1	10	6	–	2
不詳	23	・	・	・	・	・	・
第１子出産	245	199	48	67	30	23	31
家事・育児時間なし	21	19	4	6	3	2	4
２時間未満	150	136	36	43	23	16	18
２～４時間未満	43	35	8	15	3	3	6
４～６時間未満	12	7	–	2	1	1	3
６～８時間未満	1	1	–	–	–	1	–
８時間以上	1	1	–	1	–	–	–
不詳	17	・	・	・	・	・	・
第２子出産	94	53	11	15	9	7	11
家事・育児時間なし	1	–	–	–	–	–	–
２時間未満	18	16	5	4	4	–	3
２～４時間未満	12	11	2	3	–	2	4
４～６時間未満	10	6	2	–	–	3	1
６～８時間未満	14	8	2	2	1	2	1
８時間以上	36	12	–	6	4	–	2
不詳	3	・	・	・	・	・	・
第３子以降出産	37	16	4	7	3	–	2
家事・育児時間なし	–	–	–	–	–	–	–
２時間未満	3	3	1	1	–	–	1
２～４時間未満	4	2	–	2	–	–	–
４～６時間未満	7	3	2	–	–	–	1
６～８時間未満	3	2	–	1	1	–	–
８時間以上	17	6	1	3	2	–	–
不詳	3	・	・	・	・	・	・
31～35歳	240	147	36	32	25	24	30
家事・育児時間なし	12	12	5	3	–	1	3
２時間未満	76	69	14	15	19	8	13
２～４時間未満	39	26	9	6	–	6	5
４～６時間未満	28	17	5	2	3	5	2
６～８時間未満	16	8	1	1	1	3	2
８時間以上	55	15	2	5	2	1	5
不詳	14	・	・	・	・	・	・
第１子出産	109	86	21	19	18	13	15
家事・育児時間なし	9	9	4	2	–	1	2
２時間未満	65	63	13	15	18	8	9
２～４時間未満	20	14	4	2	–	4	4
４～６時間未満	2	–	–	–	–	–	–
６～８時間未満	–	–	–	–	–	–	–
８時間以上	–	–	–	–	–	–	–
不詳	13	・	・	・	・	・	・
第２子出産	89	42	8	10	6	8	10
家事・育児時間なし	2	2	–	1	–	–	1
２時間未満	8	5	1	–	1	–	3
２～４時間未満	13	9	3	4	–	2	–
４～６時間未満	16	11	2	1	3	4	1
６～８時間未満	12	6	1	1	1	1	2
８時間以上	37	9	1	3	1	1	3
不詳	1	・	・	・	・	・	・
第３子以降出産	42	19	7	3	1	3	5
家事・育児時間なし	1	1	1	–	–	–	–
２時間未満	3	1	–	–	–	–	1
２～４時間未満	6	3	2	–	–	–	1
４～６時間未満	10	6	3	1	–	1	1
６～８時間未満	4	2	–	–	–	2	–
８時間以上	18	6	1	2	1	–	2
不詳	–	・	・	・	・	・	・

注：１）集計対象は、①または②に該当するこの４年間に子どもが生まれた同居夫婦である。ただし、妻の出生前データが得られていない夫婦は除く。
　　　①第１回から第５回まで双方が回答した夫婦
　　　②第１回に独身で第４回までの間に結婚し、結婚後第５回まで回答した夫婦
　　２）年齢は、出生後の年齢である。
　　３）４年間で２人以上出生ありの場合は、末子について計上している。

夫の家事・育児時間（平日・休日）、出生前後の夫の家事・育児時間の増減（平日・休日）別（６－５）

第５回調査（平成28年）

夫の家事・育児時間の増減							
減少						変化なし	不詳
総数	２時間未満減	２～４時間未満減	４～６時間未満減	６～８時間未満減	８時間以上減		
47	20	15	5	4	3	30	31
・	・	・	・	・	・	2	1
5	5	・	・	・	・	7	4
6	5	1	・	・	・	4	1
9	5	4	–	・	・	3	1
5	2	2	1	–	・	2	–
22	3	8	4	4	3	12	1
・	・	・	・	・	・	・	23
12	10	2	–	–	–	11	23
・	・	・	・	・	・	2	–
5	5	・	・	・	・	5	4
3	3	–	・	・	・	4	1
4	2	2	–	・	・	–	1
–	–	–	–	–	・	–	–
–	–	–	–	–	–	–	–
・	・	・	・	・	・	・	17
23	5	10	4	2	2	14	4
・	・	・	・	・	・	–	1
–	–	・	・	・	・	2	–
1	1	–	・	・	・	–	–
4	2	2	–	・	・	–	–
4	1	2	1	–	・	2	–
14	1	6	3	2	2	10	–
・	・	・	・	・	・	・	3
12	5	3	1	2	1	5	4
・	・	・	・	・	・	–	–
–	–	・	・	・	・	–	–
2	1	1	・	・	・	–	–
1	1	–	–	・	・	3	–
1	1	–	–	–	・	–	–
8	2	2	1	2	1	2	1
・	・	・	・	・	・	・	3
45	16	15	7	2	5	31	17
・	・	・	・	・	・	–	–
2	2	・	・	・	・	4	1
9	6	3	・	・	・	4	–
5	1	3	1	・	・	6	–
4	2	2	–	–	・	3	1
25	5	7	6	2	5	14	1
・	・	・	・	・	・	・	14
4	3	1	–	–	–	5	14
・	・	・	・	・	・	–	–
–	–	・	・	・	・	1	1
4	3	1	・	・	・	2	–
–	–	–	–	・	・	2	–
–	–	–	–	–	・	–	–
–	–	–	–	–	–	–	–
・	・	・	・	・	・	・	13
25	7	9	3	2	4	19	3
・	・	・	・	・	・	–	–
2	2	・	・	・	・	1	–
3	2	1	・	・	・	1	–
2	1	1	–	・	・	3	–
2	1	1	–	–	・	3	1
16	1	6	3	2	4	11	1
・	・	・	・	・	・	・	1
16	6	5	4	–	1	7	–
・	・	・	・	・	・	–	–
–	–	・	・	・	・	2	–
2	1	1	・	・	・	1	–
3	–	2	1	・	・	1	–
2	1	1	–	–	・	–	–
9	4	1	3	–	1	3	–
・	・	・	・	・	・	・	–

第37表　この４年間に子どもが生まれた夫婦数、妻の年齢階級、出生順位、出生前の

休　日

妻の年齢階級 出生順位 出生前の夫の家事・育児時間	総数	出生前後の増加					
		総数	２時間未満増	２～４時間未満増	４～６時間未満増	６～８時間未満増	８時間以上増
36～40歳	15	8	2	4	－	2	－
家事・育児時間なし	1	1	－	1	－	－	－
２時間未満	3	2	1	－	－	1	－
２～４時間未満	2	2	1	1	－	－	－
４～６時間未満	－	－	－	－	－	－	－
６～８時間未満	1	－	－	－	－	－	－
８時間以上	7	3	－	2	－	1	－
不詳	1	・	・	・	・	・	・
第１子出産	4	3	1	1	－	1	－
家事・育児時間なし	1	1	－	1	－	－	－
２時間未満	2	2	1	－	－	1	－
２～４時間未満	－	－	－	－	－	－	－
４～６時間未満	－	－	－	－	－	－	－
６～８時間未満	－	－	－	－	－	－	－
８時間以上	－	－	－	－	－	－	－
不詳	1	・	・	・	・	・	・
第２子出産	6	3	1	1	－	1	－
家事・育児時間なし	－	－	－	－	－	－	－
２時間未満	－	－	－	－	－	－	－
２～４時間未満	1	1	1	－	－	－	－
４～６時間未満	－	－	－	－	－	－	－
６～８時間未満	1	－	－	－	－	－	－
８時間以上	4	2	－	1	－	1	－
不詳	－	・	・	・	・	・	・
第３子以降出産	5	2	－	2	－	－	－
家事・育児時間なし	－	－	－	－	－	－	－
２時間未満	1	－	－	－	－	－	－
２～４時間未満	1	1	－	1	－	－	－
４～６時間未満	－	－	－	－	－	－	－
６～８時間未満	－	－	－	－	－	－	－
８時間以上	3	1	－	1	－	－	－
不詳	－	・	・	・	・	・	・
41歳以上	1	1	1	－	－	－	－
家事・育児時間なし	－	－	－	－	－	－	－
２時間未満	－	－	－	－	－	－	－
２～４時間未満	1	1	1	－	－	－	－
４～６時間未満	－	－	－	－	－	－	－
６～８時間未満	－	－	－	－	－	－	－
８時間以上	－	－	－	－	－	－	－
不詳	－	・	・	・	・	・	・
第１子出産	－	－	－	－	－	－	－
家事・育児時間なし	－	－	－	－	－	－	－
２時間未満	－	－	－	－	－	－	－
２～４時間未満	－	－	－	－	－	－	－
４～６時間未満	－	－	－	－	－	－	－
６～８時間未満	－	－	－	－	－	－	－
８時間以上	－	－	－	－	－	－	－
不詳	－	・	・	・	・	・	・
第２子出産	－	－	－	－	－	－	－
家事・育児時間なし	－	－	－	－	－	－	－
２時間未満	－	－	－	－	－	－	－
２～４時間未満	－	－	－	－	－	－	－
４～６時間未満	－	－	－	－	－	－	－
６～８時間未満	－	－	－	－	－	－	－
８時間以上	－	－	－	－	－	－	－
不詳	－	・	・	・	・	・	・
第３子以降出産	1	1	1	－	－	－	－
家事・育児時間なし	－	－	－	－	－	－	－
２時間未満	－	－	－	－	－	－	－
２～４時間未満	1	1	1	－	－	－	－
４～６時間未満	－	－	－	－	－	－	－
６～８時間未満	－	－	－	－	－	－	－
８時間以上	－	－	－	－	－	－	－
不詳	－	・	・	・	・	・	・

注：１）集計対象は、①または②に該当するこの４年間に子どもが生まれた同居夫婦である。ただし、妻の出生前データが得られていない夫婦は除く。
①第１回から第５回まで双方が回答した夫婦
②第１回に独身で第４回までの間に結婚し、結婚後第５回まで回答した夫婦
２）年齢は、出生後の年齢である。
３）４年間で２人以上出生ありの場合は、末子について計上している。

夫の家事・育児時間（平日・休日）、出生前後の夫の家事・育児時間の増減（平日・休日）別（6－6）

第5回調査（平成28年）

夫の家事・育児時間の増減							
減少						変化なし	不詳
総数	2時間未満減	2～4時間未満減	4～6時間未満減	6～8時間未満減	8時間以上減		
6	2	1	2	－	1	－	1
・	・	・	・	・	・	－	－
1	1	・	・	・	・	－	－
－	－	－	・	・	・	－	－
－	－	－	－	・	・	－	－
1	1	－	－	－	・	－	－
4	－	1	2	－	1	－	－
・	・	・	・	・	・	・	1
－	－	－	－	－	－	－	1
・	・	・	・	・	・	－	－
－	－	・	・	・	・	－	－
－	－	－	・	・	・	－	－
－	－	－	－	・	・	－	－
－	－	－	－	－	・	－	－
－	－	－	－	－	－	－	－
・	・	・	・	・	・	・	1
3	1	－	1	－	1	－	－
・	・	・	・	・	・	－	－
－	－	・	・	・	・	－	－
－	－	－	・	・	・	－	－
－	－	－	－	・	・	－	－
1	1	－	－	－	・	－	－
2	－	－	1	－	1	－	－
・	・	・	・	・	・	・	－
3	1	1	1	－	－	－	－
・	・	・	・	・	・	－	－
1	1	・	・	・	・	－	－
－	－	－	・	・	・	－	－
－	－	－	－	・	・	－	－
－	－	－	－	－	・	－	－
2	－	1	1	－	－	－	－
・	・	・	・	・	・	・	－
－	－	－	－	－	－	－	－
・	・	・	・	・	・	－	－
－	－	・	・	・	・	－	－
－	－	－	・	・	・	－	－
－	－	－	－	・	・	－	－
－	－	－	－	－	・	－	－
－	－	－	－	－	－	－	－
・	・	・	・	・	・	・	－
－	－	－	－	－	－	－	－
・	・	・	・	・	・	－	－
－	－	・	・	・	・	－	－
－	－	－	・	・	・	－	－
－	－	－	－	・	・	－	－
－	－	－	－	－	・	－	－
－	－	－	－	－	－	－	－
・	・	・	・	・	・	・	－
－	－	－	－	－	－	－	－
・	・	・	・	・	・	－	－
－	－	・	・	・	・	－	－
－	－	－	・	・	・	－	－
－	－	－	－	・	・	－	－
－	－	－	－	－	・	－	－
－	－	－	－	－	－	－	－
・	・	・	・	・	・	・	－
－	－	－	－	－	－	－	－
・	・	・	・	・	・	－	－
－	－	・	・	・	・	－	－
－	－	－	・	・	・	－	－
－	－	－	－	・	・	－	－
－	－	－	－	－	・	－	－
－	－	－	－	－	－	－	－
・	・	・	・	・	・	・	－

第38表　この４年間に子どもが生まれた夫婦数、妻の年齢階級、出生順位、出生前の

平　日

妻の年齢階級 出生順位 出生前の妻の家事・育児時間	総数	出生前後の増加					
		総数	2時間未満増	2～4時間未満増	4～6時間未満増	6～8時間未満増	8時間以上増
総数	684	409	19	44	43	48	255
家事・育児時間なし	2	1	−	−	−	−	1
２時間未満	95	64	1	3	4	8	48
２～４時間未満	185	135	4	12	7	11	101
４～６時間未満	120	96	2	7	7	12	68
６～８時間未満	41	24	3	2	4	1	14
８時間以上	176	89	9	20	21	16	23
不詳	65	・	・	・	・	・	・
第１子出産	387	262	4	19	18	25	196
家事・育児時間なし	2	1	−	−	−	−	1
２時間未満	93	63	1	3	4	8	47
２～４時間未満	171	122	2	11	6	9	94
４～６時間未満	73	61	1	3	4	6	47
６～８時間未満	7	6	−	1	2	−	3
８時間以上	10	9	−	1	2	2	4
不詳	31	・	・	・	・	・	・
第２子出産	210	104	10	15	20	16	43
家事・育児時間なし	−	−	−	−	−	−	−
２時間未満	2	1	−	−	−	−	1
２～４時間未満	13	12	1	1	1	2	7
４～６時間未満	33	27	1	2	2	4	18
６～８時間未満	17	7	1	1	−	−	5
８時間以上	117	57	7	11	17	10	12
不詳	28	・	・	・	・	・	・
第３子以降出産	87	43	5	10	5	7	16
家事・育児時間なし	−	−	−	−	−	−	−
２時間未満	−	−	−	−	−	−	−
２～４時間未満	1	1	1	−	−	−	−
４～６時間未満	14	8	−	2	1	2	3
６～８時間未満	17	11	2	−	2	1	6
８時間以上	49	23	2	8	2	4	7
不詳	6	・	・	・	・	・	・
25歳以下	52	26	2	1	4	4	15
家事・育児時間なし	−	−	−	−	−	−	−
２時間未満	8	4	−	−	−	1	3
２～４時間未満	9	6	−	−	1	1	4
４～６時間未満	10	8	−	−	1	−	7
６～８時間未満	2	1	1	−	−	−	−
８時間以上	17	7	1	1	2	2	1
不詳	6	・	・	・	・	・	・
第１子出産	29	16	−	−	1	2	13
家事・育児時間なし	−	−	−	−	−	−	−
２時間未満	8	4	−	−	−	1	3
２～４時間未満	9	6	−	−	1	1	4
４～６時間未満	7	6	−	−	−	−	6
６～８時間未満	−	−	−	−	−	−	−
８時間以上	−	−	−	−	−	−	−
不詳	5	・	・	・	・	・	・
第２子出産	21	10	2	1	3	2	2
家事・育児時間なし	−	−	−	−	−	−	−
２時間未満	−	−	−	−	−	−	−
２～４時間未満	−	−	−	−	−	−	−
４～６時間未満	3	2	−	−	1	−	1
６～８時間未満	2	1	1	−	−	−	−
８時間以上	15	7	1	1	2	2	1
不詳	1	・	・	・	・	・	・
第３子以降出産	2	−	−	−	−	−	−
家事・育児時間なし	−	−	−	−	−	−	−
２時間未満	−	−	−	−	−	−	−
２～４時間未満	−	−	−	−	−	−	−
４～６時間未満	−	−	−	−	−	−	−
６～８時間未満	−	−	−	−	−	−	−
８時間以上	2	−	−	−	−	−	−
不詳	−	・	・	・	・	・	・

注：１）集計対象は、①または②に該当するこの４年間に子どもが生まれた同居夫婦である。ただし、妻の出生前データが得られていない夫婦は除く。
①第１回から第５回まで双方が回答した夫婦
②第１回に独身で第４回までの間に結婚し、結婚後第５回まで回答した夫婦
２）年齢は、出生後の年齢である。
３）４年間で２人以上出生ありの場合は、末子について計上している。

妻の家事・育児時間（平日・休日）、出生前後の妻の家事・育児時間の増減（平日・休日）別（６－１）

第５回調査（平成28年）

妻の家事・育児時間の増減 減少 総数	2時間未満減	2～4時間未満減	4～6時間未満減	6～8時間未満減	8時間以上減	変化なし	不詳
48	16	15	8	2	7	33	194
・	・	・	・	・	・	－	1
－	－	・	・	・	・	－	31
3	3	－	・	・	・	－	47
3	2	1	－	・	・	4	17
5	1	3	1	－	・	1	11
37	10	11	7	2	7	28	22
・	・	・	・	・	・	・	65
7	6	1	－	－	－	1	117
・	・	・	・	・	・	－	1
－	－	・	・	・	・	－	30
3	3	－	・	・	・	－	46
2	2	－	－	・	・	1	9
1	－	1	－	－	・	－	－
1	1	－	－	－	－	－	－
・	・	・	・	・	・	・	31
26	6	9	4	2	5	26	54
・	・	・	・	・	・	－	－
－	－	・	・	・	・	－	1
－	－	－	・	・	・	－	1
－	－	－	－	・	・	2	4
3	－	2	1	－	・	1	6
23	6	7	3	2	5	23	14
・	・	・	・	・	・	・	28
15	4	5	4	－	2	6	23
・	・	・	・	・	・	－	－
－	－	・	・	・	・	－	－
－	－	－	・	・	・	－	－
1	－	1	－	・	・	1	4
1	1	－	－	－	・	－	5
13	3	4	4	－	2	5	8
・	・	・	・	・	・	・	6
3	－	2	1	－	－	5	18
・	・	・	・	・	・	－	－
－	－	・	・	・	・	－	4
－	－	－	・	・	・	－	3
－	－	－	－	・	・	1	1
－	－	－	－	－	・	－	1
3	－	2	1	－	－	4	3
・	・	・	・	・	・	・	6
－	－	－	－	－	－	－	13
・	・	・	・	・	・	－	－
－	－	・	・	・	・	－	4
－	－	－	・	・	・	－	3
－	－	－	－	・	・	－	1
－	－	－	－	－	・	－	－
－	－	－	－	－	－	－	－
・	・	・	・	・	・	・	5
2	－	1	1	－	－	5	4
・	・	・	・	・	・	－	－
－	－	・	・	・	・	－	－
－	－	－	・	・	・	－	－
－	－	－	－	・	・	1	－
－	－	－	－	－	・	－	1
2	－	1	1	－	－	4	2
・	・	・	・	・	・	・	1
1	－	1	－	－	－	－	1
・	・	・	・	・	・	－	－
－	－	・	・	・	・	－	－
－	－	－	・	・	・	－	－
－	－	－	－	・	・	－	－
－	－	－	－	－	・	－	－
1	－	1	－	－	－	－	1
・	・	・	・	・	・	・	－

第38表　この４年間に子どもが生まれた夫婦数、妻の年齢階級、出生順位、出生前の

平　日

妻の年齢階級 出生順位 出生前の妻の家事・育児時間	総数	出生前後の増加					
		総数	２時間未満増	２～４時間未満増	４～６時間未満増	６～８時間未満増	８時間以上増
26～30歳	376	234	9	21	21	26	157
家事・育児時間なし	1	–	–	–	–	–	–
２時間未満	66	47	–	2	4	7	34
２～４時間未満	111	86	2	8	4	6	66
４～６時間未満	70	54	1	5	3	6	39
６～８時間未満	17	10	1	–	1	–	8
８時間以上	76	37	5	6	9	7	10
不詳	35	・	・	・	・	・	・
第１子出産	245	174	3	12	13	17	129
家事・育児時間なし	1	–	–	–	–	–	–
２時間未満	65	46	–	2	4	7	33
２～４時間未満	104	80	2	8	4	5	61
４～６時間未満	47	38	1	2	2	3	30
６～８時間未満	4	3	–	–	1	–	2
８時間以上	8	7	–	–	2	2	3
不詳	16	・	・	・	・	・	・
第２子出産	94	46	3	6	7	7	23
家事・育児時間なし	–	–	–	–	–	–	–
２時間未満	1	1	–	–	–	–	1
２～４時間未満	7	6	–	–	–	1	5
４～６時間未満	15	12	–	1	–	3	8
６～８時間未満	5	3	–	–	–	–	3
８時間以上	53	24	3	5	7	3	6
不詳	13	・	・	・	・	・	・
第３子以降出産	37	14	3	3	1	2	5
家事・育児時間なし	–	–	–	–	–	–	–
２時間未満	–	–	–	–	–	–	–
２～４時間未満	–	–	–	–	–	–	–
４～６時間未満	8	4	–	2	1	–	1
６～８時間未満	8	4	1	–	–	–	3
８時間以上	15	6	2	1	–	2	1
不詳	6	・	・	・	・	・	・
31～35歳	240	138	7	21	17	14	79
家事・育児時間なし	1	1	–	–	–	–	1
２時間未満	21	13	1	1	–	–	11
２～４時間未満	61	40	1	4	2	4	29
４～６時間未満	36	32	1	2	3	5	21
６～８時間未満	19	12	1	2	3	–	6
８時間以上	78	40	3	12	9	5	11
不詳	24	・	・	・	・	・	・
第１子出産	109	70	1	7	4	6	52
家事・育児時間なし	1	1	–	–	–	–	1
２時間未満	20	13	1	1	–	–	11
２～４時間未満	56	35	–	3	1	3	28
４～６時間未満	17	16	–	1	2	3	10
６～８時間未満	3	3	–	1	1	–	1
８時間以上	2	2	–	1	–	–	1
不詳	10	・	・	・	・	・	・
第２子出産	89	44	5	8	9	5	17
家事・育児時間なし	–	–	–	–	–	–	–
２時間未満	1	–	–	–	–	–	–
２～４時間未満	5	5	1	1	1	1	1
４～６時間未満	13	12	1	1	1	–	9
６～８時間未満	9	3	–	1	–	–	2
８時間以上	47	24	3	5	7	4	5
不詳	14	・	・	・	・	・	・
第３子以降出産	42	24	1	6	4	3	10
家事・育児時間なし	–	–	–	–	–	–	–
２時間未満	–	–	–	–	–	–	–
２～４時間未満	–	–	–	–	–	–	–
４～６時間未満	6	4	–	–	–	2	2
６～８時間未満	7	6	1	–	2	–	3
８時間以上	29	14	–	6	2	1	5
不詳	–	・	・	・	・	・	・

注：１）集計対象は、①または②に該当するこの４年間に子どもが生まれた同居夫婦である。ただし、妻の出生前データが得られていない夫婦は除く。
①第１回から第５回まで双方が回答した夫婦
②第１回に独身で第４回までの間に結婚し、結婚後第５回まで回答した夫婦
２）年齢は、出生後の年齢である。
３）４年間で２人以上出生ありの場合は、末子について計上している。

妻の家事・育児時間（平日・休日）、出生前後の妻の家事・育児時間の増減（平日・休日）別（6－2）

第5回調査（平成28年）

妻の家事・育児時間の増減							
減少						変化なし	不詳
総数	2時間未満減	2～4時間未満減	4～6時間未満減	6～8時間未満減	8時間以上減		
29	11	7	3	2	6	12	101
・	・	・	・	・	・	－	1
－	－	・	・	・	・	－	19
3	3	－	・	・	・	－	22
1	1	－	－	・	・	1	14
3	1	1	1	－	・	1	3
22	6	6	2	2	6	10	7
・	・	・	・	・	・	・	35
6	5	1	－	－	－	－	65
・	・	・	・	・	・	－	1
－	－	・	・	・	・	－	19
3	3	－	・	・	・	－	21
1	1	－	－	・	・	－	8
1	－	1	－	－	・	－	－
1	1	－	－	－	－	－	－
・	・	・	・	・	・	・	16
18	4	4	3	2	5	9	21
・	・	・	・	・	・	－	－
－	－	・	・	・	・	－	－
－	－	－	・	・	・	－	1
－	－	－	－	・	・	－	3
1	－	－	1	－	・	1	－
17	4	4	2	2	5	8	4
・	・	・	・	・	・	・	13
5	2	2	－	－	1	3	15
・	・	・	・	・	・	－	－
－	－	・	・	・	・	－	－
－	－	－	・	・	・	－	－
－	－	－	－	・	・	1	3
1	1	－	－	－	・	－	3
4	1	2	－	－	1	2	3
・	・	・	・	・	・	・	6
16	5	6	4	－	1	14	72
・	・	・	・	・	・	－	－
－	－	・	・	・	・	－	8
－	－	－	・	・	・	－	21
2	1	1	－	・	・	－	2
2	－	2	－	－	・	－	5
12	4	3	4	－	1	14	12
・	・	・	・	・	・	・	24
1	1	－	－	－	－	－	38
・	・	・	・	・	・	－	－
－	－	・	・	・	・	－	7
－	－	－	・	・	・	－	21
1	1	－	－	・	・	－	－
－	－	－	－	－	・	－	－
－	－	－	－	－	－	－	－
・	・	・	・	・	・	・	10
6	2	4	－	－	－	11	28
・	・	・	・	・	・	－	－
－	－	・	・	・	・	－	1
－	－	－	・	・	・	－	－
－	－	－	－	・	・	－	1
2	－	2	－	－	・	－	4
4	2	2	－	－	－	11	8
・	・	・	・	・	・	・	14
9	2	2	4	－	1	3	6
・	・	・	・	・	・	－	－
－	－	・	・	・	・	－	－
－	－	－	・	・	・	－	－
1	－	1	－	・	・	－	1
－	－	－	－	－	・	－	1
8	2	1	4	－	1	3	4
・	・	・	・	・	・	・	－

第38表　この４年間に子どもが生まれた夫婦数、妻の年齢階級、出生順位、出生前の

平　日

妻の年齢階級 出生順位 出生前の妻の家事・育児時間	総数	出生前後の増加 総数	出生前後の増加 2時間未満増	出生前後の増加 2～4時間未満増	出生前後の増加 4～6時間未満増	出生前後の増加 6～8時間未満増	出生前後の増加 8時間以上増
36～40歳	15	11	1	1	1	4	4
家事・育児時間なし	–	–	–	–	–	–	–
２時間未満	–	–	–	–	–	–	–
２～４時間未満	4	3	1	–	–	–	2
４～６時間未満	4	2	–	–	–	1	1
６～８時間未満	2	1	–	–	–	1	–
８時間以上	5	5	–	1	1	2	1
不詳	–	・	・	・	・	・	・
第１子出産	4	2	–	–	–	–	2
家事・育児時間なし	–	–	–	–	–	–	–
２時間未満	–	–	–	–	–	–	–
２～４時間未満	2	1	–	–	–	–	1
４～６時間未満	2	1	–	–	–	–	1
６～８時間未満	–	–	–	–	–	–	–
８時間以上	–	–	–	–	–	–	–
不詳	–	・	・	・	・	・	・
第２子出産	6	4	–	–	1	2	1
家事・育児時間なし	–	–	–	–	–	–	–
２時間未満	–	–	–	–	–	–	–
２～４時間未満	1	1	–	–	–	–	1
４～６時間未満	2	1	–	–	–	1	–
６～８時間未満	1	–	–	–	–	–	–
８時間以上	2	2	–	–	1	1	–
不詳	–	・	・	・	・	・	・
第３子以降出産	5	5	1	1	–	2	1
家事・育児時間なし	–	–	–	–	–	–	–
２時間未満	–	–	–	–	–	–	–
２～４時間未満	1	1	1	–	–	–	–
４～６時間未満	–	–	–	–	–	–	–
６～８時間未満	1	1	–	–	–	1	–
８時間以上	3	3	–	1	–	1	1
不詳	–	・	・	・	・	・	・
41歳以上	1	–	–	–	–	–	–
家事・育児時間なし	–	–	–	–	–	–	–
２時間未満	–	–	–	–	–	–	–
２～４時間未満	–	–	–	–	–	–	–
４～６時間未満	–	–	–	–	–	–	–
６～８時間未満	1	–	–	–	–	–	–
８時間以上	–	–	–	–	–	–	–
不詳	–	・	・	・	・	・	・
第１子出産	–	–	–	–	–	–	–
家事・育児時間なし	–	–	–	–	–	–	–
２時間未満	–	–	–	–	–	–	–
２～４時間未満	–	–	–	–	–	–	–
４～６時間未満	–	–	–	–	–	–	–
６～８時間未満	–	–	–	–	–	–	–
８時間以上	–	–	–	–	–	–	–
不詳	–	・	・	・	・	・	・
第２子出産	–	–	–	–	–	–	–
家事・育児時間なし	–	–	–	–	–	–	–
２時間未満	–	–	–	–	–	–	–
２～４時間未満	–	–	–	–	–	–	–
４～６時間未満	–	–	–	–	–	–	–
６～８時間未満	–	–	–	–	–	–	–
８時間以上	–	–	–	–	–	–	–
不詳	–	・	・	・	・	・	・
第３子以降出産	1	–	–	–	–	–	–
家事・育児時間なし	–	–	–	–	–	–	–
２時間未満	–	–	–	–	–	–	–
２～４時間未満	–	–	–	–	–	–	–
４～６時間未満	–	–	–	–	–	–	–
６～８時間未満	1	–	–	–	–	–	–
８時間以上	–	–	–	–	–	–	–
不詳	–	・	・	・	・	・	・

注：１）集計対象は、①または②に該当するこの４年間に子どもが生まれた同居夫婦である。ただし、妻の出生前データが得られていない夫婦は除く。
①第１回から第５回まで双方が回答した夫婦
②第１回に独身で第４回までの間に結婚し、結婚後第５回まで回答した夫婦
２）年齢は、出生後の年齢である。
３）４年間で２人以上出生ありの場合は、末子について計上している。

妻の家事・育児時間（平日・休日）、出生前後の妻の家事・育児時間の増減（平日・休日）別（6－3）

第5回調査（平成28年）

妻の家事・育児時間の増減							
減少						変化なし	不詳
総数	2時間未満減	2～4時間未満減	4～6時間未満減	6～8時間未満減	8時間以上減		
-	-	-	-	-	-	2	2
・	・	・	・	・	・	-	-
-	-	・	・	・	・	-	-
-	-	-	・	・	・	-	1
-	-	-	-	・	・	2	-
-	-	-	-	-	・	-	1
-	-	-	-	-	-	-	-
・	・	・	・	・	・	・	-
-	-	-	-	-	-	1	1
・	・	・	・	・	・	-	-
-	-	・	・	・	・	-	-
-	-	-	・	・	・	-	1
-	-	-	-	・	・	1	-
-	-	-	-	-	・	-	-
-	-	-	-	-	-	-	-
・	・	・	・	・	・	・	-
-	-	-	-	-	-	1	1
・	・	・	・	・	・	-	-
-	-	・	・	・	・	-	-
-	-	-	・	・	・	-	-
-	-	-	-	・	・	1	-
-	-	-	-	-	・	-	1
-	-	-	-	-	-	-	-
・	・	・	・	・	・	・	-
-	-	-	-	-	-	-	-
・	・	・	・	・	・	-	-
-	-	・	・	・	・	-	-
-	-	-	・	・	・	-	-
-	-	-	-	・	・	-	-
-	-	-	-	-	・	-	-
-	-	-	-	-	-	-	-
・	・	・	・	・	・	・	-
-	-	-	-	-	-	-	1
・	・	・	・	・	・	-	-
-	-	・	・	・	・	-	-
-	-	-	・	・	・	-	-
-	-	-	-	・	・	-	-
-	-	-	-	-	・	-	1
-	-	-	-	-	-	-	-
・	・	・	・	・	・	・	-
-	-	-	-	-	-	-	-
・	・	・	・	・	・	-	-
-	-	・	・	・	・	-	-
-	-	-	・	・	・	-	-
-	-	-	-	・	・	-	-
-	-	-	-	-	・	-	-
-	-	-	-	-	-	-	-
・	・	・	・	・	・	・	-
-	-	-	-	-	-	-	-
・	・	・	・	・	・	-	-
-	-	・	・	・	・	-	-
-	-	-	・	・	・	-	-
-	-	-	-	・	・	-	-
-	-	-	-	-	・	-	-
-	-	-	-	-	-	-	-
・	・	・	・	・	・	・	-
-	-	-	-	-	-	-	1
・	・	・	・	・	・	-	-
-	-	・	・	・	・	-	-
-	-	-	・	・	・	-	-
-	-	-	-	・	・	-	-
-	-	-	-	-	・	-	1
-	-	-	-	-	-	-	-
・	・	・	・	・	・	・	-

第38表　この４年間に子どもが生まれた夫婦数、妻の年齢階級、出生順位、出生前の

休　日

妻の年齢階級 出生順位 出生前の妻の家事・育児時間	総数	出生前後の増加 総数	２時間未満増	２～４時間未満増	４～６時間未満増	６～８時間未満増	８時間以上増
総数	684	512	38	60	57	52	305
家事・育児時間なし	3	3	–	–	1	–	2
２時間未満	31	31	–	1	1	3	26
２～４時間未満	170	161	4	6	7	14	130
４～６時間未満	129	124	3	8	12	14	87
６～８時間未満	41	40	–	7	5	4	24
８時間以上	261	153	31	38	31	17	36
不詳	49	·	·	·	·	·	·
第１子出産	387	337	7	19	23	32	256
家事・育児時間なし	3	3	–	–	1	–	2
２時間未満	29	29	–	1	1	3	24
２～４時間未満	164	155	4	6	7	12	126
４～６時間未満	114	109	2	7	10	12	78
６～８時間未満	28	28	–	3	2	3	20
８時間以上	15	13	1	2	2	2	6
不詳	34	·	·	·	·	·	·
第２子出産	210	127	18	25	28	13	43
家事・育児時間なし	–	–	–	–	–	–	–
２時間未満	2	2	–	–	–	–	2
２～４時間未満	5	5	–	–	–	1	4
４～６時間未満	14	14	1	1	2	1	9
６～８時間未満	12	11	–	3	3	1	4
８時間以上	164	95	17	21	23	10	24
不詳	13	·	·	·	·	·	·
第３子以降出産	87	48	13	16	6	7	6
家事・育児時間なし	–	–	–	–	–	–	–
２時間未満	–	–	–	–	–	–	–
２～４時間未満	1	1	–	–	–	1	–
４～６時間未満	1	1	–	–	–	1	–
６～８時間未満	1	1	–	1	–	–	–
８時間以上	82	45	13	15	6	5	6
不詳	2	·	·	·	·	·	·
25歳以下	52	36	4	5	3	4	20
家事・育児時間なし	–	–	–	–	–	–	–
２時間未満	5	5	–	–	–	1	4
２～４時間未満	5	5	–	–	–	–	5
４～６時間未満	8	8	1	–	1	1	5
６～８時間未満	5	5	–	1	–	1	3
８時間以上	23	13	3	4	2	1	3
不詳	6	·	·	·	·	·	·
第１子出産	29	22	1	1	–	2	18
家事・育児時間なし	–	–	–	–	–	–	–
２時間未満	5	5	–	–	–	1	4
２～４時間未満	5	5	–	–	–	–	5
４～６時間未満	7	7	1	–	–	1	5
６～８時間未満	4	4	–	1	–	–	3
８時間以上	2	1	–	–	–	–	1
不詳	6	·	·	·	·	·	·
第２子出産	21	13	3	3	3	2	2
家事・育児時間なし	–	–	–	–	–	–	–
２時間未満	–	–	–	–	–	–	–
２～４時間未満	–	–	–	–	–	–	–
４～６時間未満	1	1	–	–	1	–	–
６～８時間未満	1	1	–	–	–	1	–
８時間以上	19	11	3	3	2	1	2
不詳	–	·	·	·	·	·	·
第３子以降出産	2	1	–	1	–	–	–
家事・育児時間なし	–	–	–	–	–	–	–
２時間未満	–	–	–	–	–	–	–
２～４時間未満	–	–	–	–	–	–	–
４～６時間未満	–	–	–	–	–	–	–
６～８時間未満	–	–	–	–	–	–	–
８時間以上	2	1	–	1	–	–	–
不詳	–	·	·	·	·	·	·

注：１）集計対象は、①または②に該当するこの４年間に子どもが生まれた同居夫婦である。ただし、妻の出生前データが得られていない夫婦は除く。
①第１回から第５回まで双方が回答した夫婦
②第１回に独身で第４回までの間に結婚し、結婚後第５回まで回答した夫婦
２）年齢は、出生後の年齢である。
３）４年間で２人以上出生ありの場合は、末子について計上している。

第5回調査（平成28年）

妻の家事・育児時間の増減							
減少						変化なし	不詳
総数	2時間未満減	2～4時間未満減	4～6時間未満減	6～8時間未満減	8時間以上減		
61	15	23	11	4	8	48	63
・	・	・	・	・	・	－	－
－	－	・	・	・	・	－	－
4	4	－	・	・	・	1	4
2	1	1	－	・	・	1	2
－	－	－	－	－	・	1	－
55	10	22	11	4	8	45	8
・	・	・	・	・	・	・	49
8	5	1	－	1	1	2	40
・	・	・	・	・	・	－	－
－	－	・	・	・	・	－	－
4	4	－	・	・	・	1	4
2	1	1	－	・	・	1	2
－	－	－	－	－	・	－	－
2	－	－	－	1	1	－	－
・	・	・	・	・	・	・	34
38	6	18	6	3	5	27	18
・	・	・	・	・	・	－	－
－	－	・	・	・	・	－	－
－	－	－	・	・	・	－	－
－	－	－	－	・	・	－	－
－	－	－	－	－	・	1	－
38	6	18	6	3	5	26	5
・	・	・	・	・	・	・	13
15	4	4	5	－	2	19	5
・	・	・	・	・	・	－	－
－	－	・	・	・	・	－	－
－	－	－	・	・	・	－	－
－	－	－	－	・	・	－	－
－	－	－	－	－	・	－	－
15	4	4	5	－	2	19	3
・	・	・	・	・	・	・	2
5	1	3	－	－	1	4	7
・	・	・	・	・	・	－	－
－	－	・	・	・	・	－	－
－	－	－	・	・	・	－	－
－	－	－	－	・	・	－	－
－	－	－	－	－	・	－	－
5	1	3	－	－	1	4	1
・	・	・	・	・	・	・	6
1	－	－	－	－	1	－	6
・	・	・	・	・	・	－	－
－	－	・	・	・	・	－	－
－	－	－	・	・	・	－	－
－	－	－	－	・	・	－	－
－	－	－	－	－	・	－	－
1	－	－	－	－	1	－	－
・	・	・	・	・	・	・	6
4	1	3	－	－	－	3	1
・	・	・	・	・	・	－	－
－	－	・	・	・	・	－	－
－	－	－	・	・	・	－	－
－	－	－	－	・	・	－	－
－	－	－	－	－	・	－	－
4	1	3	－	－	－	3	1
・	・	・	・	・	・	・	－
－	－	－	－	－	－	1	－
・	・	・	・	・	・	－	－
－	－	・	・	・	・	－	－
－	－	－	・	・	・	－	－
－	－	－	－	・	・	－	－
－	－	－	－	－	・	－	－
－	－	－	－	－	－	1	－
・	・	・	・	・	・	・	－

第38表　この４年間に子どもが生まれた夫婦数、妻の年齢階級、出生順位、出生前の

休　日

妻の年齢階級 出生順位 出生前の妻の家事・育児時間	総数	出生前後の増加					
		総数	２時間未満増	２～４時間未満増	４～６時間未満増	６～８時間未満増	８時間以上増
26～30歳	376	293	19	24	34	25	191
家事・育児時間なし	1	1	-	-	-	-	1
２時間未満	21	21	-	1	1	2	17
２～４時間未満	115	111	3	5	6	8	89
４～６時間未満	75	72	1	2	8	8	53
６～８時間未満	21	21	-	1	2	3	15
８時間以上	114	67	15	15	17	4	16
不詳	29	・	・	・	・	・	・
第１子出産	245	221	5	10	18	22	166
家事・育児時間なし	1	1	-	-	-	-	1
２時間未満	20	20	-	1	1	2	16
２～４時間未満	113	109	3	5	6	8	87
４～６時間未満	67	64	1	2	8	7	46
６～８時間未満	16	16	-	-	1	3	12
８時間以上	11	11	1	2	2	2	4
不詳	17	・	・	・	・	・	・
第２子出産	94	54	9	8	14	2	21
家事・育児時間なし	-	-	-	-	-	-	-
２時間未満	1	1	-	-	-	-	1
２～４時間未満	2	2	-	-	-	-	2
４～６時間未満	7	7	-	-	-	-	7
６～８時間未満	5	5	-	1	1	-	3
８時間以上	69	39	9	7	13	2	8
不詳	10	・	・	・	・	・	・
第３子以降出産	37	18	5	6	2	1	4
家事・育児時間なし	-	-	-	-	-	-	-
２時間未満	-	-	-	-	-	-	-
２～４時間未満	-	-	-	-	-	-	-
４～６時間未満	1	1	-	-	-	1	-
６～８時間未満	-	-	-	-	-	-	-
８時間以上	34	17	5	6	2	-	4
不詳	2	・	・	・	・	・	・
31～35歳	240	171	14	28	16	21	92
家事・育児時間なし	2	2	-	-	1	-	1
２時間未満	5	5	-	-	-	-	5
２～４時間未満	47	42	-	1	-	6	35
４～６時間未満	45	43	1	6	3	5	28
６～８時間未満	14	13	-	5	2	-	6
８時間以上	113	66	13	16	10	10	17
不詳	14	・	・	・	・	・	・
第１子出産	109	90	-	8	4	8	70
家事・育児時間なし	2	2	-	-	1	-	1
２時間未満	4	4	-	-	-	-	4
２～４時間未満	43	38	-	1	-	4	33
４～６時間未満	39	37	-	5	2	4	26
６～８時間未満	8	8	-	2	1	-	5
８時間以上	2	1	-	-	-	-	1
不詳	11	・	・	・	・	・	・
第２子出産	89	56	6	12	9	9	20
家事・育児時間なし	-	-	-	-	-	-	-
２時間未満	1	1	-	-	-	-	1
２～４時間未満	3	3	-	-	-	1	2
４～６時間未満	6	6	1	1	1	1	2
６～８時間未満	5	4	-	2	1	-	1
８時間以上	71	42	5	9	7	7	14
不詳	3	・	・	・	・	・	・
第３子以降出産	42	25	8	8	3	4	2
家事・育児時間なし	-	-	-	-	-	-	-
２時間未満	-	-	-	-	-	-	-
２～４時間未満	1	1	-	-	-	1	-
４～６時間未満	-	-	-	-	-	-	-
６～８時間未満	1	1	-	1	-	-	-
８時間以上	40	23	8	7	3	3	2
不詳	-	・	・	・	・	・	・

注：１）集計対象は、①または②に該当するこの４年間に子どもが生まれた同居夫婦である。ただし、妻の出生前データが得られていない夫婦は除く。
①第１回から第５回まで双方が回答した夫婦
②第１回に独身で第４回までの間に結婚し、結婚後第５回まで回答した夫婦
２）年齢は、出生後の年齢である。
３）４年間で２人以上出生ありの場合は、末子について計上している。

妻の家事・育児時間（平日・休日）、出生前後の妻の家事・育児時間の増減（平日・休日）別（6－5）

第5回調査（平成28年）

	妻の家事・育児時間の増減							
	減少						変化なし	不詳
	総数	2時間未満減	2～4時間未満減	4～6時間未満減	6～8時間未満減	8時間以上減		
	28	9	11	3	2	3	21	34
	・	・	・	・	・	・	－	－
	－	－	・	・	・	・	－	－
	3	3	－	・	・	・	－	1
	2	1	1	－	・	・	－	1
	－	－	－	－	－	・	－	－
	23	5	10	3	2	3	21	3
	・	・	・	・	・	・	・	29
	5	4	1	－	－	－	－	19
	・	・	・	・	・	・	－	－
	－	－	・	・	・	・	－	－
	3	3	－	・	・	・	－	1
	2	1	1	－	・	・	－	1
	－	－	－	－	－	・	－	－
	－	－	－	－	－	－	－	－
	・	・	・	・	・	・	・	17
	17	3	7	2	2	3	11	12
	・	・	・	・	・	・	－	－
	－	－	・	・	・	・	－	－
	－	－	－	・	・	・	－	－
	－	－	－	－	・	・	－	－
	－	－	－	－	－	・	－	－
	17	3	7	2	2	3	11	2
	・	・	・	・	・	・	・	10
	6	2	3	1	－	－	10	3
	・	・	・	・	・	・	－	－
	－	－	・	・	・	・	－	－
	－	－	－	・	・	・	－	－
	－	－	－	－	・	・	－	－
	－	－	－	－	－	・	－	－
	6	2	3	1	－	－	10	1
	・	・	・	・	・	・	・	2
	26	5	8	8	2	3	22	21
	・	・	・	・	・	・	－	－
	－	－	・	・	・	・	－	－
	1	1	－	・	・	・	1	3
	－	－	－	－	・	・	1	1
	－	－	－	－	－	・	1	－
	25	4	8	8	2	3	19	3
	・	・	・	・	・	・	・	14
	2	1	－	－	1	－	2	15
	・	・	・	・	・	・	－	－
	－	－	・	・	・	・	－	－
	1	1	－	・	・	・	1	3
	－	－	－	－	・	・	1	1
	－	－	－	－	－	・	－	－
	1	－	－	－	1	－	－	－
	・	・	・	・	・	・	・	11
	16	2	8	4	1	1	12	5
	・	・	・	・	・	・	－	－
	－	－	・	・	・	・	－	－
	－	－	－	・	・	・	－	－
	－	－	－	－	・	・	－	－
	－	－	－	－	－	・	1	－
	16	2	8	4	1	1	11	2
	・	・	・	・	・	・	・	3
	8	2	－	4	－	2	8	1
	・	・	・	・	・	・	－	－
	－	－	・	・	・	・	－	－
	－	－	－	・	・	・	－	－
	－	－	－	－	・	・	－	－
	－	－	－	－	－	・	－	－
	8	2	－	4	－	2	8	1
	・	・	・	・	・	・	・	－

第38表　この４年間に子どもが生まれた夫婦数、妻の年齢階級、出生順位、出生前の

休　日

妻の年齢階級 出生順位 出生前の妻の家事・育児時間	総数	出生前後の増加					
		総数	２時間未満増	２～４時間未満増	４～６時間未満増	６～８時間未満増	８時間以上増
36～40歳	15	12	1	3	4	2	2
家事・育児時間なし	–	–	–	–	–	–	–
２時間未満	–	–	–	–	–	–	–
２～４時間未満	3	3	1	–	1	–	1
４～６時間未満	1	1	–	–	–	–	1
６～８時間未満	1	1	–	–	1	–	–
８時間以上	10	7	–	3	2	2	–
不詳	–	・	・	・	・	・	・
第１子出産	4	4	1	–	1	–	2
家事・育児時間なし	–	–	–	–	–	–	–
２時間未満	–	–	–	–	–	–	–
２～４時間未満	3	3	1	–	1	–	1
４～６時間未満	1	1	–	–	–	–	1
６～８時間未満	–	–	–	–	–	–	–
８時間以上	–	–	–	–	–	–	–
不詳	–	・	・	・	・	・	・
第２子出産	6	4	–	2	2	–	–
家事・育児時間なし	–	–	–	–	–	–	–
２時間未満	–	–	–	–	–	–	–
２～４時間未満	–	–	–	–	–	–	–
４～６時間未満	–	–	–	–	–	–	–
６～８時間未満	1	1	–	–	1	–	–
８時間以上	5	3	–	2	1	–	–
不詳	–	・	・	・	・	・	・
第３子以降出産	5	4	–	1	1	2	–
家事・育児時間なし	–	–	–	–	–	–	–
２時間未満	–	–	–	–	–	–	–
２～４時間未満	–	–	–	–	–	–	–
４～６時間未満	–	–	–	–	–	–	–
６～８時間未満	–	–	–	–	–	–	–
８時間以上	5	4	–	1	1	2	–
不詳	–	・	・	・	・	・	・
41歳以上	1	–	–	–	–	–	–
家事・育児時間なし	–	–	–	–	–	–	–
２時間未満	–	–	–	–	–	–	–
２～４時間未満	–	–	–	–	–	–	–
４～６時間未満	–	–	–	–	–	–	–
６～８時間未満	–	–	–	–	–	–	–
８時間以上	1	–	–	–	–	–	–
不詳	–	・	・	・	・	・	・
第１子出産	–	–	–	–	–	–	–
家事・育児時間なし	–	–	–	–	–	–	–
２時間未満	–	–	–	–	–	–	–
２～４時間未満	–	–	–	–	–	–	–
４～６時間未満	–	–	–	–	–	–	–
６～８時間未満	–	–	–	–	–	–	–
８時間以上	–	–	–	–	–	–	–
不詳	–	・	・	・	・	・	・
第２子出産	–	–	–	–	–	–	–
家事・育児時間なし	–	–	–	–	–	–	–
２時間未満	–	–	–	–	–	–	–
２～４時間未満	–	–	–	–	–	–	–
４～６時間未満	–	–	–	–	–	–	–
６～８時間未満	–	–	–	–	–	–	–
８時間以上	–	–	–	–	–	–	–
不詳	–	・	・	・	・	・	・
第３子以降出産	1	–	–	–	–	–	–
家事・育児時間なし	–	–	–	–	–	–	–
２時間未満	–	–	–	–	–	–	–
２～４時間未満	–	–	–	–	–	–	–
４～６時間未満	–	–	–	–	–	–	–
６～８時間未満	–	–	–	–	–	–	–
８時間以上	1	–	–	–	–	–	–
不詳	–	・	・	・	・	・	・

注：１）集計対象は、①または②に該当するこの４年間に子どもが生まれた同居夫婦である。ただし、妻の出生前データが得られていない夫婦は除く。
①第１回から第５回まで双方が回答した夫婦
②第１回に独身で第４回までの間に結婚し、結婚後第５回まで回答した夫婦
２）年齢は、出生後の年齢である。
３）４年間で２人以上出生ありの場合は、末子について計上している。

妻の家事・育児時間（平日・休日）、出生前後の妻の家事・育児時間の増減（平日・休日）別（6－6）

第5回調査（平成28年）

妻の家事・育児時間の増減							
減少						変化なし	不詳
総数	2時間未満減	2～4時間未満減	4～6時間未満減	6～8時間未満減	8時間以上減		
2	-	1	-	-	1	1	-
・	・	・	・	・	・	-	-
-	-	・	・	・	・	-	-
-	-	-	・	・	・	-	-
-	-	-	-	・	・	-	-
-	-	-	-	-	・	-	-
2	-	1	-	-	1	1	-
・	・	・	・	・	・	・	-
-	-	-	-	-	-	-	-
・	・	・	・	・	・	-	-
-	-	・	・	・	・	-	-
-	-	-	・	・	・	-	-
-	-	-	-	・	・	-	-
-	-	-	-	-	・	-	-
-	-	-	-	-	-	-	-
・	・	・	・	・	・	・	-
1	-	-	-	-	1	1	-
・	・	・	・	・	・	-	-
-	-	・	・	・	・	-	-
-	-	-	・	・	・	-	-
-	-	-	-	・	・	-	-
-	-	-	-	-	・	-	-
1	-	-	-	-	1	1	-
・	・	・	・	・	・	・	-
1	-	1	-	-	-	-	-
・	・	・	・	・	・	-	-
-	-	・	・	・	・	-	-
-	-	-	・	・	・	-	-
-	-	-	-	・	・	-	-
-	-	-	-	-	・	-	-
1	-	1	-	-	-	-	-
・	・	・	・	・	・	・	-
-	-	-	-	-	-	-	1
・	・	・	・	・	・	-	-
-	-	・	・	・	・	-	-
-	-	-	・	・	・	-	-
-	-	-	-	・	・	-	-
-	-	-	-	-	・	-	-
-	-	-	-	-	-	-	1
・	・	・	・	・	・	・	-
-	-	-	-	-	-	-	-
・	・	・	・	・	・	-	-
-	-	・	・	・	・	-	-
-	-	-	・	・	・	-	-
-	-	-	-	・	・	-	-
-	-	-	-	-	・	-	-
-	-	-	-	-	-	-	-
・	・	・	・	・	・	・	-
-	-	-	-	-	-	-	-
・	・	・	・	・	・	-	-
-	-	・	・	・	・	-	-
-	-	-	・	・	・	-	-
-	-	-	-	・	・	-	-
-	-	-	-	-	・	-	-
-	-	-	-	-	-	-	-
・	・	・	・	・	・	・	-
-	-	-	-	-	-	-	1
・	・	・	・	・	・	-	-
-	-	・	・	・	・	-	-
-	-	-	・	・	・	-	-
-	-	-	-	・	・	-	-
-	-	-	-	-	・	-	-
-	-	-	-	-	-	-	1
・	・	・	・	・	・	・	-

第39表　この４年間に子どもが生まれた夫婦数、妻の年齢階級、出生順位、出生前後の夫

平　日

妻の年齢階級 出生順位 出生前後の夫の家事・育児時間の増減	総数	出生前後の					
		増加					
		総数	2時間未満増	2～4時間未満増	4～6時間未満増	6～8時間未満増	8時間以上増
総数	684	409	19	44	43	48	255
増加	358	238	6	19	25	26	162
2時間未満増	256	181	4	16	20	17	124
2～4時間未満増	86	49	2	3	4	8	32
4～6時間未満増	9	5	–	–	–	–	5
6～8時間未満増	3	3	–	–	1	1	1
8時間以上増	4	–	–	–	–	–	–
減少	145	76	3	10	9	10	44
2時間未満減	120	66	3	9	7	9	38
2～4時間未満減	21	7	–	1	1	–	5
4～6時間未満減	1	–	–	–	–	–	–
6～8時間未満減	2	2	–	–	1	1	–
8時間以上減	1	1	–	–	–	–	1
変化なし	125	65	9	9	7	11	29
不詳	56	30	1	6	2	1	20
第1子出産	387	262	4	19	18	25	196
増加	235	175	1	9	14	17	134
2時間未満増	173	141	1	8	13	11	108
2～4時間未満増	51	29	–	1	1	5	22
4～6時間未満増	6	3	–	–	–	–	3
6～8時間未満増	2	2	–	–	–	1	1
8時間以上増	3	–	–	–	–	–	–
減少	58	39	1	3	3	4	28
2時間未満減	53	36	1	3	3	3	26
2～4時間未満減	2	1	–	–	–	–	1
4～6時間未満減	1	–	–	–	–	–	–
6～8時間未満減	1	1	–	–	–	1	–
8時間以上減	1	1	–	–	–	–	1
変化なし	50	24	2	2	–	3	17
不詳	44	24	–	5	1	1	17
第2子出産	210	104	10	15	20	16	43
増加	87	48	4	7	9	5	23
2時間未満増	60	32	3	6	6	4	13
2～4時間未満増	23	14	1	1	3	1	8
4～6時間未満増	3	2	–	–	–	–	2
6～8時間未満増	–	–	–	–	–	–	–
8時間以上増	1	–	–	–	–	–	–
減少	65	27	2	5	6	5	9
2時間未満減	50	22	2	4	4	5	7
2～4時間未満減	14	4	–	1	1	–	2
4～6時間未満減	–	–	–	–	–	–	–
6～8時間未満減	1	1	–	–	1	–	–
8時間以上減	–	–	–	–	–	–	–
変化なし	48	24	3	3	4	6	8
不詳	10	5	1	–	1	–	3
第3子以降出産	87	43	5	10	5	7	16
増加	36	15	1	3	2	4	5
2時間未満増	23	8	–	2	1	2	3
2～4時間未満増	12	6	1	1	–	2	2
4～6時間未満増	–	–	–	–	–	–	–
6～8時間未満増	1	1	–	–	1	–	–
8時間以上増	–	–	–	–	–	–	–
減少	22	10	–	2	–	1	7
2時間未満減	17	8	–	2	–	1	5
2～4時間未満減	5	2	–	–	–	–	2
4～6時間未満減	–	–	–	–	–	–	–
6～8時間未満減	–	–	–	–	–	–	–
8時間以上減	–	–	–	–	–	–	–
変化なし	27	17	4	4	3	2	4
不詳	2	1	–	1	–	–	–

注：１）集計対象は、①または②に該当するこの４年間に子どもが生まれた同居夫婦である。ただし、妻の出生前データが得られていない夫婦は除く。
　　　①第１回から第５回まで双方が回答した夫婦
　　　②第１回に独身で第４回までの間に結婚し、結婚後第５回まで回答した夫婦
　　２）年齢は、出生後の年齢である。
　　３）４年間で２人以上出生ありの場合は、末子について計上している。

の家事・育児時間の増減（平日・休日）、出生前後の妻の家事・育児時間の増減（平日・休日）別（12－１）

第５回調査（平成28年）

妻の家事・育児時間の増減							
減少						変化なし	不詳
総数	２時間未満減	２～４時間未満減	４～６時間未満減	６～８時間未満減	８時間以上減		
48	16	15	8	2	7	33	194
24	9	11	1	－	3	10	86
17	6	7	1	－	3	5	53
6	2	4	－	－	－	5	26
－	－	－	－	－	－	－	4
－	－	－	－	－	－	－	－
1	1	－	－	－	－	－	3
14	5	3	4	1	1	15	40
11	4	3	3	1	－	14	29
3	1	－	1	－	1	1	10
－	－	－	－	－	－	－	1
－	－	－	－	－	－	－	－
－	－	－	－	－	－	－	－
9	2	1	3	1	2	6	45
1	－	－	－	－	1	2	23
7	6	1	－	－	－	1	117
5	4	1	－	－	－	－	55
2	2	－	－	－	－	－	30
2	1	1	－	－	－	－	20
－	－	－	－	－	－	－	3
－	－	－	－	－	－	－	－
1	1	－	－	－	－	－	2
2	2	－	－	－	－	－	17
2	2	－	－	－	－	－	15
－	－	－	－	－	－	－	1
－	－	－	－	－	－	－	1
－	－	－	－	－	－	－	－
－	－	－	－	－	－	－	－
－	－	－	－	－	－	－	26
－	－	－	－	－	－	1	19
26	6	9	4	2	5	26	54
14	4	7	1	－	2	7	18
11	3	5	1	－	2	3	14
3	1	2	－	－	－	4	2
－	－	－	－	－	－	－	1
－	－	－	－	－	－	－	－
－	－	－	－	－	－	－	1
8	2	1	3	1	1	12	18
6	1	1	3	1	－	11	11
2	1	－	－	－	1	1	7
－	－	－	－	－	－	－	－
－	－	－	－	－	－	－	－
－	－	－	－	－	－	－	－
3	－	1	－	1	1	6	15
1	－	－	－	－	1	1	3
15	4	5	4	－	2	6	23
5	1	3	－	－	1	3	13
4	1	2	－	－	1	2	9
1	－	1	－	－	－	1	4
－	－	－	－	－	－	－	－
－	－	－	－	－	－	－	－
－	－	－	－	－	－	－	－
4	1	2	1	－	－	3	5
3	1	2	－	－	－	3	3
1	－	－	1	－	－	－	2
－	－	－	－	－	－	－	－
－	－	－	－	－	－	－	－
－	－	－	－	－	－	－	－
6	2	－	3	－	1	－	4
－	－	－	－	－	－	－	1

第39表　この４年間に子どもが生まれた夫婦数、妻の年齢階級、出生順位、出生前後の夫

平　日

妻の年齢階級 出生順位 出生前後の夫の家事・育児時間の増減	総数	出生前後の					
		増加					
		総数	２時間未満増	２～４時間未満増	４～６時間未満増	６～８時間未満増	８時間以上増
25歳以下	52	26	2	1	4	4	15
増加	27	17	1	–	2	3	11
２時間未満増	15	12	–	–	1	3	8
２～４時間未満増	9	3	1	–	1	–	1
４～６時間未満増	3	2	–	–	–	–	2
６～８時間未満増	–	–	–	–	–	–	–
８時間以上増	–	–	–	–	–	–	–
減少	17	6	–	1	2	–	3
２時間未満減	14	5	–	1	2	–	2
２～４時間未満減	3	1	–	–	–	–	1
４～６時間未満減	–	–	–	–	–	–	–
６～８時間未満減	–	–	–	–	–	–	–
８時間以上減	–	–	–	–	–	–	–
変化なし	4	1	–	–	–	1	–
不詳	4	2	1	–	–	–	1
第１子出産	29	16	–	–	1	2	13
増加	18	12	–	–	–	2	10
２時間未満増	12	10	–	–	–	2	8
２～４時間未満増	4	1	–	–	–	–	1
４～６時間未満増	2	1	–	–	–	–	1
６～８時間未満増	–	–	–	–	–	–	–
８時間以上増	–	–	–	–	–	–	–
減少	7	3	–	–	1	–	2
２時間未満減	6	3	–	–	1	–	2
２～４時間未満減	1	–	–	–	–	–	–
４～６時間未満減	–	–	–	–	–	–	–
６～８時間未満減	–	–	–	–	–	–	–
８時間以上減	–	–	–	–	–	–	–
変化なし	2	–	–	–	–	–	–
不詳	2	1	–	–	–	–	1
第２子出産	21	10	2	1	3	2	2
増加	8	5	1	–	2	1	1
２時間未満増	2	2	–	–	1	1	–
２～４時間未満増	5	2	1	–	1	–	–
４～６時間未満増	1	1	–	–	–	–	1
６～８時間未満増	–	–	–	–	–	–	–
８時間以上増	–	–	–	–	–	–	–
減少	9	3	–	1	1	–	1
２時間未満減	7	2	–	1	1	–	–
２～４時間未満減	2	1	–	–	–	–	1
４～６時間未満減	–	–	–	–	–	–	–
６～８時間未満減	–	–	–	–	–	–	–
８時間以上減	–	–	–	–	–	–	–
変化なし	2	1	–	–	–	1	–
不詳	2	1	1	–	–	–	–
第３子以降出産	2	–	–	–	–	–	–
増加	1	–	–	–	–	–	–
２時間未満増	1	–	–	–	–	–	–
２～４時間未満増	–	–	–	–	–	–	–
４～６時間未満増	–	–	–	–	–	–	–
６～８時間未満増	–	–	–	–	–	–	–
８時間以上増	–	–	–	–	–	–	–
減少	1	–	–	–	–	–	–
２時間未満減	1	–	–	–	–	–	–
２～４時間未満減	–	–	–	–	–	–	–
４～６時間未満減	–	–	–	–	–	–	–
６～８時間未満減	–	–	–	–	–	–	–
８時間以上減	–	–	–	–	–	–	–
変化なし	–	–	–	–	–	–	–
不詳	–	–	–	–	–	–	–

注：１）集計対象は、①または②に該当するこの４年間に子どもが生まれた同居夫婦である。ただし、妻の出生前データが得られていない夫婦は除く。
　　①第１回から第５回まで双方が回答した夫婦
　　②第１回に独身で第４回までの間に結婚し、結婚後第５回まで回答した夫婦
２）年齢は、出生後の年齢である。
３）４年間で２人以上出生ありの場合は、末子について計上している。

の家事・育児時間の増減（平日・休日）、出生前後の妻の家事・育児時間の増減（平日・休日）別（12－2）

第5回調査（平成28年）

妻の家事・育児時間の増減							
減少						変化なし	不詳
総数	2時間未満減	2～4時間未満減	4～6時間未満減	6～8時間未満減	8時間以上減		
3	－	2	1	－	－	5	18
1	－	1	－	－	－	2	7
－	－	－	－	－	－	－	3
1	－	1	－	－	－	2	3
－	－	－	－	－	－	－	1
－	－	－	－	－	－	－	－
－	－	－	－	－	－	－	－
2	－	1	1	－	－	1	8
2	－	1	1	－	－	1	6
－	－	－	－	－	－	－	2
－	－	－	－	－	－	－	－
－	－	－	－	－	－	－	－
－	－	－	－	－	－	－	－
－	－	－	－	－	－	1	2
－	－	－	－	－	－	1	1
－	－	－	－	－	－	－	13
－	－	－	－	－	－	－	6
－	－	－	－	－	－	－	2
－	－	－	－	－	－	－	3
－	－	－	－	－	－	－	1
－	－	－	－	－	－	－	－
－	－	－	－	－	－	－	－
－	－	－	－	－	－	－	4
－	－	－	－	－	－	－	3
－	－	－	－	－	－	－	1
－	－	－	－	－	－	－	－
－	－	－	－	－	－	－	－
－	－	－	－	－	－	－	－
－	－	－	－	－	－	－	2
－	－	－	－	－	－	－	1
2	－	1	1	－	－	5	4
1	－	1	－	－	－	2	－
－	－	－	－	－	－	－	－
1	－	1	－	－	－	2	－
－	－	－	－	－	－	－	－
－	－	－	－	－	－	－	－
－	－	－	－	－	－	－	－
1	－	－	1	－	－	1	4
1	－	－	1	－	－	1	3
－	－	－	－	－	－	－	1
－	－	－	－	－	－	－	－
－	－	－	－	－	－	－	－
－	－	－	－	－	－	－	－
－	－	－	－	－	－	1	－
－	－	－	－	－	－	1	－
1	－	1	－	－	－	－	1
－	－	－	－	－	－	－	1
－	－	－	－	－	－	－	1
－	－	－	－	－	－	－	－
－	－	－	－	－	－	－	－
－	－	－	－	－	－	－	－
－	－	－	－	－	－	－	－
1	－	1	－	－	－	－	－
1	－	1	－	－	－	－	－
－	－	－	－	－	－	－	－
－	－	－	－	－	－	－	－
－	－	－	－	－	－	－	－
－	－	－	－	－	－	－	－
－	－	－	－	－	－	－	－
－	－	－	－	－	－	－	－

第39表　この４年間に子どもが生まれた夫婦数、妻の年齢階級、出生順位、出生前後の夫

平　日

妻の年齢階級 出生順位 出生前後の夫の家事・育児時間の増減	総数	出生前後の 増加 総数	２時間未満増	２～４時間未満増	４～６時間未満増	６～８時間未満増	８時間以上増
26～30歳	376	234	9	21	21	26	157
増加	209	142	3	10	15	13	101
２時間未満増	158	114	3	9	12	9	81
２～４時間未満増	43	24	－	1	3	3	17
４～６時間未満増	5	3	－	－	－	－	3
６～８時間未満増	1	1	－	－	－	1	－
８時間以上増	2	－	－	－	－	－	－
減少	76	42	1	5	4	6	26
２時間未満減	64	36	1	4	3	5	23
２～４時間未満減	9	4	－	1	1	－	2
４～６時間未満減	1	－	－	－	－	－	－
６～８時間未満減	1	1	－	－	－	1	－
８時間以上減	1	1	－	－	－	－	1
変化なし	60	34	5	2	2	6	19
不詳	31	16	－	4	－	1	11
第１子出産	245	174	3	12	13	17	129
増加	151	116	1	7	11	11	86
２時間未満増	114	95	1	6	10	8	70
２～４時間未満増	31	18	－	1	1	2	14
４～６時間未満増	3	2	－	－	－	－	2
６～８時間未満増	1	1	－	－	－	1	－
８時間以上増	2	－	－	－	－	－	－
減少	40	28	1	2	2	3	20
２時間未満減	36	25	1	2	2	2	18
２～４時間未満減	1	1	－	－	－	－	1
４～６時間未満減	1	－	－	－	－	－	－
６～８時間未満減	1	1	－	－	－	1	－
８時間以上減	1	1	－	－	－	－	1
変化なし	29	17	1	－	－	2	14
不詳	25	13	－	3	－	1	9
第２子出産	94	46	3	6	7	7	23
増加	44	24	2	3	4	1	14
２時間未満増	33	17	2	3	2	－	10
２～４時間未満増	9	6	－	－	2	1	3
４～６時間未満増	2	1	－	－	－	－	1
６～８時間未満増	－	－	－	－	－	－	－
８時間以上増	－	－	－	－	－	－	－
減少	28	11	－	2	2	3	4
２時間未満減	21	8	－	1	1	3	3
２～４時間未満減	7	3	－	1	1	－	1
４～６時間未満減	－	－	－	－	－	－	－
６～８時間未満減	－	－	－	－	－	－	－
８時間以上減	－	－	－	－	－	－	－
変化なし	18	9	1	1	1	3	3
不詳	4	2	－	－	－	－	2
第３子以降出産	37	14	3	3	1	2	5
増加	14	2	－	－	－	1	1
２時間未満増	11	2	－	－	－	1	1
２～４時間未満増	3	－	－	－	－	－	－
４～６時間未満増	－	－	－	－	－	－	－
６～８時間未満増	－	－	－	－	－	－	－
８時間以上増	－	－	－	－	－	－	－
減少	8	3	－	1	－	－	2
２時間未満減	7	3	－	1	－	－	2
２～４時間未満減	1	－	－	－	－	－	－
４～６時間未満減	－	－	－	－	－	－	－
６～８時間未満減	－	－	－	－	－	－	－
８時間以上減	－	－	－	－	－	－	－
変化なし	13	8	3	1	1	1	2
不詳	2	1	－	1	－	－	－

注：１）集計対象は、①または②に該当するこの４年間に子どもが生まれた同居夫婦である。ただし、妻の出生前データが得られていない夫婦は除く。
　　　①第１回から第５回まで双方が回答した夫婦
　　　②第１回に独身で第４回までの間に結婚し、結婚後第５回まで回答した夫婦
　　２）年齢は、出生後の年齢である。
　　３）４年間で２人以上出生ありの場合は、末子について計上している。

の家事・育児時間の増減（平日・休日）、出生前後の妻の家事・育児時間の増減（平日・休日）別（12－３）

第５回調査（平成28年）

妻の家事・育児時間の増減							
減少						変化なし	不詳
総数	２時間未満減	２～４時間未満減	４～６時間未満減	６～８時間未満減	８時間以上減		
29	11	7	3	2	6	12	101
16	6	7	1	－	2	3	48
12	3	6	1	－	2	2	30
3	2	1	－	－	－	1	15
－	－	－	－	－	－	－	2
－	－	－	－	－	－	－	－
1	1	－	－	－	－	－	1
9	5	－	2	1	1	7	18
7	4	－	2	1	－	7	14
2	1	－	－	－	1	－	3
－	－	－	－	－	－	－	1
－	－	－	－	－	－	－	－
－	－	－	－	－	－	－	－
3	－	－	－	1	2	2	21
1	－	－	－	－	1	－	14
6	5	1	－	－	－	－	65
4	3	1	－	－	－	－	31
1	1	－	－	－	－	－	18
2	1	1	－	－	－	－	11
－	－	－	－	－	－	－	1
－	－	－	－	－	－	－	－
1	1	－	－	－	－	－	1
2	2	－	－	－	－	－	10
2	2	－	－	－	－	－	9
－	－	－	－	－	－	－	－
－	－	－	－	－	－	－	1
－	－	－	－	－	－	－	－
－	－	－	－	－	－	－	－
－	－	－	－	－	－	－	12
－	－	－	－	－	－	－	12
18	4	4	3	2	5	9	21
9	2	4	1	－	2	2	9
8	1	4	1	－	2	1	7
1	1	－	－	－	－	1	1
－	－	－	－	－	－	－	1
－	－	－	－	－	－	－	－
－	－	－	－	－	－	－	－
6	2	－	2	1	1	5	6
4	1	－	2	1	－	5	4
2	1	－	－	－	1	－	2
－	－	－	－	－	－	－	－
－	－	－	－	－	－	－	－
－	－	－	－	－	－	－	－
2	－	－	－	1	1	2	5
1	－	－	－	－	1	－	1
5	2	2	－	－	1	3	15
3	1	2	－	－	－	1	8
3	1	2	－	－	－	1	5
－	－	－	－	－	－	－	3
－	－	－	－	－	－	－	－
－	－	－	－	－	－	－	－
1	1	－	－	－	－	2	2
1	1	－	－	－	－	2	1
－	－	－	－	－	－	－	1
－	－	－	－	－	－	－	－
－	－	－	－	－	－	－	－
－	－	－	－	－	－	－	－
1	－	－	－	－	1	－	4
－	－	－	－	－	－	－	1

第39表　この４年間に子どもが生まれた夫婦数、妻の年齢階級、出生順位、出生前後の夫

平　日

妻の年齢階級 出生順位 出生前後の夫の家事・育児時間の増減	総数	出生前後の増加					
		総数	２時間未満増	２～４時間未満増	４～６時間未満増	６～８時間未満増	８時間以上増
31～35歳	240	138	7	21	17	14	79
増加	115	74	1	9	8	8	48
２時間未満増	78	52	1	7	7	4	33
２～４時間未満増	32	20	−	2	−	4	14
４～６時間未満増	1	−	−	−	−	−	−
６～８時間未満増	2	2	−	−	1	−	1
８時間以上増	2	−	−	−	−	−	−
減少	47	24	2	4	2	2	14
２時間未満減	37	21	2	4	1	2	12
２～４時間未満減	9	2	−	−	−	−	2
４～６時間未満減	−	−	−	−	−	−	−
６～８時間未満減	1	1	−	−	1	−	−
８時間以上減	−	−	−	−	−	−	−
変化なし	58	28	4	6	5	4	9
不詳	20	12	−	2	2	−	8
第１子出産	109	70	1	7	4	6	52
増加	64	45	−	2	3	4	36
２時間未満増	45	34	−	2	3	1	28
２～４時間未満増	16	10	−	−	−	3	7
４～６時間未満増	1	−	−	−	−	−	−
６～８時間未満増	1	1	−	−	−	−	1
８時間以上増	1	−	−	−	−	−	−
減少	11	8	−	1	−	1	6
２時間未満減	11	8	−	1	−	1	6
２～４時間未満減	−	−	−	−	−	−	−
４～６時間未満減	−	−	−	−	−	−	−
６～８時間未満減	−	−	−	−	−	−	−
８時間以上減	−	−	−	−	−	−	−
変化なし	18	7	1	2	−	1	3
不詳	16	10	−	2	1	−	7
第２子出産	89	44	5	8	9	5	17
増加	33	18	1	4	3	2	8
２時間未満増	23	12	1	3	3	2	3
２～４時間未満増	9	6	−	1	−	−	5
４～６時間未満増	−	−	−	−	−	−	−
６～８時間未満増	−	−	−	−	−	−	−
８時間以上増	1	−	−	−	−	−	−
減少	24	10	2	2	2	1	3
２時間未満減	18	9	2	2	1	1	3
２～４時間未満減	5	−	−	−	−	−	−
４～６時間未満減	−	−	−	−	−	−	−
６～８時間未満減	1	1	−	−	1	−	−
８時間以上減	−	−	−	−	−	−	−
変化なし	28	14	2	2	3	2	5
不詳	4	2	−	−	1	−	1
第３子以降出産	42	24	1	6	4	3	10
増加	18	11	−	3	2	2	4
２時間未満増	10	6	−	2	1	1	2
２～４時間未満増	7	4	−	1	−	1	2
４～６時間未満増	−	−	−	−	−	−	−
６～８時間未満増	1	1	−	−	1	−	−
８時間以上増	−	−	−	−	−	−	−
減少	12	6	−	1	−	−	5
２時間未満減	8	4	−	1	−	−	3
２～４時間未満減	4	2	−	−	−	−	2
４～６時間未満減	−	−	−	−	−	−	−
６～８時間未満減	−	−	−	−	−	−	−
８時間以上減	−	−	−	−	−	−	−
変化なし	12	7	1	2	2	1	1
不詳	−	−	−	−	−	−	−

注：１）集計対象は、①または②に該当するこの４年間に子どもが生まれた同居夫婦である。ただし、妻の出生前データが得られていない夫婦は除く。
①第１回から第５回まで双方が回答した夫婦
②第１回に独身で第４回までの間に結婚し、結婚後第５回まで回答した夫婦
２）年齢は、出生後の年齢である。
３）４年間で２人以上出生ありの場合は、末子について計上している。

の家事・育児時間の増減（平日・休日）、出生前後の妻の家事・育児時間の増減（平日・休日）別（12－4）

第５回調査（平成28年）

妻の家事・育児時間の増減							
減少						変化なし	不詳
総数	2時間未満減	2～4時間未満減	4～6時間未満減	6～8時間未満減	8時間以上減		
16	5	6	4	－	1	14	72
7	3	3	－	－	1	5	29
5	3	1	－	－	1	3	18
2	－	2	－	－	－	2	8
－	－	－	－	－	－	－	1
－	－	－	－	－	－	－	－
－	－	－	－	－	－	－	2
3	－	2	1	－	－	6	14
2	－	2	－	－	－	5	9
1	－	－	1	－	－	1	5
－	－	－	－	－	－	－	－
－	－	－	－	－	－	－	－
－	－	－	－	－	－	－	－
6	2	1	3	－	－	3	21
－	－	－	－	－	－	－	8
1	1	－	－	－	－	－	38
1	1	－	－	－	－	－	18
1	1	－	－	－	－	－	10
－	－	－	－	－	－	－	6
－	－	－	－	－	－	－	1
－	－	－	－	－	－	－	－
－	－	－	－	－	－	－	1
－	－	－	－	－	－	－	3
－	－	－	－	－	－	－	3
－	－	－	－	－	－	－	－
－	－	－	－	－	－	－	－
－	－	－	－	－	－	－	－
－	－	－	－	－	－	－	－
－	－	－	－	－	－	－	11
－	－	－	－	－	－	－	6
6	2	4	－	－	－	11	28
4	2	2	－	－	－	3	8
3	2	1	－	－	－	2	6
1	－	1	－	－	－	1	1
－	－	－	－	－	－	－	－
－	－	－	－	－	－	－	－
－	－	－	－	－	－	－	1
1	－	1	－	－	－	5	8
1	－	1	－	－	－	4	4
－	－	－	－	－	－	1	4
－	－	－	－	－	－	－	－
－	－	－	－	－	－	－	－
－	－	－	－	－	－	－	－
1	－	1	－	－	－	3	10
－	－	－	－	－	－	－	2
9	2	2	4	－	1	3	6
2	－	1	－	－	1	2	3
1	－	－	－	－	1	1	2
1	－	1	－	－	－	1	1
－	－	－	－	－	－	－	－
－	－	－	－	－	－	－	－
－	－	－	－	－	－	－	－
2	－	1	1	－	－	1	3
1	－	1	－	－	－	1	2
1	－	－	1	－	－	－	1
－	－	－	－	－	－	－	－
－	－	－	－	－	－	－	－
－	－	－	－	－	－	－	－
5	2	－	3	－	－	－	－
－	－	－	－	－	－	－	－

第39表　この４年間に子どもが生まれた夫婦数、妻の年齢階級、出生順位、出生前後の夫

平　日

妻の年齢階級 出生順位 出生前後の夫の家事・育児時間の増減	総数	出生前後の（増加）総数	出生前後の（増加）2時間未満増	出生前後の（増加）2～4時間未満増	出生前後の（増加）4～6時間未満増	出生前後の（増加）6～8時間未満増	出生前後の（増加）8時間以上増
36～40歳	15	11	1	1	1	4	4
増加	6	5	1	–	–	2	2
２時間未満増	4	3	–	–	–	1	2
２～４時間未満増	2	2	1	–	–	1	–
４～６時間未満増	–	–	–	–	–	–	–
６～８時間未満増	–	–	–	–	–	–	–
８時間以上増	–	–	–	–	–	–	–
減少	5	4	–	–	1	2	1
２時間未満減	5	4	–	–	1	2	1
２～４時間未満減	–	–	–	–	–	–	–
４～６時間未満減	–	–	–	–	–	–	–
６～８時間未満減	–	–	–	–	–	–	–
８時間以上減	–	–	–	–	–	–	–
変化なし	3	2	–	1	–	–	1
不詳	1	–	–	–	–	–	–
第１子出産	4	2	–	–	–	–	2
増加	2	2	–	–	–	–	2
２時間未満増	2	2	–	–	–	–	2
２～４時間未満増	–	–	–	–	–	–	–
４～６時間未満増	–	–	–	–	–	–	–
６～８時間未満増	–	–	–	–	–	–	–
８時間以上増	–	–	–	–	–	–	–
減少	–	–	–	–	–	–	–
２時間未満減	–	–	–	–	–	–	–
２～４時間未満減	–	–	–	–	–	–	–
４～６時間未満減	–	–	–	–	–	–	–
６～８時間未満減	–	–	–	–	–	–	–
８時間以上減	–	–	–	–	–	–	–
変化なし	1	–	–	–	–	–	–
不詳	1	–	–	–	–	–	–
第２子出産	6	4	–	–	1	2	1
増加	2	1	–	–	–	1	–
２時間未満増	2	1	–	–	–	1	–
２～４時間未満増	–	–	–	–	–	–	–
４～６時間未満増	–	–	–	–	–	–	–
６～８時間未満増	–	–	–	–	–	–	–
８時間以上増	–	–	–	–	–	–	–
減少	4	3	–	–	1	1	1
２時間未満減	4	3	–	–	1	1	1
２～４時間未満減	–	–	–	–	–	–	–
４～６時間未満減	–	–	–	–	–	–	–
６～８時間未満減	–	–	–	–	–	–	–
８時間以上減	–	–	–	–	–	–	–
変化なし	–	–	–	–	–	–	–
不詳	–	–	–	–	–	–	–
第３子以降出産	5	5	1	1	–	2	1
増加	2	2	1	–	–	1	–
２時間未満増	–	–	–	–	–	–	–
２～４時間未満増	2	2	1	–	–	1	–
４～６時間未満増	–	–	–	–	–	–	–
６～８時間未満増	–	–	–	–	–	–	–
８時間以上増	–	–	–	–	–	–	–
減少	1	1	–	–	–	1	–
２時間未満減	1	1	–	–	–	1	–
２～４時間未満減	–	–	–	–	–	–	–
４～６時間未満減	–	–	–	–	–	–	–
６～８時間未満減	–	–	–	–	–	–	–
８時間以上減	–	–	–	–	–	–	–
変化なし	2	2	–	1	–	–	1
不詳	–	–	–	–	–	–	–

注：１）集計対象は、①または②に該当するこの４年間に子どもが生まれた同居夫婦である。ただし、妻の出生前データが得られていない夫婦は除く。
　①第１回から第５回まで双方が回答した夫婦
　②第１回に独身で第４回までの間に結婚し、結婚後第５回まで回答した夫婦
２）年齢は、出生後の年齢である。
３）４年間で２人以上出生ありの場合は、末子について計上している。

の家事・育児時間の増減（平日・休日）、出生前後の妻の家事・育児時間の増減（平日・休日）別（12－5）

第５回調査（平成28年）

妻の家事・育児時間の増減							
減少						変化なし	不詳
総数	2時間未満減	2～4時間未満減	4～6時間未満減	6～8時間未満減	8時間以上減		
－	－	－	－	－	－	2	2
－	－	－	－	－	－	－	1
－	－	－	－	－	－	－	1
－	－	－	－	－	－	－	－
－	－	－	－	－	－	－	－
－	－	－	－	－	－	－	－
－	－	－	－	－	－	－	－
－	－	－	－	－	－	1	－
－	－	－	－	－	－	1	－
－	－	－	－	－	－	－	－
－	－	－	－	－	－	－	－
－	－	－	－	－	－	－	－
－	－	－	－	－	－	－	－
－	－	－	－	－	－	－	1
－	－	－	－	－	－	1	－
－	－	－	－	－	－	1	1
－	－	－	－	－	－	－	－
－	－	－	－	－	－	－	－
－	－	－	－	－	－	－	－
－	－	－	－	－	－	－	－
－	－	－	－	－	－	－	－
－	－	－	－	－	－	－	－
－	－	－	－	－	－	－	－
－	－	－	－	－	－	－	－
－	－	－	－	－	－	－	－
－	－	－	－	－	－	－	－
－	－	－	－	－	－	－	－
－	－	－	－	－	－	－	－
－	－	－	－	－	－	－	1
－	－	－	－	－	－	1	－
－	－	－	－	－	－	1	1
－	－	－	－	－	－	－	1
－	－	－	－	－	－	－	1
－	－	－	－	－	－	－	－
－	－	－	－	－	－	－	－
－	－	－	－	－	－	－	－
－	－	－	－	－	－	－	－
－	－	－	－	－	－	1	－
－	－	－	－	－	－	1	－
－	－	－	－	－	－	－	－
－	－	－	－	－	－	－	－
－	－	－	－	－	－	－	－
－	－	－	－	－	－	－	－
－	－	－	－	－	－	－	－
－	－	－	－	－	－	－	－
－	－	－	－	－	－	－	－
－	－	－	－	－	－	－	－
－	－	－	－	－	－	－	－
－	－	－	－	－	－	－	－
－	－	－	－	－	－	－	－
－	－	－	－	－	－	－	－
－	－	－	－	－	－	－	－
－	－	－	－	－	－	－	－
－	－	－	－	－	－	－	－
－	－	－	－	－	－	－	－
－	－	－	－	－	－	－	－
－	－	－	－	－	－	－	－
－	－	－	－	－	－	－	－
－	－	－	－	－	－	－	－
－	－	－	－	－	－	－	－

第39表　この４年間に子どもが生まれた夫婦数、妻の年齢階級、出生順位、出生前後の夫

平　日

妻の年齢階級 出生順位 出生前後の夫の家事・育児時間の増減	総数	出生前後の					
		増加					
		総数	２時間未満増	２～４時間未満増	４～６時間未満増	６～８時間未満増	８時間以上増
41歳以上	1	–	–	–	–	–	–
増加	1	–	–	–	–	–	–
２時間未満増	1	–	–	–	–	–	–
２～４時間未満増	–	–	–	–	–	–	–
４～６時間未満増	–	–	–	–	–	–	–
６～８時間未満増	–	–	–	–	–	–	–
８時間以上増	–	–	–	–	–	–	–
減少	–	–	–	–	–	–	–
２時間未満減	–	–	–	–	–	–	–
２～４時間未満減	–	–	–	–	–	–	–
４～６時間未満減	–	–	–	–	–	–	–
６～８時間未満減	–	–	–	–	–	–	–
８時間以上減	–	–	–	–	–	–	–
変化なし	–	–	–	–	–	–	–
不詳	–	–	–	–	–	–	–
第１子出産	–	–	–	–	–	–	–
増加	–	–	–	–	–	–	–
２時間未満増	–	–	–	–	–	–	–
２～４時間未満増	–	–	–	–	–	–	–
４～６時間未満増	–	–	–	–	–	–	–
６～８時間未満増	–	–	–	–	–	–	–
８時間以上増	–	–	–	–	–	–	–
減少	–	–	–	–	–	–	–
２時間未満減	–	–	–	–	–	–	–
２～４時間未満減	–	–	–	–	–	–	–
４～６時間未満減	–	–	–	–	–	–	–
６～８時間未満減	–	–	–	–	–	–	–
８時間以上減	–	–	–	–	–	–	–
変化なし	–	–	–	–	–	–	–
不詳	–	–	–	–	–	–	–
第２子出産	–	–	–	–	–	–	–
増加	–	–	–	–	–	–	–
２時間未満増	–	–	–	–	–	–	–
２～４時間未満増	–	–	–	–	–	–	–
４～６時間未満増	–	–	–	–	–	–	–
６～８時間未満増	–	–	–	–	–	–	–
８時間以上増	–	–	–	–	–	–	–
減少	–	–	–	–	–	–	–
２時間未満減	–	–	–	–	–	–	–
２～４時間未満減	–	–	–	–	–	–	–
４～６時間未満減	–	–	–	–	–	–	–
６～８時間未満減	–	–	–	–	–	–	–
８時間以上減	–	–	–	–	–	–	–
変化なし	–	–	–	–	–	–	–
不詳	–	–	–	–	–	–	–
第３子以降出産	1	–	–	–	–	–	–
増加	1	–	–	–	–	–	–
２時間未満増	1	–	–	–	–	–	–
２～４時間未満増	–	–	–	–	–	–	–
４～６時間未満増	–	–	–	–	–	–	–
６～８時間未満増	–	–	–	–	–	–	–
８時間以上増	–	–	–	–	–	–	–
減少	–	–	–	–	–	–	–
２時間未満減	–	–	–	–	–	–	–
２～４時間未満減	–	–	–	–	–	–	–
４～６時間未満減	–	–	–	–	–	–	–
６～８時間未満減	–	–	–	–	–	–	–
８時間以上減	–	–	–	–	–	–	–
変化なし	–	–	–	–	–	–	–
不詳	–	–	–	–	–	–	–

注：１）集計対象は、①または②に該当するこの４年間に子どもが生まれた同居夫婦である。ただし、妻の出生前データが得られていない夫婦は除く。
①第１回から第５回まで双方が回答した夫婦
②第１回に独身で第４回までの間に結婚し、結婚後第５回まで回答した夫婦
２）年齢は、出生後の年齢である。
３）４年間で２人以上出生ありの場合は、末子について計上している。

の家事・育児時間の増減（平日・休日）、出生前後の妻の家事・育児時間の増減（平日・休日）別（12－6）

第５回調査（平成28年）

妻の家事・育児時間の増減							
減少						変化なし	不詳
総数	2時間未満減	2～4時間未満減	4～6時間未満減	6～8時間未満減	8時間以上減		
-	-	-	-	-	-	-	1
-	-	-	-	-	-	-	1
-	-	-	-	-	-	-	1
-	-	-	-	-	-	-	-
-	-	-	-	-	-	-	-
-	-	-	-	-	-	-	-
-	-	-	-	-	-	-	-
-	-	-	-	-	-	-	-
-	-	-	-	-	-	-	-
-	-	-	-	-	-	-	-
-	-	-	-	-	-	-	-
-	-	-	-	-	-	-	-
-	-	-	-	-	-	-	-
-	-	-	-	-	-	-	-
-	-	-	-	-	-	-	-
-	-	-	-	-	-	-	-
-	-	-	-	-	-	-	-
-	-	-	-	-	-	-	-
-	-	-	-	-	-	-	-
-	-	-	-	-	-	-	-
-	-	-	-	-	-	-	-
-	-	-	-	-	-	-	-
-	-	-	-	-	-	-	-
-	-	-	-	-	-	-	-
-	-	-	-	-	-	-	-
-	-	-	-	-	-	-	-
-	-	-	-	-	-	-	-
-	-	-	-	-	-	-	-
-	-	-	-	-	-	-	-
-	-	-	-	-	-	-	-
-	-	-	-	-	-	-	-
-	-	-	-	-	-	-	-
-	-	-	-	-	-	-	-
-	-	-	-	-	-	-	-
-	-	-	-	-	-	-	-
-	-	-	-	-	-	-	-
-	-	-	-	-	-	-	-
-	-	-	-	-	-	-	-
-	-	-	-	-	-	-	-
-	-	-	-	-	-	-	-
-	-	-	-	-	-	-	-
-	-	-	-	-	-	-	-
-	-	-	-	-	-	-	-
-	-	-	-	-	-	-	-
-	-	-	-	-	-	-	-
-	-	-	-	-	-	-	1
-	-	-	-	-	-	-	1
-	-	-	-	-	-	-	1
-	-	-	-	-	-	-	-
-	-	-	-	-	-	-	-
-	-	-	-	-	-	-	-
-	-	-	-	-	-	-	-
-	-	-	-	-	-	-	-
-	-	-	-	-	-	-	-
-	-	-	-	-	-	-	-
-	-	-	-	-	-	-	-
-	-	-	-	-	-	-	-
-	-	-	-	-	-	-	-
-	-	-	-	-	-	-	-
-	-	-	-	-	-	-	-

第39表　この４年間に子どもが生まれた夫婦数、妻の年齢階級、出生順位、出生前後の夫

休　日

妻の年齢階級 出生順位 出生前後の夫の家事・育児時間の増減	出生前後の					
	総数	増加					
		総数	２時間未満増	２～４時間未満増	４～６時間未満増	６～８時間未満増	８時間以上増
総数	684	512	38	60	57	52	305
増加	454	364	20	32	40	39	233
２時間未満増	107	84	6	10	10	9	49
２～４時間未満増	133	103	7	11	11	12	62
４～６時間未満増	72	59	－	4	10	7	38
６～８時間未満増	58	48	3	6	5	6	28
８時間以上増	84	70	4	1	4	5	56
減少	110	66	11	18	9	7	21
２時間未満減	43	28	4	7	4	1	12
２～４時間未満減	35	20	3	5	2	4	6
４～６時間未満減	15	10	1	3	3	1	2
６～８時間未満減	7	2	1	1	－	－	－
８時間以上減	10	6	2	2	－	1	1
変化なし	67	42	6	7	5	5	19
不詳	53	40	1	3	3	1	32
第１子出産	387	337	7	19	23	32	256
増加	309	274	4	15	19	30	206
２時間未満増	75	68	2	6	5	8	47
２～４時間未満増	91	78	1	6	6	9	56
４～６時間未満増	53	45	－	－	6	6	33
６～８時間未満増	38	34	1	2	2	5	24
８時間以上増	52	49	－	1	－	2	46
減少	21	14	1	－	－	1	12
２時間未満減	17	11	1	－	－	－	10
２～４時間未満減	4	3	－	－	－	1	2
４～６時間未満減	－	－	－	－	－	－	－
６～８時間未満減	－	－	－	－	－	－	－
８時間以上減	－	－	－	－	－	－	－
変化なし	17	15	1	2	2	－	10
不詳	40	34	1	2	2	1	28
第２子出産	210	127	18	25	28	13	43
増加	107	72	10	13	18	7	24
２時間未満増	20	11	2	2	4	1	2
２～４時間未満増	30	18	4	4	4	2	4
４～６時間未満増	15	13	－	3	4	1	5
６～８時間未満増	17	12	1	4	3	－	4
８時間以上増	25	18	3	－	3	3	9
減少	56	29	5	7	6	3	8
２時間未満減	14	9	－	3	3	1	2
２～４時間未満減	22	9	2	2	－	1	4
４～６時間未満減	8	5	－	1	3	－	1
６～８時間未満減	4	1	1	－	－	－	－
８時間以上減	8	5	2	1	－	1	1
変化なし	38	21	3	4	3	3	8
不詳	9	5	－	1	1	－	3
第３子以降出産	87	48	13	16	6	7	6
増加	38	18	6	4	3	2	3
２時間未満増	12	5	2	2	1	－	－
２～４時間未満増	12	7	2	1	1	1	2
４～６時間未満増	4	1	－	1	－	－	－
６～８時間未満増	3	2	1	－	－	1	－
８時間以上増	7	3	1	－	1	－	1
減少	33	23	5	11	3	3	1
２時間未満減	12	8	3	4	1	－	－
２～４時間未満減	9	8	1	3	2	2	－
４～６時間未満減	7	5	1	2	－	1	1
６～８時間未満減	3	1	－	1	－	－	－
８時間以上減	2	1	－	1	－	－	－
変化なし	12	6	2	1	－	2	1
不詳	4	1	－	－	－	－	1

注：１）集計対象は、①または②に該当するこの４年間に子どもが生まれた同居夫婦である。ただし、妻の出生前データが得られていない夫婦は除く。
　①第１回から第５回まで双方が回答した夫婦
　②第１回に独身で第４回までの間に結婚し、結婚後第５回まで回答した夫婦
２）年齢は、出生後の年齢である。
３）４年間で２人以上出生ありの場合は、末子について計上している。

第５回調査（平成28年）

妻の家事・育児時間の増減							
減少						変化なし	不詳
総数	2時間未満減	2～4時間未満減	4～6時間未満減	6～8時間未満減	8時間以上減		
61	15	23	11	4	8	48	63
29	9	8	6	1	5	21	40
12	3	5	2	−	2	5	6
6	2	2	1	−	1	10	14
3	1	−	1	−	1	1	9
3	1	1	−	1	−	1	6
5	2	−	2	−	1	4	5
23	6	9	4	3	1	12	9
6	2	4	−	−	−	3	6
8	4	3	1	−	−	5	2
4	−	−	2	2	−	1	−
2	−	1	1	−	−	2	1
3	−	1	−	1	1	1	−
7	−	5	1	−	1	12	6
2	−	1	−	−	1	3	8
8	5	1	−	1	1	2	40
6	4	−	−	1	1	2	27
2	2	−	−	−	−	1	4
1	1	−	−	−	−	1	11
−	−	−	−	−	−	−	8
1	−	−	−	1	−	−	3
2	1	−	−	−	1	−	1
2	1	1	−	−	−	−	5
1	1	−	−	−	−	−	5
1	−	1	−	−	−	−	−
−	−	−	−	−	−	−	−
−	−	−	−	−	−	−	−
−	−	−	−	−	−	−	−
−	−	−	−	−	−	−	2
−	−	−	−	−	−	−	6
38	6	18	6	3	5	27	18
15	2	7	3	−	3	10	10
8	−	5	2	−	1	1	−
4	1	1	1	−	1	5	3
1	−	−	−	−	1	−	1
1	−	1	−	−	−	1	3
1	1	−	−	−	−	3	3
16	4	6	2	3	1	7	4
3	1	2	−	−	−	1	1
6	3	2	1	−	−	5	2
3	−	−	1	2	−	−	−
1	−	1	−	−	−	1	1
3	−	1	−	1	1	−	−
5	−	4	1	−	−	9	3
2	−	1	−	−	1	1	1
15	4	4	5	−	2	19	5
8	3	1	3	−	1	9	3
2	1	−	−	−	1	3	2
1	−	1	−	−	−	4	−
2	1	−	1	−	−	1	−
1	1	−	−	−	−	−	−
2	−	−	2	−	−	1	1
5	1	2	2	−	−	5	−
2	−	2	−	−	−	2	−
1	1	−	−	−	−	−	−
1	−	−	1	−	−	1	−
1	−	−	1	−	−	1	−
−	−	−	−	−	−	1	−
2	−	1	−	−	1	3	1
−	−	−	−	−	−	2	1

第39表　この４年間に子どもが生まれた夫婦数、妻の年齢階級、出生順位、出生前後の夫

休　日

妻の年齢階級 出生順位 出生前後の夫の家事・育児時間の増減	総数	出生前後の増加 総数	増加 2時間未満増	増加 2～4時間未満増	増加 4～6時間未満増	増加 6～8時間未満増	増加 8時間以上増
25歳以下	52	36	4	5	3	4	20
増加	30	24	2	1	2	4	15
２時間未満増	5	5	–	1	–	–	4
２～４時間未満増	8	6	1	–	1	1	3
４～６時間未満増	5	3	–	–	–	2	1
６～８時間未満増	2	2	–	–	–	–	2
８時間以上増	10	8	1	–	1	1	5
減少	12	6	2	2	–	–	2
２時間未満減	5	2	1	–	–	–	1
２～４時間未満減	4	2	–	1	–	–	1
４～６時間未満減	1	–	–	–	–	–	–
６～８時間未満減	1	1	–	1	–	–	–
８時間以上減	1	1	1	–	–	–	–
変化なし	6	4	–	1	1	–	2
不詳	4	2	–	1	–	–	1
第１子出産	29	22	1	1	–	2	18
増加	21	17	–	1	–	2	14
２時間未満増	5	5	–	1	–	–	4
２～４時間未満増	4	3	–	–	–	–	3
４～６時間未満増	5	3	–	–	–	2	1
６～８時間未満増	1	1	–	–	–	–	1
８時間以上増	6	5	–	–	–	–	5
減少	5	3	1	–	–	–	2
２時間未満減	4	2	1	–	–	–	1
２～４時間未満減	1	1	–	–	–	–	1
４～６時間未満減	–	–	–	–	–	–	–
６～８時間未満減	–	–	–	–	–	–	–
８時間以上減	–	–	–	–	–	–	–
変化なし	1	1	–	–	–	–	1
不詳	2	1	–	–	–	–	1
第２子出産	21	13	3	3	3	2	2
増加	9	7	2	–	2	2	1
２時間未満増	–	–	–	–	–	–	–
２～４時間未満増	4	3	1	–	1	1	–
４～６時間未満増	–	–	–	–	–	–	–
６～８時間未満増	1	1	–	–	–	–	1
８時間以上増	4	3	1	–	1	1	–
減少	5	2	1	1	–	–	–
２時間未満減	1	–	–	–	–	–	–
２～４時間未満減	3	1	–	1	–	–	–
４～６時間未満減	–	–	–	–	–	–	–
６～８時間未満減	–	–	–	–	–	–	–
８時間以上減	1	1	1	–	–	–	–
変化なし	5	3	–	1	1	–	1
不詳	2	1	–	1	–	–	–
第３子以降出産	2	1	–	1	–	–	–
増加	–	–	–	–	–	–	–
２時間未満増	–	–	–	–	–	–	–
２～４時間未満増	–	–	–	–	–	–	–
４～６時間未満増	–	–	–	–	–	–	–
６～８時間未満増	–	–	–	–	–	–	–
８時間以上増	–	–	–	–	–	–	–
減少	2	1	–	1	–	–	–
２時間未満減	–	–	–	–	–	–	–
２～４時間未満減	–	–	–	–	–	–	–
４～６時間未満減	1	–	–	–	–	–	–
６～８時間未満減	1	1	–	1	–	–	–
８時間以上減	–	–	–	–	–	–	–
変化なし	–	–	–	–	–	–	–
不詳	–	–	–	–	–	–	–

注：１）集計対象は、①または②に該当するこの４年間に子どもが生まれた同居夫婦である。ただし、妻の出生前データが得られていない夫婦は除く。
①第１回から第５回まで双方が回答した夫婦
②第１回に独身で第４回までの間に結婚し、結婚後第５回まで回答した夫婦
２）年齢は、出生後の年齢である。
３）４年間で２人以上出生ありの場合は、末子について計上している。

の家事・育児時間の増減（平日・休日）、出生前後の妻の家事・育児時間の増減（平日・休日）別（12－8）

第５回調査（平成28年）

妻の家事・育児時間の増減							
減少						変化なし	不詳
総数	2時間未満減	2～4時間未満減	4～6時間未満減	6～8時間未満減	8時間以上減		
5	1	3	–	–	1	4	7
2	1	–	–	–	1	–	4
–	–	–	–	–	–	–	–
–	–	–	–	–	–	–	2
–	–	–	–	–	–	–	2
–	–	–	–	–	–	–	–
2	1	–	–	–	1	–	–
2	–	2	–	–	–	2	2
1	–	1	–	–	–	–	2
1	–	1	–	–	–	1	–
–	–	–	–	–	–	1	–
–	–	–	–	–	–	–	–
–	–	–	–	–	–	–	–
1	–	1	–	–	–	1	–
–	–	–	–	–	–	1	1
1	–	–	–	–	1	–	6
1	–	–	–	–	1	–	3
–	–	–	–	–	–	–	–
–	–	–	–	–	–	–	1
–	–	–	–	–	–	–	2
–	–	–	–	–	–	–	–
1	–	–	–	–	1	–	–
–	–	–	–	–	–	–	2
–	–	–	–	–	–	–	2
–	–	–	–	–	–	–	–
–	–	–	–	–	–	–	–
–	–	–	–	–	–	–	–
–	–	–	–	–	–	–	–
–	–	–	–	–	–	–	–
–	–	–	–	–	–	–	1
4	1	3	–	–	–	3	1
1	1	–	–	–	–	–	1
–	–	–	–	–	–	–	–
–	–	–	–	–	–	–	1
–	–	–	–	–	–	–	–
–	–	–	–	–	–	–	–
1	1	–	–	–	–	–	–
2	–	2	–	–	–	1	–
1	–	1	–	–	–	–	–
1	–	1	–	–	–	1	–
–	–	–	–	–	–	–	–
–	–	–	–	–	–	–	–
–	–	–	–	–	–	–	–
1	–	1	–	–	–	1	–
–	–	–	–	–	–	1	–
–	–	–	–	–	–	1	–
–	–	–	–	–	–	–	–
–	–	–	–	–	–	–	–
–	–	–	–	–	–	–	–
–	–	–	–	–	–	–	–
–	–	–	–	–	–	–	–
–	–	–	–	–	–	–	–
–	–	–	–	–	–	1	–
–	–	–	–	–	–	–	–
–	–	–	–	–	–	–	–
–	–	–	–	–	–	1	–
–	–	–	–	–	–	–	–
–	–	–	–	–	–	–	–
–	–	–	–	–	–	–	–
–	–	–	–	–	–	–	–

第39表　この４年間に子どもが生まれた夫婦数、妻の年齢階級、出生順位、出生前後の夫

休　日

妻の年齢階級 出生順位 出生前後の夫の家事・育児時間の増減	総数	出生前後の増加					
		総数	2時間未満増	2～4時間未満増	4～6時間未満増	6～8時間未満増	8時間以上増
26～30歳	376	293	19	24	34	25	191
増加	268	223	10	18	25	22	148
２時間未満増	63	53	3	6	5	6	33
２～４時間未満増	89	72	4	6	9	8	45
４～６時間未満増	42	35	−	2	7	4	22
６～８時間未満増	30	27	1	3	2	3	18
８時間以上増	44	36	2	1	2	1	30
減少	47	26	6	3	4	1	12
２時間未満減	20	14	2	1	2	−	9
２～４時間未満減	15	7	3	1	1	1	1
４～６時間未満減	5	3	−	−	1	−	2
６～８時間未満減	4	−	−	−	−	−	−
８時間以上減	3	2	1	1	−	−	−
変化なし	30	21	3	2	3	1	12
不詳	31	23	−	1	2	1	19
第１子出産	245	221	5	10	18	22	166
増加	199	181	4	9	14	20	134
２時間未満増	48	45	2	3	4	5	31
２～４時間未満増	67	59	1	4	6	7	41
４～６時間未満増	30	27	−	−	4	4	19
６～８時間未満増	23	21	1	1	−	3	16
８時間以上増	31	29	−	1	−	1	27
減少	12	9	−	−	−	1	8
２時間未満減	10	8	−	−	−	−	8
２～４時間未満減	2	1	−	−	−	1	−
４～６時間未満減	−	−	−	−	−	−	−
６～８時間未満減	−	−	−	−	−	−	−
８時間以上減	−	−	−	−	−	−	−
変化なし	11	11	1	−	2	−	8
不詳	23	20	−	1	2	1	16
第２子出産	94	54	9	8	14	2	21
増加	53	35	5	6	11	1	12
２時間未満増	11	7	1	2	1	1	2
２～４時間未満増	15	8	2	1	3	−	2
４～６時間未満増	9	7	−	1	3	−	3
６～８時間未満増	7	6	−	2	2	−	2
８時間以上増	11	7	2	−	2	−	3
減少	23	9	3	1	2	−	3
２時間未満減	5	3	−	1	1	−	1
２～４時間未満減	10	3	2	−	−	−	1
４～６時間未満減	4	2	−	−	1	−	1
６～８時間未満減	2	−	−	−	−	−	−
８時間以上減	2	1	1	−	−	−	−
変化なし	14	8	1	1	1	1	4
不詳	4	2	−	−	−	−	2
第３子以降出産	37	18	5	6	2	1	4
増加	16	7	1	3	−	1	2
２時間未満増	4	1	−	1	−	−	−
２～４時間未満増	7	5	1	1	−	1	2
４～６時間未満増	3	1	−	1	−	−	−
６～８時間未満増	−	−	−	−	−	−	−
８時間以上増	2	−	−	−	−	−	−
減少	12	8	3	2	2	−	1
２時間未満減	5	3	2	−	1	−	−
２～４時間未満減	3	3	1	1	1	−	−
４～６時間未満減	1	1	−	−	−	−	1
６～８時間未満減	2	−	−	−	−	−	−
８時間以上減	1	1	−	1	−	−	−
変化なし	5	2	1	1	−	−	−
不詳	4	1	−	−	−	−	1

注：１）集計対象は、①または②に該当するこの４年間に子どもが生まれた同居夫婦である。ただし、妻の出生前データが得られていない夫婦は除く。
①第１回から第５回まで双方が回答した夫婦
②第１回に独身で第４回までの間に結婚し、結婚後第５回まで回答した夫婦
２）年齢は、出生後の年齢である。
３）４年間で２人以上出生ありの場合は、末子について計上している。

の家事・育児時間の増減（平日・休日）、出生前後の妻の家事・育児時間の増減（平日・休日）別（12－9）

第５回調査（平成28年）

妻の家事・育児時間の増減							
減少						変化なし	不詳
総数	2時間未満減	2～4時間未満減	4～6時間未満減	6～8時間未満減	8時間以上減		
28	9	11	3	2	3	21	34
11	5	3	1	－	2	12	22
5	2	2	－	－	1	3	2
3	1	1	1	－	－	6	8
2	1	－	－	－	1	1	4
－	－	－	－	－	－	－	3
1	1	－	－	－	－	2	5
13	4	5	2	2	－	3	5
4	1	3	－	－	－	－	2
5	3	2	－	－	－	1	2
2	－	－	1	1	－	－	－
1	－	－	1	－	－	2	1
1	－	－	－	1	－	－	－
2	－	2	－	－	－	4	3
2	－	1	－	－	1	2	4
5	4	1	－	－	－	－	19
3	3	－	－	－	－	－	15
1	1	－	－	－	－	－	2
1	1	－	－	－	－	－	7
－	－	－	－	－	－	－	3
－	－	－	－	－	－	－	2
1	1	－	－	－	－	－	1
2	1	1	－	－	－	－	1
1	1	－	－	－	－	－	1
1	－	1	－	－	－	－	－
－	－	－	－	－	－	－	－
－	－	－	－	－	－	－	－
－	－	－	－	－	－	－	－
－	－	－	－	－	－	－	－
－	－	－	－	－	－	－	3
17	3	7	2	2	3	11	12
6	－	3	1	－	2	6	6
3	－	2	－	－	1	1	－
2	－	1	1	－	－	4	1
1	－	－	－	－	1	－	1
－	－	－	－	－	－	－	1
－	－	－	－	－	－	1	3
8	3	2	1	2	－	2	4
1	－	1	－	－	－	－	1
4	3	1	－	－	－	1	2
2	－	－	1	1	－	－	－
－	－	－	－	－	－	1	1
1	－	－	－	1	－	－	－
1	－	1	－	－	－	3	2
2	－	1	－	－	1	－	－
6	2	3	1	－	－	10	3
2	2	－	－	－	－	6	1
1	1	－	－	－	－	2	－
－	－	－	－	－	－	2	－
1	1	－	－	－	－	1	－
－	－	－	－	－	－	－	－
－	－	－	－	－	－	1	1
3	－	2	1	－	－	1	－
2	－	2	－	－	－	－	－
－	－	－	－	－	－	－	－
－	－	－	－	－	－	－	－
1	－	－	1	－	－	1	－
－	－	－	－	－	－	－	－
1	－	1	－	－	－	1	1
－	－	－	－	－	－	2	1

第39表　この４年間に子どもが生まれた夫婦数、妻の年齢階級、出生順位、出生前後の夫

休　日

妻の年齢階級 出生順位 出生前後の夫の家事・育児時間の増減	総数	出生前後の増加					
		総数	2時間未満増	2～4時間未満増	4～6時間未満増	6～8時間未満増	8時間以上増
31～35歳	240	171	14	28	16	21	92
増加	147	111	8	12	10	13	68
２時間未満増	36	24	3	3	4	3	11
２～４時間未満増	32	23	2	5	－	3	13
４～６時間未満増	25	21	－	2	3	1	15
６～８時間未満増	24	17	2	2	2	3	8
８時間以上増	30	26	1	－	1	3	21
減少	45	29	3	11	4	4	7
２時間未満減	16	10	1	4	2	1	2
２～４時間未満減	15	10	－	3	1	2	4
４～６時間未満減	7	5	1	3	1	－	－
６～８時間未満減	2	1	1	－	－	－	－
８時間以上減	5	3	－	1	－	1	1
変化なし	31	17	3	4	1	4	5
不詳	17	14	－	1	1	－	12
第１子出産	109	90	－	8	4	8	70
増加	86	73	－	5	4	8	56
２時間未満増	21	17	－	2	1	3	11
２～４時間未満増	19	15	－	2	－	2	11
４～６時間未満増	18	15	－	－	2	－	13
６～８時間未満増	13	11	－	1	1	2	7
８時間以上増	15	15	－	－	－	1	14
減少	4	2	－	－	－	－	2
２時間未満減	3	1	－	－	－	－	1
２～４時間未満減	1	1	－	－	－	－	1
４～６時間未満減	－	－	－	－	－	－	－
６～８時間未満減	－	－	－	－	－	－	－
８時間以上減	－	－	－	－	－	－	－
変化なし	5	3	－	2	－	－	1
不詳	14	12	－	1	－	－	11
第２子出産	89	56	6	12	9	9	20
増加	42	28	3	6	4	4	11
２時間未満増	8	3	1	－	2	－	－
２～４時間未満増	10	7	1	3	－	1	2
４～６時間未満増	6	6	－	2	1	1	2
６～８時間未満増	8	4	1	1	1	－	1
８時間以上増	10	8	－	－	－	2	6
減少	25	16	1	4	3	3	5
２時間未満減	7	5	－	1	2	1	1
２～４時間未満減	9	5	－	1	－	1	3
４～６時間未満減	3	2	－	1	1	－	－
６～８時間未満減	2	1	1	－	－	－	－
８時間以上減	4	3	－	1	－	1	1
変化なし	19	10	2	2	1	2	3
不詳	3	2	－	－	1	－	1
第３子以降出産	42	25	8	8	3	4	2
増加	19	10	5	1	2	1	1
２時間未満増	7	4	2	1	1	－	－
２～４時間未満増	3	1	1	－	－	－	－
４～６時間未満増	1	－	－	－	－	－	－
６～８時間未満増	3	2	1	－	－	1	－
８時間以上増	5	3	1	－	1	－	1
減少	16	11	2	7	1	1	－
２時間未満減	6	4	1	3	－	－	－
２～４時間未満減	5	4	－	2	1	1	－
４～６時間未満減	4	3	1	2	－	－	－
６～８時間未満減	－	－	－	－	－	－	－
８時間以上減	1	－	－	－	－	－	－
変化なし	7	4	1	－	－	2	1
不詳	－	－	－	－	－	－	－

注：１）集計対象は、①または②に該当するこの４年間に子どもが生まれた同居夫婦である。ただし、妻の出生前データが得られていない夫婦は除く。
①第１回から第５回まで双方が回答した夫婦
②第１回に独身で第４回までの間に結婚し、結婚後第５回まで回答した夫婦
２）年齢は、出生後の年齢である。
３）４年間で２人以上出生ありの場合は、末子について計上している。

の家事・育児時間の増減（平日・休日）、出生前後の妻の家事・育児時間の増減（平日・休日）別（12−10）

第５回調査（平成28年）

妻の家事・育児時間の増減							
減少						変化なし	不詳
総数	2時間未満減	2～4時間未満減	4～6時間未満減	6～8時間未満減	8時間以上減		
26	5	8	8	2	3	22	21
15	3	4	5	1	2	8	13
7	1	3	2	−	1	2	3
2	1	−	−	−	1	3	4
1	−	−	1	−	−	−	3
3	1	1	−	1	−	1	3
2	−	−	2	−	−	2	−
7	2	2	2	1	−	7	2
1	1	−	−	−	−	3	2
2	1	−	1	−	−	3	−
2	−	−	1	1	−	−	−
1	−	1	−	−	−	−	−
1	−	1	−	−	−	1	−
4	−	2	1	−	1	7	3
−	−	−	−	−	−	−	3
2	1	−	−	1	−	2	15
2	1	−	−	1	−	2	9
1	1	−	−	−	−	1	2
−	−	−	−	−	−	1	3
−	−	−	−	−	−	−	3
1	−	−	−	1	−	−	1
−	−	−	−	−	−	−	−
−	−	−	−	−	−	−	2
−	−	−	−	−	−	−	2
−	−	−	−	−	−	−	−
−	−	−	−	−	−	−	−
−	−	−	−	−	−	−	−
−	−	−	−	−	−	−	−
−	−	−	−	−	−	−	2
−	−	−	−	−	−	−	2
16	2	8	4	1	1	12	5
8	1	4	2	−	1	3	3
5	−	3	2	−	−	−	−
2	1	−	−	−	1	−	1
−	−	−	−	−	−	−	−
1	−	1	−	−	−	1	2
−	−	−	−	−	−	2	−
5	1	2	1	1	−	4	−
1	1	−	−	−	−	1	−
1	−	−	1	−	−	3	−
1	−	−	−	1	−	−	−
1	−	1	−	−	−	−	−
1	−	1	−	−	−	−	−
3	−	2	1	−	−	5	1
−	−	−	−	−	−	−	1
8	2	−	4	−	2	8	1
5	1	−	3	−	1	3	1
1	−	−	−	−	1	1	1
−	−	−	−	−	−	2	−
1	−	−	1	−	−	−	−
1	1	−	−	−	−	−	−
2	−	−	2	−	−	−	−
2	1	−	1	−	−	3	−
−	−	−	−	−	−	2	−
1	1	−	−	−	−	−	−
1	−	−	1	−	−	−	−
−	−	−	−	−	−	−	−
−	−	−	−	−	−	1	−
1	−	−	−	−	1	2	−
−	−	−	−	−	−	−	−

第39表　この４年間に子どもが生まれた夫婦数、妻の年齢階級、出生順位、出生前後の夫

休　日

妻の年齢階級 出生順位 出生前後の夫の家事・育児時間の増減	総数	出生前後の 増加 総数	2時間未満増	2～4時間未満増	4～6時間未満増	6～8時間未満増	8時間以上増
36～40歳	15	12	1	3	4	2	2
増加	8	6	－	1	3	－	2
２時間未満増	2	2	－	－	1	－	1
２～４時間未満増	4	2	－	－	1	－	1
４～６時間未満増	－	－	－	－	－	－	－
６～８時間未満増	2	2	－	1	1	－	－
８時間以上増	－	－	－	－	－	－	－
減少	6	5	－	2	1	2	－
２時間未満減	2	2	－	2	－	－	－
２～４時間未満減	1	1	－	－	－	1	－
４～６時間未満減	2	2	－	－	1	1	－
６～８時間未満減	－	－	－	－	－	－	－
８時間以上減	1	－	－	－	－	－	－
変化なし	－	－	－	－	－	－	－
不詳	1	1	1	－	－	－	－
第１子出産	4	4	1	－	1	－	2
増加	3	3	－	－	1	－	2
２時間未満増	1	1	－	－	－	－	1
２～４時間未満増	1	1	－	－	－	－	1
４～６時間未満増	－	－	－	－	－	－	－
６～８時間未満増	1	1	－	－	1	－	－
８時間以上増	－	－	－	－	－	－	－
減少	－	－	－	－	－	－	－
２時間未満減	－	－	－	－	－	－	－
２～４時間未満減	－	－	－	－	－	－	－
４～６時間未満減	－	－	－	－	－	－	－
６～８時間未満減	－	－	－	－	－	－	－
８時間以上減	－	－	－	－	－	－	－
変化なし	－	－	－	－	－	－	－
不詳	1	1	1	－	－	－	－
第２子出産	6	4	－	2	2	－	－
増加	3	2	－	1	1	－	－
２時間未満増	1	1	－	－	1	－	－
２～４時間未満増	1	－	－	－	－	－	－
４～６時間未満増	－	－	－	－	－	－	－
６～８時間未満増	1	1	－	1	－	－	－
８時間以上増	－	－	－	－	－	－	－
減少	3	2	－	1	1	－	－
２時間未満減	1	1	－	1	－	－	－
２～４時間未満減	－	－	－	－	－	－	－
４～６時間未満減	1	1	－	－	1	－	－
６～８時間未満減	－	－	－	－	－	－	－
８時間以上減	1	－	－	－	－	－	－
変化なし	－	－	－	－	－	－	－
不詳	－	－	－	－	－	－	－
第３子以降出産	5	4	－	1	1	2	－
増加	2	1	－	－	1	－	－
２時間未満増	－	－	－	－	－	－	－
２～４時間未満増	2	1	－	－	1	－	－
４～６時間未満増	－	－	－	－	－	－	－
６～８時間未満増	－	－	－	－	－	－	－
８時間以上増	－	－	－	－	－	－	－
減少	3	3	－	1	－	2	－
２時間未満減	1	1	－	1	－	－	－
２～４時間未満減	1	1	－	－	－	1	－
４～６時間未満減	1	1	－	－	－	1	－
６～８時間未満減	－	－	－	－	－	－	－
８時間以上減	－	－	－	－	－	－	－
変化なし	－	－	－	－	－	－	－
不詳	－	－	－	－	－	－	－

注：１）集計対象は、①または②に該当するこの４年間に子どもが生まれた同居夫婦である。ただし、妻の出生前データが得られていない夫婦は除く。
①第１回から第５回まで双方が回答した夫婦
②第１回に独身で第４回までの間に結婚し、結婚後第５回まで回答した夫婦
２）年齢は、出生後の年齢である。
３）４年間で２人以上出生ありの場合は、末子について計上している。

の家事・育児時間の増減（平日・休日）、出生前後の妻の家事・育児時間の増減（平日・休日）別（12－11）

第５回調査（平成28年）

妻の家事・育児時間の増減							
減少						変化なし	不詳
総数	2時間未満減	2～4時間未満減	4～6時間未満減	6～8時間未満減	8時間以上減		
2	–	1	–	–	1	1	–
1	–	1	–	–	–	1	–
–	–	–	–	–	–	–	–
1	–	1	–	–	–	1	–
–	–	–	–	–	–	–	–
–	–	–	–	–	–	–	–
–	–	–	–	–	–	–	–
1	–	–	–	–	1	–	–
–	–	–	–	–	–	–	–
–	–	–	–	–	–	–	–
–	–	–	–	–	–	–	–
–	–	–	–	–	–	–	–
1	–	–	–	–	1	–	–
–	–	–	–	–	–	–	–
–	–	–	–	–	–	–	–
–	–	–	–	–	–	–	–
–	–	–	–	–	–	–	–
–	–	–	–	–	–	–	–
–	–	–	–	–	–	–	–
–	–	–	–	–	–	–	–
–	–	–	–	–	–	–	–
–	–	–	–	–	–	–	–
–	–	–	–	–	–	–	–
–	–	–	–	–	–	–	–
–	–	–	–	–	–	–	–
–	–	–	–	–	–	–	–
–	–	–	–	–	–	–	–
–	–	–	–	–	–	–	–
–	–	–	–	–	–	–	–
–	–	–	–	–	–	–	–
1	–	–	–	–	1	1	–
–	–	–	–	–	–	1	–
–	–	–	–	–	–	–	–
–	–	–	–	–	–	1	–
–	–	–	–	–	–	–	–
–	–	–	–	–	–	–	–
–	–	–	–	–	–	–	–
1	–	–	–	–	1	–	–
–	–	–	–	–	–	–	–
–	–	–	–	–	–	–	–
–	–	–	–	–	–	–	–
–	–	–	–	–	–	–	–
1	–	–	–	–	1	–	–
–	–	–	–	–	–	–	–
–	–	–	–	–	–	–	–
1	–	1	–	–	–	–	–
1	–	1	–	–	–	–	–
–	–	–	–	–	–	–	–
1	–	1	–	–	–	–	–
–	–	–	–	–	–	–	–
–	–	–	–	–	–	–	–
–	–	–	–	–	–	–	–
–	–	–	–	–	–	–	–
–	–	–	–	–	–	–	–
–	–	–	–	–	–	–	–
–	–	–	–	–	–	–	–
–	–	–	–	–	–	–	–
–	–	–	–	–	–	–	–
–	–	–	–	–	–	–	–
–	–	–	–	–	–	–	–

第39表　この４年間に子どもが生まれた夫婦数、妻の年齢階級、出生順位、出生前後の夫

休　日

妻の年齢階級 出生順位 出生前後の夫の家事・育児時間の増減	総数	出生前後の					
		増加					
		総数	２時間未満増	２～４時間未満増	４～６時間未満増	６～８時間未満増	８時間以上増
41歳以上	1	－	－	－	－	－	－
増加	1	－	－	－	－	－	－
２時間未満増	1	－	－	－	－	－	－
２～４時間未満増	－	－	－	－	－	－	－
４～６時間未満増	－	－	－	－	－	－	－
６～８時間未満増	－	－	－	－	－	－	－
８時間以上増	－	－	－	－	－	－	－
減少	－	－	－	－	－	－	－
２時間未満減	－	－	－	－	－	－	－
２～４時間未満減	－	－	－	－	－	－	－
４～６時間未満減	－	－	－	－	－	－	－
６～８時間未満減	－	－	－	－	－	－	－
８時間以上減	－	－	－	－	－	－	－
変化なし	－	－	－	－	－	－	－
不詳	－	－	－	－	－	－	－
第１子出産	－	－	－	－	－	－	－
増加	－	－	－	－	－	－	－
２時間未満増	－	－	－	－	－	－	－
２～４時間未満増	－	－	－	－	－	－	－
４～６時間未満増	－	－	－	－	－	－	－
６～８時間未満増	－	－	－	－	－	－	－
８時間以上増	－	－	－	－	－	－	－
減少	－	－	－	－	－	－	－
２時間未満減	－	－	－	－	－	－	－
２～４時間未満減	－	－	－	－	－	－	－
４～６時間未満減	－	－	－	－	－	－	－
６～８時間未満減	－	－	－	－	－	－	－
８時間以上減	－	－	－	－	－	－	－
変化なし	－	－	－	－	－	－	－
不詳	－	－	－	－	－	－	－
第２子出産	－	－	－	－	－	－	－
増加	－	－	－	－	－	－	－
２時間未満増	－	－	－	－	－	－	－
２～４時間未満増	－	－	－	－	－	－	－
４～６時間未満増	－	－	－	－	－	－	－
６～８時間未満増	－	－	－	－	－	－	－
８時間以上増	－	－	－	－	－	－	－
減少	－	－	－	－	－	－	－
２時間未満減	－	－	－	－	－	－	－
２～４時間未満減	－	－	－	－	－	－	－
４～６時間未満減	－	－	－	－	－	－	－
６～８時間未満減	－	－	－	－	－	－	－
８時間以上減	－	－	－	－	－	－	－
変化なし	－	－	－	－	－	－	－
不詳	－	－	－	－	－	－	－
第３子以降出産	1	－	－	－	－	－	－
増加	1	－	－	－	－	－	－
２時間未満増	1	－	－	－	－	－	－
２～４時間未満増	－	－	－	－	－	－	－
４～６時間未満増	－	－	－	－	－	－	－
６～８時間未満増	－	－	－	－	－	－	－
８時間以上増	－	－	－	－	－	－	－
減少	－	－	－	－	－	－	－
２時間未満減	－	－	－	－	－	－	－
２～４時間未満減	－	－	－	－	－	－	－
４～６時間未満減	－	－	－	－	－	－	－
６～８時間未満減	－	－	－	－	－	－	－
８時間以上減	－	－	－	－	－	－	－
変化なし	－	－	－	－	－	－	－
不詳	－	－	－	－	－	－	－

注：１）集計対象は、①または②に該当するこの４年間に子どもが生まれた同居夫婦である。ただし、妻の出生前データが得られていない夫婦は除く。
①第１回から第５回まで双方が回答した夫婦
②第１回に独身で第４回までの間に結婚し、結婚後第５回まで回答した夫婦
２）年齢は、出生後の年齢である。
３）４年間で２人以上出生ありの場合は、末子について計上している。

の家事・育児時間の増減（平日・休日）、出生前後の妻の家事・育児時間の増減（平日・休日）別（12－12）

第５回調査（平成28年）

妻の家事・育児時間の増減							
減少						変化なし	不詳
総数	2時間未満減	2～4時間未満減	4～6時間未満減	6～8時間未満減	8時間以上減		
－	－	－	－	－	－	－	1
－	－	－	－	－	－	－	1
－	－	－	－	－	－	－	1
－	－	－	－	－	－	－	－
－	－	－	－	－	－	－	－
－	－	－	－	－	－	－	－
－	－	－	－	－	－	－	－
－	－	－	－	－	－	－	－
－	－	－	－	－	－	－	－
－	－	－	－	－	－	－	－
－	－	－	－	－	－	－	－
－	－	－	－	－	－	－	－
－	－	－	－	－	－	－	－
－	－	－	－	－	－	－	－
－	－	－	－	－	－	－	－
－	－	－	－	－	－	－	－
－	－	－	－	－	－	－	－
－	－	－	－	－	－	－	－
－	－	－	－	－	－	－	－
－	－	－	－	－	－	－	－
－	－	－	－	－	－	－	－
－	－	－	－	－	－	－	－
－	－	－	－	－	－	－	－
－	－	－	－	－	－	－	－
－	－	－	－	－	－	－	－
－	－	－	－	－	－	－	－
－	－	－	－	－	－	－	－
－	－	－	－	－	－	－	－
－	－	－	－	－	－	－	－
－	－	－	－	－	－	－	－
－	－	－	－	－	－	－	－
－	－	－	－	－	－	－	－
－	－	－	－	－	－	－	－
－	－	－	－	－	－	－	－
－	－	－	－	－	－	－	－
－	－	－	－	－	－	－	－
－	－	－	－	－	－	－	－
－	－	－	－	－	－	－	－
－	－	－	－	－	－	－	－
－	－	－	－	－	－	－	－
－	－	－	－	－	－	－	－
－	－	－	－	－	－	－	－
－	－	－	－	－	－	－	－
－	－	－	－	－	－	－	－
－	－	－	－	－	－	－	－
－	－	－	－	－	－	－	1
－	－	－	－	－	－	－	1
－	－	－	－	－	－	－	1
－	－	－	－	－	－	－	－
－	－	－	－	－	－	－	－
－	－	－	－	－	－	－	－
－	－	－	－	－	－	－	－
－	－	－	－	－	－	－	－
－	－	－	－	－	－	－	－
－	－	－	－	－	－	－	－
－	－	－	－	－	－	－	－
－	－	－	－	－	－	－	－
－	－	－	－	－	－	－	－
－	－	－	－	－	－	－	－
－	－	－	－	－	－	－	－

第40表　第１回独身者数、性、この４年間の

性 この４年間の結婚の状況 年齢階級	総数	同一就業継続	（再掲） 正規	（再掲） 非正規	転職
男	3 472	2 286	1 817	339	515
21～25歳	749	442	361	64	128
26～30歳	1 857	1 248	1 007	181	295
31～33歳	866	596	449	94	92
結婚した	613	436	401	15	106
21～25歳	102	65	60	2	22
26～30歳	411	284	264	10	76
31～33歳	100	87	77	3	8
結婚していない	2 859	1 850	1 416	324	409
21～25歳	647	377	301	62	106
26～30歳	1 446	964	743	171	219
31～33歳	766	509	372	91	84
女	4 398	2 797	2 067	661	713
21～25歳	1 032	618	482	121	185
26～30歳	2 395	1 507	1 128	348	397
31～33歳	971	672	457	192	131
結婚した	1 234	644	519	105	224
21～25歳	249	116	93	17	56
26～30歳	820	431	353	66	142
31～33歳	165	97	73	22	26
結婚していない	3 164	2 153	1 548	556	489
21～25歳	783	502	389	104	129
26～30歳	1 575	1 076	775	282	255
31～33歳	806	575	384	170	105

注：1）集計対象は、第１回独身で第５回まで回答した者である。ただし、調査と調査の間に結婚し、かつ離婚した者を除く。
2）年齢は、「結婚した」は結婚後の、「結婚していない」は第５回の年齢である。
3）就業状況の変化は、「結婚した」は結婚前後の、「結婚していない」は第４回から第５回間の就業状況の変化である。
4）４年間で２回以上結婚している場合、最新の結婚の状況について計上している。
5）総数には、正規・非正規以外の就業形態等を含む。

結婚の状況、年齢階級、就業状況の変化・（再掲）正規・非正規別

第５回調査（平成28年）

（再　掲）正規から非正規	（再　掲）非正規から正規	新規就業	離職	無職継続	不詳
59	114	145	74	291	161
18	34	54	28	69	28
27	57	61	30	141	82
14	23	30	16	81	51
6	22	16	2	3	50
1	5	5	1	−	9
3	15	8	1	3	39
2	2	3	−	−	2
53	92	129	72	288	111
17	29	49	27	69	19
24	42	53	29	138	43
12	21	27	16	81	49
128	138	180	318	273	117
31	34	59	67	75	28
79	79	92	205	127	67
18	25	29	46	71	22
71	26	30	226	49	61
17	6	7	45	12	13
46	15	20	154	31	42
8	5	3	27	6	6
57	112	150	92	224	56
14	28	52	22	63	15
33	64	72	51	96	25
10	20	26	19	65	16

第41表　この４年間に結婚した者数、性、年齢階級、結婚前の仕事の有無・

・

男

年齢階級 結婚前の仕事の有無・ 就業形態	総数	仕事あり	結婚後の仕事の 会社などの役員・自営業主	自家営業の手伝い	自宅での賃仕事（内職）	正規の職員・従業員
総数	613	602	28	16	2	507
仕事あり	588	581	26	15	2	493
会社などの役員・自営業主	26	26	12	2	－	10
自家営業の手伝い	13	13	－	9	－	4
自宅での賃仕事（内職）	－	－	－	－	－	－
正規の職員・従業員	470	468	13	1	1	438
アルバイト・パート	18	17	－	1	－	6
労働者派遣事業所の派遣社員	5	5	－	－	－	1
契約社員・嘱託	21	19	－	－	－	11
その他	8	8	－	－	－	4
不詳	27	25	1	2	1	19
仕事なし	20	16	2	1	－	10
不詳	5	5	－	－	－	4
21～25歳	102	100	7	3	1	79
仕事あり	95	94	6	2	1	78
会社などの役員・自営業主	6	6	1	－	－	4
自家営業の手伝い	5	5	－	2	－	3
自宅での賃仕事（内職）	－	－	－	－	－	－
正規の職員・従業員	69	69	5	－	－	62
アルバイト・パート	4	4	－	－	－	1
労働者派遣事業所の派遣社員	－	－	－	－	－	－
契約社員・嘱託	3	3	－	－	－	3
その他	2	2	－	－	－	1
不詳	6	5	－	－	1	4
仕事なし	6	5	1	1	－	1
不詳	1	1	－	－	－	－
26～30歳	411	402	15	11	1	342
仕事あり	397	391	15	11	1	332
会社などの役員・自営業主	14	14	6	2	－	5
自家営業の手伝い	6	6	－	5	－	1
自宅での賃仕事（内職）	－	－	－	－	－	－
正規の職員・従業員	318	316	8	1	1	296
アルバイト・パート	11	10	－	1	－	4
労働者派遣事業所の派遣社員	4	4	－	－	－	－
契約社員・嘱託	17	15	－	－	－	8
その他	6	6	－	－	－	3
不詳	21	20	1	2	－	15
仕事なし	11	8	－	－	－	7
不詳	3	3	－	－	－	3
31～33歳	100	100	6	2	－	86
仕事あり	96	96	5	2	－	83
会社などの役員・自営業主	6	6	5	－	－	1
自家営業の手伝い	2	2	－	2	－	－
自宅での賃仕事（内職）	－	－	－	－	－	－
正規の職員・従業員	83	83	－	－	－	80
アルバイト・パート	3	3	－	－	－	1
労働者派遣事業所の派遣社員	1	1	－	－	－	1
契約社員・嘱託	1	1	－	－	－	－
その他	－	－	－	－	－	－
不詳	－	－	－	－	－	－
仕事なし	3	3	1	－	－	2
不詳	1	1	－	－	－	1

注：１）集計対象は、第１回独身で第５回まで回答し、この４年間に結婚した者である。ただし、調査と調査の間に結婚し、かつ離婚した者を除く。
２）年齢は、結婚後の年齢である。

就業形態、結婚後の仕事の有無・就業形態別（２－１）

第５回調査（平成28年）

有無・就業形態						
アルバイト・パート	労働者派遣事業所の派遣社員	契約社員・嘱託	その他	不詳	仕事なし	不詳
12	3	16	3	15	5	6
11	2	14	3	15	2	5
–	–	–	–	2	–	–
–	–	–	–	–	–	–
–	–	–	–	–	–	–
2	–	4	–	9	–	2
8	–	1	1	–	–	1
–	2	2	–	–	–	–
1	–	6	–	1	1	1
–	–	1	2	1	–	–
–	–	–	–	2	1	1
1	1	1	–	–	3	1
–	–	1	–	–	–	–
4	–	2	2	2	1	1
3	–	–	2	2	1	–
–	–	–	–	1	–	–
–	–	–	–	–	–	–
–	–	–	–	–	–	–
1	–	–	–	1	–	–
2	–	–	1	–	–	–
–	–	–	–	–	–	–
–	–	–	–	–	–	–
–	–	–	1	–	–	–
–	–	–	–	–	1	–
1	–	1	–	–	–	1
–	–	1	–	–	–	–
6	3	11	1	12	4	5
6	2	11	1	12	1	5
–	–	–	–	1	–	–
–	–	–	–	–	–	–
–	–	–	–	–	–	–
1	–	2	–	7	–	2
4	–	1	–	–	–	1
–	2	2	–	–	–	–
1	–	5	–	1	1	1
–	–	1	1	1	–	–
–	–	–	–	2	–	1
–	1	–	–	–	3	–
–	–	–	–	–	–	–
2	–	3	–	1	–	–
2	–	3	–	1	–	–
–	–	–	–	–	–	–
–	–	–	–	–	–	–
–	–	–	–	–	–	–
–	–	2	–	1	–	–
2	–	–	–	–	–	–
–	–	–	–	–	–	–
–	–	1	–	–	–	–
–	–	–	–	–	–	–
–	–	–	–	–	–	–
–	–	–	–	–	–	–
–	–	–	–	–	–	–

第41表　この４年間に結婚した者数、性、年齢階級、結婚前の仕事の有無・

女

年齢階級 結婚前の仕事の有無・ 就業形態	結婚後の仕事の					
	総数	仕事あり	会社などの役員・自営業主	自家営業の手伝い	自宅での賃仕事（内職）	正規の職員・従業員
総数	1 234	949	27	17	－	622
仕事あり	1 138	907	25	15	－	608
会社などの役員・自営業主	33	29	14	1	－	10
自家営業の手伝い	7	6	－	6	－	－
自宅での賃仕事（内職）	2	1	－	－	－	－
正規の職員・従業員	775	642	10	2	－	552
アルバイト・パート	148	95	1	2	－	12
労働者派遣事業所の派遣社員	32	22	－	－	－	2
契約社員・嘱託	98	75	－	2	－	10
その他	10	10	－	－	－	2
不詳	33	27	－	2	－	20
仕事なし	79	30	1	2	－	7
不詳	17	12	1	－	－	7
21～25歳	249	189	7	4	－	119
仕事あり	226	180	6	4	－	115
会社などの役員・自営業主	10	9	3	－	－	4
自家営業の手伝い	3	2	－	2	－	－
自宅での賃仕事（内職）	－	－	－	－	－	－
正規の職員・従業員	144	120	3	－	－	99
アルバイト・パート	39	26	－	2	－	4
労働者派遣事業所の派遣社員	2	1	－	－	－	－
契約社員・嘱託	17	14	－	－	－	2
その他	1	1	－	－	－	－
不詳	10	7	－	－	－	6
仕事なし	19	7	1	－	－	3
不詳	4	2	－	－	－	1
26～30歳	820	628	18	12	－	418
仕事あり	757	599	17	10	－	410
会社などの役員・自営業主	18	17	9	1	－	5
自家営業の手伝い	3	3	－	3	－	－
自宅での賃仕事（内職）	－	－	－	－	－	－
正規の職員・従業員	532	434	7	2	－	376
アルバイト・パート	84	53	1	－	－	6
労働者派遣事業所の派遣社員	20	11	－	－	－	1
契約社員・嘱託	69	52	－	2	－	6
その他	9	9	－	－	－	2
不詳	22	20	－	2	－	14
仕事なし	51	20	－	2	－	3
不詳	12	9	1	－	－	5
31～33歳	165	132	2	1	－	85
仕事あり	155	128	2	1	－	83
会社などの役員・自営業主	5	3	2	－	－	1
自家営業の手伝い	1	1	－	1	－	－
自宅での賃仕事（内職）	2	1	－	－	－	－
正規の職員・従業員	99	88	－	－	－	77
アルバイト・パート	25	16	－	－	－	2
労働者派遣事業所の派遣社員	10	10	－	－	－	1
契約社員・嘱託	12	9	－	－	－	2
その他	－	－	－	－	－	－
不詳	1	－	－	－	－	－
仕事なし	9	3	－	－	－	1
不詳	1	1	－	－	－	1

注：1）集計対象は、第１回独身で第５回まで回答し、この４年間に結婚した者である。ただし、調査と調査の間に結婚し、かつ離婚した者を除く。
　　2）年齢は、結婚後の年齢である。

第５回調査（平成28年）

有無・就業形態						
アルバイト・パート	労働者派遣事業所の派遣社員	契約社員・嘱託	その他	不詳	仕事なし	不詳
155	29	76	11	12	279	6
141	26	70	10	12	226	5
2	-	1	-	1	4	-
-	-	-	-	-	1	-
1	-	-	-	-	1	-
51	3	14	3	7	128	5
69	4	6	-	1	53	-
3	14	2	-	1	10	-
11	5	43	3	1	23	-
1	-	4	3	-	-	-
3	-	-	1	1	6	-
13	3	4	-	-	49	-
1	-	2	1	-	4	1
40	3	13	1	2	59	1
37	3	12	1	2	45	1
1	-	1	-	-	1	-
-	-	-	-	-	1	-
-	-	-	-	-	-	-
16	1	-	-	1	23	1
17	-	3	-	-	13	-
1	-	-	-	-	1	-
2	2	8	-	-	3	-
-	-	-	1	-	-	-
-	-	-	-	1	3	-
3	-	-	-	-	12	-
-	-	1	-	-	2	-
93	18	54	10	5	187	5
83	16	49	9	5	154	4
1	-	-	-	1	1	-
-	-	-	-	-	-	-
-	-	-	-	-	-	-
29	1	13	3	3	94	4
40	4	2	-	-	31	-
1	9	-	-	-	9	-
8	2	30	3	1	17	-
1	-	4	2	-	-	-
3	-	-	1	-	2	-
9	2	4	-	-	31	-
1	-	1	1	-	2	1
22	8	9	-	5	33	-
21	7	9	-	5	27	-
-	-	-	-	-	2	-
-	-	-	-	-	-	-
1	-	-	-	-	1	-
6	1	1	-	3	11	-
12	-	1	-	1	9	-
1	5	2	-	1	-	-
1	1	5	-	-	3	-
-	-	-	-	-	-	-
-	-	-	-	-	1	-
1	1	-	-	-	6	-
-	-	-	-	-	-	-

第42表　この４年間に結婚した者数、性、年齢階級、第３回の職業観（複数回答）、

男

年齢階級 第３回の職業観（複数回答）	総数	同一就業継続	（再掲） 正規	（再掲） 非正規	転職
総数	613	436	401	15	106
生計を維持するため	530	378	346	14	89
家計に余裕をもつため	209	141	132	3	47
経済的に自立するため	268	193	174	5	52
社会人の責任・義務	249	178	167	5	46
社会に貢献するため	143	104	93	2	25
社会に認められるため	79	48	43	2	20
人間的な成長のため	200	140	128	4	38
働くことが生きがい	60	46	44	－	13
能力や専攻・資格を生かすため	108	71	62	4	27
趣味・娯楽等の費用を得るため	213	160	147	5	31
特別な意義はない	17	13	11	2	3
わからない	2	1	－	1	1
その他	7	2	2	－	2
不詳	4	1	1	－	2
21～25歳	102	65	60	2	22
生計を維持するため	85	55	51	2	16
家計に余裕をもつため	38	22	20	－	12
経済的に自立するため	43	27	25	－	12
社会人の責任・義務	46	28	26	－	10
社会に貢献するため	21	12	12	－	4
社会に認められるため	10	6	5	－	3
人間的な成長のため	39	26	24	－	8
働くことが生きがい	9	5	4	－	4
能力や専攻・資格を生かすため	16	8	7	－	4
趣味・娯楽等の費用を得るため	38	27	25	－	6
特別な意義はない	1	－	－	－	1
わからない	－	－	－	－	－
その他	2	1	1	－	－
不詳	1	－	－	－	1
26～30歳	411	284	264	10	76
生計を維持するため	363	253	234	9	65
家計に余裕をもつため	141	92	87	3	33
経済的に自立するため	168	116	105	4	35
社会人の責任・義務	162	116	109	5	31
社会に貢献するため	94	68	61	2	18
社会に認められるため	55	29	27	1	17
人間的な成長のため	125	83	77	3	26
働くことが生きがい	40	32	32	－	8
能力や専攻・資格を生かすため	78	49	44	3	23
趣味・娯楽等の費用を得るため	145	107	98	4	22
特別な意義はない	11	8	7	1	2
わからない	2	1	－	1	1
その他	4	1	1	－	1
不詳	2	1	1	－	1
31～33歳	100	87	77	3	8
生計を維持するため	82	70	61	3	8
家計に余裕をもつため	30	27	25	－	2
経済的に自立するため	57	50	44	1	5
社会人の責任・義務	41	34	32	－	5
社会に貢献するため	28	24	20	－	3
社会に認められるため	14	13	11	1	－
人間的な成長のため	36	31	27	1	4
働くことが生きがい	11	9	8	－	1
能力や専攻・資格を生かすため	14	14	11	1	－
趣味・娯楽等の費用を得るため	30	26	24	1	3
特別な意義はない	5	5	4	1	－
わからない	－	－	－	－	－
その他	1	－	－	－	1
不詳	1	－	－	－	－

注：１）集計対象は、第１回独身で第５回まで回答し、この４年間に結婚した者である。ただし、調査と調査の間に結婚し、かつ離婚した者を除く。
　　２）年齢は、結婚後の年齢である。
　　３）総数には、正規・非正規以外の就業形態等を含む。

結婚後の就業継続の有無・（再掲）正規・非正規別（２－１）

第５回調査（平成28年）

（再　掲）正規から非正規	（再　掲）非正規から正規	新規就業	離職	無職継続	不詳
6	22	16	2	3	50
5	20	15	2	3	43
2	11	7	1	－	13
2	15	9	1	－	13
1	14	7	1	－	17
1	7	5	－	－	9
－	6	3	－	－	8
1	11	5	－	－	17
－	－	1	－	－	－
2	4	3	－	－	7
－	8	5	－	－	17
－	－	－	－	－	1
1	－	－	－	－	－
1	－	－	－	－	3
－	－	1	－	－	－
1	5	5	1	－	9
1	4	5	1	－	8
－	3	1	1	－	2
－	3	3	1	－	－
－	4	3	1	－	4
－	－	2	－	－	3
－	－	－	－	－	1
－	2	1	－	－	4
－	－	－	－	－	－
－	－	1	－	－	3
－	－	2	－	－	3
－	－	－	－	－	－
－	－	－	－	－	－
－	－	－	－	－	1
－	－	－	－	－	－
3	15	8	1	3	39
2	14	8	1	3	33
1	8	5	－	－	11
2	10	4	－	－	13
1	8	2	－	－	13
－	6	2	－	－	6
－	6	2	－	－	7
－	8	3	－	－	13
－	－	－	－	－	－
2	4	2	－	－	4
－	8	3	－	－	13
－	－	－	－	－	1
1	－	－	－	－	－
－	－	－	－	－	2
－	－	－	－	－	－
2	2	3	－	－	2
2	2	2	－	－	2
1	－	1	－	－	－
－	2	2	－	－	－
－	2	2	－	－	－
1	1	1	－	－	－
－	－	1	－	－	－
1	1	1	－	－	－
－	－	1	－	－	－
－	－	－	－	－	－
－	－	－	－	－	1
－	－	－	－	－	－
－	－	－	－	－	－
1	－	－	－	－	－
－	－	1	－	－	－

第42表　この４年間に結婚した者数、性、年齢階級、第３回の職業観（複数回答）、

女

年齢階級 第３回の職業観（複数回答）	総数	同一就業継続	（再掲） 正規	（再掲） 非正規	転職
総数	1 234	644	519	105	224
生計を維持するため	970	527	422	89	171
家計に余裕をもつため	642	310	250	50	114
経済的に自立するため	497	279	236	37	92
社会人の責任・義務	387	221	190	26	64
社会に貢献するため	214	132	114	14	29
社会に認められるため	136	75	60	12	24
人間的な成長のため	446	249	204	41	73
働くことが生きがい	137	70	55	14	25
能力や専攻・資格を生かすため	297	172	147	18	64
趣味・娯楽等の費用を得るため	473	239	188	44	81
特別な意義はない	29	15	8	6	3
わからない	1	－	－	－	－
その他	22	10	7	3	4
不詳	2	－	－	－	1
21～25歳	249	116	93	17	56
生計を維持するため	188	89	70	14	40
家計に余裕をもつため	137	51	39	9	27
経済的に自立するため	90	41	36	4	23
社会人の責任・義務	73	42	35	5	13
社会に貢献するため	32	18	16	2	7
社会に認められるため	22	11	9	2	3
人間的な成長のため	81	39	30	8	18
働くことが生きがい	28	11	7	4	7
能力や専攻・資格を生かすため	52	28	24	4	13
趣味・娯楽等の費用を得るため	99	43	35	6	17
特別な意義はない	6	3	2	1	－
わからない	－	－	－	－	－
その他	7	4	2	2	－
不詳	－	－	－	－	－
26～30歳	820	431	353	66	142
生計を維持するため	650	358	292	57	110
家計に余裕をもつため	446	227	186	35	75
経済的に自立するため	326	190	165	20	52
社会人の責任・義務	258	143	128	12	42
社会に貢献するため	151	94	82	10	16
社会に認められるため	99	55	45	7	17
人間的な成長のため	303	169	142	24	45
働くことが生きがい	88	46	41	5	17
能力や専攻・資格を生かすため	206	124	106	12	42
趣味・娯楽等の費用を得るため	319	164	134	26	55
特別な意義はない	18	9	6	2	3
わからない	1	－	－	－	－
その他	13	6	5	1	3
不詳	2	－	－	－	1
31～33歳	165	97	73	22	26
生計を維持するため	132	80	60	18	21
家計に余裕をもつため	59	32	25	6	12
経済的に自立するため	81	48	35	13	17
社会人の責任・義務	56	36	27	9	9
社会に貢献するため	31	20	16	2	6
社会に認められるため	15	9	6	3	4
人間的な成長のため	62	41	32	9	10
働くことが生きがい	21	13	7	5	1
能力や専攻・資格を生かすため	39	20	17	2	9
趣味・娯楽等の費用を得るため	55	32	19	12	9
特別な意義はない	5	3	－	3	－
わからない	－	－	－	－	－
その他	2	－	－	－	1
不詳	－	－	－	－	－

注：１）集計対象は、第１回独身で第５回まで回答し、この４年間に結婚した者である。ただし、調査と調査の間に結婚し、かつ離婚した者を除く。
２）年齢は、結婚後の年齢である。
３）総数には、正規・非正規以外の就業形態等を含む。

結婚後の就業継続の有無・（再掲）正規・非正規別（２－２）

第５回調査（平成28年）

（再　掲）正規から非正規	（再　掲）非正規から正規	新規就業	離職	無職継続	不詳
71	26	30	226	49	61
51	20	22	164	36	50
36	16	24	134	25	35
24	13	12	76	15	23
22	7	14	62	11	15
6	3	9	30	3	11
5	2	9	22	2	4
23	8	15	76	15	18
8	3	10	25	1	6
18	11	6	36	5	14
25	12	11	104	14	24
1	1	－	8	2	1
－	－	1	－	－	－
－	－	－	4	3	1
1	－	－	－	1	－
17	6	7	45	12	13
13	3	6	37	7	9
5	4	7	36	8	8
6	4	2	19	2	3
3	2	3	12	1	2
1	1	－	6	－	1
－	－	3	4	－	1
4	1	1	17	2	4
3	－	2	8	－	－
2	2	－	7	－	4
4	3	3	28	3	5
－	－	－	2	1	－
－	－	－	－	－	－
－	－	－	1	2	－
－	－	－	－	－	－
46	15	20	154	31	42
32	12	14	107	25	36
27	8	15	89	14	26
14	6	9	46	11	18
16	4	9	44	8	12
4	1	9	20	3	9
4	2	6	16	2	3
15	6	13	51	11	14
5	3	7	12	－	6
14	7	5	24	2	9
19	7	7	68	10	15
1	1	－	5	1	－
－	－	1	－	－	－
－	－	－	2	1	1
1	－	－	－	1	－
8	5	3	27	6	6
6	5	2	20	4	5
4	4	2	9	3	1
4	3	1	11	2	2
3	1	2	6	2	1
1	1	－	4	－	1
1	－	－	2	－	－
4	1	1	8	2	－
－	－	1	5	1	－
2	2	1	5	3	1
2	2	1	8	1	4
－	－	－	1	－	1
－	－	－	－	－	－
－	－	－	1	－	－
－	－	－	－	－	－

第43表　この４年間に結婚した結婚前に仕事ありの女性数、年齢階級、（再掲）結婚前の正規・非正規、結婚後の就業継続の有無・（再掲）正規・非正規別

第５回調査（平成28年）

年齢階級 （再掲）結婚前の 正規・非正規	総数	同一就業継続	転職			離職	不詳
			総数	（再掲） 正規	（再掲） 非正規		
総数	1 138	644	224	69	136	226	44
21〜25歳	226	116	56	16	35	45	9
26〜30歳	757	431	142	43	86	154	30
31〜33歳	155	97	26	10	15	27	5
（再掲）正規	775	519	116	33	71	128	12
21〜25歳	144	93	26	6	17	23	2
26〜30歳	532	353	78	23	46	94	7
31〜33歳	99	73	12	4	8	11	3
（再掲）非正規	288	105	92	26	61	86	5
21〜25歳	59	17	24	6	16	17	1
26〜30歳	182	66	57	15	39	57	2
31〜33歳	47	22	11	5	6	12	2

注：１）集計対象は、第１回独身で第５回まで回答し、この４年間に結婚した結婚前に仕事ありの女性である。ただし、調査と調査の間に結婚し、かつ離婚をした者を除く。
　　２）年齢は、結婚後の年齢である。
　　３）総数には、正規・非正規以外の就業形態等を含む。

第44表　この４年間に結婚した結婚前に仕事ありの女性数、年齢階級、

年齢階級 第１回の家庭観	総数	同一就業継続	転職			離職	不詳
			総数	（再掲）正規	（再掲）非正規		
総数							
＜世帯の収入＞	1 126	640	220	68	133	222	44
夫が主として責任をもつ家庭	540	287	109	23	76	128	16
妻が主として責任をもつ家庭	11	7	1	−	1	3	−
夫妻いずれも同様に責任をもつ家庭	453	284	84	36	44	60	25
わからない	39	19	5	2	3	15	−
不詳	83	43	21	7	9	16	3
＜家事＞	1 126	640	220	68	133	222	44
夫が主として責任をもつ家庭	3	−	1	−	−	2	−
妻が主として責任をもつ家庭	426	219	82	15	60	109	16
夫妻いずれも同様に責任をもつ家庭	585	363	108	43	59	89	25
わからない	28	15	8	3	5	5	−
不詳	84	43	21	7	9	17	3
＜育児＞	1 126	640	220	68	133	222	44
夫が主として責任をもつ家庭	1	−	−	−	−	1	−
妻が主として責任をもつ家庭	114	63	21	6	13	25	5
夫妻いずれも同様に責任をもつ家庭	901	520	172	53	107	174	35
わからない	26	14	6	2	4	5	1
不詳	84	43	21	7	9	17	3
21～25歳							
＜世帯の収入＞	226	116	56	16	35	45	9
夫が主として責任をもつ家庭	103	51	25	6	17	26	1
妻が主として責任をもつ家庭	−	−	−	−	−	−	−
夫妻いずれも同様に責任をもつ家庭	96	52	25	9	14	12	7
わからない	10	4	3	1	2	3	−
不詳	17	9	3	−	2	4	1
＜家事＞	226	116	56	16	35	45	9
夫が主として責任をもつ家庭	−	−	−	−	−	−	−
妻が主として責任をもつ家庭	84	42	23	5	16	18	1
夫妻いずれも同様に責任をもつ家庭	119	62	27	10	15	23	7
わからない	6	3	3	1	2	−	−
不詳	17	9	3	−	2	4	1
＜育児＞	226	116	56	16	35	45	9
夫が主として責任をもつ家庭	−	−	−	−	−	−	−
妻が主として責任をもつ家庭	23	12	6	2	4	4	1
夫妻いずれも同様に責任をもつ家庭	180	92	44	13	27	37	7
わからない	6	3	3	1	2	−	−
不詳	17	9	3	−	2	4	1

注：１）集計対象は、第１回独身で第５回まで回答し、この４年間に結婚した結婚前に仕事ありの女性のうち、第１回の結婚意欲が「絶対したい」「なるべくしたい」「どちらとも言えない」「あまりしたくない」のいずれかの者である。
ただし、調査と調査の間に結婚し、かつ離婚した者を除く。
２）年齢は、結婚後の年齢である。
３）総数には、正規・非正規以外の就業形態等を含む。

第１回の家庭観、結婚後の就業継続の有無・（再掲）正規・非正規別

第５回調査（平成28年）

年齢階級 第１回の家庭観	総数	同一就業継続	転職			離職	不詳
			総数	（再掲）正規	（再掲）非正規		
26～30歳							
＜世帯の収入＞	746	427	139	42	84	150	30
夫が主として責任をもつ家庭	364	191	71	13	51	90	12
妻が主として責任をもつ家庭	9	6	1	-	1	2	-
夫妻いずれも同様に責任をもつ家庭	293	190	50	23	25	37	16
わからない	25	12	2	1	1	11	-
不詳	55	28	15	5	6	10	2
＜家事＞	746	427	139	42	84	150	30
夫が主として責任をもつ家庭	3	-	1	-	-	2	-
妻が主として責任をもつ家庭	295	148	52	9	39	82	13
夫妻いずれも同様に責任をもつ家庭	374	241	67	26	37	51	15
わからない	19	10	4	2	2	5	-
不詳	55	28	15	5	6	10	2
＜育児＞	746	427	139	42	84	150	30
夫が主として責任をもつ家庭	1	-	-	-	-	1	-
妻が主として責任をもつ家庭	80	45	15	4	9	16	4
夫妻いずれも同様に責任をもつ家庭	593	345	107	32	68	118	23
わからない	17	9	2	1	1	5	1
不詳	55	28	15	5	6	10	2
31～33歳							
＜世帯の収入＞	154	97	25	10	14	27	5
夫が主として責任をもつ家庭	73	45	13	4	8	12	3
妻が主として責任をもつ家庭	2	1	-	-	-	1	-
夫妻いずれも同様に責任をもつ家庭	64	42	9	4	5	11	2
わからない	4	3	-	-	-	1	-
不詳	11	6	3	2	1	2	-
＜家事＞	154	97	25	10	14	27	5
夫が主として責任をもつ家庭	-	-	-	-	-	-	-
妻が主として責任をもつ家庭	47	29	7	1	5	9	2
夫妻いずれも同様に責任をもつ家庭	92	60	14	7	7	15	3
わからない	3	2	1	-	1	-	-
不詳	12	6	3	2	1	3	-
＜育児＞	154	97	25	10	14	27	5
夫が主として責任をもつ家庭	-	-	-	-	-	-	-
妻が主として責任をもつ家庭	11	6	-	-	-	5	-
夫妻いずれも同様に責任をもつ家庭	128	83	21	8	12	19	5
わからない	3	2	1	-	1	-	-
不詳	12	6	3	2	1	3	-

第45表　この４年間に結婚した結婚前に仕事ありの女性数、年齢階級、第１回の結婚後の就業継続意欲、（再掲）第１回の正規・非正規、結婚後の就業継続の有無・（再掲）正規・非正規別

第５回調査（平成28年）

年齢階級 第１回の結婚後の就業継続意欲 （再掲）第１回の正規・非正規	総数	同一就業継続	転職			離職	不詳
			総数	（再掲）正規	（再掲）非正規		
総数	1 061	604	203	61	125	211	43
結婚した後も続ける	494	338	76	31	37	55	25
結婚を機にやめる	225	81	63	12	48	73	8
考えていない	315	170	58	16	37	78	9
不詳	27	15	6	2	3	5	1
21～25歳	202	103	50	15	31	40	9
結婚した後も続ける	82	51	17	9	8	10	4
結婚を機にやめる	47	13	14	2	11	19	1
考えていない	57	30	15	3	10	9	3
不詳	16	9	4	1	2	2	1
26～30歳	717	411	130	38	80	147	29
結婚した後も続ける	346	240	51	19	24	36	19
結婚を機にやめる	151	55	40	7	32	50	6
考えていない	212	112	37	11	23	59	4
不詳	8	4	2	1	1	2	－
31～33歳	142	90	23	8	14	24	5
結婚した後も続ける	66	47	8	3	5	9	2
結婚を機にやめる	27	13	9	3	5	4	1
考えていない	46	28	6	2	4	10	2
不詳	3	2	－	－	－	1	－
（再掲）正規	653	425	106	35	64	108	14
結婚した後も続ける	329	254	38	17	17	27	10
結婚を機にやめる	137	56	39	7	30	40	2
考えていない	179	111	27	10	16	39	2
不詳	8	4	2	1	1	2	－
21～25歳	106	65	20	6	13	19	2
結婚した後も続ける	46	36	5	3	2	4	1
結婚を機にやめる	27	8	8	1	6	11	－
考えていない	30	20	6	1	5	3	1
不詳	3	1	1	1	－	1	－
26～30歳	457	300	72	24	43	76	9
結婚した後も続ける	237	185	27	12	11	17	8
結婚を機にやめる	95	42	26	4	22	26	1
考えていない	121	71	18	8	9	32	－
不詳	4	2	1	－	1	1	－
31～33歳	90	60	14	5	8	13	3
結婚した後も続ける	46	33	6	2	4	6	1
結婚を機にやめる	15	6	5	2	2	3	1
考えていない	28	20	3	1	2	4	1
不詳	1	1	－	－	－	－	－
（再掲）非正規	265	115	69	15	46	78	3
結婚した後も続ける	97	49	24	5	17	24	－
結婚を機にやめる	52	12	17	4	12	22	1
考えていない	103	47	24	5	15	30	2
不詳	13	7	4	1	2	2	－
21～25歳	63	24	22	5	14	17	－
結婚した後も続ける	21	8	7	2	5	6	－
結婚を機にやめる	13	3	5	1	4	5	－
考えていない	19	7	7	2	3	5	－
不詳	10	6	3	－	2	1	－
26～30歳	165	70	42	8	29	51	2
結婚した後も続ける	63	32	16	3	11	15	－
結婚を機にやめる	32	5	10	2	7	16	1
考えていない	68	33	15	2	11	19	1
不詳	2	－	1	1	－	1	－
31～33歳	37	21	5	2	3	10	1
結婚した後も続ける	13	9	1	－	1	3	－
結婚を機にやめる	7	4	2	1	1	1	－
考えていない	16	7	2	1	1	6	1
不詳	1	1	－	－	－	－	－

注：１）集計対象は、①かつ②に該当するこの４年間に結婚した結婚前に仕事ありの女性である。ただし、調査と調査の間に結婚し、かつ離婚をした者を除く。
①第１回に独身で第５回まで回答した女性
②第１回に仕事ありの「女性票」の対象者で、かつ、第１回の結婚の意欲が「絶対したい」「なるべくしたい」「どちらとも言えない」「あまりしたくない」のいずれかの者
２）年齢は、結婚後の年齢である。
３）総数には、正規・非正規以外の就業形態等を含む。

第46表　この４年間に結婚した結婚前に仕事ありの女性数、年齢階級、結婚前の

総　数

結婚前の就業形態 第１回の結婚後の就業継続意欲	総数	同一就業継続	転職			離職	不詳
			総数	（再掲）正規	（再掲）非正規		
総数	1 061	604	203	61	125	211	43
結婚した後も続ける	494	338	76	31	37	55	25
結婚を機にやめる	225	81	63	12	48	73	8
考えていない	315	170	58	16	37	78	9
不詳	27	15	6	2	3	5	1
会社などの役員・自営業主	30	13	12	9	2	4	1
結婚した後も続ける	15	5	8	6	1	1	1
結婚を機にやめる	6	3	2	1	1	1	-
考えていない	7	4	2	2	-	1	-
不詳	2	1	-	-	-	1	-
自家営業の手伝い	6	4	1	-	-	1	-
結婚した後も続ける	2	2	-	-	-	-	-
結婚を機にやめる	1	-	1	-	-	-	-
考えていない	2	1	-	-	-	1	-
不詳	1	1	-	-	-	-	-
自宅での賃仕事（内職）	2	-	1	-	1	1	-
結婚した後も続ける	1	-	-	-	-	1	-
結婚を機にやめる	1	-	1	-	1	-	-
考えていない	-	-	-	-	-	-	-
不詳	-	-	-	-	-	-	-
正規の職員・従業員	730	492	104	27	66	123	11
結婚した後も続ける	377	293	45	20	19	32	7
結婚を機にやめる	150	66	32	2	29	49	3
考えていない	187	123	23	3	17	40	1
不詳	16	10	4	2	1	2	-
アルバイト・パート	129	41	40	12	26	45	3
結婚した後も続ける	30	10	10	1	8	10	-
結婚を機にやめる	34	8	15	7	8	10	1
考えていない	59	21	14	4	9	23	1
不詳	6	2	1	-	1	2	1
労働者派遣事業所の派遣社員	32	13	8	2	6	10	1
結婚した後も続ける	13	8	2	-	2	2	1
結婚を機にやめる	6	1	-	-	-	5	-
考えていない	13	4	6	2	4	3	-
不詳	-	-	-	-	-	-	-
契約社員・嘱託	91	37	30	9	19	23	1
結婚した後も続ける	34	17	9	3	6	8	-
結婚を機にやめる	20	3	11	2	8	6	-
考えていない	35	16	9	4	4	9	1
不詳	2	1	1	-	1	-	-
その他	10	3	7	2	5	-	-
結婚した後も続ける	4	2	2	1	1	-	-
結婚を機にやめる	1	-	1	-	1	-	-
考えていない	5	1	4	1	3	-	-
不詳	-	-	-	-	-	-	-
不詳	31	1	-	-	-	4	26
結婚した後も続ける	18	1	-	-	-	1	16
結婚を機にやめる	6	-	-	-	-	2	4
考えていない	7	-	-	-	-	1	6
不詳	-	-	-	-	-	-	-

注：１）集計対象は、①かつ②に該当するこの４年間に結婚した結婚前に仕事ありの女性である。ただし、調査と調査の間に結婚し、かつ離婚をした者を除く。
①第１回に独身で第５回まで回答した女性
②第１回に仕事ありの「女性票」の対象者で、かつ、第１回の結婚の意欲が「絶対したい」「なるべくしたい」「どちらとも言えない」「あまりしたくない」のいずれかの者
２）年齢は、結婚後の年齢である。
３）総数には、正規・非正規以外の就業形態等を含む。

就業形態、第１回の結婚後の就業継続意欲、結婚後の就業継続の有無・（再掲）正規・非正規別（２－１）

21～25歳 **第５回調査（平成28年）**

結婚前の就業形態 第１回の結婚後の就業継続意欲	総数	同一就業継続	転職			離職	不詳
			総数	（再掲）正規	（再掲）非正規		
総数	202	103	50	15	31	40	9
結婚した後も続ける	82	51	17	9	8	10	4
結婚を機にやめる	47	13	14	2	11	19	1
考えていない	57	30	15	3	10	9	3
不詳	16	9	4	1	2	2	1
会社などの役員・自営業主	9	3	5	4	1	1	-
結婚した後も続ける	3	-	3	3	-	-	-
結婚を機にやめる	3	1	2	1	1	-	-
考えていない	2	2	-	-	-	-	-
不詳	1	-	-	-	-	1	-
自家営業の手伝い	2	1	-	-	-	1	-
結婚した後も続ける	1	1	-	-	-	-	-
結婚を機にやめる	-	-	-	-	-	-	-
考えていない	1	-	-	-	-	1	-
不詳	-	-	-	-	-	-	-
自宅での賃仕事（内職）	-	-	-	-	-	-	-
結婚した後も続ける	-	-	-	-	-	-	-
結婚を機にやめる	-	-	-	-	-	-	-
考えていない	-	-	-	-	-	-	-
不詳	-	-	-	-	-	-	-
正規の職員・従業員	130	84	23	5	15	21	2
結婚した後も続ける	55	44	6	3	3	4	1
結婚を機にやめる	33	11	7	-	6	14	1
考えていない	32	22	8	1	6	2	-
不詳	10	7	2	1	-	1	-
アルバイト・パート	34	7	15	4	10	11	1
結婚した後も続ける	9	1	4	1	3	4	-
結婚を機にやめる	5	1	3	1	2	1	-
考えていない	17	4	7	2	4	6	-
不詳	3	1	1	-	1	-	1
労働者派遣事業所の派遣社員	2	-	1	-	1	1	-
結婚した後も続ける	1	-	1	-	1	-	-
結婚を機にやめる	1	-	-	-	-	1	-
考えていない	-	-	-	-	-	-	-
不詳	-	-	-	-	-	-	-
契約社員・嘱託	15	6	6	2	4	3	-
結婚した後も続ける	8	3	3	2	1	2	-
結婚を機にやめる	3	-	2	-	2	1	-
考えていない	2	2	-	-	-	-	-
不詳	2	1	1	-	1	-	-
その他	1	1	-	-	-	-	-
結婚した後も続ける	1	1	-	-	-	-	-
結婚を機にやめる	-	-	-	-	-	-	-
考えていない	-	-	-	-	-	-	-
不詳	-	-	-	-	-	-	-
不詳	9	1	-	-	-	2	6
結婚した後も続ける	4	1	-	-	-	-	3
結婚を機にやめる	2	-	-	-	-	2	-
考えていない	3	-	-	-	-	-	3
不詳	-	-	-	-	-	-	-

第46表　この４年間に結婚した結婚前に仕事ありの女性数、年齢階級、結婚前の

26～30歳

結婚前の就業形態 第１回の結婚後の就業継続意欲	総数	同一就業 継続	転職			離職	不詳
			総数	（再掲） 正規	（再掲） 非正規		
総数	717	411	130	38	80	147	29
結婚した後も続ける	346	240	51	19	24	36	19
結婚を機にやめる	151	55	40	7	32	50	6
考えていない	212	112	37	11	23	59	4
不詳	8	4	2	1	1	2	－
会社などの役員・自営業主	16	8	6	4	1	1	1
結婚した後も続ける	9	4	4	2	1	－	1
結婚を機にやめる	3	2	－	－	－	1	－
考えていない	3	1	2	2	－	－	－
不詳	1	1	－	－	－	－	－
自家営業の手伝い	3	3	－	－	－	－	－
結婚した後も続ける	1	1	－	－	－	－	－
結婚を機にやめる	－	－	－	－	－	－	－
考えていない	1	1	－	－	－	－	－
不詳	1	1	－	－	－	－	－
自宅での賃仕事（内職）	－	－	－	－	－	－	－
結婚した後も続ける	－	－	－	－	－	－	－
結婚を機にやめる	－	－	－	－	－	－	－
考えていない	－	－	－	－	－	－	－
不詳	－	－	－	－	－	－	－
正規の職員・従業員	507	339	71	20	43	91	6
結婚した後も続ける	272	210	33	15	12	24	5
結婚を機にやめる	102	47	22	2	20	32	1
考えていない	128	80	14	2	10	34	－
不詳	5	2	2	1	1	1	－
アルバイト・パート	74	24	22	6	15	27	1
結婚した後も続ける	19	8	6	－	5	5	－
結婚を機にやめる	21	2	10	4	6	8	1
考えていない	33	14	6	2	4	13	－
不詳	1	－	－	－	－	1	－
労働者派遣事業所の派遣社員	20	8	3	1	2	9	－
結婚した後も続ける	7	5	－	－	－	2	－
結婚を機にやめる	5	1	－	－	－	4	－
考えていない	8	2	3	1	2	3	－
不詳	－	－	－	－	－	－	－
契約社員・嘱託	66	27	21	5	14	17	1
結婚した後も続ける	21	11	6	1	5	4	－
結婚を機にやめる	15	3	7	1	5	5	－
考えていない	30	13	8	3	4	8	1
不詳	－	－	－	－	－	－	－
その他	9	2	7	2	5	－	－
結婚した後も続ける	3	1	2	1	1	－	－
結婚を機にやめる	1	－	1	－	1	－	－
考えていない	5	1	4	1	3	－	－
不詳	－	－	－	－	－	－	－
不詳	22	－	－	－	－	2	20
結婚した後も続ける	14	－	－	－	－	1	13
結婚を機にやめる	4	－	－	－	－	－	4
考えていない	4	－	－	－	－	1	3
不詳	－	－	－	－	－	－	－

注：１）集計対象は、①かつ②に該当するこの４年間に結婚した結婚前に仕事ありの女性である。ただし、調査と調査の間に結婚し、かつ離婚をした者を除く。
①第１回に独身で第５回まで回答した女性
②第１回に仕事ありの「女性票」の対象者で、かつ、第１回の結婚の意欲が「絶対したい」「なるべくしたい」「どちらとも言えない」「あまりしたくない」のいずれかの者
２）年齢は、結婚後の年齢である。
３）総数には、正規・非正規以外の就業形態等を含む。

就業形態、第１回の結婚後の就業継続意欲、結婚後の就業継続の有無・（再掲）正規・非正規別（２－２）

31～33歳 **第５回調査（平成28年）**

結婚前の就業形態 第１回の結婚後の就業継続意欲	総数	同一就業継続	転職			離職	不詳
			総数	（再掲）正規	（再掲）非正規		
総数	142	90	23	8	14	24	5
結婚した後も続ける	66	47	8	3	5	9	2
結婚を機にやめる	27	13	9	3	5	4	1
考えていない	46	28	6	2	4	10	2
不詳	3	2	－	－	－	1	－
会社などの役員・自営業主	5	2	1	1	－	2	－
結婚した後も続ける	3	1	1	1	－	1	－
結婚を機にやめる	－	－	－	－	－	－	－
考えていない	2	1	－	－	－	1	－
不詳	－	－	－	－	－	－	－
自家営業の手伝い	1	－	1	－	－	－	－
結婚した後も続ける	－	－	－	－	－	－	－
結婚を機にやめる	1	－	1	－	－	－	－
考えていない	－	－	－	－	－	－	－
不詳	－	－	－	－	－	－	－
自宅での賃仕事（内職）	2	－	1	－	1	1	－
結婚した後も続ける	1	－	－	－	－	1	－
結婚を機にやめる	1	－	1	－	1	－	－
考えていない	－	－	－	－	－	－	－
不詳	－	－	－	－	－	－	－
正規の職員・従業員	93	69	10	2	8	11	3
結婚した後も続ける	50	39	6	2	4	4	1
結婚を機にやめる	15	8	3	－	3	3	1
考えていない	27	21	1	－	1	4	1
不詳	1	1	－	－	－	－	－
アルバイト・パート	21	10	3	2	1	7	1
結婚した後も続ける	2	1	－	－	－	1	－
結婚を機にやめる	8	5	2	2	－	1	－
考えていない	9	3	1	－	1	4	1
不詳	2	1	－	－	－	1	－
労働者派遣事業所の派遣社員	10	5	4	1	3	－	1
結婚した後も続ける	5	3	1	－	1	－	1
結婚を機にやめる	－	－	－	－	－	－	－
考えていない	5	2	3	1	2	－	－
不詳	－	－	－	－	－	－	－
契約社員・嘱託	10	4	3	2	1	3	－
結婚した後も続ける	5	3	－	－	－	2	－
結婚を機にやめる	2	－	2	1	1	－	－
考えていない	3	1	1	1	－	1	－
不詳	－	－	－	－	－	－	－
その他	－	－	－	－	－	－	－
結婚した後も続ける	－	－	－	－	－	－	－
結婚を機にやめる	－	－	－	－	－	－	－
考えていない	－	－	－	－	－	－	－
不詳	－	－	－	－	－	－	－
不詳	－	－	－	－	－	－	－
結婚した後も続ける	－	－	－	－	－	－	－
結婚を機にやめる	－	－	－	－	－	－	－
考えていない	－	－	－	－	－	－	－
不詳	－	－	－	－	－	－	－

第47表　この４年間に結婚した結婚前に仕事ありの女性数、年齢階級、結婚前の

総　数

結婚前の職業 第１回の結婚後の就業継続意欲	総数	同一就業継続	転職			離職	不詳
			総数	（再掲）正規	（再掲）非正規		
総数	1 061	604	203	61	125	211	43
結婚した後も続ける	494	338	76	31	37	55	25
結婚を機にやめる	225	81	63	12	48	73	8
考えていない	315	170	58	16	37	78	9
不詳	27	15	6	2	3	5	1
管理的な仕事	9	8	1	–	1	–	–
結婚した後も続ける	4	4	–	–	–	–	–
結婚を機にやめる	1	1	–	–	–	–	–
考えていない	4	3	1	–	1	–	–
不詳	–	–	–	–	–	–	–
専門的・技術的な仕事	420	260	88	31	49	61	11
結婚した後も続ける	219	156	37	19	15	19	7
結婚を機にやめる	77	28	26	4	20	21	2
考えていない	113	69	23	7	14	20	1
不詳	11	7	2	1	–	1	1
事務の仕事	264	170	40	8	30	48	6
結婚した後も続ける	122	98	11	3	7	9	4
結婚を機にやめる	60	23	16	2	13	21	–
考えていない	77	45	12	2	10	18	2
不詳	5	4	1	1	–	–	–
販売の仕事	98	35	29	8	20	32	2
結婚した後も続ける	33	13	10	3	6	10	–
結婚を機にやめる	32	13	8	2	6	9	2
考えていない	28	8	9	3	6	11	–
不詳	5	1	2	–	2	2	–
サービスの仕事	166	80	32	11	18	51	3
結婚した後も続ける	66	40	11	4	5	13	2
結婚を機にやめる	37	12	11	4	7	14	–
考えていない	59	27	9	3	5	22	1
不詳	4	1	1	–	1	2	–
保安の仕事	2	1	–	–	–	1	–
結婚した後も続ける	–	–	–	–	–	–	–
結婚を機にやめる	–	–	–	–	–	–	–
考えていない	2	1	–	–	–	1	–
不詳	–	–	–	–	–	–	–
農林漁業の仕事	2	2	–	–	–	–	–
結婚した後も続ける	–	–	–	–	–	–	–
結婚を機にやめる	1	1	–	–	–	–	–
考えていない	–	–	–	–	–	–	–
不詳	1	1	–	–	–	–	–
生産工程の仕事	43	26	7	2	3	10	–
結婚した後も続ける	18	14	3	1	2	1	–
結婚を機にやめる	7	2	–	–	–	5	–
考えていない	18	10	4	1	1	4	–
不詳	–	–	–	–	–	–	–
輸送・機械運転の仕事	3	3	–	–	–	–	–
結婚した後も続ける	2	2	–	–	–	–	–
結婚を機にやめる	–	–	–	–	–	–	–
考えていない	1	1	–	–	–	–	–
不詳	–	–	–	–	–	–	–
建設・採掘の仕事	5	4	1	–	–	–	–
結婚した後も続ける	4	3	1	–	–	–	–
結婚を機にやめる	–	–	–	–	–	–	–
考えていない	–	–	–	–	–	–	–
不詳	1	1	–	–	–	–	–
運搬・清掃・包装等の仕事	2	1	–	–	–	1	–
結婚した後も続ける	1	1	–	–	–	–	–
結婚を機にやめる	1	–	–	–	–	1	–
考えていない	–	–	–	–	–	–	–
不詳	–	–	–	–	–	–	–
その他	21	13	4	1	3	4	–
結婚した後も続ける	11	7	2	1	1	2	–
結婚を機にやめる	4	1	2	–	2	1	–
考えていない	6	5	–	–	–	1	–
不詳	–	–	–	–	–	–	–
不詳	26	1	1	–	1	3	21
結婚した後も続ける	14	–	1	–	1	1	12
結婚を機にやめる	5	–	–	–	–	1	4
考えていない	7	1	–	–	–	1	5
不詳	–	–	–	–	–	–	–

注：１）集計対象は、①かつ②に該当するこの４年間に結婚した結婚前に仕事ありの女性である。ただし、調査と調査の間に結婚し、かつ離婚をした者を除く。
　　①第１回に独身で第５回まで回答した女性
　　②第１回に仕事ありの「女性票」の対象者で、かつ、第１回の結婚の意欲が「絶対したい」「なるべくしたい」「どちらとも言えない」「あまりしたくない」のいずれかの者
　２）年齢は、結婚後の年齢である。
　３）総数には、正規・非正規以外の就業形態等を含む。
　４）「その他」は「その他の仕事」又は「分類不能の職業」をいう。

職業、第１回の結婚後の就業継続意欲、結婚後の就業継続の有無・（再掲）正規・非正規別（２－１）

21～25歳　　**第５回調査（平成28年）**

結婚前の職業 第１回の結婚後の就業継続意欲	総数	同一就業継続	転職			離職	不詳
			総数	（再掲）正規	（再掲）非正規		
総数	202	103	50	15	31	40	9
結婚した後も続ける	82	51	17	9	8	10	4
結婚を機にやめる	47	13	14	2	11	19	1
考えていない	57	30	15	3	10	9	3
不詳	16	9	4	1	2	2	1
管理的な仕事	−	−	−	−	−	−	−
結婚した後も続ける	−	−	−	−	−	−	−
結婚を機にやめる	−	−	−	−	−	−	−
考えていない	−	−	−	−	−	−	−
不詳	−	−	−	−	−	−	−
専門的・技術的な仕事	71	44	17	6	8	8	2
結婚した後も続ける	31	24	7	5	2	−	−
結婚を機にやめる	15	3	5	−	4	6	1
考えていない	17	12	4	1	2	1	−
不詳	8	5	1	−	−	1	1
事務の仕事	45	28	11	2	9	5	1
結婚した後も続ける	15	11	3	1	2	−	1
結婚を機にやめる	13	5	3	−	3	5	−
考えていない	14	10	4	−	4	−	−
不詳	3	2	1	1	−	−	−
販売の仕事	22	4	10	1	9	8	−
結婚した後も続ける	7	1	3	1	2	3	−
結婚を機にやめる	4	2	2	−	2	−	−
考えていない	9	1	4	−	4	4	−
不詳	2	−	1	−	1	1	−
サービスの仕事	35	13	10	5	4	11	1
結婚した後も続ける	14	8	2	1	1	4	−
結婚を機にやめる	10	2	4	2	2	4	−
考えていない	9	2	3	2	−	3	1
不詳	2	1	1	−	1	−	−
保安の仕事	−	−	−	−	−	−	−
結婚した後も続ける	−	−	−	−	−	−	−
結婚を機にやめる	−	−	−	−	−	−	−
考えていない	−	−	−	−	−	−	−
不詳	−	−	−	−	−	−	−
農林漁業の仕事	−	−	−	−	−	−	−
結婚した後も続ける	−	−	−	−	−	−	−
結婚を機にやめる	−	−	−	−	−	−	−
考えていない	−	−	−	−	−	−	−
不詳	−	−	−	−	−	−	−
生産工程の仕事	14	8	2	1	1	4	−
結婚した後も続ける	7	4	2	1	1	1	−
結婚を機にやめる	4	1	−	−	−	3	−
考えていない	3	3	−	−	−	−	−
不詳	−	−	−	−	−	−	−
輸送・機械運転の仕事	1	1	−	−	−	−	−
結婚した後も続ける	1	1	−	−	−	−	−
結婚を機にやめる	−	−	−	−	−	−	−
考えていない	−	−	−	−	−	−	−
不詳	−	−	−	−	−	−	−
建設・採掘の仕事	2	2	−	−	−	−	−
結婚した後も続ける	1	1	−	−	−	−	−
結婚を機にやめる	−	−	−	−	−	−	−
考えていない	−	−	−	−	−	−	−
不詳	1	1	−	−	−	−	−
運搬・清掃・包装等の仕事	−	−	−	−	−	−	−
結婚した後も続ける	−	−	−	−	−	−	−
結婚を機にやめる	−	−	−	−	−	−	−
考えていない	−	−	−	−	−	−	−
不詳	−	−	−	−	−	−	−
その他	5	2	−	−	−	3	−
結婚した後も続ける	3	1	−	−	−	2	−
結婚を機にやめる	−	−	−	−	−	−	−
考えていない	2	1	−	−	−	1	−
不詳	−	−	−	−	−	−	−
不詳	7	1	−	−	−	1	5
結婚した後も続ける	3	−	−	−	−	−	3
結婚を機にやめる	1	−	−	−	−	1	−
考えていない	3	1	−	−	−	−	2
不詳	−	−	−	−	−	−	−

第47表　この4年間に結婚した結婚前に仕事ありの女性数、年齢階級、結婚前の

26～30歳

結婚前の職業 第1回の結婚後の就業継続意欲	総数	同一就業継続	転職			離職	不詳
			総数	（再掲）正規	（再掲）非正規		
総数	717	411	130	38	80	147	29
結婚した後も続ける	346	240	51	19	24	36	19
結婚を機にやめる	151	55	40	7	32	50	6
考えていない	212	112	37	11	23	59	4
不詳	8	4	2	1	1	2	–
管理的な仕事	6	5	1	–	1	–	–
結婚した後も続ける	1	1	–	–	–	–	–
結婚を機にやめる	1	1	–	–	–	–	–
考えていない	4	3	1	–	1	–	–
不詳	–	–	–	–	–	–	–
専門的・技術的な仕事	288	179	59	21	33	42	8
結婚した後も続ける	155	110	26	13	10	12	7
結婚を機にやめる	48	20	16	2	13	12	–
考えていない	82	47	16	5	10	18	1
不詳	3	2	1	1	–	–	–
事務の仕事	178	115	24	5	18	37	2
結婚した後も続ける	89	73	7	2	4	7	2
結婚を機にやめる	40	15	10	1	9	15	–
考えていない	48	26	7	2	5	15	–
不詳	1	1	–	–	–	–	–
販売の仕事	65	24	17	6	10	22	2
結婚した後も続ける	22	10	5	1	3	7	–
結婚を機にやめる	26	9	6	2	4	9	2
考えていない	16	5	5	3	2	6	–
不詳	1	–	1	–	1	–	–
サービスの仕事	114	58	19	5	12	36	1
結婚した後も続ける	47	29	8	2	4	9	1
結婚を機にやめる	24	8	6	2	4	10	–
考えていない	41	21	5	1	4	15	–
不詳	2	–	–	–	–	2	–
保安の仕事	2	1	–	–	–	1	–
結婚した後も続ける	–	–	–	–	–	–	–
結婚を機にやめる	–	–	–	–	–	–	–
考えていない	2	1	–	–	–	1	–
不詳	–	–	–	–	–	–	–
農林漁業の仕事	2	2	–	–	–	–	–
結婚した後も続ける	–	–	–	–	–	–	–
結婚を機にやめる	1	1	–	–	–	–	–
考えていない	–	–	–	–	–	–	–
不詳	1	1	–	–	–	–	–
生産工程の仕事	24	14	4	–	2	6	–
結婚した後も続ける	9	8	1	–	1	–	–
結婚を機にやめる	3	1	–	–	–	2	–
考えていない	12	5	3	–	1	4	–
不詳	–	–	–	–	–	–	–
輸送・機械運転の仕事	2	2	–	–	–	–	–
結婚した後も続ける	1	1	–	–	–	–	–
結婚を機にやめる	–	–	–	–	–	–	–
考えていない	1	1	–	–	–	–	–
不詳	–	–	–	–	–	–	–
建設・採掘の仕事	3	2	1	–	–	–	–
結婚した後も続ける	3	2	1	–	–	–	–
結婚を機にやめる	–	–	–	–	–	–	–
考えていない	–	–	–	–	–	–	–
不詳	–	–	–	–	–	–	–
運搬・清掃・包装等の仕事	2	1	–	–	–	1	–
結婚した後も続ける	1	1	–	–	–	–	–
結婚を機にやめる	1	–	–	–	–	1	–
考えていない	–	–	–	–	–	–	–
不詳	–	–	–	–	–	–	–
その他	13	8	4	1	3	1	–
結婚した後も続ける	7	5	2	1	1	–	–
結婚を機にやめる	3	–	2	–	2	1	–
考えていない	3	3	–	–	–	–	–
不詳	–	–	–	–	–	–	–
不詳	18	–	1	–	1	1	16
結婚した後も続ける	11	–	1	–	1	1	9
結婚を機にやめる	4	–	–	–	–	–	4
考えていない	3	–	–	–	–	–	3
不詳	–	–	–	–	–	–	–

注：1）集計対象は、①かつ②に該当するこの４年間に結婚した結婚前に仕事ありの女性である。ただし、調査と調査の間に結婚し、かつ離婚をした者を除く。
①第１回に独身で第５回まで回答した女性
②第１回に仕事ありの「女性票」の対象者で、かつ、第１回の結婚の意欲が「絶対したい」「なるべくしたい」「どちらとも言えない」「あまりしたくない」のいずれかの者
2）年齢は、結婚後の年齢である。
3）総数には、正規・非正規以外の就業形態等を含む。
4）「その他」は「その他の仕事」又は「分類不能の職業」をいう。

職業、第１回の結婚後の就業継続意欲、結婚後の就業継続の有無・（再掲）正規・非正規別（２－２）

31～33歳 **第５回調査（平成28年）**

結婚前の職業 第１回の結婚後の就業継続意欲	総数	同一就業継続	転職			離職	不詳
			総数	（再掲）正規	（再掲）非正規		
総数	142	90	23	8	14	24	5
結婚した後も続ける	66	47	8	3	5	9	2
結婚を機にやめる	27	13	9	3	5	4	1
考えていない	46	28	6	2	4	10	2
不詳	3	2	−	−	−	1	−
管理的な仕事	3	3	−	−	−	−	−
結婚した後も続ける	3	3	−	−	−	−	−
結婚を機にやめる	−	−	−	−	−	−	−
考えていない	−	−	−	−	−	−	−
不詳	−	−	−	−	−	−	−
専門的・技術的な仕事	61	37	12	4	8	11	1
結婚した後も続ける	33	22	4	1	3	7	−
結婚を機にやめる	14	5	5	2	3	3	1
考えていない	14	10	3	1	2	1	−
不詳	−	−	−	−	−	−	−
事務の仕事	41	27	5	1	3	6	3
結婚した後も続ける	18	14	1	−	1	2	1
結婚を機にやめる	7	3	3	1	1	1	−
考えていない	15	9	1	−	1	3	2
不詳	1	1	−	−	−	−	−
販売の仕事	11	7	2	1	1	2	−
結婚した後も続ける	4	2	2	1	1	−	−
結婚を機にやめる	2	2	−	−	−	−	−
考えていない	3	2	−	−	−	1	−
不詳	2	1	−	−	−	1	−
サービスの仕事	17	9	3	1	2	4	1
結婚した後も続ける	5	3	1	1	−	−	1
結婚を機にやめる	3	2	1	−	1	−	−
考えていない	9	4	1	−	1	4	−
不詳	−	−	−	−	−	−	−
保安の仕事	−	−	−	−	−	−	−
結婚した後も続ける	−	−	−	−	−	−	−
結婚を機にやめる	−	−	−	−	−	−	−
考えていない	−	−	−	−	−	−	−
不詳	−	−	−	−	−	−	−
農林漁業の仕事	−	−	−	−	−	−	−
結婚した後も続ける	−	−	−	−	−	−	−
結婚を機にやめる	−	−	−	−	−	−	−
考えていない	−	−	−	−	−	−	−
不詳	−	−	−	−	−	−	−
生産工程の仕事	5	4	1	1	−	−	−
結婚した後も続ける	2	2	−	−	−	−	−
結婚を機にやめる	−	−	−	−	−	−	−
考えていない	3	2	1	1	−	−	−
不詳	−	−	−	−	−	−	−
輸送・機械運転の仕事	−	−	−	−	−	−	−
結婚した後も続ける	−	−	−	−	−	−	−
結婚を機にやめる	−	−	−	−	−	−	−
考えていない	−	−	−	−	−	−	−
不詳	−	−	−	−	−	−	−
建設・採掘の仕事	−	−	−	−	−	−	−
結婚した後も続ける	−	−	−	−	−	−	−
結婚を機にやめる	−	−	−	−	−	−	−
考えていない	−	−	−	−	−	−	−
不詳	−	−	−	−	−	−	−
運搬・清掃・包装等の仕事	−	−	−	−	−	−	−
結婚した後も続ける	−	−	−	−	−	−	−
結婚を機にやめる	−	−	−	−	−	−	−
考えていない	−	−	−	−	−	−	−
不詳	−	−	−	−	−	−	−
その他	3	3	−	−	−	−	−
結婚した後も続ける	1	1	−	−	−	−	−
結婚を機にやめる	1	1	−	−	−	−	−
考えていない	1	1	−	−	−	−	−
不詳	−	−	−	−	−	−	−
不詳	1	−	−	−	−	1	−
結婚した後も続ける	−	−	−	−	−	−	−
結婚を機にやめる	−	−	−	−	−	−	−
考えていない	1	−	−	−	−	1	−
不詳	−	−	−	−	−	−	−

第48表　夫婦数、妻の年齢階級、子ども数、この４年間の

妻の年齢階級 子ども数 この４年間の出生の状況	総数	同一就業継続	(再掲)正規	(再掲)非正規	転職	(再掲)正規から非正規	(再掲)非正規から正規	新規就業	離職	無職継続	不詳
総数	1 158	570	365	187	126	16	20	53	159	233	17
出生あり	546	208	163	43	46	4	6	16	118	145	13
出生なし	612	362	202	144	80	12	14	37	41	88	4
子どもなし	695	370	265	94	78	9	14	30	118	89	10
第１子出生あり	307	134	109	25	27	2	4	5	88	47	6
第１子出生なし	388	236	156	69	51	7	10	25	30	42	4
１人	265	100	61	37	22	4	3	15	24	100	4
第２子出生あり	170	53	43	10	10	1	-	8	19	76	4
第２子出生なし	95	47	18	27	12	3	3	7	5	24	-
２人	164	79	33	41	23	2	3	6	15	38	3
第３子出生あり	65	19	11	6	9	1	2	3	11	20	3
第３子出生なし	99	60	22	35	14	1	1	3	4	18	-
３人以上	34	21	6	15	3	1	-	2	2	6	-
第４子以降出生あり	4	2	-	2	-	-	-	-	-	2	-
第４子以降出生なし	30	19	6	13	3	1	-	2	2	4	-
21～25歳	75	31	23	7	8	-	-	5	13	17	1
出生あり	44	15	12	3	3	-	-	3	9	13	1
出生なし	31	16	11	4	5	-	-	2	4	4	-
子どもなし	42	24	20	4	2	-	-	2	9	4	1
第１子出生あり	23	11	10	1	-	-	-	-	7	4	1
第１子出生なし	19	13	10	3	2	-	-	2	2	-	-
１人	30	6	3	2	6	-	-	2	4	12	-
第２子出生あり	19	3	2	1	3	-	-	2	2	9	-
第２子出生なし	11	3	1	1	3	-	-	-	2	3	-
２人	3	1	-	1	-	-	-	1	-	1	-
第３子出生あり	2	1	-	1	-	-	-	1	-	-	-
第３子出生なし	1	-	-	-	-	-	-	-	-	1	-
３人以上	-	-	-	-	-	-	-	-	-	-	-
第４子以降出生あり	-	-	-	-	-	-	-	-	-	-	-
第４子以降出生なし	-	-	-	-	-	-	-	-	-	-	-

注：１）集計対象は、①または②に該当し、かつ③に該当する夫婦である。ただし、妻の出生前データが得られていない夫婦は除く。
①第１回から第５回まで双方が回答した夫婦
②第１回に独身で第４回までの間に結婚し、第５回まで回答した夫婦
③妻が第１回の「女性票」の対象者
２）年齢は、「出生あり」は出生後の、「出生なし」は第５回の年齢である。
３）妻の就業状況の変化は、「出生あり」は出生前後の、「出生なし」は第４回から第５回にかけての就業状況の変化である。
４）「子どもなし」「１人」「２人」「３人以上」は、「出生あり」は出生前の、「出生なし」は第４回の状況である。
５）４年間で２人以上出生ありの場合は、末子について計上している。
６）総数には、正規・非正規以外の就業形態等を含む。

出生の状況、妻の就業状況の変化・（再掲）正規・非正規別

第５回調査（平成28年）

妻の年齢階級 子ども数 この４年間の出生の状況	総数	同一就業継続	（再掲）正規	（再掲）非正規	転職	（再掲）正規から非正規	（再掲）非正規から正規	新規就業	離職	無職継続	不詳
26～30歳	601	285	196	81	66	8	9	28	100	112	10
出生あり	316	114	91	23	29	2	3	6	79	79	9
出生なし	285	171	105	58	37	6	6	22	21	33	1
子どもなし	412	208	149	51	47	6	6	16	83	53	5
第１子出生あり	201	80	64	16	18	1	2	2	66	31	4
第１子出生なし	211	128	85	35	29	5	4	14	17	22	1
１人	120	44	31	13	9	2	2	8	11	45	3
第２子出生あり	81	23	19	4	4	1	-	3	9	39	3
第２子出生なし	39	21	12	9	5	1	2	5	2	6	-
２人	62	27	13	14	10	-	1	3	6	14	2
第３子出生あり	34	11	8	3	7	-	1	1	4	9	2
第３子出生なし	28	16	5	11	3	-	-	2	2	5	-
３人以上	7	6	3	3	-	-	-	1	-	-	-
第４子以降出生あり	-	-	-	-	-	-	-	-	-	-	-
第４子以降出生なし	7	6	3	3	-	-	-	1	-	-	-
31～33歳	482	254	146	99	52	8	11	20	46	104	6
出生あり	186	79	60	17	14	2	3	7	30	53	3
出生なし	296	175	86	82	38	6	8	13	16	51	3
子どもなし	241	138	96	39	29	3	8	12	26	32	4
第１子出生あり	83	43	35	8	9	1	2	3	15	12	1
第１子出生なし	158	95	61	31	20	2	6	9	11	20	3
１人	115	50	27	22	7	2	1	5	9	43	1
第２子出生あり	70	27	22	5	3	-	-	3	8	28	1
第２子出生なし	45	23	5	17	4	2	1	2	1	15	-
２人	99	51	20	26	13	2	2	2	9	23	1
第３子出生あり	29	7	3	2	2	1	1	1	7	11	1
第３子出生なし	70	44	17	24	11	1	1	1	2	12	-
３人以上	27	15	3	12	3	1	-	1	2	6	-
第４子以降出生あり	4	2	-	2	-	-	-	-	-	2	-
第４子以降出生なし	23	13	3	10	3	1	-	1	2	4	-

第49表　この４年間に子どもが生まれた出産前に妻に仕事ありの夫婦数、妻の年齢階級、出生順位、（再掲）出産前の妻の正規・非正規、出産後の妻の就業継続の有無別

第５回調査（平成28年）

妻の年齢階級 出生順位 （再掲）出産前の妻の正規・非正規	総数	同一就業継続	転職	離職	不詳
総数	381	208	46	118	9
第１子出産	247	131	27	86	3
第２子出産	86	52	10	20	4
第３子以降出産	48	25	9	12	2
21～25歳	28	15	3	9	1
第１子出産	18	11	－	6	1
第２子出産	9	3	3	3	－
第３子以降出産	1	1	－	－	－
26～30歳	228	114	29	79	6
第１子出産	163	78	18	65	2
第２子出産	39	23	4	9	3
第３子以降出産	26	13	7	5	1
31～33歳	125	79	14	30	2
第１子出産	66	42	9	15	－
第２子出産	38	26	3	8	1
第３子以降出産	21	11	2	7	1
（再掲）正規	210	163	16	30	1
第１子出産	143	106	10	27	－
第２子出産	51	43	5	2	1
第３子以降出産	16	14	1	1	－
21～25歳	16	12	1	3	－
第１子出産	12	10	－	2	－
第２子出産	4	2	1	1	－
第３子以降出産	－	－	－	－	－
26～30歳	122	91	8	22	1
第１子出産	90	62	7	21	－
第２子出産	23	20	1	1	1
第３子以降出産	9	9	－	－	－
31～33歳	72	60	7	5	－
第１子出産	41	34	3	4	－
第２子出産	24	21	3	－	－
第３子以降出産	7	5	1	1	－
（再掲）非正規	145	43	21	79	2
第１子出産	90	25	9	56	－
第２子出産	28	9	4	15	－
第３子以降出産	27	9	8	8	2
21～25歳	11	3	2	6	－
第１子出産	5	1	－	4	－
第２子出産	5	1	2	2	－
第３子以降出産	1	1	－	－	－
26～30歳	92	23	14	54	1
第１子出産	64	16	5	43	－
第２子出産	11	3	2	6	－
第３子以降出産	17	4	7	5	1
31～33歳	42	17	5	19	1
第１子出産	21	8	4	9	－
第２子出産	12	5	－	7	－
第３子以降出産	9	4	1	3	1

注：１）集計対象は、①または②に該当し、かつ③に該当するこの４年間に子どもが生まれた夫婦である。
①第１回から第５回まで双方が回答した夫婦
②第１回に独身で第４回までの間に結婚し、第５回まで回答した夫婦
③妻が出産前に仕事ありで、かつ、第１回の「女性票」の対象者
２）年齢は、出産後の年齢である。
３）４年間で２人以上出生ありの場合は、末子について計上している。
４）総数には、正規・非正規以外の就業形態等を含む。

第50表　この４年間に子どもが生まれた出産前に妻に仕事ありの夫婦数、
出生順位、第１回の夫婦の家庭観、出産後の妻の就業継続の有無別（２－１）

収　入　　　　第５回調査（平成28年）

出生順位 第１回の夫婦の家庭観	総数	同一就業継続	転職	離職	不詳
総数	124	64	17	36	7
(妻)夫が主・(夫)夫が主	38	15	6	17	－
(妻)夫が主・(夫)同様	10	8	－	2	－
(妻)夫が主・(夫)わからない	2	1	－	－	1
(妻)夫が主・(夫)不詳	1	－	－	1	－
(妻)妻が主・(夫)わからない	1	－	－	－	1
(妻)同様・(夫)夫が主	16	7	5	3	1
(妻)同様・(夫)同様	34	25	2	4	3
(妻)同様・(夫)わからない	2	－	－	2	－
(妻)同様・(夫)不詳	2	1	1	－	－
(妻)わからない・(夫)夫が主	2	－	－	2	－
(妻)わからない・(夫)同様	1	－	－	1	－
(妻)不詳・(夫)夫が主	6	2	1	3	－
(妻)不詳・(夫)同様	7	3	2	1	1
(妻)不詳・(夫)わからない	1	1	－	－	－
(妻)不詳・(夫)不詳	1	1	－	－	－
第１子出産	23	7	3	12	1
(妻)夫が主・(夫)夫が主	10	4	－	6	－
(妻)夫が主・(夫)同様	2	2	－	－	－
(妻)夫が主・(夫)わからない	－	－	－	－	－
(妻)夫が主・(夫)不詳	1	－	－	1	－
(妻)妻が主・(夫)わからない	－	－	－	－	－
(妻)同様・(夫)夫が主	4	－	2	2	－
(妻)同様・(夫)同様	3	1	－	1	1
(妻)同様・(夫)わからない	－	－	－	－	－
(妻)同様・(夫)不詳	－	－	－	－	－
(妻)わからない・(夫)夫が主	－	－	－	－	－
(妻)わからない・(夫)同様	1	－	－	1	－
(妻)不詳・(夫)夫が主	1	－	－	1	－
(妻)不詳・(夫)同様	1	－	1	－	－
(妻)不詳・(夫)わからない	－	－	－	－	－
(妻)不詳・(夫)不詳	－	－	－	－	－
第２子出産	55	33	5	13	4
(妻)夫が主・(夫)夫が主	15	6	1	8	－
(妻)夫が主・(夫)同様	4	3	－	1	－
(妻)夫が主・(夫)わからない	1	－	－	－	1
(妻)夫が主・(夫)不詳	－	－	－	－	－
(妻)妻が主・(夫)わからない	1	－	－	－	1
(妻)同様・(夫)夫が主	6	4	2	－	－
(妻)同様・(夫)同様	19	15	1	1	2
(妻)同様・(夫)わからない	1	－	－	1	－
(妻)同様・(夫)不詳	1	1	－	－	－
(妻)わからない・(夫)夫が主	1	－	－	1	－
(妻)わからない・(夫)同様	－	－	－	－	－
(妻)不詳・(夫)夫が主	2	－	1	1	－
(妻)不詳・(夫)同様	2	2	－	－	－
(妻)不詳・(夫)わからない	1	1	－	－	－
(妻)不詳・(夫)不詳	1	1	－	－	－
第３子以降出産	46	24	9	11	2
(妻)夫が主・(夫)夫が主	13	5	5	3	－
(妻)夫が主・(夫)同様	4	3	－	1	－
(妻)夫が主・(夫)わからない	1	1	－	－	－
(妻)夫が主・(夫)不詳	－	－	－	－	－
(妻)妻が主・(夫)わからない	－	－	－	－	－
(妻)同様・(夫)夫が主	6	3	1	1	1
(妻)同様・(夫)同様	12	9	1	2	－
(妻)同様・(夫)わからない	1	－	－	1	－
(妻)同様・(夫)不詳	1	－	1	－	－
(妻)わからない・(夫)夫が主	1	－	－	1	－
(妻)わからない・(夫)同様	－	－	－	－	－
(妻)不詳・(夫)夫が主	3	2	－	1	－
(妻)不詳・(夫)同様	4	1	1	1	1
(妻)不詳・(夫)わからない	－	－	－	－	－
(妻)不詳・(夫)不詳	－	－	－	－	－

注：１）集計対象は、①かつ②に該当するこの４年間に子どもが生まれた夫婦である。
　　　①第１回から第５回まで双方が回答した夫婦
　　　②妻が出産前に仕事ありで、かつ、第1回の「女性票」の対象者
　　２）４年間で２人以上出生ありの場合は、末子について計上している。

第50表　この４年間に子どもが生まれた出産前に妻に仕事ありの夫婦数、

家　事

出生順位 第１回の夫婦の家庭観	総数	同一就業継続	転職	離職	不詳
総数	124	64	17	36	7
(妻)妻が主・(夫)妻が主	34	15	6	13	−
(妻)妻が主・(夫)同様	18	9	2	7	−
(妻)妻が主・(夫)わからない	2	−	−	−	2
(妻)同様・(夫)夫が主	1	1	−	−	−
(妻)同様・(夫)妻が主	14	7	2	4	1
(妻)同様・(夫)同様	33	22	3	5	3
(妻)同様・(夫)わからない	2	1	−	1	−
(妻)同様・(夫)不詳	4	2	1	1	−
(妻)不詳・(夫)妻が主	5	2	1	1	1
(妻)不詳・(夫)同様	7	3	2	2	−
(妻)不詳・(夫)わからない	2	1	−	1	−
(妻)不詳・(夫)不詳	2	1	−	1	−
第１子出産	23	7	3	12	1
(妻)妻が主・(夫)妻が主	8	3	2	3	−
(妻)妻が主・(夫)同様	4	2	−	2	−
(妻)妻が主・(夫)わからない	−	−	−	−	−
(妻)同様・(夫)夫が主	1	1	−	−	−
(妻)同様・(夫)妻が主	2	−	−	2	−
(妻)同様・(夫)同様	5	1	−	3	1
(妻)同様・(夫)わからない	−	−	−	−	−
(妻)同様・(夫)不詳	1	−	−	1	−
(妻)不詳・(夫)妻が主	−	−	−	−	−
(妻)不詳・(夫)同様	2	−	1	1	−
(妻)不詳・(夫)わからない	−	−	−	−	−
(妻)不詳・(夫)不詳	−	−	−	−	−
第２子出産	55	33	5	13	4
(妻)妻が主・(夫)妻が主	15	7	−	8	−
(妻)妻が主・(夫)同様	8	4	2	2	−
(妻)妻が主・(夫)わからない	2	−	−	−	2
(妻)同様・(夫)夫が主	−	−	−	−	−
(妻)同様・(夫)妻が主	6	4	1	1	−
(妻)同様・(夫)同様	16	13	1	−	2
(妻)同様・(夫)わからない	−	−	−	−	−
(妻)同様・(夫)不詳	1	1	−	−	−
(妻)不詳・(夫)妻が主	2	1	−	1	−
(妻)不詳・(夫)同様	2	1	1	−	−
(妻)不詳・(夫)わからない	1	1	−	−	−
(妻)不詳・(夫)不詳	2	1	−	1	−
第３子以降出産	46	24	9	11	2
(妻)妻が主・(夫)妻が主	11	5	4	2	−
(妻)妻が主・(夫)同様	6	3	−	3	−
(妻)妻が主・(夫)わからない	−	−	−	−	−
(妻)同様・(夫)夫が主	−	−	−	−	−
(妻)同様・(夫)妻が主	6	3	1	1	1
(妻)同様・(夫)同様	12	8	2	2	−
(妻)同様・(夫)わからない	2	1	−	1	−
(妻)同様・(夫)不詳	2	1	1	−	−
(妻)不詳・(夫)妻が主	3	1	1	−	1
(妻)不詳・(夫)同様	3	2	−	1	−
(妻)不詳・(夫)わからない	1	−	−	1	−
(妻)不詳・(夫)不詳	−	−	−	−	−

注：１）集計対象は、①かつ②に該当するこの４年間に子どもが生まれた夫婦である。
①第１回から第５回まで双方が回答した夫婦
②妻が出産前に仕事ありで、かつ、第1回の「女性票」の対象者
２）４年間で２人以上出生ありの場合は、末子について計上している。

出生順位、第1回の夫婦の家庭観、出産後の妻の就業継続の有無別（2－2）

育　児　　　**第5回調査（平成28年）**

出生順位 第1回の夫婦の家庭観	総数	同一就業継続	転職	離職	不詳
総数	124	64	17	36	7
(妻)妻が主・(夫)妻が主	9	4	1	4	－
(妻)妻が主・(夫)同様	7	6	－	1	－
(妻)同様・(夫)夫が主	1	1	－	－	－
(妻)同様・(夫)妻が主	7	2	－	4	1
(妻)同様・(夫)同様	72	40	11	18	3
(妻)同様・(夫)わからない	4	1	－	1	2
(妻)同様・(夫)不詳	4	2	1	1	－
(妻)わからない・(夫)同様	2	1	1	－	－
(妻)わからない・(夫)わからない	1	－	－	1	－
(妻)不詳・(夫)妻が主	1	1	－	－	－
(妻)不詳・(夫)同様	12	4	3	4	1
(妻)不詳・(夫)わからない	1	1	－	－	－
(妻)不詳・(夫)不詳	3	1	－	2	－
第1子出産	23	7	3	12	1
(妻)妻が主・(夫)妻が主	－	－	－	－	－
(妻)妻が主・(夫)同様	－	－	－	－	－
(妻)同様・(夫)夫が主	1	1	－	－	－
(妻)同様・(夫)妻が主	2	－	－	2	－
(妻)同様・(夫)同様	13	5	1	6	1
(妻)同様・(夫)わからない	－	－	－	－	－
(妻)同様・(夫)不詳	1	－	－	1	－
(妻)わからない・(夫)同様	2	1	1	－	－
(妻)わからない・(夫)わからない	1	－	－	1	－
(妻)不詳・(夫)妻が主	－	－	－	－	－
(妻)不詳・(夫)同様	2	－	1	1	－
(妻)不詳・(夫)わからない	－	－	－	－	－
(妻)不詳・(夫)不詳	1	－	－	1	－
第2子出産	55	33	5	13	4
(妻)妻が主・(夫)妻が主	6	2	－	4	－
(妻)妻が主・(夫)同様	5	5	－	－	－
(妻)同様・(夫)夫が主	－	－	－	－	－
(妻)同様・(夫)妻が主	3	1	－	2	－
(妻)同様・(夫)同様	31	20	4	5	2
(妻)同様・(夫)わからない	2	－	－	－	2
(妻)同様・(夫)不詳	1	1	－	－	－
(妻)わからない・(夫)同様	－	－	－	－	－
(妻)わからない・(夫)わからない	－	－	－	－	－
(妻)不詳・(夫)妻が主	1	1	－	－	－
(妻)不詳・(夫)同様	3	1	1	1	－
(妻)不詳・(夫)わからない	1	1	－	－	－
(妻)不詳・(夫)不詳	2	1	－	1	－
第3子以降出産	46	24	9	11	2
(妻)妻が主・(夫)妻が主	3	2	1	－	－
(妻)妻が主・(夫)同様	2	1	－	1	－
(妻)同様・(夫)夫が主	－	－	－	－	－
(妻)同様・(夫)妻が主	2	1	－	－	1
(妻)同様・(夫)同様	28	15	6	7	－
(妻)同様・(夫)わからない	2	1	－	1	－
(妻)同様・(夫)不詳	2	1	1	－	－
(妻)わからない・(夫)同様	－	－	－	－	－
(妻)わからない・(夫)わからない	－	－	－	－	－
(妻)不詳・(夫)妻が主	－	－	－	－	－
(妻)不詳・(夫)同様	7	3	1	2	1
(妻)不詳・(夫)わからない	－	－	－	－	－
(妻)不詳・(夫)不詳	－	－	－	－	－

第51表　この４年間に子どもが生まれた出産前に妻に仕事ありの夫婦数、

総　数

出生順位 第１回の夫の家庭観	総数	同一就業継続	転職	離職	不詳
総数					
〈世帯の収入〉	124	64	17	36	7
夫が主として責任をもつ家庭	62	24	12	25	1
妻が主として責任をもつ家庭	-	-	-	-	-
夫妻いずれも同様に責任をもつ家庭	52	36	4	8	4
わからない	6	2	-	2	2
不詳	4	2	1	1	-
〈家事〉	124	64	17	36	7
夫が主として責任をもつ家庭	1	1	-	-	-
妻が主として責任をもつ家庭	53	24	9	18	2
夫妻いずれも同様に責任をもつ家庭	58	34	7	14	3
わからない	6	2	-	2	2
不詳	6	3	1	2	-
〈育児〉	124	64	17	36	7
夫が主として責任をもつ家庭	1	1	-	-	-
妻が主として責任をもつ家庭	17	7	1	8	1
夫妻いずれも同様に責任をもつ家庭	93	51	15	23	4
わからない	6	2	-	2	2
不詳	7	3	1	3	-
第１子出産					
〈世帯の収入〉	23	7	3	12	1
夫が主として責任をもつ家庭	15	4	2	9	-
妻が主として責任をもつ家庭	-	-	-	-	-
夫妻いずれも同様に責任をもつ家庭	7	3	1	2	1
わからない	-	-	-	-	-
不詳	1	-	-	1	-
〈家事〉	23	7	3	12	1
夫が主として責任をもつ家庭	1	1	-	-	-
妻が主として責任をもつ家庭	10	3	2	5	-
夫妻いずれも同様に責任をもつ家庭	11	3	1	6	1
わからない	-	-	-	-	-
不詳	1	-	-	1	-
〈育児〉	23	7	3	12	1
夫が主として責任をもつ家庭	1	1	-	-	-
妻が主として責任をもつ家庭	2	-	-	2	-
夫妻いずれも同様に責任をもつ家庭	17	6	3	7	1
わからない	1	-	-	1	-
不詳	2	-	-	2	-
第２子出産					
〈世帯の収入〉	55	33	5	13	4
夫が主として責任をもつ家庭	24	10	4	10	-
妻が主として責任をもつ家庭	-	-	-	-	-
夫妻いずれも同様に責任をもつ家庭	25	20	1	2	2
わからない	4	1	-	1	2
不詳	2	2	-	-	-
〈家事〉	55	33	5	13	4
夫が主として責任をもつ家庭	-	-	-	-	-
妻が主として責任をもつ家庭	23	12	1	10	-
夫妻いずれも同様に責任をもつ家庭	26	18	4	2	2
わからない	3	1	-	-	2
不詳	3	2	-	1	-
〈育児〉	55	33	5	13	4
夫が主として責任をもつ家庭	-	-	-	-	-
妻が主として責任をもつ家庭	10	4	-	6	-
夫妻いずれも同様に責任をもつ家庭	39	26	5	6	2
わからない	3	1	-	-	2
不詳	3	2	-	1	-
第３子以降出産					
〈世帯の収入〉	46	24	9	11	2
夫が主として責任をもつ家庭	23	10	6	6	1
妻が主として責任をもつ家庭	-	-	-	-	-
夫妻いずれも同様に責任をもつ家庭	20	13	2	4	1
わからない	2	1	-	1	-
不詳	1	-	1	-	-
〈家事〉	46	24	9	11	2
夫が主として責任をもつ家庭	-	-	-	-	-
妻が主として責任をもつ家庭	20	9	6	3	2
夫妻いずれも同様に責任をもつ家庭	21	13	2	6	-
わからない	3	1	-	2	-
不詳	2	1	1	-	-
〈育児〉	46	24	9	11	2
夫が主として責任をもつ家庭	-	-	-	-	-
妻が主として責任をもつ家庭	5	3	1	-	1
夫妻いずれも同様に責任をもつ家庭	37	19	7	10	1
わからない	2	1	-	1	-
不詳	2	1	1	-	-

注：１）集計対象は、①かつ②に該当するこの４年間に子どもが生まれた夫婦である。
　　　①第１回から第５回まで双方が回答した夫婦
　　　②妻が出産前に仕事ありで、かつ、第１回の「女性票」の対象者
　　２）年齢は、出産後の年齢である。
　　３）４年間で２人以上出生ありの場合は、末子について計上している。

妻の年齢階級、出生順位、第１回の夫の家庭観、出産後の妻の就業継続の有無別（２－１）

21～25歳　　**第５回調査（平成28年）**

出生順位 第１回の夫の家庭観	総数	同一就業継続	転職	離職	不詳
総数					
〈世帯の収入〉	5	3	1	1	–
夫が主として責任をもつ家庭	3	1	1	1	–
妻が主として責任をもつ家庭	–	–	–	–	–
夫妻いずれも同様に責任をもつ家庭	2	2	–	–	–
わからない	–	–	–	–	–
不詳	–	–	–	–	–
〈家事〉	5	3	1	1	–
夫が主として責任をもつ家庭	–	–	–	–	–
妻が主として責任をもつ家庭	1	–	–	1	–
夫妻いずれも同様に責任をもつ家庭	4	3	1	–	–
わからない	–	–	–	–	–
不詳	–	–	–	–	–
〈育児〉	5	3	1	1	–
夫が主として責任をもつ家庭	–	–	–	–	–
妻が主として責任をもつ家庭	1	–	–	1	–
夫妻いずれも同様に責任をもつ家庭	4	3	1	–	–
わからない	–	–	–	–	–
不詳	–	–	–	–	–
第１子出産					
〈世帯の収入〉	1	1	–	–	–
夫が主として責任をもつ家庭	1	1	–	–	–
妻が主として責任をもつ家庭	–	–	–	–	–
夫妻いずれも同様に責任をもつ家庭	–	–	–	–	–
わからない	–	–	–	–	–
不詳	–	–	–	–	–
〈家事〉	1	1	–	–	–
夫が主として責任をもつ家庭	–	–	–	–	–
妻が主として責任をもつ家庭	–	–	–	–	–
夫妻いずれも同様に責任をもつ家庭	1	1	–	–	–
わからない	–	–	–	–	–
不詳	–	–	–	–	–
〈育児〉	1	1	–	–	–
夫が主として責任をもつ家庭	–	–	–	–	–
妻が主として責任をもつ家庭	–	–	–	–	–
夫妻いずれも同様に責任をもつ家庭	1	1	–	–	–
わからない	–	–	–	–	–
不詳	–	–	–	–	–
第２子出産					
〈世帯の収入〉	3	1	1	1	–
夫が主として責任をもつ家庭	2	–	1	1	–
妻が主として責任をもつ家庭	–	–	–	–	–
夫妻いずれも同様に責任をもつ家庭	1	1	–	–	–
わからない	–	–	–	–	–
不詳	–	–	–	–	–
〈家事〉	3	1	1	1	–
夫が主として責任をもつ家庭	–	–	–	–	–
妻が主として責任をもつ家庭	1	–	–	1	–
夫妻いずれも同様に責任をもつ家庭	2	1	1	–	–
わからない	–	–	–	–	–
不詳	–	–	–	–	–
〈育児〉	3	1	1	1	–
夫が主として責任をもつ家庭	–	–	–	–	–
妻が主として責任をもつ家庭	1	–	–	1	–
夫妻いずれも同様に責任をもつ家庭	2	1	1	–	–
わからない	–	–	–	–	–
不詳	–	–	–	–	–
第３子以降出産					
〈世帯の収入〉	1	1	–	–	–
夫が主として責任をもつ家庭	–	–	–	–	–
妻が主として責任をもつ家庭	–	–	–	–	–
夫妻いずれも同様に責任をもつ家庭	1	1	–	–	–
わからない	–	–	–	–	–
不詳	–	–	–	–	–
〈家事〉	1	1	–	–	–
夫が主として責任をもつ家庭	–	–	–	–	–
妻が主として責任をもつ家庭	–	–	–	–	–
夫妻いずれも同様に責任をもつ家庭	1	1	–	–	–
わからない	–	–	–	–	–
不詳	–	–	–	–	–
〈育児〉	1	1	–	–	–
夫が主として責任をもつ家庭	–	–	–	–	–
妻が主として責任をもつ家庭	–	–	–	–	–
夫妻いずれも同様に責任をもつ家庭	1	1	–	–	–
わからない	–	–	–	–	–
不詳	–	–	–	–	–

第51表　この４年間に子どもが生まれた出産前に妻に仕事ありの夫婦数、

26～30歳

出生順位 第１回の夫の家庭観	総数	同一就業継続	転職	離職	不詳
総数					
〈世帯の収入〉	63	31	11	16	5
夫が主として責任をもつ家庭	31	12	8	11	–
妻が主として責任をもつ家庭	–	–	–	–	–
夫妻いずれも同様に責任をもつ家庭	27	18	2	4	3
わからない	3	1	–	–	2
不詳	2	–	1	1	–
〈家事〉	63	31	11	16	5
夫が主として責任をもつ家庭	–	–	–	–	–
妻が主として責任をもつ家庭	27	12	6	8	1
夫妻いずれも同様に責任をもつ家庭	29	18	4	5	2
わからない	4	1	–	1	2
不詳	3	–	1	2	–
〈育児〉	63	31	11	16	5
夫が主として責任をもつ家庭	–	–	–	–	–
妻が主として責任をもつ家庭	6	4	–	2	–
夫妻いずれも同様に責任をもつ家庭	49	26	10	10	3
わからない	4	1	–	1	2
不詳	4	–	1	3	–
第１子出産					
〈世帯の収入〉	12	3	1	7	1
夫が主として責任をもつ家庭	7	1	–	6	–
妻が主として責任をもつ家庭	–	–	–	–	–
夫妻いずれも同様に責任をもつ家庭	4	2	1	–	1
わからない	–	–	–	–	–
不詳	1	–	–	1	–
〈家事〉	12	3	1	7	1
夫が主として責任をもつ家庭	–	–	–	–	–
妻が主として責任をもつ家庭	6	2	–	4	–
夫妻いずれも同様に責任をもつ家庭	5	1	1	2	1
わからない	–	–	–	–	–
不詳	1	–	–	1	–
〈育児〉	12	3	1	7	1
夫が主として責任をもつ家庭	–	–	–	–	–
妻が主として責任をもつ家庭	1	–	–	1	–
夫妻いずれも同様に責任をもつ家庭	8	3	1	3	1
わからない	1	–	–	1	–
不詳	2	–	–	2	–
第２子出産					
〈世帯の収入〉	26	15	3	5	3
夫が主として責任をもつ家庭	11	5	3	3	–
妻が主として責任をもつ家庭	–	–	–	–	–
夫妻いずれも同様に責任をもつ家庭	12	9	–	2	1
わからない	3	1	–	–	2
不詳	–	–	–	–	–
〈家事〉	26	15	3	5	3
夫が主として責任をもつ家庭	–	–	–	–	–
妻が主として責任をもつ家庭	10	6	1	3	–
夫妻いずれも同様に責任をもつ家庭	12	8	2	1	1
わからない	3	1	–	–	2
不詳	1	–	–	1	–
〈育児〉	26	15	3	5	3
夫が主として責任をもつ家庭	–	–	–	–	–
妻が主として責任をもつ家庭	3	2	–	1	–
夫妻いずれも同様に責任をもつ家庭	19	12	3	3	1
わからない	3	1	–	–	2
不詳	1	–	–	1	–
第３子以降出産					
〈世帯の収入〉	25	13	7	4	1
夫が主として責任をもつ家庭	13	6	5	2	–
妻が主として責任をもつ家庭	–	–	–	–	–
夫妻いずれも同様に責任をもつ家庭	11	7	1	2	1
わからない	–	–	–	–	–
不詳	1	–	1	–	–
〈家事〉	25	13	7	4	1
夫が主として責任をもつ家庭	–	–	–	–	–
妻が主として責任をもつ家庭	11	4	5	1	1
夫妻いずれも同様に責任をもつ家庭	12	9	1	2	–
わからない	1	–	–	1	–
不詳	1	–	1	–	–
〈育児〉	25	13	7	4	1
夫が主として責任をもつ家庭	–	–	–	–	–
妻が主として責任をもつ家庭	2	2	–	–	–
夫妻いずれも同様に責任をもつ家庭	22	11	6	4	1
わからない	–	–	–	–	–
不詳	1	–	1	–	–

注：１）集計対象は、①かつ②に該当するこの４年間に子どもが生まれた夫婦である。
　　①第１回から第５回まで双方が回答した夫婦
　　②妻が出産前に仕事ありで、かつ、第１回の「女性票」の対象者
２）年齢は、出産後の年齢である。
３）４年間で２人以上出生ありの場合は、末子について計上している。

31～33歳　　　　**第５回調査（平成28年）**

出生順位 第１回の夫の家庭観	総数	同一就業継続	転職	離職	不詳
総数					
〈世帯の収入〉	56	30	5	19	2
夫が主として責任をもつ家庭	28	11	3	13	1
妻が主として責任をもつ家庭	－	－	－	－	－
夫妻いずれも同様に責任をもつ家庭	23	16	2	4	1
わからない	3	1	－	2	－
不詳	2	2	－	－	－
〈家事〉	56	30	5	19	2
夫が主として責任をもつ家庭	1	1	－	－	－
妻が主として責任をもつ家庭	25	12	3	9	1
夫妻いずれも同様に責任をもつ家庭	25	13	2	9	1
わからない	2	1	－	1	－
不詳	3	3	－	－	－
〈育児〉	56	30	5	19	2
夫が主として責任をもつ家庭	1	1	－	－	－
妻が主として責任をもつ家庭	10	3	1	5	1
夫妻いずれも同様に責任をもつ家庭	40	22	4	13	1
わからない	2	1	－	1	－
不詳	3	3	－	－	－
第１子出産					
〈世帯の収入〉	10	3	2	5	－
夫が主として責任をもつ家庭	7	2	2	3	－
妻が主として責任をもつ家庭	－	－	－	－	－
夫妻いずれも同様に責任をもつ家庭	3	1	－	2	－
わからない	－	－	－	－	－
不詳	－	－	－	－	－
〈家事〉	10	3	2	5	－
夫が主として責任をもつ家庭	1	1	－	－	－
妻が主として責任をもつ家庭	4	1	2	1	－
夫妻いずれも同様に責任をもつ家庭	5	1	－	4	－
わからない	－	－	－	－	－
不詳	－	－	－	－	－
〈育児〉	10	3	2	5	－
夫が主として責任をもつ家庭	1	1	－	－	－
妻が主として責任をもつ家庭	1	－	－	1	－
夫妻いずれも同様に責任をもつ家庭	8	2	2	4	－
わからない	－	－	－	－	－
不詳	－	－	－	－	－
第２子出産					
〈世帯の収入〉	26	17	1	7	1
夫が主として責任をもつ家庭	11	5	－	6	－
妻が主として責任をもつ家庭	－	－	－	－	－
夫妻いずれも同様に責任をもつ家庭	12	10	1	－	1
わからない	1	－	－	1	－
不詳	2	2	－	－	－
〈家事〉	26	17	1	7	1
夫が主として責任をもつ家庭	－	－	－	－	－
妻が主として責任をもつ家庭	12	6	－	6	－
夫妻いずれも同様に責任をもつ家庭	12	9	1	1	1
わからない	－	－	－	－	－
不詳	2	2	－	－	－
〈育児〉	26	17	1	7	1
夫が主として責任をもつ家庭	－	－	－	－	－
妻が主として責任をもつ家庭	6	2	－	4	－
夫妻いずれも同様に責任をもつ家庭	18	13	1	3	1
わからない	－	－	－	－	－
不詳	2	2	－	－	－
第３子以降出産					
〈世帯の収入〉	20	10	2	7	1
夫が主として責任をもつ家庭	10	4	1	4	1
妻が主として責任をもつ家庭	－	－	－	－	－
夫妻いずれも同様に責任をもつ家庭	8	5	1	2	－
わからない	2	1	－	1	－
不詳	－	－	－	－	－
〈家事〉	20	10	2	7	1
夫が主として責任をもつ家庭	－	－	－	－	－
妻が主として責任をもつ家庭	9	5	1	2	1
夫妻いずれも同様に責任をもつ家庭	8	3	1	4	－
わからない	2	1	－	1	－
不詳	1	1	－	－	－
〈育児〉	20	10	2	7	1
夫が主として責任をもつ家庭	－	－	－	－	－
妻が主として責任をもつ家庭	3	1	1	－	1
夫妻いずれも同様に責任をもつ家庭	14	7	1	6	－
わからない	2	1	－	1	－
不詳	1	1	－	－	－

第52表　この４年間に子どもが生まれた出産前に妻に仕事ありの夫婦数、

総　数

出生順位 第１回の妻の家庭観	総数	同一就業継続	転職	離職	不詳
総数					
〈世帯の収入〉	124	64	17	36	7
夫が主として責任をもつ家庭	51	24	6	20	1
妻が主として責任をもつ家庭	1	-	-	-	1
夫妻いずれも同様に責任をもつ家庭	54	33	8	9	4
わからない	3	-	-	3	-
不詳	15	7	3	4	1
〈家事〉	124	64	17	36	7
夫が主として責任をもつ家庭	-	-	-	-	-
妻が主として責任をもつ家庭	54	24	8	20	2
夫妻いずれも同様に責任をもつ家庭	54	33	6	11	4
わからない	-	-	-	-	-
不詳	16	7	3	5	1
〈育児〉	124	64	17	36	7
夫が主として責任をもつ家庭	-	-	-	-	-
妻が主として責任をもつ家庭	16	10	1	5	-
夫妻いずれも同様に責任をもつ家庭	88	46	12	24	6
わからない	3	1	1	1	-
不詳	17	7	3	6	1
第１子出産					
〈世帯の収入〉	23	7	3	12	1
夫が主として責任をもつ家庭	13	6	-	7	-
妻が主として責任をもつ家庭	-	-	-	-	-
夫妻いずれも同様に責任をもつ家庭	7	1	2	3	1
わからない	1	-	-	1	-
不詳	2	-	1	1	-
〈家事〉	23	7	3	12	1
夫が主として責任をもつ家庭	-	-	-	-	-
妻が主として責任をもつ家庭	12	5	2	5	-
夫妻いずれも同様に責任をもつ家庭	9	2	-	6	1
わからない	-	-	-	-	-
不詳	2	-	1	1	-
〈育児〉	23	7	3	12	1
夫が主として責任をもつ家庭	-	-	-	-	-
妻が主として責任をもつ家庭	-	-	-	-	-
夫妻いずれも同様に責任をもつ家庭	17	6	1	9	1
わからない	3	1	1	1	-
不詳	3	-	1	2	-
第２子出産					
〈世帯の収入〉	55	33	5	13	4
夫が主として責任をもつ家庭	20	9	1	9	1
妻が主として責任をもつ家庭	1	-	-	-	1
夫妻いずれも同様に責任をもつ家庭	27	20	3	2	2
わからない	1	-	-	1	-
不詳	6	4	1	1	-
〈家事〉	55	33	5	13	4
夫が主として責任をもつ家庭	-	-	-	-	-
妻が主として責任をもつ家庭	25	11	2	10	2
夫妻いずれも同様に責任をもつ家庭	23	18	2	1	2
わからない	-	-	-	-	-
不詳	7	4	1	2	-
〈育児〉	55	33	5	13	4
夫が主として責任をもつ家庭	-	-	-	-	-
妻が主として責任をもつ家庭	11	7	-	4	-
夫妻いずれも同様に責任をもつ家庭	37	22	4	7	4
わからない	-	-	-	-	-
不詳	7	4	1	2	-
第３子以降出産					
〈世帯の収入〉	46	24	9	11	2
夫が主として責任をもつ家庭	18	9	5	4	-
妻が主として責任をもつ家庭	-	-	-	-	-
夫妻いずれも同様に責任をもつ家庭	20	12	3	4	1
わからない	1	-	-	1	-
不詳	7	3	1	2	1
〈家事〉	46	24	9	11	2
夫が主として責任をもつ家庭	-	-	-	-	-
妻が主として責任をもつ家庭	17	8	4	5	-
夫妻いずれも同様に責任をもつ家庭	22	13	4	4	1
わからない	-	-	-	-	-
不詳	7	3	1	2	1
〈育児〉	46	24	9	11	2
夫が主として責任をもつ家庭	-	-	-	-	-
妻が主として責任をもつ家庭	5	3	1	1	-
夫妻いずれも同様に責任をもつ家庭	34	18	7	8	1
わからない	-	-	-	-	-
不詳	7	3	1	2	1

注：１）集計対象は、①かつ②に該当するこの４年間に子どもが生まれた夫婦である。
　　　①第１回から第５回まで双方が回答した夫婦
　　　②妻が出産前に仕事ありで、かつ、第１回の「女性票」の対象者
　　２）年齢は、出産後の年齢である。
　　３）４年間で２人以上出生ありの場合は、末子について計上している。

妻の年齢階級、出生順位、第１回の妻の家庭観、出産後の妻の就業継続の有無別（２－１）

21～25歳　　　　**第５回調査（平成28年）**

出生順位 第１回の妻の家庭観	総数	同一就業継続	転職	離職	不詳
総数					
〈世帯の収入〉	5	3	1	1	-
夫が主として責任をもつ家庭	2	1	-	1	-
妻が主として責任をもつ家庭	-	-	-	-	-
夫妻いずれも同様に責任をもつ家庭	2	1	1	-	-
わからない	-	-	-	-	-
不詳	1	1	-	-	-
〈家事〉	5	3	1	1	-
夫が主として責任をもつ家庭	-	-	-	-	-
妻が主として責任をもつ家庭	4	2	1	1	-
夫妻いずれも同様に責任をもつ家庭	-	-	-	-	-
わからない	-	-	-	-	-
不詳	1	1	-	-	-
〈育児〉	5	3	1	1	-
夫が主として責任をもつ家庭	-	-	-	-	-
妻が主として責任をもつ家庭	-	-	-	-	-
夫妻いずれも同様に責任をもつ家庭	4	2	1	1	-
わからない	-	-	-	-	-
不詳	1	1	-	-	-
第１子出産					
〈世帯の収入〉	1	1	-	-	-
夫が主として責任をもつ家庭	1	1	-	-	-
妻が主として責任をもつ家庭	-	-	-	-	-
夫妻いずれも同様に責任をもつ家庭	-	-	-	-	-
わからない	-	-	-	-	-
不詳	-	-	-	-	-
〈家事〉	1	1	-	-	-
夫が主として責任をもつ家庭	-	-	-	-	-
妻が主として責任をもつ家庭	1	1	-	-	-
夫妻いずれも同様に責任をもつ家庭	-	-	-	-	-
わからない	-	-	-	-	-
不詳	-	-	-	-	-
〈育児〉	1	1	-	-	-
夫が主として責任をもつ家庭	-	-	-	-	-
妻が主として責任をもつ家庭	-	-	-	-	-
夫妻いずれも同様に責任をもつ家庭	1	1	-	-	-
わからない	-	-	-	-	-
不詳	-	-	-	-	-
第２子出産					
〈世帯の収入〉	3	1	1	1	-
夫が主として責任をもつ家庭	1	-	-	1	-
妻が主として責任をもつ家庭	-	-	-	-	-
夫妻いずれも同様に責任をもつ家庭	2	1	1	-	-
わからない	-	-	-	-	-
不詳	-	-	-	-	-
〈家事〉	3	1	1	1	-
夫が主として責任をもつ家庭	-	-	-	-	-
妻が主として責任をもつ家庭	3	1	1	1	-
夫妻いずれも同様に責任をもつ家庭	-	-	-	-	-
わからない	-	-	-	-	-
不詳	-	-	-	-	-
〈育児〉	3	1	1	1	-
夫が主として責任をもつ家庭	-	-	-	-	-
妻が主として責任をもつ家庭	-	-	-	-	-
夫妻いずれも同様に責任をもつ家庭	3	1	1	1	-
わからない	-	-	-	-	-
不詳	-	-	-	-	-
第３子以降出産					
〈世帯の収入〉	1	1	-	-	-
夫が主として責任をもつ家庭	-	-	-	-	-
妻が主として責任をもつ家庭	-	-	-	-	-
夫妻いずれも同様に責任をもつ家庭	-	-	-	-	-
わからない	-	-	-	-	-
不詳	1	1	-	-	-
〈家事〉	1	1	-	-	-
夫が主として責任をもつ家庭	-	-	-	-	-
妻が主として責任をもつ家庭	-	-	-	-	-
夫妻いずれも同様に責任をもつ家庭	-	-	-	-	-
わからない	-	-	-	-	-
不詳	1	1	-	-	-
〈育児〉	1	1	-	-	-
夫が主として責任をもつ家庭	-	-	-	-	-
妻が主として責任をもつ家庭	-	-	-	-	-
夫妻いずれも同様に責任をもつ家庭	-	-	-	-	-
わからない	-	-	-	-	-
不詳	1	1	-	-	-

第52表　この４年間に子どもが生まれた出産前に妻に仕事ありの夫婦数、

26～30歳

出生順位 第１回の妻の家庭観	総数	同一就業継続	転職	離職	不詳
総数					
〈世帯の収入〉	63	31	11	16	5
夫が主として責任をもつ家庭	27	11	5	10	1
妻が主として責任をもつ家庭	1	－	－	－	1
夫妻いずれも同様に責任をもつ家庭	27	18	3	4	2
わからない	－	－	－	－	－
不詳	8	2	3	2	1
〈家事〉	63	31	11	16	5
夫が主として責任をもつ家庭	－	－	－	－	－
妻が主として責任をもつ家庭	26	13	4	7	2
夫妻いずれも同様に責任をもつ家庭	28	16	4	6	2
わからない	－	－	－	－	－
不詳	9	2	3	3	1
〈育児〉	63	31	11	16	5
夫が主として責任をもつ家庭	－	－	－	－	－
妻が主として責任をもつ家庭	4	3	－	1	－
夫妻いずれも同様に責任をもつ家庭	47	25	8	10	4
わからない	2	1	－	1	－
不詳	10	2	3	4	1
第１子出産					
〈世帯の収入〉	12	3	1	7	1
夫が主として責任をもつ家庭	9	3	－	6	－
妻が主として責任をもつ家庭	－	－	－	－	－
夫妻いずれも同様に責任をもつ家庭	2	－	－	1	1
わからない	－	－	－	－	－
不詳	1	－	1	－	－
〈家事〉	12	3	1	7	1
夫が主として責任をもつ家庭	－	－	－	－	－
妻が主として責任をもつ家庭	6	3	－	3	－
夫妻いずれも同様に責任をもつ家庭	5	－	－	4	1
わからない	－	－	－	－	－
不詳	1	－	1	－	－
〈育児〉	12	3	1	7	1
夫が主として責任をもつ家庭	－	－	－	－	－
妻が主として責任をもつ家庭	－	－	－	－	－
夫妻いずれも同様に責任をもつ家庭	8	2	－	5	1
わからない	2	1	－	1	－
不詳	2	－	1	1	－
第２子出産					
〈世帯の収入〉	26	15	3	5	3
夫が主として責任をもつ家庭	7	2	1	3	1
妻が主として責任をもつ家庭	1	－	－	－	1
夫妻いずれも同様に責任をもつ家庭	15	12	1	1	1
わからない	－	－	－	－	－
不詳	3	1	1	1	－
〈家事〉	26	15	3	5	3
夫が主として責任をもつ家庭	－	－	－	－	－
妻が主として責任をもつ家庭	11	5	1	3	2
夫妻いずれも同様に責任をもつ家庭	11	9	1	－	1
わからない	－	－	－	－	－
不詳	4	1	1	2	－
〈育児〉	26	15	3	5	3
夫が主として責任をもつ家庭	－	－	－	－	－
妻が主として責任をもつ家庭	3	2	－	1	－
夫妻いずれも同様に責任をもつ家庭	19	12	2	2	3
わからない	－	－	－	－	－
不詳	4	1	1	2	－
第３子以降出産					
〈世帯の収入〉	25	13	7	4	1
夫が主として責任をもつ家庭	11	6	4	1	－
妻が主として責任をもつ家庭	－	－	－	－	－
夫妻いずれも同様に責任をもつ家庭	10	6	2	2	－
わからない	－	－	－	－	－
不詳	4	1	1	1	1
〈家事〉	25	13	7	4	1
夫が主として責任をもつ家庭	－	－	－	－	－
妻が主として責任をもつ家庭	9	5	3	1	－
夫妻いずれも同様に責任をもつ家庭	12	7	3	2	－
わからない	－	－	－	－	－
不詳	4	1	1	1	1
〈育児〉	25	13	7	4	1
夫が主として責任をもつ家庭	－	－	－	－	－
妻が主として責任をもつ家庭	1	1	－	－	－
夫妻いずれも同様に責任をもつ家庭	20	11	6	3	－
わからない	－	－	－	－	－
不詳	4	1	1	1	1

注：１）集計対象は、①かつ②に該当するこの４年間に子どもが生まれた夫婦である。
　　　①第１回から第５回まで双方が回答した夫婦
　　　②妻が出産前に仕事ありで、かつ、第１回の「女性票」の対象者
　　２）年齢は、出産後の年齢である。
　　３）４年間で２人以上出生ありの場合は、末子について計上している。

妻の年齢階級、出生順位、第１回の妻の家庭観、出産後の妻の就業継続の有無別（２－２）

31～33歳

第５回調査（平成28年）

出生順位 第１回の妻の家庭観	総数	同一就業継続	転職	離職	不詳
総数					
〈世帯の収入〉	56	30	5	19	2
夫が主として責任をもつ家庭	22	12	1	9	-
妻が主として責任をもつ家庭	-	-	-	-	-
夫妻いずれも同様に責任をもつ家庭	25	14	4	5	2
わからない	3	-	-	3	-
不詳	6	4	-	2	-
〈家事〉	56	30	5	19	2
夫が主として責任をもつ家庭	-	-	-	-	-
妻が主として責任をもつ家庭	24	9	3	12	-
夫妻いずれも同様に責任をもつ家庭	26	17	2	5	2
わからない	-	-	-	-	-
不詳	6	4	-	2	-
〈育児〉	56	30	5	19	2
夫が主として責任をもつ家庭	-	-	-	-	-
妻が主として責任をもつ家庭	12	7	1	4	-
夫妻いずれも同様に責任をもつ家庭	37	19	3	13	2
わからない	1	-	1	-	-
不詳	6	4	-	2	-
第１子出産					
〈世帯の収入〉	10	3	2	5	-
夫が主として責任をもつ家庭	3	2	-	1	-
妻が主として責任をもつ家庭	-	-	-	-	-
夫妻いずれも同様に責任をもつ家庭	5	1	2	2	-
わからない	1	-	-	1	-
不詳	1	-	-	1	-
〈家事〉	10	3	2	5	-
夫が主として責任をもつ家庭	-	-	-	-	-
妻が主として責任をもつ家庭	5	1	2	2	-
夫妻いずれも同様に責任をもつ家庭	4	2	-	2	-
わからない	-	-	-	-	-
不詳	1	-	-	1	-
〈育児〉	10	3	2	5	-
夫が主として責任をもつ家庭	-	-	-	-	-
妻が主として責任をもつ家庭	-	-	-	-	-
夫妻いずれも同様に責任をもつ家庭	8	3	1	4	-
わからない	1	-	1	-	-
不詳	1	-	-	1	-
第２子出産					
〈世帯の収入〉	26	17	1	7	1
夫が主として責任をもつ家庭	12	7	-	5	-
妻が主として責任をもつ家庭	-	-	-	-	-
夫妻いずれも同様に責任をもつ家庭	10	7	1	1	1
わからない	1	-	-	1	-
不詳	3	3	-	-	-
〈家事〉	26	17	1	7	1
夫が主として責任をもつ家庭	-	-	-	-	-
妻が主として責任をもつ家庭	11	5	-	6	-
夫妻いずれも同様に責任をもつ家庭	12	9	1	1	1
わからない	-	-	-	-	-
不詳	3	3	-	-	-
〈育児〉	26	17	1	7	1
夫が主として責任をもつ家庭	-	-	-	-	-
妻が主として責任をもつ家庭	8	5	-	3	-
夫妻いずれも同様に責任をもつ家庭	15	9	1	4	1
わからない	-	-	-	-	-
不詳	3	3	-	-	-
第３子以降出産					
〈世帯の収入〉	20	10	2	7	1
夫が主として責任をもつ家庭	7	3	1	3	-
妻が主として責任をもつ家庭	-	-	-	-	-
夫妻いずれも同様に責任をもつ家庭	10	6	1	2	1
わからない	1	-	-	1	-
不詳	2	1	-	1	-
〈家事〉	20	10	2	7	1
夫が主として責任をもつ家庭	-	-	-	-	-
妻が主として責任をもつ家庭	8	3	1	4	-
夫妻いずれも同様に責任をもつ家庭	10	6	1	2	1
わからない	-	-	-	-	-
不詳	2	1	-	1	-
〈育児〉	20	10	2	7	1
夫が主として責任をもつ家庭	-	-	-	-	-
妻が主として責任をもつ家庭	4	2	1	1	-
夫妻いずれも同様に責任をもつ家庭	14	7	1	5	1
わからない	-	-	-	-	-
不詳	2	1	-	1	-

第53表　この４年間に子どもが生まれた出産前に妻に仕事ありの夫婦数、

総数

出生順位 第３回の妻の職業観 （複数回答）	総数	同一就業継続	転職	離職	不詳
総数	381	208	46	118	9
生計を維持するため	303	171	36	88	8
家計に余裕をもつため	270	141	30	93	6
経済的に自立するため	96	58	11	27	-
社会人の責任・義務	91	58	9	22	2
社会に貢献するため	69	40	7	21	1
社会に認められるため	41	23	4	14	-
人間的な成長のため	117	58	16	40	3
働くことが生きがい	43	24	7	10	2
能力や専攻・資格を生かすため	97	56	11	29	1
趣味・娯楽等の費用を得るため	118	68	16	32	2
特別な意義はない	7	3	1	3	-
わからない	1	-	1	-	-
その他	13	9	2	2	-
不詳	-	-	-	-	-
第１子出産	247	131	27	86	3
生計を維持するため	194	101	23	68	2
家計に余裕をもつため	171	88	16	66	1
経済的に自立するため	68	40	8	20	-
社会人の責任・義務	74	46	9	18	1
社会に貢献するため	52	30	5	16	1
社会に認められるため	32	17	4	11	-
人間的な成長のため	83	39	10	33	1
働くことが生きがい	27	12	6	8	1
能力や専攻・資格を生かすため	64	34	7	22	1
趣味・娯楽等の費用を得るため	88	47	12	28	1
特別な意義はない	5	1	1	3	-
わからない	1	-	1	-	-
その他	9	7	1	1	-
不詳	-	-	-	-	-
第２子出産	86	52	10	20	4
生計を維持するため	71	47	7	13	4
家計に余裕をもつため	65	38	8	16	3
経済的に自立するため	22	15	3	4	-
社会人の責任・義務	14	10	-	3	1
社会に貢献するため	12	7	2	3	-
社会に認められるため	8	6	-	2	-
人間的な成長のため	23	14	4	4	1
働くことが生きがい	12	10	1	1	-
能力や専攻・資格を生かすため	25	17	4	4	-
趣味・娯楽等の費用を得るため	23	17	3	2	1
特別な意義はない	2	2	-	-	-
わからない	-	-	-	-	-
その他	2	1	-	1	-
不詳	-	-	-	-	-
第３子以降出産	48	25	9	12	2
生計を維持するため	38	23	6	7	2
家計に余裕をもつため	34	15	6	11	2
経済的に自立するため	6	3	-	3	-
社会人の責任・義務	3	2	-	1	-
社会に貢献するため	5	3	-	2	-
社会に認められるため	1	-	-	1	-
人間的な成長のため	11	5	2	3	1
働くことが生きがい	4	2	-	1	1
能力や専攻・資格を生かすため	8	5	-	3	-
趣味・娯楽等の費用を得るため	7	4	1	2	-
特別な意義はない	-	-	-	-	-
わからない	-	-	-	-	-
その他	2	1	1	-	-
不詳	-	-	-	-	-

注：１）集計対象は、①または②に該当し、かつ③に該当するこの４年間に子どもが生まれた夫婦である。
　　①第１回から第５回まで双方が回答した夫婦
　　②第１回に独身で第４回までの間に結婚し、第５回まで回答した夫婦
　　③妻が出産前に仕事ありで、かつ、第１回の「女性票」の対象者
　２）年齢は、出産後の年齢である。
　３）４年間で２人以上出生ありの場合は、末子について計上している。

妻の年齢階級、出生順位、第３回の妻の職業観（複数回答）、出産後の妻の就業継続の有無別（２－１）

21～25歳　　　　　**第５回調査（平成28年）**

出生順位 第３回の妻の職業観 （複数回答）	総数	同一就業継続	転職	離職	不詳
総数	28	15	3	9	1
生計を維持するため	18	13	–	5	–
家計に余裕をもつため	23	12	3	8	–
経済的に自立するため	7	5	1	1	–
社会人の責任・義務	5	4	–	1	–
社会に貢献するため	5	2	1	2	–
社会に認められるため	2	1	–	1	–
人間的な成長のため	8	5	1	2	–
働くことが生きがい	4	2	1	1	–
能力や専攻・資格を生かすため	5	1	1	3	–
趣味・娯楽等の費用を得るため	9	5	1	2	1
特別な意義はない	1	–	–	1	–
わからない	–	–	–	–	–
その他	–	–	–	–	–
不詳	–	–	–	–	–
第１子出産	18	11	–	6	1
生計を維持するため	12	9	–	3	–
家計に余裕をもつため	14	9	–	5	–
経済的に自立するため	4	4	–	–	–
社会人の責任・義務	4	4	–	–	–
社会に貢献するため	1	1	–	–	–
社会に認められるため	1	1	–	–	–
人間的な成長のため	5	4	–	1	–
働くことが生きがい	1	1	–	–	–
能力や専攻・資格を生かすため	2	1	–	1	–
趣味・娯楽等の費用を得るため	8	5	–	2	1
特別な意義はない	1	–	–	1	–
わからない	–	–	–	–	–
その他	–	–	–	–	–
不詳	–	–	–	–	–
第２子出産	9	3	3	3	–
生計を維持するため	5	3	–	2	–
家計に余裕をもつため	9	3	3	3	–
経済的に自立するため	3	1	1	1	–
社会人の責任・義務	1	–	–	1	–
社会に貢献するため	3	–	1	2	–
社会に認められるため	1	–	–	1	–
人間的な成長のため	2	–	1	1	–
働くことが生きがい	2	–	1	1	–
能力や専攻・資格を生かすため	3	–	1	2	–
趣味・娯楽等の費用を得るため	1	–	1	–	–
特別な意義はない	–	–	–	–	–
わからない	–	–	–	–	–
その他	–	–	–	–	–
不詳	–	–	–	–	–
第３子以降出産	1	1	–	–	–
生計を維持するため	1	1	–	–	–
家計に余裕をもつため	–	–	–	–	–
経済的に自立するため	–	–	–	–	–
社会人の責任・義務	–	–	–	–	–
社会に貢献するため	1	1	–	–	–
社会に認められるため	–	–	–	–	–
人間的な成長のため	1	1	–	–	–
働くことが生きがい	1	1	–	–	–
能力や専攻・資格を生かすため	–	–	–	–	–
趣味・娯楽等の費用を得るため	–	–	–	–	–
特別な意義はない	–	–	–	–	–
わからない	–	–	–	–	–
その他	–	–	–	–	–
不詳	–	–	–	–	–

第53表　この４年間に子どもが生まれた出産前に妻に仕事ありの夫婦数、

26～30歳

出生順位 第３回の妻の職業観 （複数回答）	総数	同一就業継続	転職	離職	不詳
総数	228	114	29	79	6
生計を維持するため	183	90	25	62	6
家計に余裕をもつため	162	80	18	59	5
経済的に自立するため	57	33	6	18	−
社会人の責任・義務	57	33	5	17	2
社会に貢献するため	40	23	5	11	1
社会に認められるため	24	12	4	8	−
人間的な成長のため	68	30	9	27	2
働くことが生きがい	25	14	3	6	2
能力や専攻・資格を生かすため	66	38	8	19	1
趣味・娯楽等の費用を得るため	72	39	11	21	1
特別な意義はない	5	2	1	2	−
わからない	1	−	1	−	−
その他	8	5	2	1	−
不詳	−	−	−	−	−
第１子出産	163	78	18	65	2
生計を維持するため	129	58	16	53	2
家計に余裕をもつため	109	51	10	47	1
経済的に自立するため	41	23	4	14	−
社会人の責任・義務	50	29	5	15	1
社会に貢献するため	35	19	4	11	1
社会に認められるため	22	10	4	8	−
人間的な成長のため	52	21	5	25	1
働くことが生きがい	18	8	3	6	1
能力や専攻・資格を生かすため	48	25	6	16	1
趣味・娯楽等の費用を得るため	55	26	9	20	−
特別な意義はない	4	1	1	2	−
わからない	1	−	1	−	−
その他	7	5	1	1	−
不詳	−	−	−	−	−
第２子出産	39	23	4	9	3
生計を維持するため	33	20	4	6	3
家計に余裕をもつため	33	19	4	7	3
経済的に自立するため	14	9	2	3	−
社会人の責任・義務	6	3	−	2	1
社会に貢献するため	4	3	1	−	−
社会に認められるため	2	2	−	−	−
人間的な成長のため	11	7	2	1	1
働くことが生きがい	6	6	−	−	−
能力や専攻・資格を生かすため	14	10	2	2	−
趣味・娯楽等の費用を得るため	12	10	1	−	1
特別な意義はない	1	1	−	−	−
わからない	−	−	−	−	−
その他	−	−	−	−	−
不詳	−	−	−	−	−
第３子以降出産	26	13	7	5	1
生計を維持するため	21	12	5	3	1
家計に余裕をもつため	20	10	4	5	1
経済的に自立するため	2	1	−	1	−
社会人の責任・義務	1	1	−	−	−
社会に貢献するため	1	1	−	−	−
社会に認められるため	−	−	−	−	−
人間的な成長のため	5	2	2	1	−
働くことが生きがい	1	−	−	−	1
能力や専攻・資格を生かすため	4	3	−	1	−
趣味・娯楽等の費用を得るため	5	3	1	1	−
特別な意義はない	−	−	−	−	−
わからない	−	−	−	−	−
その他	1	−	1	−	−
不詳	−	−	−	−	−

注：１）集計対象は、①または②に該当し、かつ③に該当するこの４年間に子どもが生まれた夫婦である。
①第１回から第５回まで双方が回答した夫婦
②第１回に独身で第４回までの間に結婚し、第５回まで回答した夫婦
③妻が出産前に仕事ありで、かつ、第１回の「女性票」の対象者
２）年齢は、出産後の年齢である。
３）４年間で２人以上出生ありの場合は、末子について計上している。

妻の年齢階級、出生順位、第３回の妻の職業観（複数回答）、出産後の妻の就業継続の有無別（２－２）

31～33歳　　　　**第５回調査（平成28年）**

出生順位 第３回の妻の職業観 （複数回答）	総数	同一就業継続	転職	離職	不詳
総数	125	79	14	30	2
生計を維持するため	102	68	11	21	2
家計に余裕をもつため	85	49	9	26	1
経済的に自立するため	32	20	4	8	－
社会人の責任・義務	29	21	4	4	－
社会に貢献するため	24	15	1	8	－
社会に認められるため	15	10	－	5	－
人間的な成長のため	41	23	6	11	1
働くことが生きがい	14	8	3	3	－
能力や専攻・資格を生かすため	26	17	2	7	－
趣味・娯楽等の費用を得るため	37	24	4	9	－
特別な意義はない	1	1	－	－	－
わからない	－	－	－	－	－
その他	5	4	－	1	－
不詳	－	－	－	－	－
第１子出産	66	42	9	15	－
生計を維持するため	53	34	7	12	－
家計に余裕をもつため	48	28	6	14	－
経済的に自立するため	23	13	4	6	－
社会人の責任・義務	20	13	4	3	－
社会に貢献するため	16	10	1	5	－
社会に認められるため	9	6	－	3	－
人間的な成長のため	26	14	5	7	－
働くことが生きがい	8	3	3	2	－
能力や専攻・資格を生かすため	14	8	1	5	－
趣味・娯楽等の費用を得るため	25	16	3	6	－
特別な意義はない	－	－	－	－	－
わからない	－	－	－	－	－
その他	2	2	－	－	－
不詳	－	－	－	－	－
第２子出産	38	26	3	8	1
生計を維持するため	33	24	3	5	1
家計に余裕をもつため	23	16	1	6	－
経済的に自立するため	5	5	－	－	－
社会人の責任・義務	7	7	－	－	－
社会に貢献するため	5	4	－	1	－
社会に認められるため	5	4	－	1	－
人間的な成長のため	10	7	1	2	－
働くことが生きがい	4	4	－	－	－
能力や専攻・資格を生かすため	8	7	1	－	－
趣味・娯楽等の費用を得るため	10	7	1	2	－
特別な意義はない	1	1	－	－	－
わからない	－	－	－	－	－
その他	2	1	－	1	－
不詳	－	－	－	－	－
第３子以降出産	21	11	2	7	1
生計を維持するため	16	10	1	4	1
家計に余裕をもつため	14	5	2	6	1
経済的に自立するため	4	2	－	2	－
社会人の責任・義務	2	1	－	1	－
社会に貢献するため	3	1	－	2	－
社会に認められるため	1	－	－	1	－
人間的な成長のため	5	2	－	2	1
働くことが生きがい	2	1	－	1	－
能力や専攻・資格を生かすため	4	2	－	2	－
趣味・娯楽等の費用を得るため	2	1	－	1	－
特別な意義はない	－	－	－	－	－
わからない	－	－	－	－	－
その他	1	1	－	－	－
不詳	－	－	－	－	－

第54表　この４年間に子どもが生まれた出産前に妻に仕事ありの夫婦数、出生順位、

平　日

出生順位 出産後の夫の家事・育児時間 （再掲）・出産前の妻の正規・非正規	総数	同一就業継続	転職	離職	不詳
総数	358	198	44	108	8
家事・育児時間なし	24	11	5	8	−
２時間未満	166	93	11	58	4
２～４時間未満	124	64	23	33	4
４～６時間未満	24	17	4	3	−
６～８時間未満	4	2	−	2	−
８時間以上	3	3	−	−	−
不詳	13	8	1	4	−
第１子出産	231	123	25	80	3
家事・育児時間なし	17	9	3	5	−
２時間未満	122	65	8	47	2
２～４時間未満	71	34	12	24	1
４～６時間未満	6	5	1	−	−
６～８時間未満	3	2	−	1	−
８時間以上	2	2	−	−	−
不詳	10	6	1	3	−
第２子出産	81	50	10	17	4
家事・育児時間なし	4	2	−	2	−
２時間未満	30	21	2	6	1
２～４時間未満	35	19	7	6	3
４～６時間未満	8	5	1	2	−
６～８時間未満	−	−	−	−	−
８時間以上	1	1	−	−	−
不詳	3	2	−	1	−
第３子以降出産	46	25	9	11	1
家事・育児時間なし	3	−	2	1	−
２時間未満	14	7	1	5	1
２～４時間未満	18	11	4	3	−
４～６時間未満	10	7	2	1	−
６～８時間未満	1	−	−	1	−
８時間以上	−	−	−	−	−
不詳	−	−	−	−	−
（再掲）正規	202	156	15	30	1
家事・育児時間なし	10	7	1	2	−
２時間未満	93	73	3	16	1
２～４時間未満	69	52	9	8	−
４～６時間未満	14	12	2	−	−
６～８時間未満	4	2	−	2	−
８時間以上	3	3	−	−	−
不詳	9	7	−	2	−
第１子出産	137	101	9	27	−
家事・育児時間なし	8	6	1	1	−
２時間未満	69	51	2	16	−
２～４時間未満	42	30	5	7	−
４～６時間未満	6	5	1	−	−
６～８時間未満	3	2	−	1	−
８時間以上	2	2	−	−	−
不詳	7	5	−	2	−
第２子出産	49	41	5	2	1
家事・育児時間なし	2	1	−	1	−
２時間未満	21	19	1	−	1
２～４時間未満	20	15	4	1	−
４～６時間未満	3	3	−	−	−
６～８時間未満	−	−	−	−	−
８時間以上	1	1	−	−	−
不詳	2	2	−	−	−
第３子以降出産	16	14	1	1	−
家事・育児時間なし	−	−	−	−	−
２時間未満	3	3	−	−	−
２～４時間未満	7	7	−	−	−
４～６時間未満	5	4	1	−	−
６～８時間未満	1	−	−	1	−
８時間以上	−	−	−	−	−
不詳	−	−	−	−	−

注：１）集計対象は、①または②に該当し、かつ③に該当するこの４年間に子どもが生まれた同居夫婦である。
　　①第１回から第５回まで双方が回答した夫婦
　　②第１回に独身で第４回までの間に結婚し、第５回まで回答した夫婦
　　③妻が出産前に仕事ありで、かつ、第１回の「女性票」の対象者
２）４年間で２人以上出生ありの場合は、末子について計上している。
３）総数には、正規・非正規以外の就業形態等を含む。

出産後の夫の家事・育児時間（平日・休日）、（再掲）出産前の妻の正規・非正規、出産後の妻の就業継続の有無別（２－１）

第５回調査（平成28年）

出生順位 出産後の夫の家事・育児時間 （再掲）出産前の妻の正規・非正規	総数	同一就業継続	転職	離職	不詳
（再掲）非正規	131	40	20	70	1
家事・育児時間なし	13	4	3	6	−
２時間未満	62	19	4	38	1
２～４時間未満	45	12	11	22	−
４～６時間未満	9	4	2	3	−
６～８時間未満	−	−	−	−	−
８時間以上	−	−	−	−	−
不詳	2	1	−	1	−
第１子出産	80	22	8	50	−
家事・育児時間なし	8	3	1	4	−
２時間未満	45	14	2	29	−
２～４時間未満	25	4	5	16	−
４～６時間未満	−	−	−	−	−
６～８時間未満	−	−	−	−	−
８時間以上	−	−	−	−	−
不詳	2	1	−	1	−
第２子出産	25	9	4	12	−
家事・育児時間なし	2	1	−	1	−
２時間未満	9	2	1	6	−
２～４時間未満	9	4	2	3	−
４～６時間未満	5	2	1	2	−
６～８時間未満	−	−	−	−	−
８時間以上	−	−	−	−	−
不詳	−	−	−	−	−
第３子以降出産	26	9	8	8	1
家事・育児時間なし	3	−	2	1	−
２時間未満	8	3	1	3	1
２～４時間未満	11	4	4	3	−
４～６時間未満	4	2	1	1	−
６～８時間未満	−	−	−	−	−
８時間以上	−	−	−	−	−
不詳	−	−	−	−	−

第54表　この４年間に子どもが生まれた出産前に妻に仕事ありの夫婦数、出生順位、

休　日

出生順位 出産後の夫の家事・育児時間 （再掲）出産前の妻の正規・非正規	総数	同一就業継続	転職	離職	不詳
総数	358	198	44	108	8
家事・育児時間なし	4	3	1	－	－
２時間未満	46	25	6	14	1
２～４時間未満	75	43	2	29	1
４～６時間未満	71	36	14	20	1
６～８時間未満	29	14	5	9	1
８時間以上	122	71	16	31	4
不詳	11	6	－	5	－
第１子出産	231	123	25	80	3
家事・育児時間なし	4	3	1	－	－
２時間未満	35	21	4	10	－
２～４時間未満	57	31	1	24	1
４～６時間未満	50	24	8	17	1
６～８時間未満	19	9	4	6	－
８時間以上	58	31	7	19	1
不詳	8	4	－	4	－
第２子出産	81	50	10	17	4
家事・育児時間なし	－	－	－	－	－
２時間未満	5	3	－	1	1
２～４時間未満	15	11	－	4	－
４～６時間未満	12	9	3	－	－
６～８時間未満	10	5	1	3	1
８時間以上	37	21	6	8	2
不詳	2	1	－	1	－
第３子以降出産	46	25	9	11	1
家事・育児時間なし	－	－	－	－	－
２時間未満	6	1	2	3	－
２～４時間未満	3	1	1	1	－
４～６時間未満	9	3	3	3	－
６～８時間未満	－	－	－	－	－
８時間以上	27	19	3	4	1
不詳	1	1	－	－	－
（再掲）正規	202	156	15	30	1
家事・育児時間なし	2	2	－	－	－
２時間未満	23	18	1	3	1
２～４時間未満	39	31	－	8	－
４～６時間未満	41	32	3	6	－
６～８時間未満	18	13	3	2	－
８時間以上	70	54	8	8	－
不詳	9	6	－	3	－
第１子出産	137	101	9	27	－
家事・育児時間なし	2	2	－	－	－
２時間未満	19	15	1	3	－
２～４時間未満	31	24	－	7	－
４～６時間未満	30	22	2	6	－
６～８時間未満	12	8	2	2	－
８時間以上	36	26	4	6	－
不詳	7	4	－	3	－
第２子出産	49	41	5	2	1
家事・育児時間なし	－	－	－	－	－
２時間未満	4	3	－	－	1
２～４時間未満	8	7	－	1	－
４～６時間未満	8	7	1	－	－
６～８時間未満	6	5	1	－	－
８時間以上	22	18	3	1	－
不詳	1	1	－	－	－
第３子以降出産	16	14	1	1	－
家事・育児時間なし	－	－	－	－	－
２時間未満	－	－	－	－	－
２～４時間未満	－	－	－	－	－
４～６時間未満	3	3	－	－	－
６～８時間未満	－	－	－	－	－
８時間以上	12	10	1	1	－
不詳	1	1	－	－	－

注：１）集計対象は、①または②に該当し、かつ③に該当するこの４年間に子どもが生まれた同居夫婦である。
　　　①第１回から第５回まで双方が回答した夫婦
　　　②第１回に独身で第４回までの間に結婚し、第５回まで回答した夫婦
　　　③妻が出産前に仕事ありで、かつ、第１回の「女性票」の対象者
　　２）４年間で２人以上出生ありの場合は、末子について計上している。
　　３）総数には、正規・非正規以外の就業形態等を含む。

出産後の夫の家事・育児時間（平日・休日）、（再掲）出産前の妻の正規・非正規、出産後の妻の就業継続の有無別（２－２）

第５回調査（平成28年）

出生順位 出産後の夫の家事・育児時間 （再掲）出産前の妻の正規・非正規	総数	同一就業継続	転職	離職	不詳
（再掲）非正規	131	40	20	70	1
家事・育児時間なし	1	1	–	–	–
２時間未満	20	7	4	9	–
２～４時間未満	33	12	1	20	–
４～６時間未満	23	4	7	12	–
６～８時間未満	8	1	1	6	–
８時間以上	45	15	7	22	1
不詳	1	–	–	1	–
第１子出産	80	22	8	50	–
家事・育児時間なし	1	1	–	–	–
２時間未満	15	6	2	7	–
２～４時間未満	23	7	–	16	–
４～６時間未満	14	2	3	9	–
６～８時間未満	6	1	1	4	–
８時間以上	20	5	2	13	–
不詳	1	–	–	1	–
第２子出産	25	9	4	12	–
家事・育児時間なし	–	–	–	–	–
２時間未満	1	–	–	1	–
２～４時間未満	7	4	–	3	–
４～６時間未満	3	2	1	–	–
６～８時間未満	2	–	–	2	–
８時間以上	12	3	3	6	–
不詳	–	–	–	–	–
第３子以降出産	26	9	8	8	1
家事・育児時間なし	–	–	–	–	–
２時間未満	4	1	2	1	–
２～４時間未満	3	1	1	1	–
４～６時間未満	6	–	3	3	–
６～８時間未満	–	–	–	–	–
８時間以上	13	7	2	3	1
不詳	–	–	–	–	–

第55表　この４年間に子どもが生まれた出産前に妻に仕事ありの夫婦数、妻の年齢

総　数

妻の年齢階級 出生順位 出産後の親との同居の有無	総数	同一就業継続	転職	離職	不詳
総数	358	198	44	108	8
妻の親と同居している	22	13	4	5	–
夫の親と同居している	58	37	5	14	2
両方の親と同居している	–	–	–	–	–
親と同居していない	269	144	33	86	6
不詳	9	4	2	3	–
第１子出産	231	123	25	80	3
妻の親と同居している	15	10	2	3	–
夫の親と同居している	26	13	2	10	1
両方の親と同居している	–	–	–	–	–
親と同居していない	183	97	19	65	2
不詳	7	3	2	2	–
第２子出産	81	50	10	17	4
妻の親と同居している	5	2	1	2	–
夫の親と同居している	22	16	2	3	1
両方の親と同居している	–	–	–	–	–
親と同居していない	53	32	7	11	3
不詳	1	–	–	1	–
第３子以降出産	46	25	9	11	1
妻の親と同居している	2	1	1	–	–
夫の親と同居している	10	8	1	1	–
両方の親と同居している	–	–	–	–	–
親と同居していない	33	15	7	10	1
不詳	1	1	–	–	–
21～25歳	26	15	3	7	1
妻の親と同居している	2	1	1	–	–
夫の親と同居している	5	4	–	1	–
両方の親と同居している	–	–	–	–	–
親と同居していない	19	10	2	6	1
不詳	–	–	–	–	–
第１子出産	17	11	–	5	1
妻の親と同居している	1	1	–	–	–
夫の親と同居している	2	2	–	–	–
両方の親と同居している	–	–	–	–	–
親と同居していない	14	8	–	5	1
不詳	–	–	–	–	–
第２子出産	8	3	3	2	–
妻の親と同居している	1	–	1	–	–
夫の親と同居している	3	2	–	1	–
両方の親と同居している	–	–	–	–	–
親と同居していない	4	1	2	1	–
不詳	–	–	–	–	–
第３子以降出産	1	1	–	–	–
妻の親と同居している	–	–	–	–	–
夫の親と同居している	–	–	–	–	–
両方の親と同居している	–	–	–	–	–
親と同居していない	1	1	–	–	–
不詳	–	–	–	–	–

注：１）集計対象は、①または②に該当し、かつ③に該当するこの４年間に子どもが生まれた同居夫婦である。
①第１回から第５回まで双方が回答した夫婦
②第１回に独身で第４回までの間に結婚し、第５回まで回答した夫婦
③妻が出産前に仕事ありで、かつ、第１回の「女性票」の対象者
２）年齢は、出産後の年齢である。
３）４年間で２人以上出生ありの場合は、末子について計上している。
４）総数には、正規・非正規以外の就業形態等を含む。

階級、出生順位、出産後の親との同居の有無、（再掲）出産前の妻の正規・非正規、出産後の妻の就業継続の有無別（３－１）

第５回調査（平成28年）

妻の年齢階級 出生順位 出産後の親との同居の有無	総数	同一就業継続	転職	離職	不詳
26～30歳	216	109	28	74	5
妻の親と同居している	16	8	3	5	－
夫の親と同居している	32	16	3	11	2
両方の親と同居している	－	－	－	－	－
親と同居していない	164	83	21	57	3
不詳	4	2	1	1	－
第１子出産	154	74	17	61	2
妻の親と同居している	10	5	2	3	－
夫の親と同居している	15	4	1	9	1
両方の親と同居している	－	－	－	－	－
親と同居していない	126	63	13	49	1
不詳	3	2	1	－	－
第２子出産	37	22	4	8	3
妻の親と同居している	4	2	－	2	－
夫の親と同居している	10	7	1	1	1
両方の親と同居している	－	－	－	－	－
親と同居していない	22	13	3	4	2
不詳	1	－	－	1	－
第３子以降出産	25	13	7	5	－
妻の親と同居している	2	1	1	－	－
夫の親と同居している	7	5	1	1	－
両方の親と同居している	－	－	－	－	－
親と同居していない	16	7	5	4	－
不詳	－	－	－	－	－
31～33歳	116	74	13	27	2
妻の親と同居している	4	4	－	－	－
夫の親と同居している	21	17	2	2	－
両方の親と同居している	－	－	－	－	－
親と同居していない	86	51	10	23	2
不詳	5	2	1	2	－
第１子出産	60	38	8	14	－
妻の親と同居している	4	4	－	－	－
夫の親と同居している	9	7	1	1	－
両方の親と同居している	－	－	－	－	－
親と同居していない	43	26	6	11	－
不詳	4	1	1	2	－
第２子出産	36	25	3	7	1
妻の親と同居している	－	－	－	－	－
夫の親と同居している	9	7	1	1	－
両方の親と同居している	－	－	－	－	－
親と同居していない	27	18	2	6	1
不詳	－	－	－	－	－
第３子以降出産	20	11	2	6	1
妻の親と同居している	－	－	－	－	－
夫の親と同居している	3	3	－	－	－
両方の親と同居している	－	－	－	－	－
親と同居していない	16	7	2	6	1
不詳	1	1	－	－	－

第55表　この4年間に子どもが生まれた出産前に妻に仕事ありの夫婦数、妻の年齢

（再掲）正規

妻の年齢階級 出生順位 出産後の親との同居の有無	総数	同一就業継続	転職	離職	不詳
総数	202	156	15	30	1
妻の親と同居している	16	11	2	3	−
夫の親と同居している	30	26	1	3	−
両方の親と同居している	−	−	−	−	−
親と同居していない	151	116	12	22	1
不詳	5	3	−	2	−
第1子出産	137	101	9	27	−
妻の親と同居している	12	9	1	2	−
夫の親と同居している	12	9	−	3	−
両方の親と同居している	−	−	−	−	−
親と同居していない	108	80	8	20	−
不詳	5	3	−	2	−
第2子出産	49	41	5	2	1
妻の親と同居している	4	2	1	1	−
夫の親と同居している	13	12	1	−	−
両方の親と同居している	−	−	−	−	−
親と同居していない	32	27	3	1	1
不詳	−	−	−	−	−
第3子以降出産	16	14	1	1	−
妻の親と同居している	−	−	−	−	−
夫の親と同居している	5	5	−	−	−
両方の親と同居している	−	−	−	−	−
親と同居していない	11	9	1	1	−
不詳	−	−	−	−	−
21～25歳	16	12	1	3	−
妻の親と同居している	2	1	1	−	−
夫の親と同居している	3	3	−	−	−
両方の親と同居している	−	−	−	−	−
親と同居していない	11	8	−	3	−
不詳	−	−	−	−	−
第1子出産	12	10	−	2	−
妻の親と同居している	1	1	−	−	−
夫の親と同居している	2	2	−	−	−
両方の親と同居している	−	−	−	−	−
親と同居していない	9	7	−	2	−
不詳	−	−	−	−	−
第2子出産	4	2	1	1	−
妻の親と同居している	1	−	1	−	−
夫の親と同居している	1	1	−	−	−
両方の親と同居している	−	−	−	−	−
親と同居していない	2	1	−	1	−
不詳	−	−	−	−	−
第3子以降出産	−	−	−	−	−
妻の親と同居している	−	−	−	−	−
夫の親と同居している	−	−	−	−	−
両方の親と同居している	−	−	−	−	−
親と同居していない	−	−	−	−	−
不詳	−	−	−	−	−

注：1）集計対象は、①または②に該当し、かつ③に該当するこの４年間に子どもが生まれた同居夫婦である。
　　　①第１回から第５回まで双方が回答した夫婦
　　　②第１回に独身で第４回までの間に結婚し、第５回まで回答した夫婦
　　　③妻が出産前に仕事ありで、かつ、第１回の「女性票」の対象者
　　2）年齢は、出産後の年齢である。
　　3）４年間で２人以上出生ありの場合は、末子について計上している。
　　4）総数には、正規・非正規以外の就業形態等を含む。

階級、出生順位、出産後の親との同居の有無、（再掲）出産前の妻の正規・非正規、出産後の妻の就業継続の有無別（３－２）

第５回調査（平成28年）

妻の年齢階級 出生順位 出産後の親との同居の有無	総数	同一就業継続	転職	離職	不詳
26～30歳	118	88	7	22	1
妻の親と同居している	11	7	1	3	-
夫の親と同居している	16	13	-	3	-
両方の親と同居している	-	-	-	-	-
親と同居していない	89	66	6	16	1
不詳	2	2	-	-	-
第１子出産	87	60	6	21	-
妻の親と同居している	8	5	1	2	-
夫の親と同居している	6	3	-	3	-
両方の親と同居している	-	-	-	-	-
親と同居していない	71	50	5	16	-
不詳	2	2	-	-	-
第２子出産	22	19	1	1	1
妻の親と同居している	3	2	-	1	-
夫の親と同居している	6	6	-	-	-
両方の親と同居している	-	-	-	-	-
親と同居していない	13	11	1	-	1
不詳	-	-	-	-	-
第３子以降出産	9	9	-	-	-
妻の親と同居している	-	-	-	-	-
夫の親と同居している	4	4	-	-	-
両方の親と同居している	-	-	-	-	-
親と同居していない	5	5	-	-	-
不詳	-	-	-	-	-
31～33歳	68	56	7	5	-
妻の親と同居している	3	3	-	-	-
夫の親と同居している	11	10	1	-	-
両方の親と同居している	-	-	-	-	-
親と同居していない	51	42	6	3	-
不詳	3	1	-	2	-
第１子出産	38	31	3	4	-
妻の親と同居している	3	3	-	-	-
夫の親と同居している	4	4	-	-	-
両方の親と同居している	-	-	-	-	-
親と同居していない	28	23	3	2	-
不詳	3	1	-	2	-
第２子出産	23	20	3	-	-
妻の親と同居している	-	-	-	-	-
夫の親と同居している	6	5	1	-	-
両方の親と同居している	-	-	-	-	-
親と同居していない	17	15	2	-	-
不詳	-	-	-	-	-
第３子以降出産	7	5	1	1	-
妻の親と同居している	-	-	-	-	-
夫の親と同居している	1	1	-	-	-
両方の親と同居している	-	-	-	-	-
親と同居していない	6	4	1	1	-
不詳	-	-	-	-	-

第55表　この４年間に子どもが生まれた出産前に妻に仕事ありの夫婦数、妻の年齢

（再掲）非正規

妻の年齢階級 出生順位 出産後の親との同居の有無	総数	同一就業継続	転職	離職	不詳
総数	131	40	20	70	1
妻の親と同居している	6	2	2	2	−
夫の親と同居している	21	10	1	10	−
両方の親と同居している	−	−	−	−	−
親と同居していない	100	27	15	57	1
不詳	4	1	2	1	−
第１子出産	80	22	8	50	−
妻の親と同居している	3	1	1	1	−
夫の親と同居している	10	4	−	6	−
両方の親と同居している	−	−	−	−	−
親と同居していない	65	17	5	43	−
不詳	2	−	2	−	−
第２子出産	25	9	4	12	−
妻の親と同居している	1	−	−	1	−
夫の親と同居している	7	4	−	3	−
両方の親と同居している	−	−	−	−	−
親と同居していない	16	5	4	7	−
不詳	1	−	−	1	−
第３子以降出産	26	9	8	8	1
妻の親と同居している	2	1	1	−	−
夫の親と同居している	4	2	1	1	−
両方の親と同居している	−	−	−	−	−
親と同居していない	19	5	6	7	1
不詳	1	1	−	−	−
21～25歳	9	3	2	4	−
妻の親と同居している	−	−	−	−	−
夫の親と同居している	2	1	−	1	−
両方の親と同居している	−	−	−	−	−
親と同居していない	7	2	2	3	−
不詳	−	−	−	−	−
第１子出産	4	1	−	3	−
妻の親と同居している	−	−	−	−	−
夫の親と同居している	−	−	−	−	−
両方の親と同居している	−	−	−	−	−
親と同居していない	4	1	−	3	−
不詳	−	−	−	−	−
第２子出産	4	1	2	1	−
妻の親と同居している	−	−	−	−	−
夫の親と同居している	2	1	−	1	−
両方の親と同居している	−	−	−	−	−
親と同居していない	2	−	2	−	−
不詳	−	−	−	−	−
第３子以降出産	1	1	−	−	−
妻の親と同居している	−	−	−	−	−
夫の親と同居している	−	−	−	−	−
両方の親と同居している	−	−	−	−	−
親と同居していない	1	1	−	−	−
不詳	−	−	−	−	−

注：１）集計対象は、①または②に該当し、かつ③に該当するこの４年間に子どもが生まれた同居夫婦である。
①第１回から第５回まで双方が回答した夫婦
②第１回に独身で第４回までの間に結婚し、第５回まで回答した夫婦
③妻が出産前に仕事ありで、かつ、第１回の「女性票」の対象者
２）年齢は、出産後の年齢である。
３）４年間で２人以上出生ありの場合は、末子について計上している。
４）総数には、正規・非正規以外の就業形態等を含む。

第５回調査（平成28年）

妻の年齢階級 出生順位 出産後の親との同居の有無	総数	同一就業継続	転職	離職	不詳
26～30歳	84	21	14	49	-
妻の親と同居している	5	1	2	2	-
夫の親と同居している	11	3	1	7	-
両方の親と同居している	-	-	-	-	-
親と同居していない	66	17	10	39	-
不詳	2	-	1	1	-
第１子出産	58	14	5	39	-
妻の親と同居している	2	-	1	1	-
夫の親と同居している	6	1	-	5	-
両方の親と同居している	-	-	-	-	-
親と同居していない	49	13	3	33	-
不詳	1	-	1	-	-
第２子出産	10	3	2	5	-
妻の親と同居している	1	-	-	1	-
夫の親と同居している	2	1	-	1	-
両方の親と同居している	-	-	-	-	-
親と同居していない	6	2	2	2	-
不詳	1	-	-	1	-
第３子以降出産	16	4	7	5	-
妻の親と同居している	2	1	1	-	-
夫の親と同居している	3	1	1	1	-
両方の親と同居している	-	-	-	-	-
親と同居していない	11	2	5	4	-
不詳	-	-	-	-	-
31～33歳	38	16	4	17	1
妻の親と同居している	1	1	-	-	-
夫の親と同居している	8	6	-	2	-
両方の親と同居している	-	-	-	-	-
親と同居していない	27	8	3	15	1
不詳	2	1	1	-	-
第１子出産	18	7	3	8	-
妻の親と同居している	1	1	-	-	-
夫の親と同居している	4	3	-	1	-
両方の親と同居している	-	-	-	-	-
親と同居していない	12	3	2	7	-
不詳	1	-	1	-	-
第２子出産	11	5	-	6	-
妻の親と同居している	-	-	-	-	-
夫の親と同居している	3	2	-	1	-
両方の親と同居している	-	-	-	-	-
親と同居していない	8	3	-	5	-
不詳	-	-	-	-	-
第３子以降出産	9	4	1	3	1
妻の親と同居している	-	-	-	-	-
夫の親と同居している	1	1	-	-	-
両方の親と同居している	-	-	-	-	-
親と同居していない	7	2	1	3	1
不詳	1	1	-	-	-

第56表　この４年間に子どもが生まれた出産前に妻に仕事ありの夫婦数、出生順位、出産後の親の支援の有無、

総　数

出生順位 出産後の親の支援の有無 出産後の保育サービス等の利用状況（複数回答）	総数	同一就業継続	転職	離職	不詳
総数	380	207	46	118	9
認可保育所（園）、小規模保育	73	51	13	6	3
事業所内託児施設	3	3	–	–	–
認可外保育施設（事業所内託児施設を除く）	3	3	–	–	–
居宅訪問型保育・ベビーシッター、家庭的保育・保育ママ	2	1	–	1	–
ファミリー・サポート・センター	6	3	–	3	–
幼稚園が行っている預かり保育	6	2	1	3	–
幼稚園（預かり保育を除く）	12	6	–	6	–
認定こども園	11	4	2	4	1
利用してない	236	127	23	82	4
不詳	39	14	8	16	1
親の支援あり	93	56	10	25	2
認可保育所（園）、小規模保育	14	11	2	1	–
事業所内託児施設	1	1	–	–	–
認可外保育施設（事業所内託児施設を除く）	1	1	–	–	–
居宅訪問型保育・ベビーシッター、家庭的保育・保育ママ	–	–	–	–	–
ファミリー・サポート・センター	–	–	–	–	–
幼稚園が行っている預かり保育	1	–	1	–	–
幼稚園（預かり保育を除く）	5	4	–	1	–
認定こども園	3	1	1	1	–
利用してない	70	40	7	21	2
不詳	1	–	–	1	–
親の支援なし	250	137	28	79	6
認可保育所（園）、小規模保育	59	40	11	5	3
事業所内託児施設	2	2	–	–	–
認可外保育施設（事業所内託児施設を除く）	2	2	–	–	–
居宅訪問型保育・ベビーシッター、家庭的保育・保育ママ	2	1	–	1	–
ファミリー・サポート・センター	6	3	–	3	–
幼稚園が行っている預かり保育	5	2	–	3	–
幼稚園（預かり保育を除く）	7	2	–	5	–
認定こども園	8	3	1	3	1
利用してない	166	87	16	61	2
不詳	1	–	–	1	–
不詳	37	14	8	14	1
第１子出産	247	131	27	86	3
認可保育所（園）、小規模保育	3	1	2	–	–
事業所内託児施設	3	3	–	–	–
認可外保育施設（事業所内託児施設を除く）	–	–	–	–	–
居宅訪問型保育・ベビーシッター、家庭的保育・保育ママ	–	–	–	–	–
ファミリー・サポート・センター	4	2	–	2	–
幼稚園が行っている預かり保育	–	–	–	–	–
幼稚園（預かり保育を除く）	–	–	–	–	–
認定こども園	2	1	–	1	–
利用してない	206	113	19	71	3
不詳	30	12	6	12	–
親の支援あり	61	35	7	17	2
認可保育所（園）、小規模保育	1	–	1	–	–
事業所内託児施設	1	1	–	–	–
認可外保育施設（事業所内託児施設を除く）	–	–	–	–	–
居宅訪問型保育・ベビーシッター、家庭的保育・保育ママ	–	–	–	–	–
ファミリー・サポート・センター	–	–	–	–	–
幼稚園が行っている預かり保育	–	–	–	–	–
幼稚園（預かり保育を除く）	–	–	–	–	–
認定こども園	–	–	–	–	–
利用してない	59	34	6	17	2
不詳	–	–	–	–	–
親の支援なし	157	84	14	58	1
認可保育所（園）、小規模保育	2	1	1	–	–
事業所内託児施設	2	2	–	–	–
認可外保育施設（事業所内託児施設を除く）	–	–	–	–	–
居宅訪問型保育・ベビーシッター、家庭的保育・保育ママ	–	–	–	–	–
ファミリー・サポート・センター	4	2	–	2	–
幼稚園が行っている預かり保育	–	–	–	–	–
幼稚園（預かり保育を除く）	–	–	–	–	–
認定こども園	2	1	–	1	–
利用してない	147	79	13	54	1
不詳	1	–	–	1	–
不詳	29	12	6	11	–

注：１）集計対象は、①または②に該当し、かつ③に該当するこの４年間に子どもが生まれた夫婦である。
　　　①第１回から第５回まで双方が回答した夫婦
　　　②第１回に独身で第４回までの間に結婚し、第４回まで回答した夫婦
　　　③妻が出産前に仕事ありで、小学校入学前の同居の子どもがおり、かつ、第１回の「女性票」の対象者
　　２）「保育サービス等の利用状況」とは、小学校入学前の同居の子どもが複数いる場合には、いずれかの子どもが利用している保育サービス等を計上している。
　　３）「認可保育所（園）、小規模保育」の第１回から第４回は「認可保育所(園)」の調査項目として、「居宅訪問型保育・ベビーシッター、家庭的保育・保育ママ」の第１回から第４回は「ベビーシッター、家庭的保育事業（保育ママ）」の調査項目として計上している。
　　４）４年間で２人以上出生ありの場合は、末子について計上している。
　　５）総数には、正規・非正規以外の就業形態等を含む。

出産後の保育サービス等の利用状況（複数回答）、（再掲）出産前の妻の正規・非正規、出産後の妻の就業継続の有無別（３－１）

第５回調査（平成28年）

出生順位 出産後の親の支援の有無 出産後の保育サービス等の利用状況（複数回答）	総数	同一就業継続	転職	離職	不詳
第２子出産	85	51	10	20	4
認可保育所（園）、小規模保育	40	32	5	1	2
事業所内託児施設	–	–	–	–	–
認可外保育施設（事業所内託児施設を除く）	2	2	–	–	–
居宅訪問型保育・ベビーシッター、家庭的保育・保育ママ	2	1	–	1	–
ファミリー・サポート・センター	2	1	–	1	–
幼稚園が行っている預かり保育	2	1	1	–	–
幼稚園（預かり保育を除く）	5	2	–	3	–
認定こども園	6	3	–	2	1
利用してない	23	11	3	9	–
不詳	7	1	2	3	1
親の支援あり	23	15	2	6	–
認可保育所（園）、小規模保育	10	8	1	1	–
事業所内託児施設	–	–	–	–	–
認可外保育施設（事業所内託児施設を除く）	–	–	–	–	–
居宅訪問型保育・ベビーシッター、家庭的保育・保育ママ	–	–	–	–	–
ファミリー・サポート・センター	–	–	–	–	–
幼稚園が行っている預かり保育	1	–	1	–	–
幼稚園（預かり保育を除く）	3	2	–	1	–
認定こども園	2	1	–	1	–
利用してない	9	5	1	3	–
不詳	–	–	–	–	–
親の支援なし	55	35	6	11	3
認可保育所（園）、小規模保育	30	24	4	–	2
事業所内託児施設	–	–	–	–	–
認可外保育施設（事業所内託児施設を除く）	2	2	–	–	–
居宅訪問型保育・ベビーシッター、家庭的保育・保育ママ	2	1	–	1	–
ファミリー・サポート・センター	2	1	–	1	–
幼稚園が行っている預かり保育	1	1	–	–	–
幼稚園（預かり保育を除く）	2	–	–	2	–
認定こども園	4	2	–	1	1
利用してない	14	6	2	6	–
不詳	–	–	–	–	–
不詳	7	1	2	3	1
第３子以降出産	48	25	9	12	2
認可保育所（園）、小規模保育	30	18	6	5	1
事業所内託児施設	–	–	–	–	–
認可外保育施設（事業所内託児施設を除く）	1	1	–	–	–
居宅訪問型保育・ベビーシッター、家庭的保育・保育ママ	–	–	–	–	–
ファミリー・サポート・センター	–	–	–	–	–
幼稚園が行っている預かり保育	4	1	–	3	–
幼稚園（預かり保育を除く）	7	4	–	3	–
認定こども園	3	–	2	1	–
利用してない	7	3	1	2	1
不詳	2	1	–	1	–
親の支援あり	9	6	1	2	–
認可保育所（園）、小規模保育	3	3	–	–	–
事業所内託児施設	–	–	–	–	–
認可外保育施設（事業所内託児施設を除く）	1	1	–	–	–
居宅訪問型保育・ベビーシッター、家庭的保育・保育ママ	–	–	–	–	–
ファミリー・サポート・センター	–	–	–	–	–
幼稚園が行っている預かり保育	–	–	–	–	–
幼稚園（預かり保育を除く）	2	2	–	–	–
認定こども園	1	–	1	–	–
利用してない	2	1	–	1	–
不詳	1	–	–	1	–
親の支援なし	38	18	8	10	2
認可保育所（園）、小規模保育	27	15	6	5	1
事業所内託児施設	–	–	–	–	–
認可外保育施設（事業所内託児施設を除く）	–	–	–	–	–
居宅訪問型保育・ベビーシッター、家庭的保育・保育ママ	–	–	–	–	–
ファミリー・サポート・センター	–	–	–	–	–
幼稚園が行っている預かり保育	4	1	–	3	–
幼稚園（預かり保育を除く）	5	2	–	3	–
認定こども園	2	–	1	1	–
利用してない	5	2	1	1	1
不詳	–	–	–	–	–
不詳	1	1	–	–	–

第56表　この４年間に子どもが生まれた出産前に妻に仕事ありの夫婦数、出生順位、出産後の親の支援の有無、

（再掲）正規

出生順位 出産後の親の支援の有無 出産後の保育サービス等の利用状況（複数回答）	総数	同一就業継続	転職	離職	不詳
総数	209	162	16	30	1
認可保育所（園）、小規模保育	40	34	4	1	1
事業所内託児施設	3	3	–	–	–
認可外保育施設（事業所内託児施設を除く）	3	3	–	–	–
居宅訪問型保育・ベビーシッター、家庭的保育・保育ママ	1	1	–	–	–
ファミリー・サポート・センター	3	3	–	–	–
幼稚園が行っている預かり保育	2	1	1	–	–
幼稚園（預かり保育を除く）	3	3	–	–	–
認定こども園	7	4	1	2	–
利用してない	136	103	9	24	–
不詳	16	11	2	3	–
親の支援あり	58	45	7	6	–
認可保育所（園）、小規模保育	8	5	2	1	–
事業所内託児施設	1	1	–	–	–
認可外保育施設（事業所内託児施設を除く）	1	1	–	–	–
居宅訪問型保育・ベビーシッター、家庭的保育・保育ママ	–	–	–	–	–
ファミリー・サポート・センター	–	–	–	–	–
幼稚園が行っている預かり保育	1	–	1	–	–
幼稚園（預かり保育を除く）	3	3	–	–	–
認定こども園	2	1	1	–	–
利用してない	44	35	4	5	–
不詳	–	–	–	–	–
親の支援なし	135	106	7	21	1
認可保育所（園）、小規模保育	32	29	2	–	1
事業所内託児施設	2	2	–	–	–
認可外保育施設（事業所内託児施設を除く）	2	2	–	–	–
居宅訪問型保育・ベビーシッター、家庭的保育・保育ママ	1	1	–	–	–
ファミリー・サポート・センター	3	3	–	–	–
幼稚園が行っている預かり保育	1	1	–	–	–
幼稚園（預かり保育を除く）	–	–	–	–	–
認定こども園	5	3	–	2	–
利用してない	92	68	5	19	–
不詳	–	–	–	–	–
不詳	16	11	2	3	–
第１子出産	143	106	10	27	–
認可保育所（園）、小規模保育	2	1	1	–	–
事業所内託児施設	3	3	–	–	–
認可外保育施設（事業所内託児施設を除く）	–	–	–	–	–
居宅訪問型保育・ベビーシッター、家庭的保育・保育ママ	–	–	–	–	–
ファミリー・サポート・センター	2	2	–	–	–
幼稚園が行っている預かり保育	–	–	–	–	–
幼稚園（預かり保育を除く）	–	–	–	–	–
認定こども園	2	1	–	1	–
利用してない	121	90	8	23	–
不詳	14	10	1	3	–
親の支援あり	40	30	5	5	–
認可保育所（園）、小規模保育	1	–	1	–	–
事業所内託児施設	1	1	–	–	–
認可外保育施設（事業所内託児施設を除く）	–	–	–	–	–
居宅訪問型保育・ベビーシッター、家庭的保育・保育ママ	–	–	–	–	–
ファミリー・サポート・センター	–	–	–	–	–
幼稚園が行っている預かり保育	–	–	–	–	–
幼稚園（預かり保育を除く）	–	–	–	–	–
認定こども園	–	–	–	–	–
利用してない	38	29	4	5	–
不詳	–	–	–	–	–
親の支援なし	89	66	4	19	–
認可保育所（園）、小規模保育	1	1	–	–	–
事業所内託児施設	2	2	–	–	–
認可外保育施設（事業所内託児施設を除く）	–	–	–	–	–
居宅訪問型保育・ベビーシッター、家庭的保育・保育ママ	–	–	–	–	–
ファミリー・サポート・センター	2	2	–	–	–
幼稚園が行っている預かり保育	–	–	–	–	–
幼稚園（預かり保育を除く）	–	–	–	–	–
認定こども園	2	1	–	1	–
利用してない	83	61	4	18	–
不詳	–	–	–	–	–
不詳	14	10	1	3	–

注：１）集計対象は、①または②に該当し、かつ③に該当するこの４年間に子どもが生まれた夫婦である。
①第１回から第５回まで双方が回答した夫婦
②第１回に独身で第４回までの間に結婚し、第４回まで回答した夫婦
③妻が出産前に仕事ありで、小学校入学前の同居の子どもがおり、かつ、第１回の「女性票」の対象者
２）「保育サービス等の利用状況」とは、小学校入学前の同居の子どもが複数いる場合には、いずれかの子どもが利用している保育サービス等を計上している。
３）「認可保育所（園）、小規模保育」の第１回から第４回は「認可保育所(園)」の調査項目として、「居宅訪問型保育・ベビーシッター、家庭的保育・保育ママ」の第１回から第４回は「ベビーシッター、家庭的保育事業（保育ママ）」の調査項目として計上している。
４）４年間で２人以上出生ありの場合は、末子について計上している。
５）総数には、正規・非正規以外の就業形態等を含む。

出産後の保育サービス等の利用状況（複数回答）、（再掲）出産前の妻の正規・非正規、出産後の妻の就業継続の有無別（３－２）

第５回調査（平成28年）

出生順位 出産後の親の支援の有無 出産後の保育サービス等の利用状況（複数回答）	総数	同一就業継続	転職	離職	不詳
第２子出産	50	42	5	2	1
認可保育所（園）、小規模保育	29	24	3	1	1
事業所内託児施設	-	-	-	-	-
認可外保育施設（事業所内託児施設を除く）	2	2	-	-	-
居宅訪問型保育・ベビーシッター、家庭的保育・保育ママ	1	1	-	-	-
ファミリー・サポート・センター	1	1	-	-	-
幼稚園が行っている預かり保育	2	1	1	-	-
幼稚園（預かり保育を除く）	1	1	-	-	-
認定こども園	3	3	-	-	-
利用してない	12	10	1	1	-
不詳	2	1	1	-	-
親の支援あり	12	10	1	1	-
認可保育所（園）、小規模保育	5	3	1	1	-
事業所内託児施設	-	-	-	-	-
認可外保育施設（事業所内託児施設を除く）	-	-	-	-	-
居宅訪問型保育・ベビーシッター、家庭的保育・保育ママ	-	-	-	-	-
ファミリー・サポート・センター	-	-	-	-	-
幼稚園が行っている預かり保育	1	-	1	-	-
幼稚園（預かり保育を除く）	1	1	-	-	-
認定こども園	1	1	-	-	-
利用してない	5	5	-	-	-
不詳	-	-	-	-	-
親の支援なし	36	31	3	1	1
認可保育所（園）、小規模保育	24	21	2	-	1
事業所内託児施設	-	-	-	-	-
認可外保育施設（事業所内託児施設を除く）	2	2	-	-	-
居宅訪問型保育・ベビーシッター、家庭的保育・保育ママ	1	1	-	-	-
ファミリー・サポート・センター	1	1	-	-	-
幼稚園が行っている預かり保育	1	1	-	-	-
幼稚園（預かり保育を除く）	-	-	-	-	-
認定こども園	2	2	-	-	-
利用してない	7	5	1	1	-
不詳	-	-	-	-	-
不詳	2	1	1	-	-
第３子以降出産	16	14	1	1	-
認可保育所（園）、小規模保育	9	9	-	-	-
事業所内託児施設	-	-	-	-	-
認可外保育施設（事業所内託児施設を除く）	1	1	-	-	-
居宅訪問型保育・ベビーシッター、家庭的保育・保育ママ	-	-	-	-	-
ファミリー・サポート・センター	-	-	-	-	-
幼稚園が行っている預かり保育	-	-	-	-	-
幼稚園（預かり保育を除く）	2	2	-	-	-
認定こども園	2	-	1	1	-
利用してない	3	3	-	-	-
不詳	-	-	-	-	-
親の支援あり	6	5	1	-	-
認可保育所（園）、小規模保育	2	2	-	-	-
事業所内託児施設	-	-	-	-	-
認可外保育施設（事業所内託児施設を除く）	1	1	-	-	-
居宅訪問型保育・ベビーシッター、家庭的保育・保育ママ	-	-	-	-	-
ファミリー・サポート・センター	-	-	-	-	-
幼稚園が行っている預かり保育	-	-	-	-	-
幼稚園（預かり保育を除く）	2	2	-	-	-
認定こども園	1	-	1	-	-
利用してない	1	1	-	-	-
不詳	-	-	-	-	-
親の支援なし	10	9	-	1	-
認可保育所（園）、小規模保育	7	7	-	-	-
事業所内託児施設	-	-	-	-	-
認可外保育施設（事業所内託児施設を除く）	-	-	-	-	-
居宅訪問型保育・ベビーシッター、家庭的保育・保育ママ	-	-	-	-	-
ファミリー・サポート・センター	-	-	-	-	-
幼稚園が行っている預かり保育	-	-	-	-	-
幼稚園（預かり保育を除く）	-	-	-	-	-
認定こども園	1	-	-	1	-
利用してない	2	2	-	-	-
不詳	-	-	-	-	-
不詳	-	-	-	-	-

第56表　この4年間に子どもが生まれた出産前に妻に仕事ありの夫婦数、出生順位、出産後の親の支援の有無、

（再掲）非正規

出生順位 出産後の親の支援の有無 出産後の保育サービス等の利用状況（複数回答）	総数	同一就業継続	転職	離職	不詳
総数	145	43	21	79	2
認可保育所（園）、小規模保育	29	16	9	3	1
事業所内託児施設	–	–	–	–	–
認可外保育施設（事業所内託児施設を除く）	–	–	–	–	–
居宅訪問型保育・ベビーシッター、家庭的保育・保育ママ	1	–	–	1	–
ファミリー・サポート・センター	1	–	–	1	–
幼稚園が行っている預かり保育	3	1	–	2	–
幼稚園（預かり保育を除く）	6	2	–	4	–
認定こども園	3	–	1	2	–
利用してない	86	24	7	54	1
不詳	20	3	4	13	–
親の支援あり	30	11	1	18	–
認可保育所（園）、小規模保育	6	6	–	–	–
事業所内託児施設	–	–	–	–	–
認可外保育施設（事業所内託児施設を除く）	–	–	–	–	–
居宅訪問型保育・ベビーシッター、家庭的保育・保育ママ	–	–	–	–	–
ファミリー・サポート・センター	–	–	–	–	–
幼稚園が行っている預かり保育	–	–	–	–	–
幼稚園（預かり保育を除く）	2	1	–	1	–
認定こども園	1	–	–	1	–
利用してない	21	5	1	15	–
不詳	1	–	–	1	–
親の支援なし	97	29	16	50	2
認可保育所（園）、小規模保育	23	10	9	3	1
事業所内託児施設	–	–	–	–	–
認可外保育施設（事業所内託児施設を除く）	–	–	–	–	–
居宅訪問型保育・ベビーシッター、家庭的保育・保育ママ	1	–	–	1	–
ファミリー・サポート・センター	1	–	–	1	–
幼稚園が行っている預かり保育	3	1	–	2	–
幼稚園（預かり保育を除く）	4	1	–	3	–
認定こども園	2	–	1	1	–
利用してない	65	19	6	39	1
不詳	1	–	–	1	–
不詳	18	3	4	11	–
第１子出産	90	25	9	56	–
認可保育所（園）、小規模保育	1	–	1	–	–
事業所内託児施設	–	–	–	–	–
認可外保育施設（事業所内託児施設を除く）	–	–	–	–	–
居宅訪問型保育・ベビーシッター、家庭的保育・保育ママ	–	–	–	–	–
ファミリー・サポート・センター	1	–	–	1	–
幼稚園が行っている預かり保育	–	–	–	–	–
幼稚園（預かり保育を除く）	–	–	–	–	–
認定こども園	–	–	–	–	–
利用してない	74	23	5	46	–
不詳	14	2	3	9	–
親の支援あり	16	5	–	11	–
認可保育所（園）、小規模保育	–	–	–	–	–
事業所内託児施設	–	–	–	–	–
認可外保育施設（事業所内託児施設を除く）	–	–	–	–	–
居宅訪問型保育・ベビーシッター、家庭的保育・保育ママ	–	–	–	–	–
ファミリー・サポート・センター	–	–	–	–	–
幼稚園が行っている預かり保育	–	–	–	–	–
幼稚園（預かり保育を除く）	–	–	–	–	–
認定こども園	–	–	–	–	–
利用してない	16	5	–	11	–
不詳	–	–	–	–	–
親の支援なし	61	18	6	37	–
認可保育所（園）、小規模保育	1	–	1	–	–
事業所内託児施設	–	–	–	–	–
認可外保育施設（事業所内託児施設を除く）	–	–	–	–	–
居宅訪問型保育・ベビーシッター、家庭的保育・保育ママ	–	–	–	–	–
ファミリー・サポート・センター	1	–	–	1	–
幼稚園が行っている預かり保育	–	–	–	–	–
幼稚園（預かり保育を除く）	–	–	–	–	–
認定こども園	–	–	–	–	–
利用してない	58	18	5	35	–
不詳	1	–	–	1	–
不詳	13	2	3	8	–

注：１）集計対象は、①または②に該当し、かつ③に該当するこの４年間に子どもが生まれた夫婦である。
　　　①第１回から第５回まで双方が回答した夫婦
　　　②第１回に独身で第４回までの間に結婚し、第４回まで回答した夫婦
　　　③妻が出産前に仕事ありで、小学校入学前の同居の子どもがおり、かつ、第１回の「女性票」の対象者
　　２）「保育サービス等の利用状況」とは、小学校入学前の同居の子どもが複数いる場合には、いずれかの子どもが利用している保育サービス等を計上している。
　　３）「認可保育所（園）、小規模保育」の第１回から第４回は「認可保育所(園)」の調査項目として、「居宅訪問型保育・ベビーシッター、家庭的保育・保育ママ」の第１回から第４回は「ベビーシッター、家庭的保育事業（保育ママ）」の調査項目として計上している。
　　４）４年間で２人以上出生ありの場合は、末子について計上している。
　　５）総数には、正規・非正規以外の就業形態等を含む。

出産後の保育サービス等の利用状況（複数回答）、（再掲）出産前の妻の正規・非正規、出産後の妻の就業継続の有無別（３－３）

第５回調査（平成28年）

出生順位 出産後の親の支援の有無 出産後の保育サービス等の利用状況（複数回答）	総数	同一就業継続	転職	離職	不詳
第２子出産	28	9	4	15	-
認可保育所（園）、小規模保育	10	8	2	-	-
事業所内託児施設	-	-	-	-	-
認可外保育施設（事業所内託児施設を除く）	-	-	-	-	-
居宅訪問型保育・ベビーシッター、家庭的保育・保育ママ	1	-	-	1	-
ファミリー・サポート・センター	-	-	-	-	-
幼稚園が行っている預かり保育	-	-	-	-	-
幼稚園（預かり保育を除く）	4	1	-	3	-
認定こども園	2	-	-	2	-
利用してない	8	1	1	6	-
不詳	4	-	1	3	-
親の支援あり	11	5	1	5	-
認可保育所（園）、小規模保育	5	5	-	-	-
事業所内託児施設	-	-	-	-	-
認可外保育施設（事業所内託児施設を除く）	-	-	-	-	-
居宅訪問型保育・ベビーシッター、家庭的保育・保育ママ	-	-	-	-	-
ファミリー・サポート・センター	-	-	-	-	-
幼稚園が行っている預かり保育	-	-	-	-	-
幼稚園（預かり保育を除く）	2	1	-	1	-
認定こども園	1	-	-	1	-
利用してない	4	-	1	3	-
不詳	-	-	-	-	-
親の支援なし	13	4	2	7	-
認可保育所（園）、小規模保育	5	3	2	-	-
事業所内託児施設	-	-	-	-	-
認可外保育施設（事業所内託児施設を除く）	-	-	-	-	-
居宅訪問型保育・ベビーシッター、家庭的保育・保育ママ	1	-	-	1	-
ファミリー・サポート・センター	-	-	-	-	-
幼稚園が行っている預かり保育	-	-	-	-	-
幼稚園（預かり保育を除く）	2	-	-	2	-
認定こども園	1	-	-	1	-
利用してない	4	1	-	3	-
不詳	-	-	-	-	-
不詳	4	-	1	3	-
第３子以降出産	27	9	8	8	2
認可保育所（園）、小規模保育	18	8	6	3	1
事業所内託児施設	-	-	-	-	-
認可外保育施設（事業所内託児施設を除く）	-	-	-	-	-
居宅訪問型保育・ベビーシッター、家庭的保育・保育ママ	-	-	-	-	-
ファミリー・サポート・センター	-	-	-	-	-
幼稚園が行っている預かり保育	3	1	-	2	-
幼稚園（預かり保育を除く）	2	1	-	1	-
認定こども園	1	-	1	-	-
利用してない	4	-	1	2	1
不詳	2	1	-	1	-
親の支援あり	3	1	-	2	-
認可保育所（園）、小規模保育	1	1	-	-	-
事業所内託児施設	-	-	-	-	-
認可外保育施設（事業所内託児施設を除く）	-	-	-	-	-
居宅訪問型保育・ベビーシッター、家庭的保育・保育ママ	-	-	-	-	-
ファミリー・サポート・センター	-	-	-	-	-
幼稚園が行っている預かり保育	-	-	-	-	-
幼稚園（預かり保育を除く）	-	-	-	-	-
認定こども園	-	-	-	-	-
利用してない	1	-	-	1	-
不詳	1	-	-	1	-
親の支援なし	23	7	8	6	2
認可保育所（園）、小規模保育	17	7	6	3	1
事業所内託児施設	-	-	-	-	-
認可外保育施設（事業所内託児施設を除く）	-	-	-	-	-
居宅訪問型保育・ベビーシッター、家庭的保育・保育ママ	-	-	-	-	-
ファミリー・サポート・センター	-	-	-	-	-
幼稚園が行っている預かり保育	3	1	-	2	-
幼稚園（預かり保育を除く）	2	1	-	1	-
認定こども園	1	-	1	-	-
利用してない	3	-	1	1	1
不詳	-	-	-	-	-
不詳	1	1	-	-	-

第57表　この４年間に子どもが生まれた出産前に妻に仕事ありの夫婦数、

出産前の妻の職場の育児休業制度の状況 出産前の妻の正規・非正規	総数	同一就業継続	転職	離職	不詳
総数	355	206	37	109	3
制度あり	237	172	25	38	2
利用しやすい雰囲気がある	149	119	13	15	2
利用しにくい雰囲気がある	30	20	2	8	－
どちらとも言えない	52	31	8	13	－
不詳	6	2	2	2	－
有給	115	87	11	15	2
利用しやすい雰囲気がある	79	66	4	7	2
利用しにくい雰囲気がある	13	8	1	4	－
どちらとも言えない	23	13	6	4	－
不詳	－	－	－	－	－
無給	71	51	8	12	－
利用しやすい雰囲気がある	48	37	6	5	－
利用しにくい雰囲気がある	11	8	1	2	－
どちらとも言えない	12	6	1	5	－
不詳	－	－	－	－	－
わからない	45	32	4	9	－
利用しやすい雰囲気がある	22	16	3	3	－
利用しにくい雰囲気がある	6	4	－	2	－
どちらとも言えない	16	11	1	4	－
不詳	1	1	－	－	－
不詳	6	2	2	2	－
利用しやすい雰囲気がある	－	－	－	－	－
利用しにくい雰囲気がある	－	－	－	－	－
どちらとも言えない	1	1	－	－	－
不詳	5	1	2	2	－
制度なし	55	13	4	37	1
制度があるかないかわからない	57	18	8	31	－
不詳	6	3	－	3	－
正規	210	163	16	30	1
制度あり	191	154	16	20	1
利用しやすい雰囲気がある	127	108	8	10	1
利用しにくい雰囲気がある	24	19	1	4	－
どちらとも言えない	37	25	6	6	－
不詳	3	2	1	－	－
有給	105	86	7	11	1
利用しやすい雰囲気がある	75	65	2	7	1
利用しにくい雰囲気がある	12	8	1	3	－
どちらとも言えない	18	13	4	1	－
不詳	－	－	－	－	－
無給	53	44	5	4	－
利用しやすい雰囲気がある	39	34	4	1	－
利用しにくい雰囲気がある	8	8	－	－	－
どちらとも言えない	6	2	1	3	－
不詳	－	－	－	－	－
わからない	30	22	3	5	－
利用しやすい雰囲気がある	13	9	2	2	－
利用しにくい雰囲気がある	4	3	－	1	－
どちらとも言えない	12	9	1	2	－
不詳	1	1	－	－	－
不詳	3	2	1	－	－
利用しやすい雰囲気がある	－	－	－	－	－
利用しにくい雰囲気がある	－	－	－	－	－
どちらとも言えない	1	1	－	－	－
不詳	2	1	1	－	－
制度なし	9	2	－	7	－
制度があるかないかわからない	9	6	－	3	－
不詳	1	1	－	－	－

注：１）集計対象は、①または②に該当し、かつ③に該当するこの４年間に子どもが生まれた夫婦である。
　　　①第１回から第５回まで双方が回答した夫婦
　　　②第１回に独身で第４回までの間に結婚し、第５回まで回答した夫婦
　　　③妻が出産前に会社等に勤めていて、かつ、第１回の「女性票」の対象者
　　２）４年間で２人以上出生ありの場合は、末子について計上している。

出産前の妻の職場の育児休業制度の状況、出産前の妻の正規・非正規、出産後の妻の就業継続の有無別

第５回調査（平成28年）

出産前の妻の職場の育児休業制度の状況 出産前の妻の正規・非正規	総数	同一就業継続	転職	離職	不詳
非正規	145	43	21	79	2
制度あり	46	18	9	18	1
利用しやすい雰囲気がある	22	11	5	5	1
利用しにくい雰囲気がある	6	1	1	4	－
どちらとも言えない	15	6	2	7	－
不詳	3	－	1	2	－
有給	10	1	4	4	1
利用しやすい雰囲気がある	4	1	2	－	1
利用しにくい雰囲気がある	1	－	－	1	－
どちらとも言えない	5	－	2	3	－
不詳	－	－	－	－	－
無給	18	7	3	8	－
利用しやすい雰囲気がある	9	3	2	4	－
利用しにくい雰囲気がある	3	－	1	2	－
どちらとも言えない	6	4	－	2	－
不詳	－	－	－	－	－
わからない	15	10	1	4	－
利用しやすい雰囲気がある	9	7	1	1	－
利用しにくい雰囲気がある	2	1	－	1	－
どちらとも言えない	4	2	－	2	－
不詳	－	－	－	－	－
不詳	3	－	1	2	－
利用しやすい雰囲気がある	－	－	－	－	－
利用しにくい雰囲気がある	－	－	－	－	－
どちらとも言えない	－	－	－	－	－
不詳	3	－	1	2	－
制度なし	46	11	4	30	1
制度があるかないかわからない	48	12	8	28	－
不詳	5	2	－	3	－

第58表　この４年間に子どもが生まれた出産前に妻に仕事ありの夫婦数、出生

出生順位 出産前の出産後の就業継続意欲 （再掲）出産前の妻の正規・非正規	総数	同一就業継続	転職	離職	不詳
総数	341	187	42	104	8
出産した後も続ける	187	135	24	22	6
出産を機にやめる	69	16	2	51	–
続けるかどうか考えていない	76	33	15	27	1
今後の出産は考えていない	2	–	–	2	–
不詳	7	3	1	2	1
第１子出産	228	121	24	80	3
出産した後も続ける	111	80	15	14	2
出産を機にやめる	56	12	2	42	–
続けるかどうか考えていない	56	27	7	21	1
今後の出産は考えていない	1	–	–	1	–
不詳	4	2	–	2	–
第２子出産	74	45	10	15	4
出産した後も続ける	52	38	7	4	3
出産を機にやめる	10	4	–	6	–
続けるかどうか考えていない	9	2	2	5	–
今後の出産は考えていない	–	–	–	–	–
不詳	3	1	1	–	1
第３子以降出産	39	21	8	9	1
出産した後も続ける	24	17	2	4	1
出産を機にやめる	3	–	–	3	–
続けるかどうか考えていない	11	4	6	1	–
今後の出産は考えていない	1	–	–	1	–
不詳	–	–	–	–	–
（再掲）正規	196	150	15	30	1
出産した後も続ける	133	119	9	5	–
出産を機にやめる	26	8	2	16	–
続けるかどうか考えていない	32	21	3	8	–
今後の出産は考えていない	–	–	–	–	–
不詳	5	2	1	1	1
第１子出産	135	99	9	27	–
出産した後も続ける	83	74	5	4	–
出産を機にやめる	24	6	2	16	–
続けるかどうか考えていない	26	18	2	6	–
今後の出産は考えていない	–	–	–	–	–
不詳	2	1	–	1	–
第２子出産	46	38	5	2	1
出産した後も続ける	38	33	4	1	–
出産を機にやめる	2	2	–	–	–
続けるかどうか考えていない	3	2	–	1	–
今後の出産は考えていない	–	–	–	–	–
不詳	3	1	1	–	1
第３子以降出産	15	13	1	1	–
出産した後も続ける	12	12	–	–	–
出産を機にやめる	–	–	–	–	–
続けるかどうか考えていない	3	1	1	1	–
今後の出産は考えていない	–	–	–	–	–
不詳	–	–	–	–	–

注：１）集計対象は、①または②に該当し、かつ③及び④に該当するこの４年間に子どもが生まれた同居夫婦である。
　　　①第１回から第５回まで双方が回答した夫婦
　　　②第１回に独身で第４回までの間に結婚し、第５回まで回答した夫婦
　　　③妻が出産前に仕事ありで、かつ、第１回の「女性票」の対象者
　　　④第１回の子どもをもつ意欲が「絶対もちたい」「できればもちたい」「もてなくてもかまわない」のいずれかの者
　　２）総数には、正規・非正規以外の就業形態等を含む。
　　３）４年間で２人以上出生ありの場合は、末子について計上している。

順位、出産前の出産後の就業継続意欲、（再掲）出産前の妻の正規・非正規、出産後の妻の就業継続の有無別

第５回調査（平成28年）

出生順位 出産前の出産後の就業継続意欲 （再掲）出産前の妻の正規・非正規	総数	同一就業継続	転職	離職	不詳
（再掲）非正規	121	35	18	67	1
出産した後も続ける	34	14	7	12	1
出産を機にやめる	43	8	-	35	-
続けるかどうか考えていない	40	12	11	17	-
今後の出産は考えていない	2	-	-	2	-
不詳	2	1	-	1	-
第１子出産	79	22	7	50	-
出産した後も続ける	17	6	3	8	-
出産を機にやめる	32	6	-	26	-
続けるかどうか考えていない	27	9	4	14	-
今後の出産は考えていない	1	-	-	1	-
不詳	2	1	-	1	-
第２子出産	22	7	4	11	-
出産した後も続ける	9	5	2	2	-
出産を機にやめる	8	2	-	6	-
続けるかどうか考えていない	5	-	2	3	-
今後の出産は考えていない	-	-	-	-	-
不詳	-	-	-	-	-
第３子以降出産	20	6	7	6	1
出産した後も続ける	8	3	2	2	1
出産を機にやめる	3	-	-	3	-
続けるかどうか考えていない	8	3	5	-	-
今後の出産は考えていない	1	-	-	1	-
不詳	-	-	-	-	-

第59表　この４年間に子どもが生まれた出産前に妻に仕事ありの夫婦数、就業継続意欲、出産後の妻の就業継続の有無別

出生順位、第１回の出産後の就業継続に関する家族の考え方や会社の雰囲気 出産前の出産後の就業継続意欲	総数	同一就業継続	転職	離職	不詳
総数	320	182	36	95	7
出産した後も続ける	180	134	21	20	5
出産を機にやめる	65	16	2	47	－
続けるかどうか考えていない	66	29	12	24	1
今後の出産は考えていない	2	－	－	2	－
不詳	7	3	1	2	1
配偶者や家族が出産後退職することを望んでいる	14	7	－	7	－
出産した後も続ける	3	2	－	1	－
出産を機にやめる	8	3	－	5	－
続けるかどうか考えていない	3	2	－	1	－
今後の出産は考えていない	－	－	－	－	－
不詳	－	－	－	－	－
職場に出産後働き続けにくい雰囲気がある	47	21	9	16	1
出産した後も続ける	19	11	6	1	1
出産を機にやめる	15	4	1	10	－
続けるかどうか考えていない	13	6	2	5	－
今後の出産は考えていない	－	－	－	－	－
不詳	－	－	－	－	－
上記のようなことがいずれもある	－	－	－	－	－
出産した後も続ける	－	－	－	－	－
出産を機にやめる	－	－	－	－	－
続けるかどうか考えていない	－	－	－	－	－
今後の出産は考えていない	－	－	－	－	－
不詳	－	－	－	－	－
上記のようなことはいずれもない	250	153	25	67	5
出産した後も続ける	155	121	13	17	4
出産を機にやめる	41	9	1	31	－
続けるかどうか考えていない	46	20	10	15	1
今後の出産は考えていない	2	－	－	2	－
不詳	6	3	1	2	－
第１子出産	218	118	22	75	3
出産した後も続ける	108	79	14	13	2
出産を機にやめる	54	12	2	40	－
続けるかどうか考えていない	51	25	6	19	1
今後の出産は考えていない	1	－	－	1	－
不詳	4	2	－	2	－
配偶者や家族が出産後退職することを望んでいる	12	7	－	5	－
出産した後も続ける	2	2	－	－	－
出産を機にやめる	7	3	－	4	－
続けるかどうか考えていない	3	2	－	1	－
今後の出産は考えていない	－	－	－	－	－
不詳	－	－	－	－	－
職場に出産後働き続けにくい雰囲気がある	32	15	6	11	－
出産した後も続ける	12	7	4	1	－
出産を機にやめる	11	2	1	8	－
続けるかどうか考えていない	9	6	1	2	－
今後の出産は考えていない	－	－	－	－	－
不詳	－	－	－	－	－
上記のようなことがいずれもある	－	－	－	－	－
出産した後も続ける	－	－	－	－	－
出産を機にやめる	－	－	－	－	－
続けるかどうか考えていない	－	－	－	－	－
今後の出産は考えていない	－	－	－	－	－
不詳	－	－	－	－	－
上記のようなことはいずれもない	167	95	14	55	3
出産した後も続ける	92	70	8	12	2
出産を機にやめる	35	7	1	27	－
続けるかどうか考えていない	35	16	5	13	1
今後の出産は考えていない	1	－	－	1	－
不詳	4	2	－	2	－

注：１）集計対象は、①または②に該当し、かつ③に該当するこの４年間に子どもが生まれた同居夫婦である。
　　　①第１回から第５回まで双方が回答した夫婦
　　　②第１回に独身で第４回までの間に結婚し、第５回まで回答した夫婦
　　　③妻が第１回に仕事ありの「女性票」の対象者で、かつ、第１回の子どもをもつ意欲が「絶対にもちたい」「できればもちたい」「もてなくてもかまわない」のいずれかの者
　　２）総数には、出産後の就業継続に関する家族の考え方や会社の雰囲気不詳を含む。
　　３）４年間で２人以上出生ありの場合は、末子について計上している。

出生順位、第１回の出産後の就業継続に関する家族の考え方や会社の雰囲気、出産前の出産後の

第５回調査（平成28年）

出生順位、第１回の出産後の就業継続に関する家族の考え方や会社の雰囲気出産前の出産後の就業継続意欲	総数	同一就業継続	転職	離職	不詳
第２子出産	71	45	9	13	4
出産した後も続ける	52	38	7	4	3
出産を機にやめる	9	4	-	5	-
続けるかどうか考えていない	7	2	1	4	-
今後の出産は考えていない	-	-	-	-	-
不詳	3	1	1	-	1
配偶者や家族が出産後退職することを望んでいる	2	-	-	2	-
出産した後も続ける	1	-	-	1	-
出産を機にやめる	1	-	-	1	-
続けるかどうか考えていない	-	-	-	-	-
今後の出産は考えていない	-	-	-	-	-
不詳	-	-	-	-	-
職場に出産後働き続けにくい雰囲気がある	10	4	2	3	1
出産した後も続ける	5	2	2	-	1
出産を機にやめる	3	2	-	1	-
続けるかどうか考えていない	2	-	-	2	-
今後の出産は考えていない	-	-	-	-	-
不詳	-	-	-	-	-
上記のようなことがいずれもある	-	-	-	-	-
出産した後も続ける	-	-	-	-	-
出産を機にやめる	-	-	-	-	-
続けるかどうか考えていない	-	-	-	-	-
今後の出産は考えていない	-	-	-	-	-
不詳	-	-	-	-	-
上記のようなことはいずれもない	58	41	7	8	2
出産した後も続ける	46	36	5	3	2
出産を機にやめる	5	2	-	3	-
続けるかどうか考えていない	5	2	1	2	-
今後の出産は考えていない	-	-	-	-	-
不詳	2	1	1	-	-
第３子以降出産	31	19	5	7	-
出産した後も続ける	20	17	-	3	-
出産を機にやめる	2	-	-	2	-
続けるかどうか考えていない	8	2	5	1	-
今後の出産は考えていない	1	-	-	1	-
不詳	-	-	-	-	-
配偶者や家族が出産後退職することを望んでいる	-	-	-	-	-
出産した後も続ける	-	-	-	-	-
出産を機にやめる	-	-	-	-	-
続けるかどうか考えていない	-	-	-	-	-
今後の出産は考えていない	-	-	-	-	-
不詳	-	-	-	-	-
職場に出産後働き続けにくい雰囲気がある	5	2	1	2	-
出産した後も続ける	2	2	-	-	-
出産を機にやめる	1	-	-	1	-
続けるかどうか考えていない	2	-	1	1	-
今後の出産は考えていない	-	-	-	-	-
不詳	-	-	-	-	-
上記のようなことがいずれもある	-	-	-	-	-
出産した後も続ける	-	-	-	-	-
出産を機にやめる	-	-	-	-	-
続けるかどうか考えていない	-	-	-	-	-
今後の出産は考えていない	-	-	-	-	-
不詳	-	-	-	-	-
上記のようなことはいずれもない	25	17	4	4	-
出産した後も続ける	17	15	-	2	-
出産を機にやめる	1	-	-	1	-
続けるかどうか考えていない	6	2	4	-	-
今後の出産は考えていない	1	-	-	1	-
不詳	-	-	-	-	-

第60表　夫婦数、この４年間の出生の状況、夫婦の同居開始後経過期間、

この４年間の出生の状況 同居開始後経過期間 第１回子ども数	第１回の夫の子どもをもつ意欲					
	総数	絶対にもちたい	できればもちたい	もてなくてもかまわない	今後子どもは欲しくない	不詳
総数	486	139	175	16	132	24
子どもなし	95	56	32	1	4	2
子ども１人	192	68	85	4	20	15
子ども２人以上	199	15	58	11	108	7
１年未満（５年未満）	26	15	7	−	2	2
子どもなし	19	15	4	−	−	−
子ども１人	5	−	3	−	−	2
子ども２人以上	2	−	−	−	2	−
１～３年未満（５～７年未満）	94	44	38	1	7	4
子どもなし	33	22	11	−	−	−
子ども１人	53	21	24	1	4	3
子ども２人以上	8	1	3	−	3	1
３～５年未満（７～９年未満）	165	51	64	6	38	6
子どもなし	28	13	14	−	−	1
子ども１人	70	30	27	1	9	3
子ども２人以上	67	8	23	5	29	2
５～10年未満（９～14年未満）	145	21	49	8	62	5
子どもなし	6	4	−	−	2	−
子ども１人	43	13	22	2	4	2
子ども２人以上	96	4	27	6	56	3
10年以上（14年以上）	15	1	4	−	10	−
子どもなし	4	1	2	−	1	−
子ども１人	1	−	−	−	1	−
子ども２人以上	10	−	2	−	8	−
不詳	41	7	13	1	13	7
子どもなし	5	1	1	1	1	1
子ども１人	20	4	9	−	2	5
子ども２人以上	16	2	3	−	10	1
出生あり	277	115	111	8	31	12
子どもなし	71	46	22	−	1	2
子ども１人	142	57	64	3	11	7
子ども２人以上	64	12	25	5	19	3
１年未満（５年未満）	22	14	5	−	1	2
子どもなし	16	14	2	−	−	−
子ども１人	5	−	3	−	−	2
子ども２人以上	1	−	−	−	1	−
１～３年未満（５～７年未満）	73	38	30	−	4	1
子どもなし	27	19	8	−	−	−
子ども１人	43	18	20	−	4	1
子ども２人以上	3	1	2	−	−	−
３～５年未満（７～９年未満）	97	40	38	4	10	5
子どもなし	20	9	10	−	−	1
子ども１人	54	25	21	1	5	2
子ども２人以上	23	6	7	3	5	2
５～10年未満（９～14年未満）	62	18	27	4	12	1
子どもなし	3	3	−	−	−	−
子ども１人	27	11	13	2	1	−
子ども２人以上	32	4	14	2	11	1
10年以上（14年以上）	4	−	3	−	1	−
子どもなし	2	−	2	−	−	−
子ども１人	−	−	−	−	−	−
子ども２人以上	2	−	1	−	1	−
不詳	19	5	8	−	3	3
子どもなし	3	1	−	−	1	1
子ども１人	13	3	7	−	1	2
子ども２人以上	3	1	1	−	1	−

注：１）集計対象は、第１回から第５回まで双方が回答した同居夫婦である。
　　２）同居開始後経過期間は、第１回時点である。（　）内は第５回時点である。
　　３）「今後子どもは欲しくない」とは、「今後、何人の子どもをもちたいと考えていますか。」という質問に「０人」と回答した者である。

第１回子ども数、第１回の夫の子どもをもつ意欲別

第５回調査（平成28年）

この４年間の出生の状況 同居開始後経過期間 第１回子ども数	第１回の夫の子どもをもつ意欲					
	総数	絶対にもちたい	できればもちたい	もてなくてもかまわない	今後子どもは欲しくない	不詳
出生なし	209	24	64	8	101	12
子どもなし	24	10	10	1	3	−
子ども１人	50	11	21	1	9	8
子ども２人以上	135	3	33	6	89	4
１年未満（５年未満）	4	1	2	−	1	−
子どもなし	3	1	2	−	−	−
子ども１人	−	−	−	−	−	−
子ども２人以上	1	−	−	−	1	−
１～３年未満（５～７年未満）	21	6	8	1	3	3
子どもなし	6	3	3	−	−	−
子ども１人	10	3	4	1	−	2
子ども２人以上	5	−	1	−	3	1
３～５年未満（７～９年未満）	68	11	26	2	28	1
子どもなし	8	4	4	−	−	−
子ども１人	16	5	6	−	4	1
子ども２人以上	44	2	16	2	24	−
５～10年未満（９～14年未満）	83	3	22	4	50	4
子どもなし	3	1	−	−	2	−
子ども１人	16	2	9	−	3	2
子ども２人以上	64	−	13	4	45	2
10年以上（14年以上）	11	1	1	−	9	−
子どもなし	2	1	−	−	1	−
子ども１人	1	−	−	−	1	−
子ども２人以上	8	−	1	−	7	−
不詳	22	2	5	1	10	4
子どもなし	2	−	1	1	−	−
子ども１人	7	1	2	−	1	3
子ども２人以上	13	1	2	−	9	1

第61表　夫婦数、この４年間の出生の状況、夫婦の同居開始後経過期間、

この４年間の出生の状況 同居開始後経過期間 第１回子ども数	第１回の妻の子どもをもつ意欲					
	総数	絶対にもちたい	できればもちたい	もてなくてもかまわない	今後子どもは欲しくない	不詳
総数	486	155	174	19	129	9
子どもなし	95	58	30	3	3	1
子ども１人	192	80	81	6	21	4
子ども２人以上	199	17	63	10	105	4
１年未満（５年未満）	26	15	9	–	2	–
子どもなし	19	14	5	–	–	–
子ども１人	5	1	4	–	–	–
子ども２人以上	2	–	–	–	2	–
１～３年未満（５～７年未満）	94	53	31	4	4	2
子どもなし	33	24	8	1	–	–
子ども１人	53	26	21	2	2	2
子ども２人以上	8	3	2	1	2	–
３～５年未満（７～９年未満）	165	48	66	9	39	3
子どもなし	28	16	11	1	–	–
子ども１人	70	29	28	3	10	–
子ども２人以上	67	3	27	5	29	3
５～10年未満（９～14年未満）	145	23	52	3	65	2
子どもなし	6	2	1	1	1	1
子ども１人	43	13	22	–	7	1
子ども２人以上	96	8	29	2	57	–
10年以上（14年以上）	15	1	5	–	9	–
子どもなし	4	1	2	–	1	–
子ども１人	1	–	–	–	1	–
子ども２人以上	10	–	3	–	7	–
不詳	41	15	11	3	10	2
子どもなし	5	1	3	–	1	–
子ども１人	20	11	6	1	1	1
子ども２人以上	16	3	2	2	8	1
出生あり	277	128	107	8	29	5
子どもなし	71	49	19	2	–	1
子ども１人	142	69	57	3	10	3
子ども２人以上	64	10	31	3	19	1
１年未満（５年未満）	22	14	7	–	1	–
子どもなし	16	13	3	–	–	–
子ども１人	5	1	4	–	–	–
子ども２人以上	1	–	–	–	1	–
１～３年未満（５～７年未満）	73	46	21	2	2	2
子どもなし	27	21	5	1	–	–
子ども１人	43	23	15	1	2	2
子ども２人以上	3	2	1	–	–	–
３～５年未満（７～９年未満）	97	40	40	5	11	1
子どもなし	20	13	6	1	–	–
子ども１人	54	25	22	2	5	–
子ども２人以上	23	2	12	2	6	1
５～10年未満（９～14年未満）	62	18	28	–	15	1
子どもなし	3	1	1	–	–	1
子ども１人	27	12	12	–	3	–
子ども２人以上	32	5	15	–	12	–
10年以上（14年以上）	4	–	4	–	–	–
子どもなし	2	–	2	–	–	–
子ども１人	–	–	–	–	–	–
子ども２人以上	2	–	2	–	–	–
不詳	19	10	7	1	–	1
子どもなし	3	1	2	–	–	–
子ども１人	13	8	4	–	–	1
子ども２人以上	3	1	1	1	–	–

注：１）集計対象は、第１回から第５回まで双方が回答した同居夫婦である。
２）同居開始後経過期間は、第１回時点である。（　）内は第５回時点である。
３）「今後子どもは欲しくない」とは、「今後、何人の子どもをもちたいと考えていますか。」という質問に「０人」と回答した者である。

第１回子ども数、第１回の妻の子どもをもつ意欲別

第５回調査（平成28年）

この４年間の出生の状況 同居開始後経過期間 第１回子ども数	第１回の妻の子どもをもつ意欲					
	総数	絶対にもちたい	できればもちたい	もてなくてもかまわない	今後子どもは欲しくない	不詳
出生なし	209	27	67	11	100	4
子どもなし	24	9	11	1	3	–
子ども１人	50	11	24	3	11	1
子ども２人以上	135	7	32	7	86	3
１年未満（５年未満）	4	1	2	–	1	–
子どもなし	3	1	2	–	–	–
子ども１人	–	–	–	–	–	–
子ども２人以上	1	–	–	–	1	–
１～３年未満（５～７年未満）	21	7	10	2	2	–
子どもなし	6	3	3	–	–	–
子ども１人	10	3	6	1	–	–
子ども２人以上	5	1	1	1	2	–
３～５年未満（７～９年未満）	68	8	26	4	28	2
子どもなし	8	3	5	–	–	–
子ども１人	16	4	6	1	5	–
子ども２人以上	44	1	15	3	23	2
５～10年未満（９～14年未満）	83	5	24	3	50	1
子どもなし	3	1	–	1	1	–
子ども１人	16	1	10	–	4	1
子ども２人以上	64	3	14	2	45	–
10年以上（14年以上）	11	1	1	–	9	–
子どもなし	2	1	–	–	1	–
子ども１人	1	–	–	–	1	–
子ども２人以上	8	–	1	–	7	–
不詳	22	5	4	2	10	1
子どもなし	2	–	1	–	1	–
子ども１人	7	3	2	1	1	–
子ども２人以上	13	2	1	1	8	1

第62表　第１回独身女性数、第５回の配偶者の有無、年齢階級、

総　数

年齢階級、第１回から第５回間の就業継続の有無（再掲）正規・非正規	第５回の出産後の就業継続意欲					
	総数	出産した後も続ける	出産を機にやめる	続けるかどうか考えていない	今後の出産は考えていない	不詳
総数	3 289	1 322	489	1 134	217	127
同一就業継続	1 115	483	162	362	68	40
（再掲）正規	911	437	124	275	41	34
（再掲）非正規	183	38	37	77	25	6
転職	1 347	515	211	485	88	48
（再掲）正規→非正規	187	53	53	72	7	2
（再掲）非正規→正規	485	204	68	172	20	21
新規就業	433	157	60	163	34	19
（再掲）正規	258	117	34	87	10	10
（再掲）非正規	144	28	22	66	21	7
不詳	394	167	56	124	27	20
24～25歳	695	254	111	261	42	27
同一就業継続	90	31	12	33	7	7
（再掲）正規	67	26	9	22	4	6
（再掲）非正規	22	5	3	10	3	1
転職	340	129	60	126	16	9
（再掲）正規→非正規	20	2	5	13	−	−
（再掲）非正規→正規	208	95	34	66	5	8
新規就業	191	71	28	71	15	6
（再掲）正規	135	57	21	48	5	4
（再掲）非正規	41	8	5	19	9	−
不詳	74	23	11	31	4	5
26～30歳	1 721	707	269	577	106	62
同一就業継続	608	273	97	189	30	19
（再掲）正規	516	250	79	153	17	17
（再掲）非正規	82	20	17	31	12	2
転職	718	276	110	257	48	27
（再掲）正規→非正規	115	33	33	42	6	1
（再掲）非正規→正規	214	86	28	81	10	9
新規就業	186	69	28	69	12	8
（再掲）正規	104	51	11	32	5	5
（再掲）非正規	69	13	15	32	6	3
不詳	209	89	34	62	16	8
31～33歳	873	361	109	296	69	38
同一就業継続	417	179	53	140	31	14
（再掲）正規	328	161	36	100	20	11
（再掲）非正規	79	13	17	36	10	3
転職	289	110	41	102	24	12
（再掲）正規→非正規	52	18	15	17	1	1
（再掲）非正規→正規	63	23	6	25	5	4
新規就業	56	17	4	23	7	5
（再掲）正規	19	9	2	7	−	1
（再掲）非正規	34	7	2	15	6	4
不詳	111	55	11	31	7	7

注：１）集計対象は、第１回独身で第５回まで回答しており、かつ、第５回に仕事ありの女性のうち、第１回の子どもをもつ意欲が、「絶対もちたい」「できればもちたい」「もてなくてもかまわない」のいずれかの者である。
２）年齢は、第５回の年齢である。
３）総数には、正規・非正規以外の就業形態等を含む。

第１回から第５回間の就業継続の有無・（再掲）正規・非正規、第５回の出産後の就業継続意欲別（２－１）

配偶者あり　　　　　　　　　　　　　　　　**第５回調査（平成28年）**

年齢階級、第１回から第５回間の就業継続の有無（再掲）正規・非正規	第５回の出産後の就業継続意欲					
	総数	出産した後も続ける	出産を機にやめる	続けるかどうか考えていない	今後の出産は考えていない	不詳
総数	811	533	108	124	15	31
同一就業継続	319	236	23	44	4	12
（再掲）正規	285	218	18	35	2	12
（再掲）非正規	29	15	5	8	1	−
転職	340	196	66	57	9	12
（再掲）正規→非正規	99	38	37	20	3	1
（再掲）非正規→正規	59	43	5	7	−	4
新規就業	51	28	9	9	2	3
（再掲）正規	28	19	4	3	1	1
（再掲）非正規	19	8	3	6	1	1
不詳	101	73	10	14	−	4
24～25歳	75	52	10	11	1	1
同一就業継続	17	15	−	2	−	−
（再掲）正規	14	13	−	1	−	−
（再掲）非正規	3	2	−	1	−	−
転職	36	23	5	7	1	−
（再掲）正規→非正規	5	−	1	4	−	−
（再掲）非正規→正規	14	12	1	1	−	−
新規就業	15	8	4	2	−	1
（再掲）正規	9	6	2	1	−	−
（再掲）非正規	5	2	2	1	−	−
不詳	7	6	1	−	−	−
26～30歳	469	300	70	69	11	19
同一就業継続	180	127	18	24	3	8
（再掲）正規	166	120	15	22	1	8
（再掲）非正規	10	5	3	1	1	−
転職	210	123	43	30	6	8
（再掲）正規→非正規	61	25	23	9	3	1
（再掲）非正規→正規	32	24	3	3	−	2
新規就業	22	12	3	4	2	1
（再掲）正規	11	7	1	1	1	1
（再掲）非正規	8	4	−	3	1	−
不詳	57	38	6	11	−	2
31歳～33歳	267	181	28	44	3	11
同一就業継続	122	94	5	18	1	4
（再掲）正規	105	85	3	12	1	4
（再掲）非正規	16	8	2	6	−	−
転職	94	50	18	20	2	4
（再掲）正規→非正規	33	13	13	7	−	−
（再掲）非正規→正規	13	7	1	3	−	2
新規就業	14	8	2	3	−	1
（再掲）正規	8	6	1	1	−	−
（再掲）非正規	6	2	1	2	−	1
不詳	37	29	3	3	−	2

第62表　第１回独身女性数、第５回の配偶者の有無、年齢階級、第１回から第５回間の就業継続の有無・（再掲）正規・非正規、第５回の出産後の就業継続意欲別（２－２）

配偶者なし　　　　**第５回調査（平成28年）**

年齢階級、第１回から第５回間の就業継続の有無（再掲）正規・非正規	第５回の出産後の就業継続意欲					
	総数	出産した後も続ける	出産を機にやめる	続けるかどうか考えていない	今後の出産は考えていない	不詳
総数	2 478	789	381	1 010	202	96
同一就業継続	796	247	139	318	64	28
（再掲）正規	626	219	106	240	39	22
（再掲）非正規	154	23	32	69	24	6
転職	1 007	319	145	428	79	36
（再掲）正規→非正規	88	15	16	52	4	1
（再掲）非正規→正規	426	161	63	165	20	17
新規就業	382	129	51	154	32	16
（再掲）正規	230	98	30	84	9	9
（再掲）非正規	125	20	19	60	20	6
不詳	293	94	46	110	27	16
24～25歳	620	202	101	250	41	26
同一就業継続	73	16	12	31	7	7
（再掲）正規	53	13	9	21	4	6
（再掲）非正規	19	3	3	9	3	1
転職	304	106	55	119	15	9
（再掲）正規→非正規	15	2	4	9	－	－
（再掲）非正規→正規	194	83	33	65	5	8
新規就業	176	63	24	69	15	5
（再掲）正規	126	51	19	47	5	4
（再掲）非正規	36	6	3	18	9	－
不詳	67	17	10	31	4	5
26～30歳	1 252	407	199	508	95	43
同一就業継続	428	146	79	165	27	11
（再掲）正規	350	130	64	131	16	9
（再掲）非正規	72	15	14	30	11	2
転職	508	153	67	227	42	19
（再掲）正規→非正規	54	8	10	33	3	－
（再掲）非正規→正規	182	62	25	78	10	7
新規就業	164	57	25	65	10	7
（再掲）正規	93	44	10	31	4	4
（再掲）非正規	61	9	15	29	5	3
不詳	152	51	28	51	16	6
31歳～33歳	606	180	81	252	66	27
同一就業継続	295	85	48	122	30	10
（再掲）正規	223	76	33	88	19	7
（再掲）非正規	63	5	15	30	10	3
転職	195	60	23	82	22	8
（再掲）正規→非正規	19	5	2	10	1	1
（再掲）非正規→正規	50	16	5	22	5	2
新規就業	42	9	2	20	7	4
（再掲）正規	11	3	1	6	－	1
（再掲）非正規	28	5	1	13	6	3
不詳	74	26	8	28	7	5

注：１）集計対象は、第１回独身で第５回まで回答しており、かつ、第５回に仕事ありの女性のうち、第１回の子どもをもつ意欲が、「絶対もちたい」「できればもちたい」「もてなくてもかまわない」のいずれかの者である。
２）年齢は、第５回の年齢である。
３）総数には、正規・非正規以外の就業形態等を含む。

第63表　夫婦数、妻の年齢階級、子ども数、第１回から第５回間の

総　数

子ども数、第１回から第５回間の就業継続の有無（再掲）正規・非正規	第５回の出産後の就業継続意欲					
	総数	出産した後も続ける	出産を機にやめる	続けるかどうか考えていない	今後の出産は考えていない	不詳
総数	78	33	8	14	19	4
同一就業継続	32	17	4	6	3	2
（再掲）正規	16	10	－	2	2	2
（再掲）非正規	16	7	4	4	1	－
転職	21	8	－	4	7	2
（再掲）正規→非正規	2	2	－	－	－	－
（再掲）非正規→正規	2	－	－	1	1	－
新規就業	20	5	3	4	8	－
（再掲）正規	1	1	－	－	－	－
（再掲）非正規	17	3	3	4	7	－
不詳	5	3	1	－	1	－
子どもなし	17	9	－	4	2	2
同一就業継続	7	4	－	1	1	1
（再掲）正規	5	3	－	－	1	1
（再掲）非正規	2	1	－	1	－	－
転職	8	3	－	3	1	1
（再掲）正規→非正規	－	－	－	－	－	－
（再掲）非正規→正規	－	－	－	－	－	－
新規就業	－	－	－	－	－	－
（再掲）正規	－	－	－	－	－	－
（再掲）非正規	－	－	－	－	－	－
不詳	2	2	－	－	－	－
子ども１人	24	9	4	5	5	1
同一就業継続	10	6	1	3	－	－
（再掲）正規	4	3	－	1	－	－
（再掲）非正規	6	3	1	2	－	－
転職	5	1	－	－	3	1
（再掲）正規→非正規	1	1	－	－	－	－
（再掲）非正規→正規	－	－	－	－	－	－
新規就業	7	1	2	2	2	－
（再掲）正規	－	－	－	－	－	－
（再掲）非正規	7	1	2	2	2	－
不詳	2	1	1	－	－	－
子ども２人以上	37	15	4	5	12	1
同一就業継続	15	7	3	2	2	1
（再掲）正規	7	4	－	1	1	1
（再掲）非正規	8	3	3	1	1	－
転職	8	4	－	1	3	－
（再掲）正規→非正規	1	1	－	－	－	－
（再掲）非正規→正規	2	－	－	1	1	－
新規就業	13	4	1	2	6	－
（再掲）正規	1	1	－	－	－	－
（再掲）非正規	10	2	1	2	5	－
不詳	1	－	－	－	1	－

注：１）集計対象は、第１回から第５回まで双方が回答しており、第５回で妻に仕事ありで、かつ、妻が「女性票」の第１回から第５回に出生なしの夫婦のうち、妻の第１回の子どもをもつ意欲が、「絶対もちたい」「できればもちたい」「もてなくてもかまわない」のいずれかの者である。
２）年齢は、第５回の年齢である。
３）「子どもなし」「子ども１人」「子ども２人以上」は、第５回の状況である。
４）総数には、正規・非正規以外の就業形態等を含む。

就業継続の有無・（再掲）正規・非正規、第５回の出産後の就業継続意欲別（２－１）

24～25歳　　第５回調査（平成28年）

子ども数、第１回から第５回間の就業継続の有無（再掲）正規・非正規	第５回の出産後の就業継続意欲					
	総数	出産した後も続ける	出産を機にやめる	続けるかどうか考えていない	今後の出産は考えていない	不詳
総数	－	－	－	－	－	－
同一就業継続	－	－	－	－	－	－
（再掲）正規	－	－	－	－	－	－
（再掲）非正規	－	－	－	－	－	－
転職	－	－	－	－	－	－
（再掲）正規→非正規	－	－	－	－	－	－
（再掲）非正規→正規	－	－	－	－	－	－
新規就業	－	－	－	－	－	－
（再掲）正規	－	－	－	－	－	－
（再掲）非正規	－	－	－	－	－	－
不詳	－	－	－	－	－	－
子どもなし	－	－	－	－	－	－
同一就業継続	－	－	－	－	－	－
（再掲）正規	－	－	－	－	－	－
（再掲）非正規	－	－	－	－	－	－
転職	－	－	－	－	－	－
（再掲）正規→非正規	－	－	－	－	－	－
（再掲）非正規→正規	－	－	－	－	－	－
新規就業	－	－	－	－	－	－
（再掲）正規	－	－	－	－	－	－
（再掲）非正規	－	－	－	－	－	－
不詳	－	－	－	－	－	－
子ども１人	－	－	－	－	－	－
同一就業継続	－	－	－	－	－	－
（再掲）正規	－	－	－	－	－	－
（再掲）非正規	－	－	－	－	－	－
転職	－	－	－	－	－	－
（再掲）正規→非正規	－	－	－	－	－	－
（再掲）非正規→正規	－	－	－	－	－	－
新規就業	－	－	－	－	－	－
（再掲）正規	－	－	－	－	－	－
（再掲）非正規	－	－	－	－	－	－
不詳	－	－	－	－	－	－
子ども２人以上	－	－	－	－	－	－
同一就業継続	－	－	－	－	－	－
（再掲）正規	－	－	－	－	－	－
（再掲）非正規	－	－	－	－	－	－
転職	－	－	－	－	－	－
（再掲）正規→非正規	－	－	－	－	－	－
（再掲）非正規→正規	－	－	－	－	－	－
新規就業	－	－	－	－	－	－
（再掲）正規	－	－	－	－	－	－
（再掲）非正規	－	－	－	－	－	－
不詳	－	－	－	－	－	－

第63表　夫婦数、妻の年齢階級、子ども数、第１回から第５回間の

26～30歳

子ども数、第１回から第５回間の就業継続の有無（再掲）正規・非正規	総数	第５回の出産後の就業継続意欲				
		出産した後も続ける	出産を機にやめる	続けるかどうか考えていない	今後の出産は考えていない	不詳
総数	21	9	1	6	4	1
同一就業継続	11	6	−	3	1	1
（再掲）正規	5	3	−	1	−	1
（再掲）非正規	6	3	−	2	1	−
転職	2	2	−	−	−	−
（再掲）正規→非正規	1	1	−	−	−	−
（再掲）非正規→正規	−	−	−	−	−	−
新規就業	7	1	−	3	3	−
（再掲）正規	−	−	−	−	−	−
（再掲）非正規	5	−	−	3	2	−
不詳	1	−	1	−	−	−
子どもなし	1	−	−	−	−	1
同一就業継続	1	−	−	−	−	1
（再掲）正規	1	−	−	−	−	1
（再掲）非正規	−	−	−	−	−	−
転職	−	−	−	−	−	−
（再掲）正規→非正規	−	−	−	−	−	−
（再掲）非正規→正規	−	−	−	−	−	−
新規就業	−	−	−	−	−	−
（再掲）正規	−	−	−	−	−	−
（再掲）非正規	−	−	−	−	−	−
不詳	−	−	−	−	−	−
子ども１人	9	5	1	3	−	−
同一就業継続	6	4	−	2	−	−
（再掲）正規	2	2	−	−	−	−
（再掲）非正規	4	2	−	2	−	−
転職	1	1	−	−	−	−
（再掲）正規→非正規	1	1	−	−	−	−
（再掲）非正規→正規	−	−	−	−	−	−
新規就業	1	−	−	1	−	−
（再掲）正規	−	−	−	−	−	−
（再掲）非正規	1	−	−	1	−	−
不詳	1	−	1	−	−	−
子ども２人以上	11	4	−	3	4	−
同一就業継続	4	2	−	1	1	−
（再掲）正規	2	1	−	1	−	−
（再掲）非正規	2	1	−	−	1	−
転職	1	1	−	−	−	−
（再掲）正規→非正規	−	−	−	−	−	−
（再掲）非正規→正規	−	−	−	−	−	−
新規就業	6	1	−	2	3	−
（再掲）正規	−	−	−	−	−	−
（再掲）非正規	4	−	−	2	2	−
不詳	−	−	−	−	−	−

注：１）集計対象は、第１回から第５回まで双方が回答しており、第５回で妻に仕事ありで、かつ、妻が「女性票」の第１回から第５回に出生なしの夫婦のうち、妻の第１回の子どもをもつ意欲が、「絶対もちたい」「できればもちたい」「もてなくてもかまわない」のいずれかの者である。
２）年齢は、第５回の年齢である。
３）「子どもなし」「子ども１人」「子ども２人以上」は、第５回の状況である。
４）総数には、正規・非正規以外の就業形態等を含む。

就業継続の有無・（再掲）正規・非正規、第５回の出産後の就業継続意欲別（２－２）

31歳～33歳 **第５回調査（平成28年）**

子ども数、第１回から第５回間の就業継続の有無（再掲）正規・非正規	第５回の出産後の就業継続意欲					
	総数	出産した後も続ける	出産を機にやめる	続けるかどうか考えていない	今後の出産は考えていない	不詳
総数	57	24	7	8	15	3
同一就業継続	21	11	4	3	2	1
（再掲）正規	11	7	−	1	2	1
（再掲）非正規	10	4	4	2	−	−
転職	19	6	−	4	7	2
（再掲）正規→非正規	1	1	−	−	−	−
（再掲）非正規→正規	2	−	−	1	1	−
新規就業	13	4	3	1	5	−
（再掲）正規	1	1	−	−	−	−
（再掲）非正規	12	3	3	1	5	−
不詳	4	3	−	−	1	−
子どもなし	16	9	−	4	2	1
同一就業継続	6	4	−	1	1	−
（再掲）正規	4	3	−	−	1	−
（再掲）非正規	2	1	−	1	−	−
転職	8	3	−	3	1	1
（再掲）正規→非正規	−	−	−	−	−	−
（再掲）非正規→正規	−	−	−	−	−	−
新規就業	−	−	−	−	−	−
（再掲）正規	−	−	−	−	−	−
（再掲）非正規	−	−	−	−	−	−
不詳	2	2	−	−	−	−
子ども１人	15	4	3	2	5	1
同一就業継続	4	2	1	1	−	−
（再掲）正規	2	1	−	1	−	−
（再掲）非正規	2	1	1	−	−	−
転職	4	−	−	−	3	1
（再掲）正規→非正規	−	−	−	−	−	−
（再掲）非正規→正規	−	−	−	−	−	−
新規就業	6	1	2	1	2	−
（再掲）正規	−	−	−	−	−	−
（再掲）非正規	6	1	2	1	2	−
不詳	1	1	−	−	−	−
子ども２人以上	26	11	4	2	8	1
同一就業継続	11	5	3	1	1	1
（再掲）正規	5	3	−	−	1	1
（再掲）非正規	6	2	3	1	−	−
転職	7	3	−	1	3	−
（再掲）正規→非正規	1	1	−	−	−	−
（再掲）非正規→正規	2	−	−	1	1	−
新規就業	7	3	1	−	3	−
（再掲）正規	1	1	−	−	−	−
（再掲）非正規	6	2	1	−	3	−
不詳	1	−	−	−	1	−

第64表　第１回独身者数、性、年齢階級、第３回の職業観（複数回答）、

総　数

性 第３回の職業観（複数回答）	総数	結婚していない	結婚した					
			総数	出生なし	出生あり			
					総数	第１子出生あり	第２子出生あり	第３子以降出生あり
男	3 472	2 859	613	396	217	183	31	3
生計を維持するため	2 566	2 036	530	333	197	164	30	3
家計に余裕をもつため	908	699	209	127	82	70	10	2
経済的に自立するため	1 658	1 390	268	190	78	69	8	1
社会人の責任・義務	1 299	1 050	249	164	85	69	14	2
社会に貢献するため	656	513	143	99	44	35	8	1
社会に認められるため	407	328	79	57	22	17	5	−
人間的な成長のため	998	798	200	134	66	57	8	1
働くことが生きがい	313	253	60	42	18	18	−	−
能力や専攻・資格を生かすため	540	432	108	75	33	31	2	−
趣味・娯楽等の費用を得るため	1 422	1 209	213	152	61	52	8	1
特別な意義はない	193	176	17	12	5	5	−	−
わからない	45	43	2	1	1	1	−	−
その他	39	32	7	5	2	2	−	−
不詳	30	26	4	4	−	−	−	−
女	4 398	3 164	1 234	760	474	400	71	3
生計を維持するため	3 277	2 307	970	602	368	307	58	3
家計に余裕をもつため	1 475	833	642	314	328	268	58	2
経済的に自立するため	2 231	1 734	497	353	144	120	24	−
社会人の責任・義務	1 704	1 317	387	261	126	115	11	−
社会に貢献するため	776	562	214	131	83	73	10	−
社会に認められるため	538	402	136	86	50	43	7	−
人間的な成長のため	1 651	1 205	446	298	148	127	21	−
働くことが生きがい	458	321	137	84	53	45	8	−
能力や専攻・資格を生かすため	1 004	707	297	185	112	88	24	−
趣味・娯楽等の費用を得るため	1 972	1 499	473	309	164	139	23	2
特別な意義はない	126	97	29	17	12	11	1	−
わからない	28	27	1	−	1	1	−	−
その他	60	38	22	9	13	13	−	−
不詳	35	33	2	2	−	−	−	−

注：１）集計対象は、第１回に独身で第５回まで回答した者である。
ただし、「結婚した」には、調査と調査の間に結婚し、かつ離婚した者を、「出生あり」には、第１回から第２回の間の出生を除く。
２）年齢は、第５回の年齢である。
３）４年間で２人以上出生ありの場合は、末子について計上している。

この４年間の結婚・出生の状況別（２－１）

24～25歳 **第５回調査（平成28年）**

性 第３回の職業観（複数回答）	総数	結婚していない	結婚した					
			総数	出生なし	出生あり			
					総数	第１子出生あり	第２子出生あり	第３子以降出生あり
男	701	647	54	39	15	13	2	−
生計を維持するため	481	437	44	31	13	11	2	−
家計に余裕をもつため	187	170	17	7	10	9	1	−
経済的に自立するため	358	331	27	18	9	8	1	−
社会人の責任・義務	266	242	24	18	6	6	−	−
社会に貢献するため	126	116	10	9	1	1	−	−
社会に認められるため	85	77	8	5	3	3	−	−
人間的な成長のため	228	205	23	16	7	7	−	−
働くことが生きがい	67	62	5	4	1	1	−	−
能力や専攻・資格を生かすため	129	120	9	8	1	1	−	−
趣味・娯楽等の費用を得るため	293	276	17	13	4	4	−	−
特別な意義はない	32	32	−	−	−	−	−	−
わからない	11	11	−	−	−	−	−	−
その他	3	2	1	1	−	−	−	−
不詳	5	4	1	1	−	−	−	−
女	893	783	110	78	32	23	9	−
生計を維持するため	625	546	79	59	20	14	6	−
家計に余裕をもつため	274	224	50	27	23	16	7	−
経済的に自立するため	522	468	54	42	12	9	3	−
社会人の責任・義務	367	326	41	32	9	8	1	−
社会に貢献するため	163	145	18	13	5	3	2	−
社会に認められるため	110	99	11	8	3	2	1	−
人間的な成長のため	365	321	44	33	11	9	2	−
働くことが生きがい	108	96	12	10	2	−	2	−
能力や専攻・資格を生かすため	224	196	28	20	8	5	3	−
趣味・娯楽等の費用を得るため	419	373	46	35	11	9	2	−
特別な意義はない	27	24	3	1	2	2	−	−
わからない	4	4	−	−	−	−	−	−
その他	12	10	2	2	−	−	−	−
不詳	7	7	−	−	−	−	−	−

第64表　第１回独身者数、性、年齢階級、第３回の職業観（複数回答）、

26～30歳

性 第３回の職業観（複数回答）	総数	結婚していない	結婚した					
			総数	出生なし	出生あり			
					総数	第１子出生あり	第２子出生あり	第３子以降出生あり
男	1 761	1 446	315	210	105	89	14	2
生計を維持するため	1 294	1 020	274	177	97	81	14	2
家計に余裕をもつため	453	340	113	77	36	31	4	1
経済的に自立するため	854	716	138	103	35	34	1	-
社会人の責任・義務	689	560	129	90	39	32	6	1
社会に貢献するため	362	292	70	53	17	15	2	-
社会に認められるため	217	178	39	31	8	7	1	-
人間的な成長のため	516	419	97	70	27	24	3	-
働くことが生きがい	148	119	29	21	8	8	-	-
能力や専攻・資格を生かすため	282	220	62	46	16	16	-	-
趣味・娯楽等の費用を得るため	721	593	128	94	34	29	4	1
特別な意義はない	97	88	9	7	2	2	-	-
わからない	22	21	1	1	-	-	-	-
その他	23	19	4	2	2	2	-	-
不詳	15	13	2	2	-	-	-	-
女	2 299	1 575	724	449	275	239	34	2
生計を維持するため	1 715	1 138	577	359	218	187	29	2
家計に余裕をもつため	798	429	369	186	183	150	31	2
経済的に自立するため	1 175	885	290	210	80	66	14	-
社会人の責任・義務	913	686	227	155	72	68	4	-
社会に貢献するため	418	299	119	75	44	40	4	-
社会に認められるため	300	216	84	54	30	27	3	-
人間的な成長のため	862	607	255	178	77	65	12	-
働くことが生きがい	230	157	73	45	28	25	3	-
能力や専攻・資格を生かすため	534	351	183	115	68	55	13	-
趣味・娯楽等の費用を得るため	1 083	783	300	197	103	88	13	2
特別な意義はない	62	43	19	9	10	9	1	-
わからない	20	19	1	-	1	1	-	-
その他	31	19	12	4	8	8	-	-
不詳	16	15	1	1	-	-	-	-

注：１）集計対象は、第１回に独身で第５回まで回答した者である。
　　　ただし、「結婚した」には、調査と調査の間に結婚し、かつ離婚した者を、「出生あり」には、第１回から第２回の間の出生を除く。
　　２）年齢は、第５回の年齢である。
　　３）４年間で２人以上出生ありの場合は、末子について計上している。

この４年間の結婚・出生の状況別（２－２）

31～33歳 **第５回調査（平成28年）**

性 第３回の職業観（複数回答）	総数	結婚していない	結婚した					
			総数	出生なし	出生あり			
					総数	第１子出生あり	第２子出生あり	第３子以降出生あり
男	1 010	766	244	147	97	81	15	1
生計を維持するため	791	579	212	125	87	72	14	1
家計に余裕をもつため	268	189	79	43	36	30	5	1
経済的に自立するため	446	343	103	69	34	27	6	1
社会人の責任・義務	344	248	96	56	40	31	8	1
社会に貢献するため	168	105	63	37	26	19	6	1
社会に認められるため	105	73	32	21	11	7	4	－
人間的な成長のため	254	174	80	48	32	26	5	1
働くことが生きがい	98	72	26	17	9	9	－	－
能力や専攻・資格を生かすため	129	92	37	21	16	14	2	－
趣味・娯楽等の費用を得るため	408	340	68	45	23	19	4	－
特別な意義はない	64	56	8	5	3	3	－	－
わからない	12	11	1	－	1	1	－	－
その他	13	11	2	2	－	－	－	－
不詳	10	9	1	1	－	－	－	－
女	1 206	806	400	233	167	138	28	1
生計を維持するため	937	623	314	184	130	106	23	1
家計に余裕をもつため	403	180	223	101	122	102	20	－
経済的に自立するため	534	381	153	101	52	45	7	－
社会人の責任・義務	424	305	119	74	45	39	6	－
社会に貢献するため	195	118	77	43	34	30	4	－
社会に認められるため	128	87	41	24	17	14	3	－
人間的な成長のため	424	277	147	87	60	53	7	－
働くことが生きがい	120	68	52	29	23	20	3	－
能力や専攻・資格を生かすため	246	160	86	50	36	28	8	－
趣味・娯楽等の費用を得るため	470	343	127	77	50	42	8	－
特別な意義はない	37	30	7	7	－	－	－	－
わからない	4	4	－	－	－	－	－	－
その他	17	9	8	3	5	5	－	－
不詳	12	11	1	1	－	－	－	－

第65表　第１回独身者数、性、年齢階級、第５回の子ども観（複数回答）、

総　数

性 第５回の子ども観（複数回答）	総　数	結婚していない	結婚した					
			総　数	出生なし	出生あり			
					総　数	第１子出生あり	第２子出生あり	第３子以降出生あり
男	3 472	2 859	613	396	217	183	31	3
家族の結びつきが深まる	1 868	1 403	465	293	172	142	27	3
子どもとのふれあいが楽しい	1 778	1 268	510	303	207	175	30	2
仕事に張り合いが生まれる	1 349	1 007	342	225	117	96	19	2
子育てを通じて自分の友人が増える	336	244	92	62	30	27	3	−
子育てを通じて人間的に成長できる	1 491	1 096	395	243	152	128	23	1
老後の生活の面倒をみてもらえる	334	259	75	51	24	21	3	−
子育てによる心身の疲れが大きい	614	496	118	71	47	36	10	1
子育て・教育で出費がかさむ	1 337	1 052	285	186	99	82	16	1
自分の自由な時間がもてなくなる	1 250	977	273	154	119	100	17	2
仕事が十分にできなくなる	222	176	46	26	20	17	3	−
子育てが大変なことを身近な人が理解してくれない	64	50	14	8	6	6	−	−
社会から取り残されたような気になる	48	43	5	5	−	−	−	−
子どもにどのように接すればよいのかわからない	339	304	35	30	5	5	−	−
子どもの非行が心配	451	359	92	61	31	26	4	1
子どもの教育・進学が心配	897	698	199	120	79	70	8	1
子どもの就職・仕事が心配	627	499	128	80	48	44	4	−
その他	55	51	4	2	2	2	−	−
感じていることは特にない	359	349	10	9	1	1	−	−
不詳	195	185	10	10	−	−	−	−
女	4 398	3 164	1 234	760	474	400	71	3
家族の結びつきが深まる	2 802	1 856	946	578	368	312	54	2
子どもとのふれあいが楽しい	2 793	1 826	967	537	430	369	59	2
仕事に張り合いが生まれる	798	570	228	144	84	71	12	1
子育てを通じて自分の友人が増える	771	508	263	139	124	104	19	1
子育てを通じて人間的に成長できる	2 764	1 884	880	531	349	295	53	1
老後の生活の面倒をみてもらえる	661	514	147	105	42	32	9	1
子育てによる心身の疲れが大きい	1 460	1 051	409	258	151	121	30	−
子育て・教育で出費がかさむ	2 253	1 579	674	445	229	182	44	3
自分の自由な時間がもてなくなる	2 364	1 666	698	404	294	245	48	1
仕事が十分にできなくなる	1 068	756	312	198	114	93	20	1
子育てが大変なことを身近な人が理解してくれない	151	104	47	27	20	17	3	−
社会から取り残されたような気になる	217	118	99	39	60	49	11	−
子どもにどのように接すればよいのかわからない	537	445	92	78	14	7	7	−
子どもの非行が心配	788	584	204	145	59	47	12	−
子どもの教育・進学が心配	1 377	990	387	251	136	114	21	1
子どもの就職・仕事が心配	843	624	219	152	67	58	9	−
その他	109	73	36	23	13	11	2	−
感じていることは特にない	198	184	14	11	3	3	−	−
不詳	142	125	17	13	4	3	1	−

注：１）集計対象は、第１回に独身で第５回まで回答した者である。
ただし、「結婚した」には、調査と調査の間に結婚し、かつ離婚した者を、「出生あり」には、第１回から第２回の間の出生を除く。
２）年齢は、第５回の年齢である。
３）４年間で２人以上出生ありの場合は、末子について計上している。

この４年間の結婚・出生の状況別（２－１）

24～25歳 **第５回調査（平成28年）**

性 第５回の子ども観（複数回答）	総数	結婚していない	結婚した 総数	結婚した 出生なし	結婚した 出生あり 総数	結婚した 出生あり 第１子出生あり	結婚した 出生あり 第２子出生あり	結婚した 出生あり 第３子以降出生あり
男	701	647	54	39	15	13	2	－
家族の結びつきが深まる	375	335	40	26	14	12	2	－
子どもとのふれあいが楽しい	350	305	45	30	15	13	2	－
仕事に張り合いが生まれる	284	257	27	20	7	6	1	－
子育てを通じて自分の友人が増える	65	55	10	6	4	4	－	－
子育てを通じて人間的に成長できる	297	271	26	17	9	7	2	－
老後の生活の面倒をみてもらえる	59	54	5	3	2	2	－	－
子育てによる心身の疲れが大きい	106	96	10	8	2	1	1	－
子育て・教育で出費がかさむ	257	235	22	16	6	6	－	－
自分の自由な時間がもてなくなる	221	200	21	15	6	5	1	－
仕事が十分にできなくなる	34	30	4	3	1	1	－	－
子育てが大変なことを身近な人が理解してくれない	13	12	1	1	－	－	－	－
社会から取り残されたような気になる	8	8	－	－	－	－	－	－
子どもにどのように接すればよいのかわからない	60	58	2	2	－	－	－	－
子どもの非行が心配	61	55	6	4	2	2	－	－
子どもの教育・進学が心配	157	137	20	14	6	6	－	－
子どもの就職・仕事が心配	103	90	13	9	4	4	－	－
その他	9	8	1	1	－	－	－	－
感じていることは特にない	67	66	1	1	－	－	－	－
不詳	55	53	2	2	－	－	－	－
女	893	783	110	78	32	23	9	－
家族の結びつきが深まる	575	486	89	66	23	16	7	－
子どもとのふれあいが楽しい	570	483	87	58	29	21	8	－
仕事に張り合いが生まれる	155	137	18	14	4	－	4	－
子育てを通じて自分の友人が増える	151	127	24	17	7	5	2	－
子育てを通じて人間的に成長できる	567	484	83	60	23	17	6	－
老後の生活の面倒をみてもらえる	126	114	12	10	2	2	－	－
子育てによる心身の疲れが大きい	298	265	33	24	9	7	2	－
子育て・教育で出費がかさむ	437	380	57	42	15	11	4	－
自分の自由な時間がもてなくなる	476	419	57	38	19	14	5	－
仕事が十分にできなくなる	218	186	32	26	6	4	2	－
子育てが大変なことを身近な人が理解してくれない	24	21	3	3	－	－	－	－
社会から取り残されたような気になる	34	28	6	3	3	3	－	－
子どもにどのように接すればよいのかわからない	109	103	6	6	－	－	－	－
子どもの非行が心配	155	140	15	12	3	2	1	－
子どもの教育・進学が心配	282	251	31	25	6	3	3	－
子どもの就職・仕事が心配	164	145	19	15	4	3	1	－
その他	16	16	－	－	－	－	－	－
感じていることは特にない	39	38	1	－	1	1	－	－
不詳	25	22	3	2	1	1	－	－

第65表　第１回独身者数、性、年齢階級、第５回の子ども観（複数回答）、

26～30歳

性 第５回の子ども観（複数回答）	総数	結婚していない	結婚した					
			総数	出生なし	出生あり			
					総数	第１子出生あり	第２子出生あり	第３子以降出生あり
男	1 761	1 446	315	210	105	89	14	2
家族の結びつきが深まる	932	700	232	154	78	66	10	2
子どもとのふれあいが楽しい	904	652	252	154	98	84	13	1
仕事に張り合いが生まれる	662	494	168	115	53	44	8	1
子育てを通じて自分の友人が増える	173	131	42	33	9	8	1	−
子育てを通じて人間的に成長できる	742	543	199	129	70	59	11	−
老後の生活の面倒をみてもらえる	168	138	30	25	5	5	−	−
子育てによる心身の疲れが大きい	329	270	59	35	24	20	4	−
子育て・教育で出費がかさむ	697	544	153	100	53	44	9	−
自分の自由な時間がもてなくなる	665	523	142	81	61	54	6	1
仕事が十分にできなくなる	121	100	21	15	6	6	−	−
子育てが大変なことを身近な人が理解してくれない	34	27	7	5	2	2	−	−
社会から取り残されたような気になる	27	24	3	3	−	−	−	−
子どもにどのように接すればよいのかわからない	181	162	19	18	1	1	−	−
子どもの非行が心配	257	207	50	37	13	11	2	−
子どもの教育・進学が心配	482	384	98	61	37	33	4	−
子どもの就職・仕事が心配	356	283	73	46	27	25	2	−
その他	27	24	3	1	2	2	−	−
感じていることは特にない	186	180	6	6	−	−	−	−
不詳	87	82	5	5	−	−	−	−
女	2 299	1 575	724	449	275	239	34	2
家族の結びつきが深まる	1 487	927	560	346	214	188	25	1
子どもとのふれあいが楽しい	1 482	905	577	330	247	218	28	1
仕事に張り合いが生まれる	431	297	134	85	49	45	4	−
子育てを通じて自分の友人が増える	417	251	166	89	77	67	10	−
子育てを通じて人間的に成長できる	1 468	947	521	321	200	175	25	−
老後の生活の面倒をみてもらえる	353	263	90	64	26	20	5	1
子育てによる心身の疲れが大きい	779	529	250	160	90	71	19	−
子育て・教育で出費がかさむ	1 208	817	391	265	126	101	23	2
自分の自由な時間がもてなくなる	1 257	838	419	245	174	148	25	1
仕事が十分にできなくなる	559	385	174	108	66	56	10	−
子育てが大変なことを身近な人が理解してくれない	81	52	29	18	11	10	1	−
社会から取り残されたような気になる	112	55	57	19	38	31	7	−
子どもにどのように接すればよいのかわからない	289	233	56	47	9	5	4	−
子どもの非行が心配	407	285	122	88	34	26	8	−
子どもの教育・進学が心配	713	485	228	145	83	71	12	−
子どもの就職・仕事が心配	445	315	130	88	42	37	5	−
その他	49	32	17	11	6	5	1	−
感じていることは特にない	91	83	8	6	2	2	−	−
不詳	74	68	6	5	1	−	1	−

注：１）集計対象は、第１回に独身で第５回まで回答した者である。
ただし、「結婚した」には、調査と調査の間に結婚し、かつ離婚した者を、「出生あり」には、第１回から第２回の間の出生を除く。
２）年齢は、第５回の年齢である。
３）４年間で２人以上出生ありの場合は、末子について計上している。

この4年間の結婚・出生の状況別（2－2）

31～33歳　　　　**第5回調査（平成28年）**

性 第5回の子ども観（複数回答）	総数	結婚していない	結婚した					
			総数	出生なし	出生あり			
					総数	第1子出生あり	第2子出生あり	第3子以降出生あり
男	1 010	766	244	147	97	81	15	1
家族の結びつきが深まる	561	368	193	113	80	64	15	1
子どもとのふれあいが楽しい	524	311	213	119	94	78	15	1
仕事に張り合いが生まれる	403	256	147	90	57	46	10	1
子育てを通じて自分の友人が増える	98	58	40	23	17	15	2	－
子育てを通じて人間的に成長できる	452	282	170	97	73	62	10	1
老後の生活の面倒をみてもらえる	107	67	40	23	17	14	3	－
子育てによる心身の疲れが大きい	179	130	49	28	21	15	5	1
子育て・教育で出費がかさむ	383	273	110	70	40	32	7	1
自分の自由な時間がもてなくなる	364	254	110	58	52	41	10	1
仕事が十分にできなくなる	67	46	21	8	13	10	3	－
子育てが大変なことを身近な人が理解してくれない	17	11	6	2	4	4	－	－
社会から取り残されたような気になる	13	11	2	2	－	－	－	－
子どもにどのように接すればよいのかわからない	98	84	14	10	4	4	－	－
子どもの非行が心配	133	97	36	20	16	13	2	1
子どもの教育・進学が心配	258	177	81	45	36	31	4	1
子どもの就職・仕事が心配	168	126	42	25	17	15	2	－
その他	19	19	－	－	－	－	－	－
感じていることは特にない	106	103	3	2	1	1	－	－
不詳	53	50	3	3	－	－	－	－
女	1 206	806	400	233	167	138	28	1
家族の結びつきが深まる	740	443	297	166	131	108	22	1
子どもとのふれあいが楽しい	741	438	303	149	154	130	23	1
仕事に張り合いが生まれる	212	136	76	45	31	26	4	1
子育てを通じて自分の友人が増える	203	130	73	33	40	32	7	1
子育てを通じて人間的に成長できる	729	453	276	150	126	103	22	1
老後の生活の面倒をみてもらえる	182	137	45	31	14	10	4	－
子育てによる心身の疲れが大きい	383	257	126	74	52	43	9	－
子育て・教育で出費がかさむ	608	382	226	138	88	70	17	1
自分の自由な時間がもてなくなる	631	409	222	121	101	83	18	－
仕事が十分にできなくなる	291	185	106	64	42	33	8	1
子育てが大変なことを身近な人が理解してくれない	46	31	15	6	9	7	2	－
社会から取り残されたような気になる	71	35	36	17	19	15	4	－
子どもにどのように接すればよいのかわからない	139	109	30	25	5	2	3	－
子どもの非行が心配	226	159	67	45	22	19	3	－
子どもの教育・進学が心配	382	254	128	81	47	40	6	1
子どもの就職・仕事が心配	234	164	70	49	21	18	3	－
その他	44	25	19	12	7	6	1	－
感じていることは特にない	68	63	5	5	－	－	－	－
不詳	43	35	8	6	2	2	－	－

第66表　第１回独身者数、性、年齢階級、第２回の子ども観（複数回答）、

総　　数

性 第２回の子ども観（複数回答）	総　数	結婚して い な い	結婚した 総　数	出生なし	出生あり 総　数	第 1 子 出生あり	第 2 子 出生あり	第3子以降 出 生 あ り
男	3 472	2 859	613	396	217	183	31	3
家族の結びつきが深まる	1 683	1 287	396	246	150	125	22	3
子どもとのふれあいが楽しい	1 599	1 200	399	247	152	129	21	2
仕事に張り合いが生まれる	1 193	895	298	193	105	91	14	−
子育てを通じて自分の友人が増える	330	241	89	68	21	17	4	−
子育てを通じて人間的に成長できる	1 369	1 032	337	211	126	106	18	2
老後の生活の面倒をみてもらえる	270	201	69	38	31	27	4	−
子育てによる心身の疲れが大きい	476	355	121	79	42	34	8	−
子育て・教育で出費がかさむ	1 233	956	277	169	108	94	13	1
自分の自由な時間がもてなくなる	1 010	773	237	145	92	79	11	2
仕事が十分にできなくなる	157	123	34	24	10	8	2	−
子育てが大変なことを身近な人が理解してくれない	35	29	6	5	1	1	−	−
社会から取り残されたような気になる	17	14	3	3	−	−	−	−
子どもにどのように接すればよいのかわからない	281	239	42	28	14	12	2	−
子どもの非行が心配	364	287	77	47	30	21	9	−
子どもの教育・進学が心配	750	593	157	105	52	42	9	1
子どもの就職・仕事が心配	571	470	101	70	31	26	5	−
その他	45	44	1	1	−	−	−	−
感じていることは特にない	344	325	19	11	8	7	1	−
不詳	614	542	72	58	14	11	3	−
女	4 398	3 164	1 234	760	474	400	71	3
家族の結びつきが深まる	2 807	1 877	930	562	368	309	56	3
子どもとのふれあいが楽しい	2 878	1 949	929	552	377	319	56	2
仕事に張り合いが生まれる	781	523	258	163	95	75	19	1
子育てを通じて自分の友人が増える	824	560	264	157	107	92	13	2
子育てを通じて人間的に成長できる	2 770	1 880	890	532	358	307	49	2
老後の生活の面倒をみてもらえる	712	507	205	126	79	65	14	−
子育てによる心身の疲れが大きい	1 128	816	312	210	102	83	19	−
子育て・教育で出費がかさむ	2 091	1 410	681	416	265	218	45	2
自分の自由な時間がもてなくなる	2 113	1 465	648	411	237	195	41	1
仕事が十分にできなくなる	975	657	318	201	117	96	21	−
子育てが大変なことを身近な人が理解してくれない	106	73	33	29	4	4	−	−
社会から取り残されたような気になる	108	73	35	25	10	8	2	−
子どもにどのように接すればよいのかわからない	465	371	94	60	34	31	3	−
子どもの非行が心配	663	472	191	114	77	61	15	1
子どもの教育・進学が心配	1 292	920	372	227	145	113	31	1
子どもの就職・仕事が心配	807	585	222	140	82	65	17	−
その他	82	62	20	12	8	8	−	−
感じていることは特にない	191	179	12	8	4	3	1	−
不詳	164	144	20	10	10	8	2	−

注：１）集計対象は、第１回に独身で第５回まで回答した者である。
　　　　ただし、「結婚した」には、調査と調査の間に結婚し、かつ離婚した者を、「出生あり」には、第１回から第２回の間の出生を除く。
　　２）年齢は、第５回の年齢である。
　　３）４年間で２人以上出生ありの場合は、末子について計上している。

この４年間の結婚・出生の状況別（２－１）

24～25歳　　　　**第５回調査（平成28年）**

性 第２回の子ども観（複数回答）	総数	結婚していない	結婚した 総数	結婚した 出生なし	出生あり 総数	第１子出生あり	第２子出生あり	第３子以降出生あり
男	701	647	54	39	15	13	2	－
家族の結びつきが深まる	372	338	34	24	10	9	1	－
子どもとのふれあいが楽しい	341	308	33	23	10	9	1	－
仕事に張り合いが生まれる	239	217	22	17	5	4	1	－
子育てを通じて自分の友人が増える	74	67	7	6	1	－	1	－
子育てを通じて人間的に成長できる	274	251	23	18	5	4	1	－
老後の生活の面倒をみてもらえる	59	55	4	2	2	2	－	－
子育てによる心身の疲れが大きい	86	76	10	7	3	3	－	－
子育て・教育で出費がかさむ	226	206	20	14	6	5	1	－
自分の自由な時間がもてなくなる	157	143	14	9	5	4	1	－
仕事が十分にできなくなる	27	21	6	5	1	1	－	－
子育てが大変なことを身近な人が理解してくれない	11	9	2	1	1	1	－	－
社会から取り残されたような気になる	3	3	－	－	－	－	－	－
子どもにどのように接すればよいのかわからない	50	46	4	3	1	1	－	－
子どもの非行が心配	68	63	5	4	1	1	－	－
子どもの教育・進学が心配	150	137	13	10	3	3	－	－
子どもの就職・仕事が心配	114	105	9	7	2	2	－	－
その他	12	12	－	－	－	－	－	－
感じていることは特にない	75	72	3	2	1	1	－	－
不詳	113	106	7	6	1	1	－	－
女	893	783	110	78	32	23	9	－
家族の結びつきが深まる	556	467	89	65	24	15	9	－
子どもとのふれあいが楽しい	578	490	88	58	30	21	9	－
仕事に張り合いが生まれる	157	133	24	17	7	3	4	－
子育てを通じて自分の友人が増える	178	149	29	20	9	5	4	－
子育てを通じて人間的に成長できる	554	471	83	57	26	18	8	－
老後の生活の面倒をみてもらえる	123	108	15	11	4	3	1	－
子育てによる心身の疲れが大きい	229	202	27	20	7	5	2	－
子育て・教育で出費がかさむ	404	344	60	43	17	9	8	－
自分の自由な時間がもてなくなる	380	329	51	31	20	12	8	－
仕事が十分にできなくなる	199	177	22	15	7	3	4	－
子育てが大変なことを身近な人が理解してくれない	24	22	2	2	－	－	－	－
社会から取り残されたような気になる	17	17	－	－	－	－	－	－
子どもにどのように接すればよいのかわからない	83	80	3	1	2	2	－	－
子どもの非行が心配	139	125	14	8	6	4	2	－
子どもの教育・進学が心配	257	231	26	17	9	5	4	－
子どもの就職・仕事が心配	169	147	22	14	8	4	4	－
その他	11	10	1	1	－	－	－	－
感じていることは特にない	36	35	1	1	－	－	－	－
不詳	30	30	－	－	－	－	－	－

第66表　第１回独身者数、性、年齢階級、第２回の子ども観（複数回答）、

26～30歳

性 第２回の子ども観（複数回答）	総数	結婚していない	結婚した					
			総数	出生なし	出生あり			
					総数	第１子出生あり	第２子出生あり	第3子以降出生あり
男	1 761	1 446	315	210	105	89	14	2
家族の結びつきが深まる	825	625	200	130	70	59	9	2
子どもとのふれあいが楽しい	792	588	204	135	69	59	9	1
仕事に張り合いが生まれる	587	433	154	101	53	46	7	−
子育てを通じて自分の友人が増える	157	110	47	37	10	9	1	−
子育てを通じて人間的に成長できる	691	510	181	120	61	52	8	1
老後の生活の面倒をみてもらえる	126	91	35	22	13	12	1	−
子育てによる心身の疲れが大きい	228	161	67	44	23	19	4	−
子育て・教育で出費がかさむ	626	482	144	92	52	47	5	−
自分の自由な時間がもてなくなる	521	395	126	81	45	41	3	1
仕事が十分にできなくなる	65	55	10	5	5	5	−	−
子育てが大変なことを身近な人が理解してくれない	13	11	2	2	−	−	−	−
社会から取り残されたような気になる	9	7	2	2	−	−	−	−
子どもにどのように接すればよいのかわからない	161	133	28	17	11	10	1	−
子どもの非行が心配	190	153	37	24	13	10	3	−
子どもの教育・進学が心配	398	319	79	55	24	20	4	−
子どもの就職・仕事が心配	306	252	54	40	14	12	2	−
その他	21	21	−	−	−	−	−	−
感じていることは特にない	172	163	9	5	4	4	−	−
不詳	318	285	33	25	8	5	3	−
女	2 299	1 575	724	449	275	239	34	2
家族の結びつきが深まる	1 495	955	540	329	211	184	25	2
子どもとのふれあいが楽しい	1 535	984	551	336	215	187	27	1
仕事に張り合いが生まれる	390	245	145	94	51	43	8	−
子育てを通じて自分の友人が増える	436	274	162	95	67	59	7	1
子育てを通じて人間的に成長できる	1 447	937	510	308	202	177	24	1
老後の生活の面倒をみてもらえる	363	251	112	67	45	38	7	−
子育てによる心身の疲れが大きい	589	412	177	123	54	45	9	−
子育て・教育で出費がかさむ	1 113	716	397	240	157	133	22	2
自分の自由な時間がもてなくなる	1 123	747	376	243	133	114	19	−
仕事が十分にできなくなる	494	322	172	108	64	55	9	−
子育てが大変なことを身近な人が理解してくれない	49	29	20	18	2	2	−	−
社会から取り残されたような気になる	59	40	19	12	7	6	1	−
子どもにどのように接すればよいのかわからない	241	188	53	35	18	15	3	−
子どもの非行が心配	323	219	104	64	40	32	8	−
子どもの教育・進学が心配	673	461	212	136	76	61	15	−
子どもの就職・仕事が心配	429	309	120	81	39	31	8	−
その他	40	32	8	5	3	3	−	−
感じていることは特にない	95	87	8	5	3	3	−	−
不詳	90	76	14	6	8	7	1	−

注：１）集計対象は、第１回に独身で第５回まで回答した者である。
　　　ただし、「結婚した」には、調査と調査の間に結婚し、かつ離婚した者を、「出生あり」には、第１回から第２回の間の出生を除く。
　　２）年齢は、第５回の年齢である。
　　３）４年間で２人以上出生ありの場合は、末子について計上している。

この４年間の結婚・出生の状況別（２－２）

31～33歳　　　　　　　　　　　　　　　　　　　　**第５回調査（平成28年）**

性 第２回の子ども観（複数回答）	総数	結婚していない	結婚した 総数	結婚した 出生なし	出生あり 総数	出生あり 第１子出生あり	出生あり 第２子出生あり	出生あり 第3子以降出生あり
男	1 010	766	244	147	97	81	15	1
家族の結びつきが深まる	486	324	162	92	70	57	12	1
子どもとのふれあいが楽しい	466	304	162	89	73	61	11	1
仕事に張り合いが生まれる	367	245	122	75	47	41	6	－
子育てを通じて自分の友人が増える	99	64	35	25	10	8	2	－
子育てを通じて人間的に成長できる	404	271	133	73	60	50	9	1
老後の生活の面倒をみてもらえる	85	55	30	14	16	13	3	－
子育てによる心身の疲れが大きい	162	118	44	28	16	12	4	－
子育て・教育で出費がかさむ	381	268	113	63	50	42	7	1
自分の自由な時間がもてなくなる	332	235	97	55	42	34	7	1
仕事が十分にできなくなる	65	47	18	14	4	2	2	－
子育てが大変なことを身近な人が理解してくれない	11	9	2	2	－	－	－	－
社会から取り残されたような気になる	5	4	1	1	－	－	－	－
子どもにどのように接すればよいのかわからない	70	60	10	8	2	1	1	－
子どもの非行が心配	106	71	35	19	16	10	6	－
子どもの教育・進学が心配	202	137	65	40	25	19	5	1
子どもの就職・仕事が心配	151	113	38	23	15	12	3	－
その他	12	11	1	1	－	－	－	－
感じていることは特にない	97	90	7	4	3	2	1	－
不詳	183	151	32	27	5	5	－	－
女	1 206	806	400	233	167	138	28	1
家族の結びつきが深まる	756	455	301	168	133	110	22	1
子どもとのふれあいが楽しい	765	475	290	158	132	111	20	1
仕事に張り合いが生まれる	234	145	89	52	37	29	7	1
子育てを通じて自分の友人が増える	210	137	73	42	31	28	2	1
子育てを通じて人間的に成長できる	769	472	297	167	130	112	17	1
老後の生活の面倒をみてもらえる	226	148	78	48	30	24	6	－
子育てによる心身の疲れが大きい	310	202	108	67	41	33	8	－
子育て・教育で出費がかさむ	574	350	224	133	91	76	15	－
自分の自由な時間がもてなくなる	610	389	221	137	84	69	14	1
仕事が十分にできなくなる	282	158	124	78	46	38	8	－
子育てが大変なことを身近な人が理解してくれない	33	22	11	9	2	2	－	－
社会から取り残されたような気になる	32	16	16	13	3	2	1	－
子どもにどのように接すればよいのかわからない	141	103	38	24	14	14	－	－
子どもの非行が心配	201	128	73	42	31	25	5	1
子どもの教育・進学が心配	362	228	134	74	60	47	12	1
子どもの就職・仕事が心配	209	129	80	45	35	30	5	－
その他	31	20	11	6	5	5	－	－
感じていることは特にない	60	57	3	2	1	－	1	－
不詳	44	38	6	4	2	1	1	－

第67表　第１回独身者数、性、第５回の子ども観（複数回答）、

総　　数

性 第５回の子ども観（複数回答）	総　数	結婚していない	結婚した					
			総　数	出生なし	出生あり			
					総　数	第１子出生あり	第２子出生あり	第3子以降出生あり
男	3 472	2 859	613	396	217	183	31	3
家族の結びつきが深まる	1 868	1 403	465	293	172	142	27	3
子どもとのふれあいが楽しい	1 778	1 268	510	303	207	175	30	2
仕事に張り合いが生まれる	1 349	1 007	342	225	117	96	19	2
子育てを通じて自分の友人が増える	336	244	92	62	30	27	3	－
子育てを通じて人間的に成長できる	1 491	1 096	395	243	152	128	23	1
老後の生活の面倒をみてもらえる	334	259	75	51	24	21	3	－
子育てによる心身の疲れが大きい	614	496	118	71	47	36	10	1
子育て・教育で出費がかさむ	1 337	1 052	285	186	99	82	16	1
自分の自由な時間がもてなくなる	1 250	977	273	154	119	100	17	2
仕事が十分にできなくなる	222	176	46	26	20	17	3	－
子育てが大変なことを身近な人が理解してくれない	64	50	14	8	6	6	－	－
社会から取り残されたような気になる	48	43	5	5	－	－	－	－
子どもにどのように接すればよいのかわからない	339	304	35	30	5	5	－	－
子どもの非行が心配	451	359	92	61	31	26	4	1
子どもの教育・進学が心配	897	698	199	120	79	70	8	1
子どもの就職・仕事が心配	627	499	128	80	48	44	4	－
その他	55	51	4	2	2	2	－	－
感じていることは特にない	359	349	10	9	1	1	－	－
不詳	195	185	10	10	－	－	－	－
女	4 398	3 164	1 234	760	474	400	71	3
家族の結びつきが深まる	2 802	1 856	946	578	368	312	54	2
子どもとのふれあいが楽しい	2 793	1 826	967	537	430	369	59	2
仕事に張り合いが生まれる	798	570	228	144	84	71	12	1
子育てを通じて自分の友人が増える	771	508	263	139	124	104	19	1
子育てを通じて人間的に成長できる	2 764	1 884	880	531	349	295	53	1
老後の生活の面倒をみてもらえる	661	514	147	105	42	32	9	1
子育てによる心身の疲れが大きい	1 460	1 051	409	258	151	121	30	－
子育て・教育で出費がかさむ	2 253	1 579	674	445	229	182	44	3
自分の自由な時間がもてなくなる	2 364	1 666	698	404	294	245	48	1
仕事が十分にできなくなる	1 068	756	312	198	114	93	20	1
子育てが大変なことを身近な人が理解してくれない	151	104	47	27	20	17	3	－
社会から取り残されたような気になる	217	118	99	39	60	49	11	－
子どもにどのように接すればよいのかわからない	537	445	92	78	14	7	7	－
子どもの非行が心配	788	584	204	145	59	47	12	－
子どもの教育・進学が心配	1 377	990	387	251	136	114	21	1
子どもの就職・仕事が心配	843	624	219	152	67	58	9	－
その他	109	73	36	23	13	11	2	－
感じていることは特にない	198	184	14	11	3	3	－	－
不詳	142	125	17	13	4	3	1	－

注：１）集計対象は、第１回に独身で第５回まで回答した者である。
　　　　ただし、「結婚した」には、調査と調査の間に結婚し、かつ離婚した者を、「出生あり」には、第１回から第２回の間の出生を除く。
　　２）総数には、就業状況の変化不詳を含む。
　　３）４年間で２人以上出生ありの場合は、末子について計上している。

第１回と第５回の就業状況の変化、この４年間の結婚・出生の状況別（３－１）

同一就業継続　　　　**第５回調査（平成28年）**

性 第５回の子ども観（複数回答）	総数	結婚していない	結婚した		出生あり			
			総数	出生なし	総数	第１子出生あり	第２子出生あり	第３子以降出生あり
男	1 055	809	246	150	96	82	13	1
家族の結びつきが深まる	587	404	183	113	70	57	12	1
子どもとのふれあいが楽しい	580	379	201	108	93	79	13	1
仕事に張り合いが生まれる	438	303	135	80	55	46	9	－
子育てを通じて自分の友人が増える	109	75	34	20	14	13	1	－
子育てを通じて人間的に成長できる	490	331	159	93	66	56	10	－
老後の生活の面倒をみてもらえる	105	73	32	22	10	9	1	－
子育てによる心身の疲れが大きい	193	146	47	28	19	15	4	－
子育て・教育で出費がかさむ	418	303	115	71	44	36	8	－
自分の自由な時間がもてなくなる	423	301	122	67	55	47	8	－
仕事が十分にできなくなる	67	49	18	8	10	10	－	－
子育てが大変なことを身近な人が理解してくれない	17	12	5	1	4	4	－	－
社会から取り残されたような気になる	15	13	2	2	－	－	－	－
子どもにどのように接すればよいのかわからない	107	92	15	12	3	3	－	－
子どもの非行が心配	148	105	43	30	13	13	－	－
子どもの教育・進学が心配	273	190	83	45	38	34	4	－
子どもの就職・仕事が心配	186	132	54	31	23	23	－	－
その他	14	12	2	1	1	1	－	－
感じていることは特にない	93	89	4	3	1	1	－	－
不詳	53	50	3	3	－	－	－	－
女	1 236	901	335	214	121	109	12	－
家族の結びつきが深まる	803	531	272	171	101	91	10	－
子どもとのふれあいが楽しい	787	523	264	153	111	102	9	－
仕事に張り合いが生まれる	215	147	68	42	26	24	2	－
子育てを通じて自分の友人が増える	216	150	66	38	28	25	3	－
子育てを通じて人間的に成長できる	799	553	246	150	96	86	10	－
老後の生活の面倒をみてもらえる	220	172	48	34	14	12	2	－
子育てによる心身の疲れが大きい	420	303	117	82	35	30	5	－
子育て・教育で出費がかさむ	643	460	183	122	61	52	9	－
自分の自由な時間がもてなくなる	703	502	201	119	82	74	8	－
仕事が十分にできなくなる	310	210	100	66	34	29	5	－
子育てが大変なことを身近な人が理解してくれない	45	33	12	7	5	5	－	－
社会から取り残されたような気になる	51	25	26	16	10	9	1	－
子どもにどのように接すればよいのかわからない	162	136	26	24	2	1	1	－
子どもの非行が心配	223	167	56	44	12	12	－	－
子どもの教育・進学が心配	381	272	109	74	35	32	3	－
子どもの就職・仕事が心配	227	169	58	41	17	15	2	－
その他	24	13	11	9	2	2	－	－
感じていることは特にない	54	53	1	－	1	1	－	－
不詳	38	32	6	5	1	1	－	－

第67表　第1回独身者数、性、第5回の子ども観（複数回答）、転職

性 第5回の子ども観（複数回答）	総数	結婚していない	結婚した					
			総数	出生なし	出生あり			
					総数	第1子出生あり	第2子出生あり	第3子以降出生あり
男	1 093	870	223	151	72	63	8	1
家族の結びつきが深まる	627	453	174	114	60	53	6	1
子どもとのふれあいが楽しい	605	411	194	127	67	59	7	1
仕事に張り合いが生まれる	483	350	133	95	38	32	5	1
子育てを通じて自分の友人が増える	127	90	37	27	10	9	1	–
子育てを通じて人間的に成長できる	492	348	144	93	51	45	5	1
老後の生活の面倒をみてもらえる	105	80	25	17	8	7	1	–
子育てによる心身の疲れが大きい	190	148	42	26	16	14	1	1
子育て・教育で出費がかさむ	446	339	107	75	32	29	2	1
自分の自由な時間がもてなくなる	399	306	93	53	40	35	4	1
仕事が十分にできなくなる	67	53	14	8	6	5	1	–
子育てが大変なことを身近な人が理解してくれない	17	14	3	2	1	1	–	–
社会から取り残されたような気になる	19	18	1	1	–	–	–	–
子どもにどのように接すればよいのかわからない	91	80	11	10	1	1	–	–
子どもの非行が心配	132	101	31	19	12	11	–	1
子どもの教育・進学が心配	283	212	71	45	26	25	–	1
子どもの就職・仕事が心配	197	153	44	28	16	16	–	–
その他	14	12	2	1	1	1	–	–
感じていることは特にない	96	94	2	2	–	–	–	–
不詳	59	59	–	–	–	–	–	–
女	1 504	1 136	368	271	97	83	14	–
家族の結びつきが深まる	972	704	268	199	69	61	8	–
子どもとのふれあいが楽しい	960	688	272	186	86	76	10	–
仕事に張り合いが生まれる	309	227	82	52	30	26	4	–
子育てを通じて自分の友人が増える	259	191	68	44	24	22	2	–
子育てを通じて人間的に成長できる	989	725	264	196	68	57	11	–
老後の生活の面倒をみてもらえる	231	186	45	38	7	4	3	–
子育てによる心身の疲れが大きい	488	378	110	80	30	26	4	–
子育て・教育で出費がかさむ	781	580	201	156	45	36	9	–
自分の自由な時間がもてなくなる	831	629	202	141	61	51	10	–
仕事が十分にできなくなる	386	290	96	68	28	23	5	–
子育てが大変なことを身近な人が理解してくれない	46	36	10	6	4	4	–	–
社会から取り残されたような気になる	72	50	22	13	9	7	2	–
子どもにどのように接すればよいのかわからない	179	148	31	29	2	1	1	–
子どもの非行が心配	280	209	71	56	15	10	5	–
子どもの教育・進学が心配	482	368	114	85	29	25	4	–
子どもの就職・仕事が心配	305	231	74	54	20	17	3	–
その他	39	26	13	7	6	5	1	–
感じていることは特にない	61	54	7	6	1	1	–	–
不詳	42	36	6	6	–	–	–	–

注：1）集計対象は、第1回に独身で第5回まで回答した者である。
ただし、「結婚した」には、調査と調査の間に結婚し、かつ離婚した者を、「出生あり」には、第1回から第2回の間の出生を除く。
2）総数には、就業状況の変化不詳を含む。
3）4年間で2人以上出生ありの場合は、末子について計上している。

第１回と第５回の就業状況の変化、この４年間の結婚・出生の状況別（３－２）

新規就業 **第５回調査（平成28年）**

性 第５回の子ども観（複数回答）	総数	結婚していない	結婚した					
			総数	出生なし	出生あり			
					総数	第１子出生あり	第２子出生あり	第３子以降出生あり
男	490	449	41	33	8	6	1	1
家族の結びつきが深まる	239	212	27	20	7	5	1	1
子どもとのふれあいが楽しい	225	198	27	20	7	6	1	－
仕事に張り合いが生まれる	166	147	19	15	4	3	－	1
子育てを通じて自分の友人が増える	29	26	3	2	1	1	－	－
子育てを通じて人間的に成長できる	186	166	20	15	5	4	1	－
老後の生活の面倒をみてもらえる	42	39	3	2	1	1	－	－
子育てによる心身の疲れが大きい	93	86	7	5	2	1	1	－
子育て・教育で出費がかさむ	196	176	20	16	4	3	1	－
自分の自由な時間がもてなくなる	174	157	17	12	5	3	1	1
仕事が十分にできなくなる	36	31	5	4	1	1	－	－
子育てが大変なことを身近な人が理解してくれない	10	7	3	3	－	－	－	－
社会から取り残されたような気になる	2	2	－	－	－	－	－	－
子どもにどのように接すればよいのかわからない	55	53	2	2	－	－	－	－
子どもの非行が心配	64	61	3	1	2	1	1	－
子どもの教育・進学が心配	139	127	12	9	3	2	1	－
子どもの就職・仕事が心配	101	93	8	6	2	1	1	－
その他	9	9	－	－	－	－	－	－
感じていることは特にない	54	53	1	1	－	－	－	－
不詳	33	29	4	4	－	－	－	－
女	523	461	62	53	9	7	1	1
家族の結びつきが深まる	316	274	42	35	7	5	1	1
子どもとのふれあいが楽しい	313	269	44	37	7	6	－	1
仕事に張り合いが生まれる	100	87	13	11	2	1	－	1
子育てを通じて自分の友人が増える	81	66	15	13	2	1	－	1
子育てを通じて人間的に成長できる	309	264	45	37	8	6	1	1
老後の生活の面倒をみてもらえる	76	69	7	7	－	－	－	－
子育てによる心身の疲れが大きい	187	162	25	24	1	－	1	－
子育て・教育で出費がかさむ	278	244	34	31	3	2	－	1
自分の自由な時間がもてなくなる	263	229	34	32	2	2	－	－
仕事が十分にできなくなる	142	124	18	17	1	－	－	1
子育てが大変なことを身近な人が理解してくれない	17	17	－	－	－	－	－	－
社会から取り残されたような気になる	24	23	1	1	－	－	－	－
子どもにどのように接すればよいのかわからない	69	64	5	5	－	－	－	－
子どもの非行が心配	88	79	9	8	1	1	－	－
子どもの教育・進学が心配	171	152	19	16	3	2	－	1
子どもの就職・仕事が心配	103	94	9	9	－	－	－	－
その他	11	11	－	－	－	－	－	－
感じていることは特にない	28	26	2	1	1	1	－	－
不詳	16	15	1	1	－	－	－	－

第67表　第1回独身者数、性、第5回の子ども観（複数回答）、

離職

性 第5回の子ども観（複数回答）	総数	結婚していない	結婚した					
			総数	出生なし	出生あり			
					総数	第1子出生あり	第2子出生あり	第3子以降出生あり
男	105	99	6	4	2	2	–	–
家族の結びつきが深まる	51	45	6	4	2	2	–	–
子どもとのふれあいが楽しい	44	40	4	2	2	2	–	–
仕事に張り合いが生まれる	29	27	2	1	1	1	–	–
子育てを通じて自分の友人が増える	5	4	1	1	–	–	–	–
子育てを通じて人間的に成長できる	40	36	4	3	1	1	–	–
老後の生活の面倒をみてもらえる	7	5	2	1	1	1	–	–
子育てによる心身の疲れが大きい	14	13	1	1	–	–	–	–
子育て・教育で出費がかさむ	40	37	3	2	1	1	–	–
自分の自由な時間がもてなくなる	29	27	2	2	–	–	–	–
仕事が十分にできなくなる	9	8	1	1	–	–	–	–
子育てが大変なことを身近な人が理解してくれない	4	3	1	1	–	–	–	–
社会から取り残されたような気になる	3	2	1	1	–	–	–	–
子どもにどのように接すればよいのかわからない	16	14	2	2	–	–	–	–
子どもの非行が心配	12	11	1	1	–	–	–	–
子どもの教育・進学が心配	27	24	3	2	1	1	–	–
子どもの就職・仕事が心配	19	18	1	1	–	–	–	–
その他	3	3	–	–	–	–	–	–
感じていることは特にない	21	21	–	–	–	–	–	–
不詳	2	2	–	–	–	–	–	–
女	442	128	314	121	193	153	38	2
家族の結びつきが深まる	311	66	245	96	149	118	30	1
子どもとのふれあいが楽しい	330	64	266	91	175	140	34	1
仕事に張り合いが生まれる	52	23	29	16	13	9	4	–
子育てを通じて自分の友人が増える	99	27	72	20	52	41	11	–
子育てを通じて人間的に成長できる	293	74	219	80	139	113	26	–
老後の生活の面倒をみてもらえる	52	25	27	12	15	10	4	1
子育てによる心身の疲れが大きい	149	47	102	36	66	48	18	–
子育て・教育で出費がかさむ	236	66	170	76	94	71	21	2
自分の自由な時間がもてなくなる	241	62	179	61	118	90	27	1
仕事が十分にできなくなる	96	28	68	24	44	35	9	–
子育てが大変なことを身近な人が理解してくれない	22	4	18	9	9	6	3	–
社会から取り残されたような気になる	48	4	44	8	36	28	8	–
子どもにどのように接すればよいのかわからない	36	17	19	11	8	3	5	–
子どもの非行が心配	76	30	46	19	27	20	7	–
子どもの教育・進学が心配	144	41	103	45	58	45	13	–
子どもの就職・仕事が心配	82	31	51	29	22	18	4	–
その他	15	6	9	7	2	1	1	–
感じていることは特にない	10	9	1	1	–	–	–	–
不詳	10	7	3	–	3	2	1	–

注：1）集計対象は、第1回に独身で第5回まで回答した者である。
　　　ただし、「結婚した」には、調査と調査の間に結婚し、かつ離婚した者を、「出生あり」には、第1回から第2回の間の出生を除く。
　　2）総数には、就業状況の変化不詳を含む。
　　3）４年間で２人以上出生ありの場合は、末子について計上している。

第１回と第５回の就業状況の変化、この４年間の結婚・出生の状況別（３－３）

無職継続　　　　**第５回調査（平成28年）**

性 第５回の子ども観（複数回答）	総数	結婚していない	結婚した					
			総数	出生なし	出生あり			
					総数	第１子出生あり	第２子出生あり	第３子以降出生あり
男	266	261	5	3	2	2	－	－
家族の結びつきが深まる	110	107	3	1	2	2	－	－
子どもとのふれあいが楽しい	86	83	3	1	2	2	－	－
仕事に張り合いが生まれる	61	58	3	1	2	2	－	－
子育てを通じて自分の友人が増える	20	18	2	1	1	1	－	－
子育てを通じて人間的に成長できる	75	72	3	1	2	2	－	－
老後の生活の面倒をみてもらえる	25	25	－	－	－	－	－	－
子育てによる心身の疲れが大きい	45	44	1	1	－	－	－	－
子育て・教育で出費がかさむ	74	73	1	1	－	－	－	－
自分の自由な時間がもてなくなる	71	69	2	1	1	1	－	－
仕事が十分にできなくなる	16	15	1	1	－	－	－	－
子育てが大変なことを身近な人が理解してくれない	8	8	－	－	－	－	－	－
社会から取り残されたような気になる	4	4	－	－	－	－	－	－
子どもにどのように接すればよいのかわからない	35	34	1	－	1	1	－	－
子どもの非行が心配	33	33	－	－	－	－	－	－
子どもの教育・進学が心配	66	64	2	1	1	1	－	－
子どもの就職・仕事が心配	43	42	1	1	－	－	－	－
その他	9	9	－	－	－	－	－	－
感じていることは特にない	49	49	－	－	－	－	－	－
不詳	23	21	2	2	－	－	－	－
女	229	188	41	23	18	16	2	－
家族の結びつきが深まる	104	75	29	15	14	12	2	－
子どもとのふれあいが楽しい	103	73	30	13	17	15	2	－
仕事に張り合いが生まれる	27	21	6	5	1	－	1	－
子育てを通じて自分の友人が増える	36	26	10	5	5	4	1	－
子育てを通じて人間的に成長できる	97	70	27	14	13	12	1	－
老後の生活の面倒をみてもらえる	23	19	4	3	1	1	－	－
子育てによる心身の疲れが大きい	72	57	15	8	7	7	－	－
子育て・教育で出費がかさむ	97	72	25	12	13	11	2	－
自分の自由な時間がもてなくなる	92	70	22	11	11	10	1	－
仕事が十分にできなくなる	36	29	7	5	2	2	－	－
子育てが大変なことを身近な人が理解してくれない	9	7	2	－	2	2	－	－
社会から取り残されたような気になる	10	7	3	－	3	3	－	－
子どもにどのように接すればよいのかわからない	41	38	3	2	1	1	－	－
子どもの非行が心配	41	37	4	3	1	1	－	－
子どもの教育・進学が心配	67	55	12	7	5	4	1	－
子どもの就職・仕事が心配	47	38	9	6	3	3	－	－
その他	14	13	1	－	1	1	－	－
感じていることは特にない	29	27	2	2	－	－	－	－
不詳	12	11	1	1	－	－	－	－

第68表　第１回独身者数、性、第２回の子ども観（複数回答）、

総　　数

性 第２回の子ども観（複数回答）	総　数	結婚していない	結婚した					
			総　数	出生なし	出生あり			
					総　数	第１子出生あり	第２子出生あり	第3子以降出生あり
男	3 472	2 859	613	396	217	183	31	3
家族の結びつきが深まる	1 683	1 287	396	246	150	125	22	3
子どもとのふれあいが楽しい	1 599	1 200	399	247	152	129	21	2
仕事に張り合いが生まれる	1 193	895	298	193	105	91	14	−
子育てを通じて自分の友人が増える	330	241	89	68	21	17	4	−
子育てを通じて人間的に成長できる	1 369	1 032	337	211	126	106	18	2
老後の生活の面倒をみてもらえる	270	201	69	38	31	27	4	−
子育てによる心身の疲れが大きい	476	355	121	79	42	34	8	−
子育て・教育で出費がかさむ	1 233	956	277	169	108	94	13	1
自分の自由な時間がもてなくなる	1 010	773	237	145	92	79	11	2
仕事が十分にできなくなる	157	123	34	24	10	8	2	−
子育てが大変なことを身近な人が理解してくれない	35	29	6	5	1	1	−	−
社会から取り残されたような気になる	17	14	3	3	−	−	−	−
子どもにどのように接すればよいのかわからない	281	239	42	28	14	12	2	−
子どもの非行が心配	364	287	77	47	30	21	9	−
子どもの教育・進学が心配	750	593	157	105	52	42	9	1
子どもの就職・仕事が心配	571	470	101	70	31	26	5	−
その他	45	44	1	1	−	−	−	−
感じていることは特にない	344	325	19	11	8	7	1	−
不詳	614	542	72	58	14	11	3	−
女	4 398	3 164	1 234	760	474	400	71	3
家族の結びつきが深まる	2 807	1 877	930	562	368	309	56	3
子どもとのふれあいが楽しい	2 878	1 949	929	552	377	319	56	2
仕事に張り合いが生まれる	781	523	258	163	95	75	19	1
子育てを通じて自分の友人が増える	824	560	264	157	107	92	13	2
子育てを通じて人間的に成長できる	2 770	1 880	890	532	358	307	49	2
老後の生活の面倒をみてもらえる	712	507	205	126	79	65	14	−
子育てによる心身の疲れが大きい	1 128	816	312	210	102	83	19	−
子育て・教育で出費がかさむ	2 091	1 410	681	416	265	218	45	2
自分の自由な時間がもてなくなる	2 113	1 465	648	411	237	195	41	1
仕事が十分にできなくなる	975	657	318	201	117	96	21	−
子育てが大変なことを身近な人が理解してくれない	106	73	33	29	4	4	−	−
社会から取り残されたような気になる	108	73	35	25	10	8	2	−
子どもにどのように接すればよいのかわからない	465	371	94	60	34	31	3	−
子どもの非行が心配	663	472	191	114	77	61	15	1
子どもの教育・進学が心配	1 292	920	372	227	145	113	31	1
子どもの就職・仕事が心配	807	585	222	140	82	65	17	−
その他	82	62	20	12	8	8	−	−
感じていることは特にない	191	179	12	8	4	3	1	−
不詳	164	144	20	10	10	8	2	−

注：１）集計対象は、第１回に独身で第５回まで回答した者である。
　　　　ただし、「結婚した」には、調査と調査の間に結婚し、かつ離婚した者を、「出生あり」には、第１回から第２回の間の出生を除く。
　　２）総数には、就業状況の変化不詳を含む。
　　３）４年間で２人以上出生ありの場合は、末子について計上している。

第１回と第５回の就業状況の変化、この４年間の結婚・出生の状況別（３－１）

同一就業継続　　　　　　　　　　　　　　　　**第５回調査（平成28年）**

性 第２回の子ども観（複数回答）	総数	結婚していない	結婚した					
			総数	出生なし	出生あり			
					総数	第１子出生あり	第２子出生あり	第3子以降出生あり
男	1 055	809	246	150	96	82	13	1
家族の結びつきが深まる	547	387	160	96	64	52	11	1
子どもとのふれあいが楽しい	502	342	160	93	67	57	10	-
仕事に張り合いが生まれる	389	272	117	74	43	35	8	-
子育てを通じて自分の友人が増える	97	65	32	24	8	5	3	-
子育てを通じて人間的に成長できる	421	290	131	77	54	46	7	1
老後の生活の面倒をみてもらえる	86	55	31	20	11	10	1	-
子育てによる心身の疲れが大きい	159	106	53	37	16	14	2	-
子育て・教育で出費がかさむ	402	279	123	74	49	44	5	-
自分の自由な時間がもてなくなる	359	251	108	68	40	36	3	1
仕事が十分にできなくなる	54	40	14	11	3	3	-	-
子育てが大変なことを身近な人が理解してくれない	11	8	3	3	-	-	-	-
社会から取り残されたような気になる	3	2	1	1	-	-	-	-
子どもにどのように接すればよいのかわからない	95	78	17	13	4	4	-	-
子どもの非行が心配	121	91	30	20	10	7	3	-
子どもの教育・進学が心配	246	180	66	42	24	22	2	-
子どもの就職・仕事が心配	183	142	41	28	13	13	-	-
その他	10	9	1	1	-	-	-	-
感じていることは特にない	107	100	7	3	4	3	1	-
不詳	151	130	21	18	3	3	-	-
女	1 236	901	335	214	121	109	12	-
家族の結びつきが深まる	819	561	258	158	100	88	12	-
子どもとのふれあいが楽しい	832	576	256	156	100	90	10	-
仕事に張り合いが生まれる	202	134	68	43	25	21	4	-
子育てを通じて自分の友人が増える	235	165	70	44	26	26	-	-
子育てを通じて人間的に成長できる	804	555	249	150	99	90	9	-
老後の生活の面倒をみてもらえる	239	171	68	41	27	23	4	-
子育てによる心身の疲れが大きい	339	229	110	74	36	30	6	-
子育て・教育で出費がかさむ	609	407	202	122	80	69	11	-
自分の自由な時間がもてなくなる	652	451	201	133	68	60	8	-
仕事が十分にできなくなる	278	178	100	71	29	23	6	-
子育てが大変なことを身近な人が理解してくれない	29	18	11	9	2	2	-	-
社会から取り残されたような気になる	32	19	13	11	2	2	-	-
子どもにどのように接すればよいのかわからない	143	110	33	19	14	13	1	-
子どもの非行が心配	189	137	52	30	22	20	2	-
子どもの教育・進学が心配	378	269	109	68	41	35	6	-
子どもの就職・仕事が心配	246	174	72	46	26	23	3	-
その他	16	11	5	4	1	1	-	-
感じていることは特にない	57	55	2	2	-	-	-	-
不詳	39	35	4	4	-	-	-	-

第68表　第１回独身者数、性、第２回の子ども観（複数回答）、転職

性 第２回の子ども観（複数回答）	総数	結婚していない	結婚した					
			総数	出生なし	出生あり			
					総数	第１子出生あり	第２子出生あり	第３子以降出生あり
男	1 093	870	223	151	72	63	8	1
家族の結びつきが深まる	560	413	147	95	52	47	4	1
子どもとのふれあいが楽しい	544	397	147	99	48	43	4	1
仕事に張り合いが生まれる	431	317	114	76	38	36	2	–
子育てを通じて自分の友人が増える	121	85	36	29	7	7	–	–
子育てを通じて人間的に成長できる	466	337	129	88	41	35	5	1
老後の生活の面倒をみてもらえる	105	78	27	13	14	12	2	–
子育てによる心身の疲れが大きい	151	105	46	29	17	12	5	–
子育て・教育で出費がかさむ	399	300	99	63	36	30	5	1
自分の自由な時間がもてなくなる	320	232	88	55	33	27	5	1
仕事が十分にできなくなる	56	43	13	9	4	4	–	–
子育てが大変なことを身近な人が理解してくれない	12	10	2	1	1	1	–	–
社会から取り残されたような気になる	7	6	1	1	–	–	–	–
子どもにどのように接すればよいのかわからない	77	61	16	9	7	5	2	–
子どもの非行が心配	123	91	32	19	13	11	2	–
子どもの教育・進学が心配	245	181	64	47	17	14	2	1
子どもの就職・仕事が心配	187	149	38	29	9	8	1	–
その他	15	15	–	–	–	–	–	–
感じていることは特にない	90	84	6	4	2	2	–	–
不詳	190	166	24	17	7	5	2	–
女	1 504	1 136	368	271	97	83	14	–
家族の結びつきが深まる	972	703	269	198	71	60	11	–
子どもとのふれあいが楽しい	1 005	734	271	197	74	61	13	–
仕事に張り合いが生まれる	286	199	87	64	23	19	4	–
子育てを通じて自分の友人が増える	290	217	73	55	18	13	5	–
子育てを通じて人間的に成長できる	962	707	255	186	69	59	10	–
老後の生活の面倒をみてもらえる	242	186	56	42	14	11	3	–
子育てによる心身の疲れが大きい	378	299	79	64	15	11	4	–
子育て・教育で出費がかさむ	733	532	201	145	56	45	11	–
自分の自由な時間がもてなくなる	731	544	187	142	45	36	9	–
仕事が十分にできなくなる	341	259	82	56	26	22	4	–
子育てが大変なことを身近な人が理解してくれない	39	28	11	11	–	–	–	–
社会から取り残されたような気になる	39	29	10	7	3	2	1	–
子どもにどのように接すればよいのかわからない	150	123	27	21	6	5	1	–
子どもの非行が心配	236	176	60	44	16	11	5	–
子どもの教育・進学が心配	451	343	108	80	28	20	8	–
子どもの就職・仕事が心配	277	213	64	46	18	13	5	–
その他	28	23	5	5	–	–	–	–
感じていることは特にない	58	53	5	3	2	2	–	–
不詳	50	43	7	2	5	5	–	–

注：１）集計対象は、第１回に独身で第５回まで回答した者である。
　　　ただし、「結婚した」には、調査と調査の間に結婚し、かつ離婚した者を、「出生あり」には、第１回から第２回の間の出生を除く。
　　２）総数には、就業状況の変化不詳を含む。
　　３）４年間で２人以上出生ありの場合は、末子について計上している。

第１回と第５回の就業状況の変化、この４年間の結婚・出生の状況別（３－２）

新規就業　　　　**第５回調査（平成28年）**

性 第２回の子ども観（複数回答）	総数	結婚していない	結婚した					
			総数	出生なし	出生あり			
					総数	第１子出生あり	第２子出生あり	第3子以降出生あり
男	490	449	41	33	8	6	1	1
家族の結びつきが深まる	219	197	22	17	5	3	1	1
子どもとのふれあいが楽しい	214	188	26	20	6	4	1	1
仕事に張り合いが生まれる	145	128	17	15	2	2	-	-
子育てを通じて自分の友人が増える	46	42	4	4	-	-	-	-
子育てを通じて人間的に成長できる	189	172	17	15	2	1	1	-
老後の生活の面倒をみてもらえる	37	35	2	1	1	1	-	-
子育てによる心身の疲れが大きい	72	65	7	7	-	-	-	-
子育て・教育で出費がかさむ	185	171	14	12	2	1	1	-
自分の自由な時間がもてなくなる	126	116	10	7	3	2	1	-
仕事が十分にできなくなる	18	14	4	3	1	-	1	-
子育てが大変なことを身近な人が理解してくれない	4	4	-	-	-	-	-	-
社会から取り残されたような気になる	3	3	-	-	-	-	-	-
子どもにどのように接すればよいのかわからない	42	39	3	2	1	1	-	-
子どもの非行が心配	45	41	4	3	1	-	1	-
子どもの教育・進学が心配	104	95	9	8	1	-	1	-
子どもの就職・仕事が心配	83	75	8	6	2	1	1	-
その他	6	6	-	-	-	-	-	-
感じていることは特にない	46	44	2	2	-	-	-	-
不詳	97	89	8	6	2	2	-	-
女	523	461	62	53	9	7	1	1
家族の結びつきが深まる	307	261	46	41	5	4	-	1
子どもとのふれあいが楽しい	317	271	46	38	8	7	-	1
仕事に張り合いが生まれる	105	90	15	13	2	1	-	1
子育てを通じて自分の友人が増える	88	78	10	8	2	1	-	1
子育てを通じて人間的に成長できる	313	270	43	36	7	6	-	1
老後の生活の面倒をみてもらえる	82	68	14	13	1	1	-	-
子育てによる心身の疲れが大きい	137	123	14	13	1	1	-	-
子育て・教育で出費がかさむ	217	188	29	25	4	4	-	-
自分の自由な時間がもてなくなる	218	189	29	24	5	4	-	1
仕事が十分にできなくなる	130	113	17	16	1	1	-	-
子育てが大変なことを身近な人が理解してくれない	13	12	1	1	-	-	-	-
社会から取り残されたような気になる	15	12	3	3	-	-	-	-
子どもにどのように接すればよいのかわからない	54	51	3	3	-	-	-	-
子どもの非行が心配	67	61	6	3	3	2	-	1
子どもの教育・進学が心配	142	126	16	13	3	2	-	1
子どもの就職・仕事が心配	87	78	9	8	1	1	-	-
その他	14	12	2	2	-	-	-	-
感じていることは特にない	21	19	2	1	1	-	1	-
不詳	19	17	2	2	-	-	-	-

第68表　第１回独身者数、性、第２回の子ども観（複数回答）、

離職

性 第２回の子ども観（複数回答）	総数	結婚していない	結婚した					
			総数	出生なし	出生あり			
					総数	第１子出生あり	第２子出生あり	第3子以降出生あり
男	105	99	6	4	2	2	–	–
家族の結びつきが深まる	35	30	5	3	2	2	–	–
子どもとのふれあいが楽しい	33	29	4	3	1	1	–	–
仕事に張り合いが生まれる	31	28	3	2	1	1	–	–
子育てを通じて自分の友人が増える	6	5	1	1	–	–	–	–
子育てを通じて人間的に成長できる	35	31	4	3	1	1	–	–
老後の生活の面倒をみてもらえる	5	4	1	–	1	1	–	–
子育てによる心身の疲れが大きい	8	8	–	–	–	–	–	–
子育て・教育で出費がかさむ	33	31	2	1	1	1	–	–
自分の自由な時間がもてなくなる	23	23	–	–	–	–	–	–
仕事が十分にできなくなる	4	4	–	–	–	–	–	–
子育てが大変なことを身近な人が理解してくれない	1	1	–	–	–	–	–	–
社会から取り残されたような気になる	–	–	–	–	–	–	–	–
子どもにどのように接すればよいのかわからない	8	8	–	–	–	–	–	–
子どもの非行が心配	8	8	–	–	–	–	–	–
子どもの教育・進学が心配	17	16	1	1	–	–	–	–
子どもの就職・仕事が心配	10	9	1	1	–	–	–	–
その他	4	4	–	–	–	–	–	–
感じていることは特にない	22	22	–	–	–	–	–	–
不詳	19	18	1	1	–	–	–	–
女	442	128	314	121	193	153	38	2
家族の結びつきが深まる	318	71	247	92	155	124	29	2
子どもとのふれあいが楽しい	321	72	249	96	153	124	28	1
仕事に張り合いが生まれる	70	19	51	22	29	21	8	–
子育てを通じて自分の友人が増える	88	14	74	22	52	44	7	1
子育てを通じて人間的に成長できる	299	74	225	89	136	110	25	1
老後の生活の面倒をみてもらえる	60	18	42	12	30	24	6	–
子育てによる心身の疲れが大きい	115	43	72	36	36	29	7	–
子育て・教育で出費がかさむ	223	59	164	69	95	74	19	2
自分の自由な時間がもてなくなる	212	62	150	60	90	71	19	–
仕事が十分にできなくなる	103	27	76	29	47	38	9	–
子育てが大変なことを身近な人が理解してくれない	8	2	6	5	1	1	–	–
社会から取り残されたような気になる	8	3	5	1	4	3	1	–
子どもにどのように接すればよいのかわからない	38	17	21	10	11	10	1	–
子どもの非行が心配	77	25	52	21	31	23	8	–
子どもの教育・進学が心配	132	37	95	35	60	45	15	–
子どもの就職・仕事が心配	78	28	50	21	29	21	8	–
その他	11	5	6	1	5	5	–	–
感じていることは特にない	11	11	–	–	–	–	–	–
不詳	16	11	5	1	4	2	2	–

注：１）集計対象は、第１回に独身で第５回まで回答した者である。
ただし、「結婚した」には、調査と調査の間に結婚し、かつ離婚した者を、「出生あり」には、第１回から第２回の間の出生を除く。
２）総数には、就業状況の変化不詳を含む。
３）４年間で２人以上出生ありの場合は、末子について計上している。

第１回と第５回の就業状況の変化、この４年間の結婚・出生の状況別（３－３）

無職継続　　　　　　　　　　　　　　　　　　　　　**第５回調査（平成28年）**

性 第２回の子ども観（複数回答）	総数	結婚していない	結婚した					
			総数	出生なし	出生あり			
					総数	第１子出生あり	第２子出生あり	第3子以降出生あり
男	266	261	5	3	2	2	−	−
家族の結びつきが深まる	101	98	3	1	2	2	−	−
子どもとのふれあいが楽しい	82	79	3	1	2	2	−	−
仕事に張り合いが生まれる	47	45	2	1	1	1	−	−
子育てを通じて自分の友人が増える	15	13	2	−	2	2	−	−
子育てを通じて人間的に成長できる	69	67	2	−	2	2	−	−
老後の生活の面倒をみてもらえる	11	11	−	−	−	−	−	−
子育てによる心身の疲れが大きい	32	31	1	−	1	1	−	−
子育て・教育で出費がかさむ	72	71	1	−	1	1	−	−
自分の自由な時間がもてなくなる	51	50	1	−	1	1	−	−
仕事が十分にできなくなる	11	11	−	−	−	−	−	−
子育てが大変なことを身近な人が理解してくれない	3	3	−	−	−	−	−	−
社会から取り残されたような気になる	2	2	−	−	−	−	−	−
子どもにどのように接すればよいのかわからない	29	29	−	−	−	−	−	−
子どもの非行が心配	24	24	−	−	−	−	−	−
子どもの教育・進学が心配	56	56	−	−	−	−	−	−
子どもの就職・仕事が心配	44	44	−	−	−	−	−	−
その他	5	5	−	−	−	−	−	−
感じていることは特にない	41	41	−	−	−	−	−	−
不詳	67	65	2	2	−	−	−	−
女	229	188	41	23	18	16	2	−
家族の結びつきが深まる	110	84	26	14	12	11	1	−
子どもとのふれあいが楽しい	100	73	27	12	15	13	2	−
仕事に張り合いが生まれる	36	27	9	5	4	4	−	−
子育てを通じて自分の友人が増える	27	24	3	2	1	1	−	−
子育てを通じて人間的に成長できる	101	70	31	15	16	15	1	−
老後の生活の面倒をみてもらえる	24	21	3	3	−	−	−	−
子育てによる心身の疲れが大きい	51	43	8	2	6	6	−	−
子育て・教育で出費がかさむ	86	67	19	8	11	10	1	−
自分の自由な時間がもてなくなる	73	53	20	6	14	12	2	−
仕事が十分にできなくなる	35	26	9	4	5	5	−	−
子育てが大変なことを身近な人が理解してくれない	7	6	1	−	1	1	−	−
社会から取り残されたような気になる	4	3	1	1	−	−	−	−
子どもにどのように接すればよいのかわからない	38	35	3	1	2	2	−	−
子どもの非行が心配	37	33	4	2	2	2	−	−
子どもの教育・進学が心配	65	53	12	6	6	5	1	−
子どもの就職・仕事が心配	42	36	6	4	2	2	−	−
その他	4	4	−	−	−	−	−	−
感じていることは特にない	26	24	2	2	−	−	−	−
不詳	22	22	−	−	−	−	−	−

参考表1　第1回独身者数、性、年齢階級、この4年間の結婚の状況、結婚の時期別

第5回調査（平成28年）

性 第1回の年齢階級 （第5回の年齢階級）	総数	結婚した					結婚していない
		総数	第1回から第2回間に結婚	第2回から第3回間に結婚	第3回から第4回間に結婚	第4回から第5回間に結婚	
男	3 472	613	150	133	168	162	2 859
20～24歳（24～28歳）	1 741	195	22	43	60	70	1 546
25～29歳（29～33歳）	1 731	418	128	90	108	92	1 313
女	4 400	1 236	294	320	312	310	3 164
20～24歳（24～28歳）	2 242	487	80	117	133	157	1 755
25～29歳（29～33歳）	2 158	749	214	203	179	153	1 409

注：1）集計対象は、第1回独身で第5回まで回答した者である。
　　2）「結婚した」には、この4年間に、結婚した後離婚した者を含む。
　　3）4年間で2回以上結婚している場合、最新の結婚の状況について計上している。

参考表2　夫婦数、第5回の妻の年齢階級、この4年間の

第5回の妻の年齢階級	総　数	この4年間に						
		総　数	第1回から第2回間に出生			第2回から第3回間に出生		
			総　数	第1子	第2子以降	総　数	第1子	第2子以降
第1回からの夫婦	510	289	103	32	71	100	26	74
25歳以下	5	5	2	－	2	－	－	－
26～30歳	122	78	29	11	18	26	11	15
31～35歳	343	180	68	21	47	64	12	52
36～40歳	35	23	3	－	3	9	2	7
41歳以上	5	3	1	－	1	1	1	－
第2回からの夫婦	418	301	－	－	－	130	129	1
25歳以下	21	15	－	－	－	9	9	－
26～30歳	194	140	－	－	－	52	51	1
31～35歳	197	143	－	－	－	67	67	－
36～40歳	6	3	－	－	－	2	2	－
41歳以上	－	－	－	－	－	－	－	－
第3回からの夫婦	427	239	－	－	－	－	－	－
25歳以下	28	18	－	－	－	－	－	－
26～30歳	264	154	－	－	－	－	－	－
31～35歳	125	62	－	－	－	－	－	－
36～40歳	8	5	－	－	－	－	－	－
41歳以上	2	－	－	－	－	－	－	－
第4回からの夫婦	449	134	－	－	－	－	－	－
25歳以下	53	18	－	－	－	－	－	－
26～30歳	270	82	－	－	－	－	－	－
31～35歳	121	33	－	－	－	－	－	－
36～40歳	5	1	－	－	－	－	－	－
41歳以上	－	－	－	－	－	－	－	－

注：集計対象は、①または②に該当する夫婦である。
①第1回から第5回まで双方が回答した夫婦
②第1回に独身で第4回までの間に結婚し、結婚後第5回まで回答した夫婦

出生の状況、出生の時期、出生順位、子どもの有無別

第５回調査（平成28年）

出生あり						この４年間に出生なし		
第３回から第４回間に出生			第４回から第５回間に出生			総数	子どもあり	子どもなし
総数	第１子	第２子以降	総数	第１子	第２子以降			
85	12	73	54	3	51	221	192	29
3	1	2	−	−	−	−	−	−
30	4	26	15	−	15	44	40	4
45	7	38	32	3	29	163	140	23
6	−	6	7	−	7	12	10	2
1	−	1	−	−	−	2	2	−
114	97	17	115	49	66	117	23	94
5	3	2	7	−	7	6	3	3
58	49	9	57	27	30	54	12	42
50	44	6	51	22	29	54	6	48
1	1	−	−	−	−	3	2	1
−	−	−	−	−	−	−	−	−
131	125	6	115	100	15	188	34	154
10	10	−	8	6	2	10	3	7
77	75	2	81	72	9	110	22	88
40	36	4	25	21	4	63	8	55
4	4	−	1	1	−	3	−	3
−	−	−	−	−	−	2	1	1
−	−	−	134	128	6	315	36	279
−	−	−	18	18	−	35	13	22
−	−	−	82	78	4	188	20	168
−	−	−	33	31	2	88	3	85
−	−	−	1	1	−	4	−	4
−	−	−	−	−	−	−	−	−

参考表３　この４年間に結婚した結婚前に仕事ありの女性数、年齢階級、結婚した時期、（再掲）結婚前の正規・非正規、結婚後の就業継続の有無・（再掲）正規・非正規別

第５回調査（平成28年）

年齢階級 結婚した時期 （再掲）結婚前の 正規・非正規	総数	同一就業 継続	転職			離職	不詳
				（再掲） 正規	（再掲） 非正規		
総数	1 138	644	224	69	136	226	44
第１回から第２回間に結婚	273	131	53	15	33	64	25
第２回から第３回間に結婚	281	159	60	21	36	55	7
第３回から第４回間に結婚	290	168	56	17	31	62	4
第４回から第５回間に結婚	294	186	55	16	36	45	8
21～25歳	226	116	56	16	35	45	9
第１回から第２回間に結婚	70	27	16	9	6	22	5
第２回から第３回間に結婚	64	33	18	4	14	11	2
第３回から第４回間に結婚	50	31	10	3	4	8	1
第４回から第５回間に結婚	42	25	12	－	11	4	1
26～30歳	757	431	142	43	86	154	30
第１回から第２回間に結婚	203	104	37	6	27	42	20
第２回から第３回間に結婚	195	112	38	17	18	40	5
第３回から第４回間に結婚	179	104	33	8	21	41	1
第４回から第５回間に結婚	180	111	34	12	20	31	4
31～33歳	155	97	26	10	15	27	5
第１回から第２回間に結婚	－	－	－	－	－	－	－
第２回から第３回間に結婚	22	14	4	－	4	4	－
第３回から第４回間に結婚	61	33	13	6	6	13	2
第４回から第５回間に結婚	72	50	9	4	5	10	3
（再掲）正規	775	519	116	33	71	128	12
第１回から第２回間に結婚	161	104	22	4	14	31	4
第２回から第３回間に結婚	190	119	37	12	23	30	4
第３回から第４回間に結婚	203	137	26	7	15	39	1
第４回から第５回間に結婚	221	159	31	10	19	28	3
21～25歳	144	93	26	6	17	23	2
第１回から第２回間に結婚	37	22	4	2	1	11	－
第２回から第３回間に結婚	42	24	12	3	9	4	2
第３回から第４回間に結婚	31	23	3	1	1	5	－
第４回から第５回間に結婚	34	24	7	－	6	3	－
26～30歳	532	353	78	23	46	94	7
第１回から第２回間に結婚	124	82	18	2	13	20	4
第２回から第３回間に結婚	133	87	21	9	10	23	2
第３回から第４回間に結婚	139	88	20	4	13	31	－
第４回から第５回間に結婚	136	96	19	8	10	20	1
31～33歳	99	73	12	4	8	11	3
第１回から第２回間に結婚	－	－	－	－	－	－	－
第２回から第３回間に結婚	15	8	4	－	4	3	－
第３回から第４回間に結婚	33	26	3	2	1	3	1
第４回から第５回間に結婚	51	39	5	2	3	5	2
（再掲）非正規	288	105	92	26	61	86	5
第１回から第２回間に結婚	76	21	25	7	17	29	1
第２回から第３回間に結婚	79	33	21	7	13	24	1
第３回から第４回間に結婚	68	26	24	7	15	17	1
第４回から第５回間に結婚	65	25	22	5	16	16	2
21～25歳	59	17	24	6	16	17	1
第１回から第２回間に結婚	19	3	8	4	4	8	－
第２回から第３回間に結婚	19	8	5	－	5	6	－
第３回から第４回間に結婚	14	5	7	2	3	2	－
第４回から第５回間に結婚	7	1	4	－	4	1	1
26～30歳	182	66	57	15	39	57	2
第１回から第２回間に結婚	57	18	17	3	13	21	1
第２回から第３回間に結婚	54	20	16	7	8	17	1
第３回から第４回間に結婚	32	14	10	2	8	8	－
第４回から第５回間に結婚	39	14	14	3	10	11	－
31～33歳	47	22	11	5	6	12	2
第１回から第２回間に結婚	－	－	－	－	－	－	－
第２回から第３回間に結婚	6	5	－	－	－	1	－
第３回から第４回間に結婚	22	7	7	3	4	7	1
第４回から第５回間に結婚	19	10	4	2	2	4	1

注：１）集計対象は、第１回独身で第５回まで回答し、この４年間に結婚し、結婚前に仕事ありの女性である。
　　　　ただし、調査と調査の間に結婚し、かつ離婚した者を除く。
　　２）年齢は、結婚後の年齢である。
　　３）総数には、正規・非正規以外の就業形態等を含む。

Ⅳ　用語の定義

用語の定義

1　**「独身者」「独身だった者」**または**「独身の者」**とは、「配偶者なし」と回答した者をいい、未婚、離別、死別は区別していない。また、「子どもあり」の者も含まれる。

2　**「既婚者」「配偶者あり」「結婚した」「結婚していた者」**及び**「夫婦」**には、事実上夫婦として生活しているが、婚姻届を提出していない者を含む。

3　**「仕事あり」**とは、調査日現在、所得を伴う仕事（学生アルバイトも含む。）についていることをいう。また、調査日現在、仕事についているが、休業中（育児休業、介護休業）である場合も含む。

4　**「就業形態」**のうち、「正規の職員・従業員」「アルバイト」「パート」「労働者派遣事業所の派遣社員」「契約社員」「嘱託」「その他」は勤め先における呼称に基づいている。

5　**「正規」**及び**「非正規」**とは、「就業形態」が、正規の職員・従業員を「正規」といい、アルバイト、パート、労働者派遣事業所の派遣社員、契約社員、嘱託、その他を「非正規」という。

6　就業状況の変化とは、調査時点をA時点、B時点（A時点＜B時点）としたときの、仕事の有無及び就業形態について比較したものであり、次の変化の状況をいう。

同一就業継続　……　A時点、B時点において、勤め先、及び就業形態が変わっていないこと、また、自ら行っている事業が変わっていないことをいう。
転　　職　……　B時点で、A時点とは勤め先または就業形態の異なっていることをいう。
新規就業　……　A時点で仕事なし、B時点で仕事ありのことをいう。
離　　職　……　A時点で仕事あり、B時点で仕事なしのことをいう。
無職継続　……　A時点で仕事なし、B時点で仕事なしのことをいう。

7　**「一日当たりの仕事時間」**とは、一週間の就業時間を一週間の就業日数で割った時間と、往復の通勤時間を足したものである。

8　**「育児休業制度の状況」**とは、勤め先の会社等において、自分の就業形態で利用可能な育児休業制度があるかどうか、ある場合は、有給か無給か、また、利用にあたっての雰囲気はどうかを質問したものである。

9　**「仕事と子育ての両立のための制度等の状況」**とは、次の制度について、勤め先の会社等において、自分の就業形態で利用可能な制度があるかどうか、ある場合は、有給か無給か、また、利用に当たっての雰囲気はどうかを質問したものである。

育児休業制度　……　子どもの養育のために休業することができる制度
短時間勤務制度　……　通常の所定労働時間を短縮する制度
育児のための勤務時間の短縮等　……　「育児休業制度」「短時間勤務制度」以外の育児のための勤務時間の短縮（フレックスタイム制、始業・終業時刻の繰上げ・繰下げ、所定外労働（残業）の免除）等

10　**「親と同居している」**とは、自分または配偶者の父母（夫婦の場合は、夫又は妻の父母のうち）いずれか１人でも同居している場合をいう。

11　**「家事・育児時間」**とは、一日の中で家事や育児に何時間くらい費やしているかを、平日と休日に分けて質問したものである。

12　**「保育サービス等の利用状況」**とは、小学校入学前の同居の子どもが複数いる場合には、いずれかの子どもが利用している保育サービス等を計上している。

13　**「親の子育て支援の有無」**とは、夫や妻の父又は母が平日の日中に小学校入学前の同居の子どもの世話をしているかどうかをいう。

14　子ども数の**「子どもなし」**とは、「子ども」欄に記入がなかった者をいう。

15　この３年間の出生の状況または、この４年間の出生の状況の**「出生あり」**には、夫婦としての回答を得る以前の出生を含まない。

16　**「家庭観」**とは、第１回調査において、「世帯の収入」「家事」「育児」について、「夫妻のいずれが責任をもつ家庭を築きたいと思いますか。」と質問したものである。

17　**「結婚意欲」**とは、第１回調査において「今後、結婚したいと思いますか。」と質問したものである。

18　**「結婚後の就業継続意欲」**とは、第１回調査において、「結婚した後も現在の仕事を続けますか。」と質問したものである。

19　**「希望子ども数」**とは、（すでにいる子どもを含めて）全部で何人の子どもが欲しいかを把握したものである。

20　**「子どもをもつ意欲」**とは、第１回調査、第５回調査において、「今後、子どもをもつことについて、どのように思っていますか。」と質問したものである。

21　**「出産後の就業継続意欲」**とは、「出産した後も現在の仕事を続けますか。」と質問したものである。

22　**「所得額」**は、第１回では平成23年分を、第２回では平成24年分を、第３回では平成25年分を、第４回では平成26年分を、第５回では平成27年分を把握したものである。

23　**「子ども観」**とは、第２回調査、第５回調査において、子どもをもつことに関する考え方を質問したものである。

24　**「職業観」**とは、第３回調査において、働くことに関する考え方を質問したものである。

（正）

第９表 この３年間に結婚した者数、性、年齢階級、結婚前の親との同居の有無、結婚後の親との同居の有無別

平成24年成年者　第４回調査（平成27年）

性 年齢階級 結婚前の親との同居の有無	結婚後の親との同居の有無					
	総数	妻の親と同居している	夫の親と同居している	両方の親と同居している	親と同居していない	不詳
男						
総数	558	13	73	1	310	161
親と同居している	408	10	63	–	215	120
親と同居していない	109	1	2	–	77	29
不詳	41	2	8	1	18	12
21～25歳						
総数	107	5	18	–	45	39
親と同居している	80	4	16	–	30	30
親と同居していない	17	–	–	–	12	5
不詳	10	1	2	–	3	4
26～30歳						
総数	387	7	48	–	236	96
親と同居している	283	5	41	–	165	72
親と同居していない	79	1	2	–	57	19
不詳	25	1	5	–	14	5
31～32歳						
総数	64	1	7	1	29	26
親と同居している	45	1	6	–	20	18
親と同居していない	13	–	–	–	8	5
不詳	6	–	1	1	1	3
女						
総数	1 026	57	84	2	819	64
親と同居している	782	46	65	2	623	46
親と同居していない	176	4	10	–	154	8
不詳	68	7	9	–	42	10
21～25歳						
総数	242	20	28	–	180	14
親と同居している	192	15	21	–	146	10
親と同居していない	37	1	5	–	28	3
不詳	13	4	2	–	6	1
26～30歳						
総数	692	31	48	2	564	47
親と同居している	525	26	37	2	425	35
親と同居していない	118	2	4	–	108	4
不詳	49	3	7	–	31	8
31～32歳						
総数	92	6	8	–	75	3
親と同居している	65	5	7	–	52	1
親と同居していない	21	1	1	–	18	1
不詳	6	–	–	–	5	1

注：1）集計対象は、第１回独身で第４回まで回答し、この３年間に結婚し、結婚後は配偶者と同居している者である。ただし、調査と調査の間に結婚し、かつ離婚した者を除く。
2）年齢は、結婚後の年齢である。
3）「親と同居している」とは、父母のうちいずれか１人でも同居している場合をいう。

（誤）

第9表　この3年間に結婚した者数、性、年齢階級、結婚前の親との同居の有無、結婚後の親との同居の有無別

平成24年成年者　第4回調査（平成27年）

性 年齢階級 結婚前の親との同居の有無	結婚後の親との同居の有無					
	総数	妻の親と同居している	夫の親と同居している	両方の親と同居している	親と同居していない	不詳
男						
総数	558	38	48	1	310	161
親と同居している	408	29	44	–	215	120
親と同居していない	109	2	1	–	77	29
不詳	41	7	3	1	18	12
21～25歳						
総数	107	12	11	–	45	39
親と同居している	80	10	10	–	30	30
親と同居していない	17	–	–	–	12	5
不詳	10	2	1	–	3	4
26～30歳						
総数	387	20	35	–	236	96
親と同居している	283	14	32	–	165	72
親と同居していない	79	2	1	–	57	19
不詳	25	4	2	–	14	5
31～32歳						
総数	64	6	2	1	29	26
親と同居している	45	5	2	–	20	18
親と同居していない	13	–	–	–	8	5
不詳	6	1	–	1	1	3
女						
総数	1 026	57	84	2	819	64
親と同居している	782	46	65	2	623	46
親と同居していない	176	4	10	–	154	8
不詳	68	7	9	–	42	10
21～25歳						
総数	242	20	28	–	180	14
親と同居している	192	15	21	–	146	10
親と同居していない	37	1	5	–	28	3
不詳	13	4	2	–	6	1
26～30歳						
総数	692	31	48	2	564	47
親と同居している	525	26	37	2	425	35
親と同居していない	118	2	4	–	108	4
不詳	49	3	7	–	31	8
31～32歳						
総数	92	6	8	–	75	3
親と同居している	65	5	7	–	52	1
親と同居していない	21	1	1	–	18	1
不詳	6	–	–	–	5	1

注：1）集計対象は、第1回独身で第4回まで回答し、この3年間に結婚し、結婚後は配偶者と同居している者である。ただし、調査と調査の間に結婚し、かつ離婚した者を除く。
2）年齢は、結婚後の年齢である。
3）「親と同居している」とは、父母のうちいずれか1人でも同居している場合をいう。

（正）

第29表　この３年間に子どもが生まれた夫婦数、妻の年齢階級、出生順位、出生前の親との同居の有無、出生後の親との同居の有無別（２－１）

平成24年成年者　第４回調査（平成27年）

妻の年齢階級 出生順位 出生前の親との同居の有無	出生後の親との同居の有無					
	総数	妻の親と同居している	夫の親と同居している	両方の親と同居している	親と同居していない	不詳
総数	498	27	95	–	353	23
親と同居している	121	20	80	–	16	5
親と同居していない	342	6	11	–	312	13
不詳	35	1	4	–	25	5
第１子出産	272	15	33	–	209	15
親と同居している	43	10	27	–	4	2
親と同居していない	205	4	5	–	186	10
不詳	24	1	1	–	19	3
第２子出産	154	9	46	–	96	3
親と同居している	54	8	39	–	7	–
親と同居していない	91	1	4	–	85	1
不詳	9	–	3	–	4	2
第３子以降出産	72	3	16	–	48	5
親と同居している	24	2	14	–	5	3
親と同居していない	46	1	2	–	41	2
不詳	2	–	–	–	2	–
25歳以下	47	5	16	–	24	2
親と同居している	21	4	14	–	3	–
親と同居していない	21	1	2	–	17	1
不詳	5	–	–	–	4	1
第１子出産	24	3	2	–	17	2
親と同居している	5	2	2	–	1	–
親と同居していない	14	1	–	–	12	1
不詳	5	–	–	–	4	1
第２子出産	20	2	12	–	6	–
親と同居している	14	2	10	–	2	–
親と同居していない	6	–	2	–	4	–
不詳	–	–	–	–	–	–
第３子以降出産	3	–	2	–	1	–
親と同居している	2	–	2	–	–	–
親と同居していない	1	–	–	–	1	–
不詳	–	–	–	–	–	–
26～30歳	287	16	50	–	208	13
親と同居している	61	11	41	–	7	2
親と同居していない	203	4	6	–	186	7
不詳	23	1	3	–	15	4
第１子出産	177	10	22	–	136	9
親と同居している	28	6	18	–	3	1
親と同居していない	134	3	4	–	121	6
不詳	15	1	–	–	12	2
第２子出産	75	3	19	–	50	3
親と同居している	20	3	15	–	2	–
親と同居していない	48	–	1	–	46	1
不詳	7	–	3	–	2	2
第３子以降出産	35	3	9	–	22	1
親と同居している	13	2	8	–	2	1
親と同居していない	21	1	1	–	19	–
不詳	1	–	–	–	1	–

注：1）集計対象は、①または②に該当するこの３年間に子どもが生まれた同居夫婦である。ただし、妻の出生前データが得られていない夫婦は除く。
①第１回から第４回まで双方が回答した夫婦
②第１回に独身で第３回までの間に結婚し、結婚後第４回まで回答した夫婦
2）年齢は、出生後の年齢である。
3）「親と同居している」とは、父母のうちいずれか１人でも同居している場合をいう。
4）３年間で２人以上出生ありの場合は、末子について計上している。

（誤）

第29表　この３年間に子どもが生まれた夫婦数、妻の年齢階級、出生順位、出生前の親との同居の有無、出生後の親との同居の有無別（２－１）

平成24年成年者　第４回調査（平成27年）

妻の年齢階級 出生順位 出生前の親との同居の有無	出生後の親との同居の有無					
	総数	妻の親と同居している	夫の親と同居している	両方の親と同居している	親と同居していない	不詳
総数	498	38	84	－	353	23
親と同居している	121	27	73	－	16	5
親と同居していない	342	8	9	－	312	13
不詳	35	3	2	－	25	5
第１子出産	272	23	25	－	209	15
親と同居している	43	16	21	－	4	2
親と同居していない	205	5	4	－	186	10
不詳	24	2	－	－	19	3
第２子出産	154	12	43	－	96	3
親と同居している	54	9	38	－	7	－
親と同居していない	91	2	3	－	85	1
不詳	9	1	2	－	4	2
第３子以降出産	72	3	16	－	48	5
親と同居している	24	2	14	－	5	3
親と同居していない	46	1	2	－	41	2
不詳	2	－	－	－	2	－
25歳以下	47	6	15	－	24	2
親と同居している	21	4	14	－	3	－
親と同居していない	21	2	1	－	17	1
不詳	5	－	－	－	4	1
第１子出産	24	3	2	－	17	2
親と同居している	5	2	2	－	1	－
親と同居していない	14	1	－	－	12	1
不詳	5	－	－	－	4	1
第２子出産	20	3	11	－	6	－
親と同居している	14	2	10	－	2	－
親と同居していない	6	1	1	－	4	－
不詳	－	－	－	－	－	－
第３子以降出産	3	－	2	－	1	－
親と同居している	2	－	2	－	－	－
親と同居していない	1	－	－	－	1	－
不詳	－	－	－	－	－	－
26～30歳	287	22	44	－	208	13
親と同居している	61	15	37	－	7	2
親と同居していない	203	5	5	－	186	7
不詳	23	2	2	－	15	4
第１子出産	177	15	17	－	136	9
親と同居している	28	10	14	－	3	1
親と同居していない	134	4	3	－	121	6
不詳	15	1	－	－	12	2
第２子出産	75	4	18	－	50	3
親と同居している	20	3	15	－	2	－
親と同居していない	48	－	1	－	46	1
不詳	7	1	2	－	2	2
第３子以降出産	35	3	9	－	22	1
親と同居している	13	2	8	－	2	1
親と同居していない	21	1	1	－	19	－
不詳	1	－	－	－	1	－

注：1)集計対象は、①または②に該当するこの３年間に子どもが生まれた同居夫婦である。ただし、妻の出生前データが得られていない夫婦は除く。
①第１回から第４回まで双方が回答した夫婦
②第１回に独身で第３回までの間に結婚し、結婚後第４回まで回答した夫婦
2)年齢は、出生後の年齢である。
3)「親と同居している」とは、父母のうちいずれか１人でも同居している場合をいう。
4)３年間で２人以上出生ありの場合は、末子について計上している。

（正）

第29表　この３年間に子どもが生まれた夫婦数、妻の年齢階級、出生順位、出生前の親との同居の有無、出生後の親との同居の有無別（２－２）

平成24年成年者　第４回調査（平成27年）

妻の年齢階級 出生順位 出生前の親との同居の有無	出生後の親との同居の有無					
	総数	妻の親と同居している	夫の親と同居している	両方の親と同居している	親と同居していない	不詳
31～35歳	157	6	26	–	118	7
親と同居している	36	5	22	–	6	3
親と同居していない	114	1	3	–	106	4
不詳	7	–	1	–	6	–
第１子出産	69	2	9	–	55	3
親と同居している	10	2	7	–	–	1
親と同居していない	55	–	1	–	52	2
不詳	4	–	1	–	3	–
第２子出産	55	4	13	–	38	–
親と同居している	18	3	12	–	3	–
親と同居していない	35	1	1	–	33	–
不詳	2	–	–	–	2	–
第３子以降出産	33	–	4	–	25	4
親と同居している	8	–	3	–	3	2
親と同居していない	24	–	1	–	21	2
不詳	1	–	–	–	1	–
36～40歳	6	–	2	–	3	1
親と同居している	2	–	2	–	–	–
親と同居していない	4	–	–	–	3	1
不詳	–	–	–	–	–	–
第１子出産	2	–	–	–	1	1
親と同居している	–	–	–	–	–	–
親と同居していない	2	–	–	–	1	1
不詳	–	–	–	–	–	–
第２子出産	4	–	2	–	2	–
親と同居している	2	–	2	–	–	–
親と同居していない	2	–	–	–	2	–
不詳	–	–	–	–	–	–
第３子以降出産	–	–	–	–	–	–
親と同居している	–	–	–	–	–	–
親と同居していない	–	–	–	–	–	–
不詳	–	–	–	–	–	–
41歳以上	1	–	1	–	–	–
親と同居している	1	–	1	–	–	–
親と同居していない	–	–	–	–	–	–
不詳	–	–	–	–	–	–
第１子出産	–	–	–	–	–	–
親と同居している	–	–	–	–	–	–
親と同居していない	–	–	–	–	–	–
不詳	–	–	–	–	–	–
第２子出産	–	–	–	–	–	–
親と同居している	–	–	–	–	–	–
親と同居していない	–	–	–	–	–	–
不詳	–	–	–	–	–	–
第３子以降出産	1	–	1	–	–	–
親と同居している	1	–	1	–	–	–
親と同居していない	–	–	–	–	–	–
不詳	–	–	–	–	–	–

注：1）集計対象は、①または②に該当するこの３年間に子どもが生まれた同居夫婦である。ただし、妻の出生前データが得られていない夫婦は除く。
①第１回から第４回まで双方が回答した夫婦
②第１回に独身で第３回までの間に結婚し、結婚後第４回まで回答した夫婦
2）年齢は、出生後の年齢である。
3）「親と同居している」とは、父母のうちいずれか１人でも同居している場合をいう。
4）３年間で２人以上出生ありの場合は、末子について計上している。

（誤）

第29表 この３年間に子どもが生まれた夫婦数、妻の年齢階級、出生順位、出生前の親との同居の有無、出生後の親との同居の有無別（２－２）

平成24年成年者　第４回調査（平成27年）

妻の年齢階級 出生順位 出生前の親との同居の有無	出生後の親との同居の有無					
	総数	妻の親と同居している	夫の親と同居している	両方の親と同居している	親と同居していない	不詳
31～35歳	157	10	22	–	118	7
親と同居している	36	8	19	–	6	3
親と同居していない	114	1	3	–	106	4
不詳	7	1	–	–	6	–
第１子出産	69	5	6	–	55	3
親と同居している	10	4	5	–	–	1
親と同居していない	55	–	1	–	52	2
不詳	4	1	–	–	3	–
第２子出産	55	5	12	–	38	–
親と同居している	18	4	11	–	3	–
親と同居していない	35	1	1	–	33	–
不詳	2	–	–	–	2	–
第３子以降出産	33	–	4	–	25	4
親と同居している	8	–	3	–	3	2
親と同居していない	24	–	1	–	21	2
不詳	1	–	–	–	1	–
36～40歳	6	–	2	–	3	1
親と同居している	2	–	2	–	–	–
親と同居していない	4	–	–	–	3	1
不詳	–	–	–	–	–	–
第１子出産	2	–	–	–	1	1
親と同居している	–	–	–	–	–	–
親と同居していない	2	–	–	–	1	1
不詳	–	–	–	–	–	–
第２子出産	4	–	2	–	2	–
親と同居している	2	–	2	–	–	–
親と同居していない	2	–	–	–	2	–
不詳	–	–	–	–	–	–
第３子以降出産	–	–	–	–	–	–
親と同居している	–	–	–	–	–	–
親と同居していない	–	–	–	–	–	–
不詳	–	–	–	–	–	–
41歳以上	1	–	1	–	–	–
親と同居している	1	–	1	–	–	–
親と同居していない	–	–	–	–	–	–
不詳	–	–	–	–	–	–
第１子出産	–	–	–	–	–	–
親と同居している	–	–	–	–	–	–
親と同居していない	–	–	–	–	–	–
不詳	–	–	–	–	–	–
第２子出産	–	–	–	–	–	–
親と同居している	–	–	–	–	–	–
親と同居していない	–	–	–	–	–	–
不詳	–	–	–	–	–	–
第３子以降出産	1	–	1	–	–	–
親と同居している	1	–	1	–	–	–
親と同居していない	–	–	–	–	–	–
不詳	–	–	–	–	–	–

注：1)集計対象は、①または②に該当するこの３年間に子どもが生まれた同居夫婦である。ただし、妻の出生前データが得られていない夫婦は除く。
①第１回から第４回まで双方が回答した夫婦
②第１回に独身で第３回までの間に結婚し、結婚後第４回まで回答した夫婦
2)年齢は、出生後の年齢である。
3)「親と同居している」とは、父母のうちいずれか１人でも同居している場合をいう。
4)３年間で２人以上出生ありの場合は、末子について計上している。

（正）

第９表 この１3年間に結婚した者数、性、年齢階級、結婚前の親との同居の有無、結婚後の親との同居の有無別

平成14年成年者　第14回調査（平成27年）

性 年齢階級 結婚前の 親との同居の有無	結婚後の親との同居の有無					
	総数	妻の親と同居している	夫の親と同居している	両方の親と同居している	親と同居していない	不詳
男						
総数	895	35	96	3	502	259
親と同居している	602	30	89	3	296	184
親と同居していない	239	3	4	－	177	55
不詳	54	2	3	－	29	20
21～25歳						
総数	60	4	7	－	31	18
親と同居している	43	4	6	－	23	10
親と同居していない	13	－	－	－	6	7
不詳	4	－	1	－	2	1
26～30歳						
総数	331	13	42	－	177	99
親と同居している	226	12	40	－	104	70
親と同居していない	84	－	1	－	61	22
不詳	21	1	1	－	12	7
31～35歳						
総数	316	11	23	1	190	91
親と同居している	223	9	21	1	117	75
親と同居していない	78	1	2	－	65	10
不詳	15	1	－	－	8	6
36～40歳						
総数	149	6	19	1	82	41
親と同居している	89	4	17	1	44	23
親と同居していない	49	2	1	－	32	14
不詳	11	－	1	－	6	4
41歳以上						
総数	39	1	5	1	22	10
親と同居している	21	1	5	1	8	6
親と同居していない	15	－	－	－	13	2
不詳	3	－	－	－	1	2
女						
総数	1 206	70	100	3	976	57
親と同居している	935	64	88	3	738	42
親と同居していない	233	2	9	－	211	11
不詳	38	4	3	－	27	4
21～25歳						
総数	113	11	12	1	82	7
親と同居している	95	11	11	1	66	6
親と同居していない	17	－	1	－	15	1
不詳	1	－	－	－	1	－
26～30歳						
総数	519	25	39	1	436	18
親と同居している	404	22	33	1	332	16
親と同居していない	98	1	4	－	91	2
不詳	17	2	2	－	13	－
31～35歳						
総数	397	22	35	1	315	24
親と同居している	312	21	33	1	239	18
親と同居していない	70	1	1	－	64	4
不詳	15	－	1	－	12	2
36～40歳						
総数	144	9	9	－	122	4
親と同居している	104	8	8	－	87	1
親と同居していない	37	－	1	－	34	2
不詳	3	1	－	－	1	1
41歳以上						
総数	33	3	5	－	21	4
親と同居している	20	2	3	－	14	1
親と同居していない	11	－	2	－	7	2
不詳	2	1	－	－	－	1

注：1）集計対象は、第１回独身で第14回まで回答し、この13年間に結婚し、結婚後は配偶者と同居している者である。ただし、調査と調査の間に結婚し、かつ離婚した者を除く。
2）年齢は、結婚後の年齢である。
3）「親と同居している」とは、父母のうちいずれか１人でも同居している場合をいう。

（誤）

第９表 この１3年間に結婚した者数、性、年齢階級、結婚前の親との同居の有無、結婚後の親との同居の有無別

平成14年成年者　第14回調査（平成27年）

性 年齢階級 結婚前の親との同居の有無	結婚後の親との同居の有無					
	総数	妻の親と同居している	夫の親と同居している	両方の親と同居している	親と同居していない	不詳
男						
総数	895	40	91	3	502	259
親と同居している	602	35	84	3	296	184
親と同居していない	239	3	4	−	177	55
不詳	54	2	3	−	29	20
21〜25歳						
総数	60	4	7	−	31	18
親と同居している	43	4	6	−	23	10
親と同居していない	13	−	−	−	6	7
不詳	4	−	1	−	2	1
26〜30歳						
総数	331	13	42	−	177	99
親と同居している	226	12	40	−	104	70
親と同居していない	84	−	1	−	61	22
不詳	21	1	1	−	12	7
31〜35歳						
総数	316	11	23	1	190	91
親と同居している	223	9	21	1	117	75
親と同居していない	78	1	2	−	65	10
不詳	15	1	−	−	8	6
36〜40歳						
総数	149	9	16	1	82	41
親と同居している	89	7	14	1	44	23
親と同居していない	49	2	1	−	32	14
不詳	11	−	1	−	6	4
41歳以上						
総数	39	3	3	1	22	10
親と同居している	21	3	3	1	8	6
親と同居していない	15	−	−	−	13	2
不詳	3	−	−	−	1	2
女						
総数	1 206	70	100	3	976	57
親と同居している	935	64	88	3	738	42
親と同居していない	233	2	9	−	211	11
不詳	38	4	3	−	27	4
21〜25歳						
総数	113	11	12	1	82	7
親と同居している	95	11	11	1	66	6
親と同居していない	17	−	1	−	15	1
不詳	1	−	−	−	1	−
26〜30歳						
総数	519	25	39	1	436	18
親と同居している	404	22	33	1	332	16
親と同居していない	98	1	4	−	91	2
不詳	17	2	2	−	13	−
31〜35歳						
総数	397	22	35	1	315	24
親と同居している	312	21	33	1	239	18
親と同居していない	70	1	1	−	64	4
不詳	15	−	1	−	12	2
36〜40歳						
総数	144	9	9	−	122	4
親と同居している	104	8	8	−	87	1
親と同居していない	37	−	1	−	34	2
不詳	3	1	−	−	1	1
41歳以上						
総数	33	3	5	−	21	4
親と同居している	20	2	3	−	14	1
親と同居していない	11	−	2	−	7	2
不詳	2	1	−	−	−	1

注：1) 集計対象は、第１回独身で第14回まで回答し、この13年間に結婚し、結婚後は配偶者と同居している者である。ただし、調査と調査の間に結婚し、かつ離婚した者を除く。
2) 年齢は、結婚後の年齢である。
3) 「親と同居している」とは、父母のうちいずれか１人でも同居している場合をいう。

（正）

第31表　この13年間に子どもが生まれた夫婦数、妻の年齢階級、出生順位、出生前の親との同居の有無、出生後の親との同居の有無別（２－１）

平成14年成年者　第14回調査（平成27年）

妻の年齢階級 出生順位 出生前の親との同居の有無	出生後の親との同居の有無					
	総数	妻の親と同居している	夫の親と同居している	両方の親と同居している	親と同居していない	不詳
総数	1 356	76	245	1	1 000	34
親と同居している	307	61	224	1	17	4
親と同居していない	1 012	14	19	－	951	28
不詳	37	1	2	－	32	2
第１子出産	332	14	39	1	267	11
親と同居している	50	8	36	1	3	2
親と同居していない	265	5	2	－	249	9
不詳	17	1	1	－	15	－
第２子出産	692	35	118	－	524	15
親と同居している	142	29	103	－	10	－
親と同居していない	535	6	15	－	501	13
不詳	15	－	－	－	13	2
第３子以降出産	332	27	88	－	209	8
親と同居している	115	24	85	－	4	2
親と同居していない	212	3	2	－	201	6
不詳	5	－	1	－	4	－
21～25歳	11	－	5	－	6	－
親と同居している	5	－	5	－	－	－
親と同居していない	5	－	－	－	5	－
不詳	1	－	－	－	1	－
第１子出産	3	－	1	－	2	－
親と同居している	1	－	1	－	－	－
親と同居していない	1	－	－	－	1	－
不詳	1	－	－	－	1	－
第２子出産	7	－	3	－	4	－
親と同居している	3	－	3	－	－	－
親と同居していない	4	－	－	－	4	－
不詳	－	－	－	－	－	－
第３子以降出産	1	－	1	－	－	－
親と同居している	1	－	1	－	－	－
親と同居していない	－	－	－	－	－	－
不詳	－	－	－	－	－	－
26～30歳	206	16	39	－	148	3
親と同居している	48	10	34	－	3	1
親と同居していない	152	6	5	－	139	2
不詳	6	－	－	－	6	－
第１子出産	48	2	2	－	43	1
親と同居している	5	1	2	－	1	1
親と同居していない	42	1	－	－	41	－
不詳	1	－	－	－	1	－
第２子出産	121	8	28	－	83	2
親と同居している	30	5	23	－	2	－
親と同居していない	87	3	5	－	77	2
不詳	4	－	－	－	4	－
第３子以降出産	37	6	9	－	22	－
親と同居している	13	4	9	－	－	－
親と同居していない	23	2	－	－	21	－
不詳	1	－	－	－	1	－

注：1)集計対象は、①または②に該当するこの13年間に子どもが生まれた同居夫婦である。ただし、妻の出生前データが得られていない夫婦は除く。
　①第１回から第14回まで双方が回答した夫婦
　②第１回に独身で第13回までの間に結婚し、結婚後第14回まで双方が回答した夫婦
2)年齢は、出生後の年齢である。
3)「親と同居している」とは、父母のうちいずれか１人でも同居している場合をいう。
4)13年間で２人以上出生ありの場合は、末子について計上している。

（誤）

第31表　この13年間に子どもが生まれた夫婦数、妻の年齢階級、出生順位、出生前の親との同居の有無、出生後の親との同居の有無別（２－１）

平成14年成年者　第14回調査（平成27年）

妻の年齢階級 出生順位 出生前の親との同居の有無	出生後の親との同居の有無					
	総数	妻の親と同居している	夫の親と同居している	両方の親と同居している	親と同居していない	不詳
総数	1 356	78	243	1	1 000	34
親と同居している	307	62	223	1	17	4
親と同居していない	1 012	14	19	－	951	28
不詳	37	2	1	－	32	2
第１子出産	332	15	38	1	267	11
親と同居している	50	8	36	1	3	2
親と同居していない	265	5	2	－	249	9
不詳	17	2	－	－	15	－
第２子出産	692	36	117	－	524	15
親と同居している	142	30	102	－	10	－
親と同居していない	535	6	15	－	501	13
不詳	15	－	－	－	13	2
第３子以降出産	332	27	88	－	209	8
親と同居している	115	24	85	－	4	2
親と同居していない	212	3	2	－	201	6
不詳	5	－	1	－	4	－
21～25歳	11	1	4	－	6	－
親と同居している	5	1	4	－	－	－
親と同居していない	5	－	－	－	5	－
不詳	1	－	－	－	1	－
第１子出産	3	－	1	－	2	－
親と同居している	1	－	1	－	－	－
親と同居していない	1	－	－	－	1	－
不詳	1	－	－	－	1	－
第２子出産	7	1	2	－	4	－
親と同居している	3	1	2	－	－	－
親と同居していない	4	－	－	－	4	－
不詳	－	－	－	－	－	－
第３子以降出産	1	－	1	－	－	－
親と同居している	1	－	1	－	－	－
親と同居していない	－	－	－	－	－	－
不詳	－	－	－	－	－	－
26～30歳	206	16	39	－	148	3
親と同居している	48	10	34	－	3	1
親と同居していない	152	6	5	－	139	2
不詳	6	－	－	－	6	－
第１子出産	48	2	2	－	43	1
親と同居している	5	1	2	－	1	1
親と同居していない	42	1	－	－	41	－
不詳	1	－	－	－	1	－
第２子出産	121	8	28	－	83	2
親と同居している	30	5	23	－	2	－
親と同居していない	87	3	5	－	77	2
不詳	4	－	－	－	4	－
第３子以降出産	37	6	9	－	22	－
親と同居している	13	4	9	－	－	－
親と同居していない	23	2	－	－	21	－
不詳	1	－	－	－	1	－

注：1)集計対象は、①または②に該当するこの13年間に子どもが生まれた同居夫婦である。ただし、妻の出生前データが得られていない夫婦は除く。
　①第１回から第14回まで双方が回答した夫婦
　②第１回に独身で第13回までの間に結婚し、結婚後第14回まで双方が回答した夫婦
2)年齢は、出生後の年齢である。
3)「親と同居している」とは、父母のうちいずれか１人でも同居している場合をいう。
4)13年間で２人以上出生ありの場合は、末子について計上している。

(正)

第31表 この13年間に子どもが生まれた夫婦数、妻の年齢階級、出生順位、出生前の親との同居の有無、出生後の親との同居の有無別（２－２）

平成14年成年者　第14回調査（平成27年）

妻の年齢階級 出生順位 出生前の親との同居の有無	出生後の親との同居の有無					
	総数	妻の親と同居している	夫の親と同居している	両方の親と同居している	親と同居していない	不詳
31～35歳	673	33	124	1	498	17
親と同居している	156	29	114	1	9	3
親と同居していない	500	4	9	−	474	13
不詳	17	−	1	−	15	1
第１子出産	150	3	17	1	122	7
親と同居している	20	2	14	1	2	1
親と同居していない	122	1	2	−	113	6
不詳	8	−	1	−	7	−
第２子出産	353	18	62	−	267	6
親と同居している	77	15	57	−	5	−
親と同居していない	270	3	5	−	257	5
不詳	6	−	−	−	5	1
第３子以降出産	170	12	45	−	109	4
親と同居している	59	12	43	−	2	2
親と同居していない	108	−	2	−	104	2
不詳	3	−	−	−	3	−
36～40歳	422	25	69	−	315	13
親と同居している	89	21	63	−	5	−
親と同居していない	323	4	5	−	302	12
不詳	10	−	1	−	8	1
第１子出産	114	7	17	−	87	3
親と同居している	21	4	17	−	−	−
親と同居していない	88	3	−	−	82	3
不詳	5	−	−	−	5	−
第２子出産	196	9	23	−	158	6
親と同居している	30	9	18	−	3	−
親と同居していない	162	−	5	−	152	5
不詳	4	−	−	−	3	1
第３子以降出産	112	9	29	−	70	4
親と同居している	38	8	28	−	2	−
親と同居していない	73	1	−	−	68	4
不詳	1	−	1	−	−	−
41歳以上	44	2	8	−	33	1
親と同居している	9	1	8	−	−	−
親と同居していない	32	−	−	−	31	1
不詳	3	1	−	−	2	−
第１子出産	17	2	2	−	13	−
親と同居している	3	1	2	−	−	−
親と同居していない	12	−	−	−	12	−
不詳	2	1	−	−	1	−
第２子出産	15	−	2	−	12	1
親と同居している	2	−	2	−	−	−
親と同居していない	12	−	−	−	11	1
不詳	1	−	−	−	1	−
第３子以降出産	12	−	4	−	8	−
親と同居している	4	−	4	−	−	−
親と同居していない	8	−	−	−	8	−
不詳	−	−	−	−	−	−

注：1)集計対象は、①または②に該当するこの13年間に子どもが生まれた同居夫婦である。ただし、妻の出生前データが得られていない夫婦は除く。
①第１回から第14回まで双方が回答した夫婦
②第１回に独身で第13回までの間に結婚し、結婚後第14回まで双方が回答した夫婦
2)年齢は、出生後の年齢である。
3)「親と同居している」とは、父母のうちいずれか１人でも同居している場合をいう。
4)13年間で２人以上出生ありの場合は、末子について計上している。

（誤）

第31表 この13年間に子どもが生まれた夫婦数、妻の年齢階級、出生順位、出生前の親との同居の有無、出生後の親との同居の有無別（2－2）

平成14年成年者 第14回調査（平成27年）

妻の年齢階級 出生順位 出生前の親との同居の有無	出生後の親との同居の有無					
	総数	妻の親と同居している	夫の親と同居している	両方の親と同居している	親と同居していない	不詳
31～35歳	673	34	123	1	498	17
親と同居している	156	29	114	1	9	3
親と同居していない	500	4	9	－	474	13
不詳	17	1	－	－	15	1
第１子出産	150	4	16	1	122	7
親と同居している	20	2	14	1	2	1
親と同居していない	122	1	2	－	113	6
不詳	8	1	－	－	7	－
第２子出産	353	18	62	－	267	6
親と同居している	77	15	57	－	5	－
親と同居していない	270	3	5	－	257	5
不詳	6	－	－	－	5	1
第３子以降出産	170	12	45	－	109	4
親と同居している	59	12	43	－	2	2
親と同居していない	108	－	2	－	104	2
不詳	3	－	－	－	3	－
36～40歳	422	25	69	－	315	13
親と同居している	89	21	63	－	5	－
親と同居していない	323	4	5	－	302	12
不詳	10	－	1	－	8	1
第１子出産	114	7	17	－	87	3
親と同居している	21	4	17	－	－	－
親と同居していない	88	3	－	－	82	3
不詳	5	－	－	－	5	－
第２子出産	196	9	23	－	158	6
親と同居している	30	9	18	－	3	－
親と同居していない	162	－	5	－	152	5
不詳	4	－	－	－	3	1
第３子以降出産	112	9	29	－	70	4
親と同居している	38	8	28	－	2	－
親と同居していない	73	1	－	－	68	4
不詳	1	－	1	－	－	－
41歳以上	44	2	8	－	33	1
親と同居している	9	1	8	－	－	－
親と同居していない	32	－	－	－	31	1
不詳	3	1	－	－	2	－
第１子出産	17	2	2	－	13	－
親と同居している	3	1	2	－	－	－
親と同居していない	12	－	－	－	12	－
不詳	2	1	－	－	1	－
第２子出産	15	－	2	－	12	1
親と同居している	2	－	2	－	－	－
親と同居していない	12	－	－	－	11	1
不詳	1	－	－	－	1	－
第３子以降出産	12	－	4	－	8	－
親と同居している	4	－	4	－	－	－
親と同居していない	8	－	－	－	8	－
不詳	－	－	－	－	－	－

注：1）集計対象は、①または②に該当するこの13年間に子どもが生まれた同居夫婦である。ただし、妻の出生前データが得られていない夫婦は除く。
　①第１回から第14回まで双方が回答した夫婦
　②第１回に独身で第13回までの間に結婚し、結婚後第14回まで双方が回答した夫婦
2）年齢は、出生後の年齢である。
3）「親と同居している」とは、父母のうちいずれか１人でも同居している場合をいう。
4）13年間で２人以上出生ありの場合は、末子について計上している。

定価は表紙に表示してあります。

平成30年４月10日　発 行

第　５　回

21世紀成年者縦断調査（平成24年成年者）
（国民の生活に関する継続調査）

（平　成　28　年）

編　　集　厚生労働省政策統括官（統計・情報政策担当）

発　　行　一般財団法人　厚生労働統計協会
郵便番号 103-0001
東京都中央区日本橋小伝馬町４－９
小伝馬町新日本橋ビルディング３Ｆ
電　話　03－5623－4123（代表）

印　　刷　統 計 印 刷 工 業 株 式 会 社